文明史視域下商周銅禮器組合研究

王祁 著

中國社會科學出版社

图书在版编目（CIP）数据

文明史视域下商周铜礼器组合研究 / 王祁著.
北京：中国社会科学出版社，2025. 3. -- ISBN 978-7
-5227-4869-6

Ⅰ．K876.414

中国国家版本馆 CIP 数据核字第 20252Q98B7 号

出 版 人	赵剑英
责任编辑	安　芳
责任校对	张爱华
责任印制	李寡寡

出　　版	中国社会科学出版社
社　　址	北京鼓楼西大街甲 158 号
邮　　编	100720
网　　址	http://www.csspw.cn
发 行 部	010-84083685
门 市 部	010-84029450
经　　销	新华书店及其他书店
印　　刷	北京君升印刷有限公司
装　　订	廊坊市广阳区广增装订厂
版　　次	2025 年 3 月第 1 版
印　　次	2025 年 3 月第 1 次印刷
开　　本	710×1000　1/16
印　　张	20.25
字　　数	358 千字
定　　价	108.00 元

凡购买中国社会科学出版社图书，如有质量问题请与本社营销中心联系调换
电话：010-84083683
版权所有　侵权必究

序

中国早期文明史研究，每每是在考古学与历史学融合之下，使用大历史视角，对基础材料详细考辨，对重大理论问题缜密分析后，方能有所推进。王祁撰写《文明史视域下商周铜礼器组合研究》一书，基于商周铜礼器组合变化，探讨商周礼制演进及其所反映的早期中华突出特性，由小见大，在研究方法、研究视角、学术成果上均有突破，是一部对具体问题推进较大，对理解早期中华文明特性有所帮助的成功著作。

在研究方法上，本书推崇多学科融合的研究方法，努力做到考古材料、出土文献材料和传世文献材料的有机融合。这一多学科融合的研究方法，既是对学术界不断使用的"二重证据法"或"三重证据法"的继承，也有其自身特点，那就是一方面强调"共时性"材料对于研究早期文明的重要价值，另一方面强调考古材料和文字、文献材料的各自融通。王国维先生在与日本人林泰辅讨论《洛诰》释文时指出，当"以《洛诰》文本为据，犹大著考周公事，专据《诗》《书》，而以《周礼》《礼经》为旁证之意"[1]，即强调史料的"共时性"，而以晚出史料为旁证，两种史料的价值并不相同。不过，从后世学者对王氏"二重证据法"的具体使用上，往往存在两个方面的问题。第一，"古""今"材料的不分，往往混为一谈，没有详细考察文献的"层次性"问题。第二，考古材料与文字、文献材料的随意比附，或将文字、文献材料强为考古材料作注，常没有意识到考古材料和文字、文献材料是两种不同性质的研究对象。不独考古材料与文字、文献材料性质不同，不同出土背景的考古材料，不同性质的文字材料，乃至不同性质的文献材料，其所要展现的历史事实都有差异。多学科融合要在"求同存异"的前提下，先对不同性质材料做系统性的研究，再做综合性的研究。本书基本注意

---

[1] 王国维：《与林浩卿博士论〈洛诰〉书》，载《观堂集林》，中华书局1959年版，第41页。

到这两个方面的问题，并贯彻利用"共时性"材料进行融通式研究的研究方法。最能体现作者这一研究方法的是本书第二章，即对酒器组合的研究。作者在对各类裸器做系统考古学研究基础上，结合具有"共时性"特征的金文和传世文献，对晚期礼书上裸礼内涵做了修正，并对裸礼进行了分类，考察了裸祭之礼的兴衰，集中展现了作者的系列研究方法和研究理念。

在具体的青铜礼器组合研究方法上，本书也有突破。除了传统研究所常见的重视青铜礼器"自名"外，本书能够区分不同形式的"组合"，重视"成套组合"和"配对组合"对于认识礼器功能的重要作用；尤其强调器物的出土位置，从出土位置角度关联铜礼器的组合和功能，提出了系列新说。这些研究方法之前也有学者使用，但本书的特色在于更为系统、全面地使用相关方法，前后关联，而不局限于一器一物。

在研究视角上，本书从具体礼器入手，由形而下的"器"讨论形而上的"道（礼）"，再由礼制上升到对早期文明特性的研究，形成了"礼器—礼制—文明"层层关联、层层推进的逻辑链条，视野宏阔，论证扎实。众所周知，青铜礼器无疑是商周礼制文化的重要载体，自宋代金石学兴起以来，很多学者都尝试通过礼器研究讨论商周礼制文化，本书所讨论的商周礼制变革就是最近几十年的热点话题。但是，相关研究也存在着一些不足之处。第一，相关研究往往把礼制变革视为短期的社会现象，似乎礼制变革能够一蹴而就，没有长时段考察礼制变革的历史进程和实质。第二，相关研究往往把礼制变革局限于商周之变，没有意识到这种变革对于理解早期中华文明突出特性的重要意义，即没有放在更为悠久的历史长河中去考察它的学术意义。本书在这两个方面都有突破。基于商周青铜礼器组合的阶段性变迁，本书得出了商周礼制变革是一种分阶段的，逐渐建设周礼，逐渐取代商礼的过程，这种变革从西周早期延续到西周晚期，最终在西周晚期形成了成熟的周文化青铜礼器组合模式。而这种礼制变革，又是数千年来中华文明突出创新性的延续，是自史前时期以来，"人事"文化逐渐取代"神事"文化的必然结果。这就把原本具体的礼器研究，经层层推演，最终上升到了文明变革研究，真正做到了本书标题所言的，从文明史视域进行商周铜礼器组合研究。

在学术成果上，除了上述成果外，本书在许多具体问题上都有推进。如在青铜食礼器方面，本文区分了不同形式列鼎、列簋的文化属性，强调"周人重食器"的说法仅是商周食礼器发展历程中的一个方面，殷人食礼器文化对周人有较大影响，甚至列鼎列簋制中也有殷文化的影子。在青铜酒礼器方面，本书详细讨论了商周瓒器组合、尊卣组合及更大范围的核心酒器群及其与水器群形成的"大组合"的形成和发展，将诸种组合模式与祼礼关联起来，论证了斝、爵、尊、卣、觯、斗、盉等礼器在行祼祭之礼时的使用顺序和使用方式，从组合角度大大推进了商周核心酒器群功用研究。在青铜礼乐器方面，本书对商周铜铙的分类及不同层面组合方式的研究，颇有新意；对铙与鼍鼓组合的研究，及这种组合与周代钟鼓之乐关系的研究，更是发前人所未发，十分有创新精神。在对商周礼制文化和早期文明特性研究上，本书不仅关注了学术界较多关注到的"变革论"，还对文化和文明的延续性进行了系统论述，强调周礼形成是对数千年来文明传统的继承和发展。

以上成果仅是本书的一部分，本书其他方面的具体成果，尚要读者细细阅读。总的来说，上述创新都是立足于考古实物基础之上，有较为扎实的考古材料为之证明，因而所得结论大体是成立的，也多是成功的。这显示出本书作者扎实的考古学和历史学根底，开阔的研究视野，细致的研究风格，谨慎的研究态度。本书作者王祁是考古学出身，后跟随我攻读古代史博士学位，又在考古研究所跟随陈星灿研究员做博士后，出站后留在了历史理论研究所工作，是真正能够做到具有一定理论深度的多学科融合研究的学者，这是他能够成功完成此书的根基。

当然，此书也有需要进步和提升的地方，如作者在结语部分提出的，对东周青铜礼器研究不足，对礼器所盛物品关注不够，这说明作者尚有待于将研究视野下延到东周，乃至更晚的秦汉时期，在更为宏阔的历史长河中把握商周青铜礼器和中华文明的发展规律。此外，虽然本书注意到了"礼器—礼制—文明"层层关联、层层推进的逻辑链条，但在"器以藏礼，礼以行义"（《左传》成公二年孔子语）之类对礼的形而上学方面研究、有关礼的精神，以及有关中国礼文化中哪些是由历史局限带来的带有时代烙印的部分，哪些是超越时空的精神实质等，对这些问题的思考和研究，还较为薄弱，还可深入下去。这些不足的地方，为王祁以后礼器和礼的研究方向，指明了前进的道路。

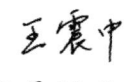

2025 年 3 月 10 日

凡　　例

一、本书引用甲骨金文时，释文一般用宽式。如读为"贞"的"鼎"字释写为"贞"、读为"在"的"才"字释写为"在"、读为"妣"的"匕"字释写为"妣"、读为"祖"的"且"字释写为"祖"等。有争议的字，一般直接截取拓本或摹本。

二、本书引用甲骨金文著录时，一般采用简称，见后"引书简称"。

三、本书卜辞的类组信息，主要参考黄天树《殷墟王卜辞的分类与断代》，李学勤、彭裕商《殷墟甲骨分期研究》，香港中文大学中国文化研究所与中国古籍研究中心"汉达文库"数据库。各类组卜辞对应的王世，可以参考黄天树《殷墟王卜辞的分类与断代》。

四、本书插图的来源，若正文中已有引用，则图下一般不做专门的注释；除非正文中无注释，图下才会有专门的注释。

五、本书插图、表的命名，按章－节的次序编写，如第一章第一节中的插图2，编为1-1-2，文中插表和章末附表亦同。

引书简称

《合集》《甲骨文合集》
《合补》《甲骨文合集补编》
《花东》《殷墟花园庄东地甲骨》
《集成》《殷周金文集成》
《铭图》《商周青铜器铭文暨图像集成》
《铭续》《商周青铜器铭文暨图像集成续编》
《铭三》《商周青铜器铭文暨图像集成三编》

目　录

绪　论 ………………………………………………………………（1）

第一章　商周青铜食器组合研究 ……………………………………（19）
　第一节　商周列鼎组合研究 ……………………………………（19）
　第二节　商周列簋组合研究 ……………………………………（32）
　第三节　作为组合中心的兽面纹大圆鼎研究 …………………（44）

第二章　商周青铜酒器组合研究 ……………………………………（66）
　第一节　西周时期细腰觚组合及其功用探讨 …………………（66）
　第二节　晚商墓葬中铜爵与柄形器、棒形器的"组合关系" ……（80）
　第三节　商周尊卣组合再研究 …………………………………（94）
　第四节　从殷墟明器墓论商周核心酒器群的形成 ……………（118）
　第五节　鸭首形器与核心酒器群的关联 ………………………（130）
　第六节　从青铜盉论商周酒器群与水器群的"大组合" ………（138）
　第七节　酒器组合与先秦裸礼复原 ……………………………（149）

第三章　商周青铜铙组合研究 ………………………………………（167）
　第一节　北方地区出土商周无环铙诸问题研究 ………………（167）
　第二节　北方地区出土商周有环铙研究 ………………………（181）
　第三节　从晚商鼍鼓遗存论铙、鼓组合及其意义 ……………（188）

第四章　从青铜礼器组合论商周礼制的"变"与"常" ………………（206）
　第一节　商周青铜礼器的历时性变化 …………………………（207）
　第二节　商周社会思想的变化 …………………………………（224）

第三节　商周礼制在铜礼器层面的"变"与"常" …………（237）

第五章　商周礼制演进与早期中华文明 …………………（251）
第一节　中华文明的连续性与"周承商制" ………………（251）
第二节　文明之变与商周"礼制变革" ……………………（267）

结　语 …………………………………………………………（281）

参考文献 ………………………………………………………（285）

后　记 …………………………………………………………（309）

绪　　论

一　解题

　　作为中华民族的根基,传统文化在当今社会的重要性已经不言而喻。中国传统文化有其悠久的渊源和传承。学术界一般认为,百家争鸣的春秋战国时期是传统文化形成的一个重要时期,为后来的文化提供了原动力,不少学者借用西方学术界的"轴心时代"来形容这一阶段。不过,先秦诸子学说也非无根之木、无源之水,它们所植根的文化土壤,就是之前夏商周三代的礼乐文化、典章制度。其中,周礼作为三代礼制的集大成者,无疑是先秦诸子学说的直接来源。周礼,是见诸传世文献年代最早的成体系礼仪制度,而周礼之前的夏礼、殷礼,孔子早有"文献不足"(《论语·八佾》)的感慨。幸运的是,随着现代考古学的兴起,我们不仅能够更加深入直观地认识周礼,还可以借助甲骨文、金文构建殷礼,从而对中国传统文化的起源阶段有一个新的认识。本书以"文明史视域下商周铜礼器组合研究"为选题,就是希望从青铜礼器出发,对商周礼制,及其所反映的早期中华文明的文化特质,有一个清晰的认知。

　　早在民国时期,王国维先生就提出了"中国政治与文化之变革,莫剧于殷周之际"的论断[①],学术界称这一认识为"殷周变革"或"商周变革"论。"商周变革"的重要内涵,就是"殷礼"的衰退,"周礼"的形成,因而"商周变革"又可称"商周礼制变革"。除此之外,孔子有"周因于殷礼"(《论语·为政》)、"周监于二代"(《论语·八佾》)之说,说明周礼还有继承殷礼的成分,此可表述为"周承商制"。无论是"礼制变革",还是"周承商制",皆可归为"商周礼制演进"的讨论范畴,"礼制

---

① 王国维:《殷周制度论》,载《观堂集林》,中华书局1959年版,第451—480页。

变革"是商周礼制演进中"变"的部分,"周承商制"是商周礼制演进中"常"的部分。

  礼制的演进必然会体现在与礼制有关的考古实物上。《左传·成公二年》:"器以藏礼。"《礼记·礼器》:"礼器,是故大备。大备,盛德也。"宋人方慤对"器"与"礼"关系有过总结:"形而上者谓之道,形而下者谓之器。道运而无名,器运而有迹。《礼运》言道之运,《礼器》言器之用。"① "道运"即"礼运"。是以,"礼器"既是合礼之器,也是规则、制度的物化载体。② 众所周知,青铜容器是礼器,而且是一类在器型、数量、组合、位置等方面都具有一定规律的礼器,当青铜容器在器型、数量、组合、位置等方面都有阶段性变化的时候,其就能够反映出社会礼制的演进。因此,对青铜礼器的研究,势必可以成为探索商周礼制演进的有效途径。在青铜礼器诸特征中,组合与功能、礼制的关系最为密切,尤需格外关注。基于此,本书才重点关注"商周铜礼器组合"。其学术目的之一,就是希望从实物层面,探索商周礼制的"变"与"常"。

  从文明史的角度来看,"周承商制"反映的是早期中华文明所具有的突出的连续性,"商周礼制变革"反映的是早期中华文明发展过程中的文明变化,也就是中华文明所具有的突出的创新性。如果将"国家"的形成视为文明起源的标志,那么中国至少有着5000多年的文明史,良渚文明的兴起和良渚国家的建立可以证实这一点。③ 5000多年的中华文明史有着诸多特征,其中"连续性"是突出特征之一,中华文明在其形成以后就没有断裂过,一直发展至今。"周承商制",周人实际继承的多是自史前时期就已存在的,且为商人所继承和发展的一些文化元素。但是,中华文明的"连续性"不代表中华文明没有过变化和进步,否则我们就无法解释中华文明所具有的同样突出的"创新性"特征。其中,"商周礼制变革"无疑是早期中华文明发展和演进过程中变化较为剧烈的一次,反映出早期中华文明存在某种程度的变化,可归纳为"文明变革",强调文明发展中"变"的成分。因而,从商周铜礼器组合,到商周礼制演进,再到早期中华文明的文明特性,就构成了一条关联的线索,进而可以建立起从"礼

---

  ① 引自(清)孙希旦《礼记集解》,中华书局1989年版,第624页。
  ② 冯时:《器以载道》,《读书》2020年第4期。
  ③ 王巍:《中华5000多年文明的考古实证》,《求是》2020年第2期;王巍、赵辉:《"中华文明探源工程"及其主要收获》,《中国史研究》2022年第4期。

器"到"礼制"再到"文明"的链条。故此，探索"商周铜礼器组合"，自然最终可以落脚在早期中华文明连续性和文明变革的大问题之上，这是本书的第二个学术目标。

二 商周铜礼器组合研究进展

所谓铜礼器"组合"，是指青铜礼器之间频繁出现的某种共存关联，同一时代不同墓葬中往往会出现不同层次的相似的青铜礼器，这些青铜礼器之间就形成了不同层次的"组合"关系。

青铜器的研究史可以追溯到北宋时期的金石学，但青铜礼器组合研究，只有在现代考古学兴起以后，铜礼器有了明确的共存关系，方得以实现。因此，早年的青铜器专著，即使全面如容庚先生《商周彝器通考》（哈佛燕京学社1941年版）者，也没有专门讨论青铜器组合的章节。随着殷墟的发掘，青铜器组合的概念首次得到了学者们的关注，如李济先生较早指出殷墟"觚形器与爵形器之普遍的存在，并成了一对分不开的伙伴"，还称这一关系为"'觚''爵'组合"，最早确定了觚爵组合的存在。[①]

李济先生之后，对青铜礼器组合研究有较大推进的学者是陈梦家先生。陈先生在《殷代铜器》中提出了三个层次的组合形式：（1）同墓共存的组合；（2）同墓成套的组合；（3）同族名的组合。[②] 这三种组合，并不相同。比如，殷墟墓葬中的觚爵组合，就是一种"成套的组合"，往往共出，且有着数量上的1∶1关系。但是，殷墓中的觚爵组合，既有同族名的例子，也有不同族名的例子，可见同套未必同族名。这一区分，规范了商周铜礼器组合分类。

陈梦家先生以后，铜礼器组合研究朝着两个方向发展。第一个方向，在同墓组合方面，随着材料的积累，学者们可以依据丰富的墓葬材料，按时代区分同墓中的组合器类，其重要成果有张长寿先生《殷商时代的青铜容器》（《考古学报》1979年第3期）、杨锡璋、杨宝成二先生《殷墟青铜礼器的分期与组合》（载《殷墟青铜器》，文物出版社1985年版）、刘一曼先生《安阳殷墓青铜礼器组合的几个问题》（《考古学报》1995年第4期）、杨宝成先生《殷墟青铜器组合研究》（《考古与文物》2002年第3

[①] 李济：《记小屯出土之青铜器》，《中国考古学报》第3册，1948年。
[②] 陈梦家：《殷代铜器》，《考古学报》第七册，1954年。

期）等论文。第二个方向，在成套组合方面，除了已经辨识出的觚爵成套组合，还辨识出了早商（包含中商）的觚爵斝成套组合①、西周时期的尊卣成套组合②、尊方彝成套组合③、盘盉、盘匜成套组合④等。另外，自郭宝钧先生提出"列鼎"制⑤后，列鼎、列簋作为较为固定的组合，自然也可视为"成套组合关系"。商周青铜礼器的几部代表性专著，如马承源先生《中国青铜器》（上海古籍出版社1988年版，2003年修订本）、朱凤瀚先生《古代中国青铜器》（南开大学出版社1995年版）、《中国青铜器综论》（上海古籍出版社2009年版）、岳洪彬先生《殷墟青铜礼器研究》（中国社会科学出版社2006年版）、林巳奈夫先生《殷周青铜器综览》（上海古籍出版社2017年版）等书，在这两个方面都有进展。随着殷墟妇好墓的发现和研究的深入，学术界关于铜礼器组合研究又有了新的进展。妇好墓出土大量青铜觚（53件）、爵（40件），可根据铭文和形制分成不同组，每一组同铭觚、爵方可视为一套觚爵。⑥这再次反映出铭文、形制和纹饰对判断礼器组合的重要意义。

　　上述关于铜礼器组合的分类研究，依旧是一个有待深入的问题。陈梦家先生撰写《殷代铜器》时，周代保存较好的铜器墓发现较少，因而他对周代墓葬中的铜器组合关注得不多。实际上，周代墓葬中的铜器组合现象更为明显，对我们认识铜器组合分类很有帮助。比如，觚爵组合是一种成套的组合，尊卣组合也是一种成套的组合，但西周时期的尊卣组合还往往表现出相同的纹饰与铭文。从组合的紧密性来看，同纹饰、铭文的尊、卣自然更应受到重视。因此，纹饰与铭文的因素，也需要被考虑到铜礼器组合的分类中。据此，商周铜礼器组合大体可分为三种模式：一是按墓葬、功能（如食器、酒器、水器、乐器等）区分的组合，如殷墟小型贵族墓葬中常见的鼎、簋、

---

① 郭宝钧：《商周铜器群综合研究》，文物出版社1981年版，第12页。
② 王祁：《商周铜尊卣配对组合研究》，《考古》2019年第3期。
③ 冯峰：《论西周青铜器中的尊、方彝（尊、方彝、觥）组合》，载《三代考古》（八），科学出版社2019年版。
④ 周亚：《晋韦父盘与盘盉组合的相关问题》，《文物》2004年第2期。
⑤ 中国科学院考古研究所编著：《辉县发掘报告》，科学出版社1956年版，第75、112页。美国考古学家罗泰先生称列鼎、列簋制为"标准化组合"，参考［美］罗泰《宗子维城：从考古材料的角度看公元前1000至250年的中国社会》，吴长青、张莉、彭鹏等译，上海古籍出版社2017年版，第52—53页。
⑥ 岳洪彬：《论妇好墓随葬铜觚爵的配制及相关问题》，载《三代考古》（七），科学出版社2017年版。

觚、爵，就被许多学者视为一种组合关系；二是同套却不同"形"的组合，即常常共存，但纹饰不同或铭文不同，如觚爵组合；三是纹饰、铭文都相同的组合。对于第三种组合，笔者曾称其为"配对组合"。①那么，与之相应的，第二种组合自然可以称为"成套组合"，有时又可具体称为某器物与某器物的组合。因此，笔者认为，商周铜礼器组合应该有三种组合关系：同墓或同功能组合关系、成套组合关系、配对组合关系。

三 "商周礼制演进"研究进展

《礼记·王制》：

> 凡居民材，必因天地寒暖燥湿，广谷大川异制。民生其间者异俗，刚柔轻重迟速异齐，五味异和，器械异制，衣服异宜……中国戎夷五方之民，皆有性也，不可推移。

从文献记载来看，殷周是两个来源不同的部族，一个起源于西方，一个起源于东方，二者相距千里，其文化自然不会全然相同。②

春秋战国时期，诸子对商周文化差异，有直观地认识。比如，《论语·八佾》在讨论社主材质时，谓"夏后氏以松，殷人以柏，周人以栗"，以此代表殷、周文化的差异。再如，《孟子·滕文公上》记载三代税赋，谓"夏后氏五十而贡，殷人七十而助，周人百亩而彻"。《礼记·明堂位》更是详细罗列了虞夏商周四代服、器、官的差异。类似的材料还有很多。对于这种文化差异，《商君书·更法》以"三代不同礼"总结之，当是先秦诸子的普遍观念。

在近代学术兴起以后，学术界对商周制度的差异程度有着广泛讨论，并以"商周礼制变革"为主要的结论。不过，诸家对"商周礼制变革"发生过程的认识并不完全一致。大体而言，"商周礼制变革"可以按变革的时间分为"商周之际变革论"或"西周中晚期变革论"两种认识。

---

① 王祁：《商周铜尊卣配对组合研究》，《考古》2019年第3期。
② 对此，傅斯年先生称为"夷夏东西"之别，参见傅斯年《夷夏东西说》，载《傅斯年文集》（第三卷），中华书局2017年版。当然，"夷"与"夏"除了东西对立，还有互化融合，参见王震中《夷夏互化融合说》，《中国社会科学》2022年第1期。可见，从对立走向融合，是夷夏关系的发展方向。

1. 商周之际变革论

最早系统论述商周变革的学者是王国维。王国维先生在《殷周制度论》中断言[①]：

> 中国政治与文化之变革，莫剧于殷、周之际……殷、周间之大变革，自其表言之，不过一姓一家之兴亡与都邑之移转；自其里言之，则旧制度废而新制度兴，旧文化废而新文化兴。

这是把包含礼制变革的商周之变上升到文化制度的更新换代之上。又谓商周制度之变，大体在三个方面：

> 欲观周之所以定天下，必自其制度始矣。周人制度之大异于商者，一曰立子立嫡之制，由是而生宗法及丧服之制，并由是而有封建子弟之制，君天子臣诸侯之制；二曰庙数之制；三曰同姓不婚之制。

商周文化（王氏主要论宗法方面）既然有如此大的差异，那么这一差异是怎么造成的？又是什么时间造成的？这就很容易联想到周公制礼作乐之上。周公制礼作乐是战国秦汉文献较为公认的一种认识。《尚书大传》："周公摄政，一年救乱，二年克殷，三年践奄，四年建侯卫，五年营成周，六年制礼作乐，七年致政成王。"明确记载周公曾制礼作乐。《礼记·明堂位》"（周公）朝诸侯于明堂，制礼作乐，颁度量，而天下大服"，也记载周公制礼作乐。《左传·文公十八年》："先君周公制周礼曰：则以观德，德以处事，事以度功，功以食民。"这段话是季文子所说，季文子乃鲁桓公曾孙，属于周公之后，他说"先君周公制周礼"，必然有相当依据。王国维先生论证商周制度变革，之所以放在周初，便是因为周公制礼作乐的缘故。

王国维先生商周之际变革论一出，很快就引起学术界响应。郭沫若先生认为："这是一篇轰动了全学界的大论文，新旧史家至今都一样地奉以为圭臬。"[②] 顾颉刚先生说《殷周制度论》"发千古之秘"。[③] 日本学术界也对

---

① 王国维：《殷周制度论》，载《观堂集林》，中华书局1959年版，第451—480页。
② 郭沫若：《郭沫若全集·历史编2·十批判书》，人民出版社1982年版，第7页。
③ 顾颉刚：《当代中国史学》，上海古籍出版社2002年版，第102页。

《殷周制度论》给予较高评价。① 即使是现今的学术界，赞同这一观点的学者也有很多。沈长云先生就认为王国维的论点容有张大其辞的成分，但商周之际确实有过深刻的社会历史变革，王国维指出的当时政治制度及思想文化方面的许多重要变化也无可否认。② 王晖先生虽然对王国维的具体论述有不同意见，但对王国维商周之际大变革的核心观点，大体是接受的。③

当然，批判王国维商周之际变革论的学者也有很多。比如，陈梦家先生指出："在表面上似乎说周制是较殷制为进步的，事实上是由鼓吹周公的'封建制度'而主张维持清代的专制制度。"④ 从创作意图上对《殷周制度论》釜底抽薪。还有学者在方法论上强调《殷周制度论》的缺陷，如张富祥先生认为王国维把晚出史料当作周初史料，成祖明先生认为王国维在这篇文章中所使用的"二重证据法"造成了出土文献材料与传世文献材料的同质性解读。⑤

学术界之所以对商周之际变革论争议较大，与资料的碎片化有关。无论是王国维先生，还是其后讨论商周之际制度史的学者，所依赖的材料主要是甲骨金文及传世文献，其中甲骨金文材料虽然较多，但受制于材料的性质，以及出土的偶然性，无疑不具有系统性和全面性；共时性传世文献材料较少，后世追记材料较多，这一较多部分的真实性又是学术界争议不休的问题。因此，依靠碎片化的材料所构建的商周之际变革论，在重视实证性、科学性的今天，当然会引起不同意见。

2. 西周中晚期变革论

过去，古史学界对于商周制度差异的研究，主要关注王国维先生所提出的几个重要课题，并采用了相似的研究方法（"二重证据法"），这固然大大加深了我们对商周制度的认识，但也造成了纠扯不清的争议。所以，突破文字材料（古文字、传世文献）碎片化的束缚，从物质层面探讨礼制变革，就成了一个新的研究思路。

青铜器是宗庙之"彝器"（《左传·襄公十九年》），无疑是最能够体

---

① ［日］内藤湖南：《中国史通论》，夏应元译，社会科学文献出版社2004年版，第64页。
② 沈长云：《论殷周之际的社会变革——为王国维诞辰120周年及逝世70周年而作》，《历史研究》1997年第6期。
③ 王晖：《商周文化比较研究论纲》，《北京师范大学学报》（社会科学版）1997年第6期。
④ 陈梦家：《殷虚卜辞综述》，中华书局1988年版，第630页。
⑤ 张富祥：《重读王国维〈殷周制度论〉》，《史学月刊》2011年第7期；成祖明、赵亚婷：《重新检视王国维的〈殷周制度论〉——走出王国维的"二重证据法"》，《社会科学战线》2018年第8期。

现商周"道运"的物化载体。考古学兴起后，部分学者选择以商周青铜器作为研究对象，旨在由"器"溯"礼"，探讨商周礼制变革的过程和路径。

《尚书·微子》记载商人嗜酒："我用沈酗于酒，用乱败厥德于下……天毒降灾荒殷邦，方兴沈酗于酒。"这与周初大盂鼎（《集成》2837）"唯殷边侯田（甸）雩殷正百辟，率肆于酒"的记载一致。自1928年殷墟遗址被发掘以后，学术界认识到殷墟遗址所出青铜礼器中，酒器占比最高，从而证实了殷人喜酒的传说。① 邹衡先生进一步指出，商代酒器中，觚、爵常常相配出现，觚、爵的数量，是区分贵族等级的标志。② 因此，觚爵组合就成为商代礼器系统的核心，甚至成了商文化的象征。③

随着河南汲县（今卫辉市）山彪镇一号墓五件形制相同、大小不等铜鼎被发现，郭宝钧先生提出周自厉、宣以来，统治阶层爱用三、五、七、九成组的大小相次的列鼎随葬，是为列鼎制度。④ 俞伟超、高明两位先生系统研究周代的用鼎制度，区分了镬鼎、升鼎和羞鼎，并阐述了列鼎制度的等级制问题。⑤ 这一观点影响深远，得到很多学者的赞同⑥，并不断被后来的考古发掘报告引用。因此，列鼎制（也包括与之相配的列簋制）就成了周文化的象征。

对比商周青铜器群的差异，郭宝钧先生进一步提出，殷代酒器的比重较大，青铜器的组合特点是"重酒的组合"；周人禁酒，西周中叶以后酒器减少，食器增多，青铜器的组合特点是"重食的组合"。⑦ 这一转变还涉及以下方面：

（1）编钟的出现；

（2）器类形制变化较大，以鼎为例，前段的鼎形还如殷鼎一样，穆王

---

① 李济：《殷虚出土青铜礼器之总检讨》，《中央研究院历史语言研究所集刊》1976年第47本第4分本。

② 北京大学历史系考古教研室商周组：《商周考古》，文物出版社1979年版，第88页。

③ 杜正胜：《从三代墓葬看中原礼制的传承与创新——兼论与周边地区的关系》，载《中国商文化国际学术讨论会论文集》，中国大百科全书出版社1998年版，第220—226页；岳洪彬：《论妇好墓随葬铜觚爵的配制及相关问题》，载《三代考古》（七），科学出版社2017年版。

④ 郭宝钧：《山彪镇与琉璃阁》，科学出版社1959年版，第11—13页。

⑤ 俞伟超、高明：《周代用鼎制度研究》，《北京大学学报》（哲学社会科学版）1978年第1、2期，1979年第1期。

⑥ 梁云：《周代用鼎制度的东西差别》，《考古与文物》2005年第3期；张闻捷：《周代用鼎制度疏证》，《考古学报》2012年第2期。

⑦ 郭宝钧：《商周铜器群综合研究》，文物出版社1981年版，第62—69页。

时期鼎的鼎身变作横方，下侈，腹较浅，底较平，柱足上微粗，下较细，有转变为蹄足的倾向；到西周后期，蹄足鼎成为主流形制；

（3）铸造技术上，模范上的进步，同类器的划一形式成为后段的普遍现象；

（4）纹饰上，前段严肃神怪的动物纹饰依旧流行，后段动物纹饰不再流行，而以简净质朴的长带形波浪纹、连贯的重环纹、鱼鳞纹、垂鳞窃曲纹等代之；

（5）铭文上，格式化的册命铭文流行于后段，书体也由波磔变为谨饬。

这一器型和组合的全面变化，被英国学者杰西卡·罗森女士称为"礼制革命"，并认为这一"革命"发生在西周中期偏晚阶段。[①] 关于"礼制革命"（或称"礼制改革""礼制变革"等）的具体时间，学术界尚存争议，比如，曹玮先生认为这种变化产生在西周恭懿前后[②]，李朝远、曹斌等先生的观点大致相似[③]，但罗泰先生则认为这种变化应该发生在西周晚期[④]。

实际上，除了对用鼎制度和编钟制度的研究，目前学术界对青铜器"礼制变革"的研究多是在综合层面进行的，缺乏对个案的深入分析。因此，从青铜器角度研究"礼制变革"，尚有较多可为之处，其中不同器类的个案分析，就是可待加强的研究方向。

以上，关于商周礼制变革，目前有两种重要观点，一种是商周之际变革论，一种是西周中晚期变革论。这两种观点，实质代表了两种研究取向：前一种是文献本位的研究取向；后一种是物质本位的研究取向。就目前的研究进展来看，商周之际变革论没有注意到商周物质层面的变化不是在西周初年，而是在西周中晚期，商周之际变革论的批评者对此颇有微词；西周中晚期变革论则更看重物质证据，忽略了大量的文献材料，即使

---

① [英] 杰西卡·罗森：《祖先与永恒：杰西卡·罗森中国考古艺术文集》，邓菲、黄洋、吴晓筠等译，生活·读书·新知三联书店2011年版，第20—62页。

② 曹玮：《从青铜器的演化试论西周前后期之交的礼制变化》，载《周原遗址与西周铜器研究》，科学出版社2004年版，第91—106页。

③ 李朝远：《青铜器上所见西周中期的社会变迁》，《学术月刊》1994年第11期；曹斌：《恭懿之际西周国家的转型》，《中国人民大学学报》2017年第3期。

④ [美] 罗泰：《有关西周晚期礼制改革及庄白微氏青铜器年代的新假设：从世系铭文说起》，李零译，载《中国考古学与历史学之整合研究》，台北"中央研究院"历史语言研究所1997年，第651—676页；[美] 罗泰：《宗子维域：从考古材料的角度看公元前1000至前250年的中国社会》，吴长青、张莉、彭鹏等译，上海古籍出版社2017年版，第66页。

这些文献材料具有碎片化的缺陷，也未必就没有参考价值。因此，如何结合两种观点中的合理部分，就成了商周礼制演进研究的一个当务之急。

除了变革论，自古也有商周文化连续发展的认识。《论语·为政》："殷因于夏礼，所损益，可知也；周因于殷礼，所损益，可知也。"《论语·八佾》又谓："周监于二代。"这是强调了商周文化相传承的一面，可归为"周承商制"范畴。

近代以来，谈商周变革论要多于谈商周延续论，但也有一些学者强调周文化对商文化的继承和发展，如王门弟子徐中舒先生就认为商周两代文化"全趋于一致"[①]。对于王国维先生所强调的封建和宗法为周人所创制度的观点，胡厚宣先生在《殷代封建制度考》《殷代婚姻家族宗法生育制度考》两文中根据甲骨文材料，认为殷代已有封建制和宗法制。[②] 张光直先生认为三代文化在衣食住行、葬俗、卜法、陶器铜器等方面相似，三代文化大同而小异，夏商周纵然不是同一种民族，至少是同一类民族。[③] 刘源先生认为周王朝建立之初，在政体、祀典、名号制度等方面，很大程度上继承殷商旧制；周人克商后，任用大批曾服务于殷王朝的史官，史官家族对殷周文化制度的延续有深远影响。[④] 不过，相关研究多是从政治制度、祭祀制度等大方面着手研究的，没有从青铜礼器角度专门对商周文化的延续性问题进行讨论，这一点就远不能与商周礼制变革研究相比，后者业已有较为丰富的研究成果。

事实上，青铜礼器一般被认为是礼制变革的物化形式，故此学术界才有着商人重酒器，周人重食器的区分。是以，如何从青铜礼器角度讨论商周礼制的延续性，讨论"周承商制"，就成了商周礼制演进研究的另一个当务之急。

四 关于"文明变革"的理论思考

中华文明具有突出的连续性，这一点学术界业已有较为广泛的讨论，

---

① 徐中舒：《殷周文化之蠡测》，《中央研究院历史语言研究所集刊》1931年第2本第3分本。

② 胡厚宣：《甲骨学商史论丛初集》，齐鲁大学国学研究所，1944年。

③ 张光直：《夏商周三代都制与三代文化异同》，载《中国青铜时代》，生活·读书·新知三联书店2013年版，第69页。

④ 刘源：《周承殷制的新证据及其启示》，《历史研究》2016年第2期。

本书第五章也会从商周礼制演进中的"周承商制"角度讨论中华文明的连续性。需要指出的是，除了文明的连续发展，中华文明历经5000多年，在其某些阶段，必然会遇到文明转型的问题，本书称之为"文明变革"。文明变革，实际上是中华文明所具有的突出的创新性的集中表现。每一次创新都会为文明变革积聚量变条件，量变积累到了一定程度，就会引发文明的质变，甚至会产生文明的转型和变革。因而，文明变革代表着中华文明所具有的突出的创新性。

文明变革，有大变化，也有小变化。近代以来，中国的经济基础由小农经济转向工业经济，社会的主流意识形态由儒家思想转向马克思主义思想，人们的生产、生活方式都有了巨大的变化，因而产生了"中华民族现代文明"，中华文明经历了一次飞跃。① 不过，文明类型具有多样性，如马克垚先生将人类历史上的农业文明划分为古代西亚文明、古代埃及文明、古代印度文明、古代中华文明（先秦秦汉时期）、古代希腊文明、古代罗马文明、发达的中华农业文明（唐宋时期）、中古伊斯兰文明、中古西欧基督教文明等典型类型。② 已经暗示不仅同样属于农业文明的诸文明体，可以有文明的本质区别；同一农业文明体内部，也可以有历时性的变化。如果同一文明体内部发生了文明的变化，如马克垚先生所说"古代中华文明"向"发达的中华农业文明"的变化，自然也可以视为"文明变革"。美国学者斯塔夫里阿诺斯曾按时代将公元1500年前世界各地的文明体划分为不同阶段，如欧亚大陆古代文明（公元前3500—前1000年）、欧亚大陆古典文明（公元前1000—公元500年）、欧亚大陆中世纪文明（公元500—1500年）。③ 中华文明自然也经历了"古代""古典"及"中世纪"三个阶段，不同阶段的变化，也可归为"文明变革"的范畴。加拿大著名考古学家布鲁斯·G.崔格尔把商代归为"早期文明"阶段，汉代归为"前工业时代晚期文明"。④ 这一分类也可反映中华文明有其阶段性。这些

---

① 不少学者提出"中华文明现代转型"的概念，就是对近代以来中华文明变革的描述，参见左玉河《中华文明现代转型的动力、机制及路径》，《史学集刊》2023年第1期；姜义华《中华文明现代转型的独创路径》，《人民论坛》2010年第35期。

② 马克垚主编：《世界文明史》（上），北京大学出版社2004年版。

③ ［美］斯塔夫里阿诺斯：《全球通史——1500年以前的世界》，吴象婴、梁赤民译，上海社会科学院出版社1999年版。

④ ［加］布鲁斯·G.崔格尔：《理解早期文明：比较研究》，徐坚译，北京大学出版社2014年版，第37页。

有关文明分期的研究成果未必全部符合事实，但至少昭示中华文明在其悠久的历史长河中，有不同层次的"文明变革"。

因此，在以小农经济为基础的古代中国，随着生产力的进步，国家形态会有变化，社会思想也会变化，甚至老百姓的生活方式都有时代性的较大差异，相应时期的中华文明自然也就会有一些小的变革。其中，西周时期所发生的"商周变革"，自然可以称得上中华文明发展史上的一次"变革"。

从理论上说，每一次文明变化，都要以经济变化为基础：大的变化对应经济基础的剧变，小的变化对应经济基础的小变。早在新石器时代初期，随着先民们驯化动、植物，发展农业，饲养家畜，人们的生活方式逐渐向定居生活转变，人群的规模也随着种植技术不断提升、种植规模不断扩大而扩大。因而，社会分工、阶级分化也不断加深，社会产生了统治者与被统治者两类人群。生产力的不断提升，导致了统治者分化出王、官员、祭师等不同级别、职业人群，被统治者则分化出平民、奴隶阶层，国家随之产生。"中华文明探源工程"对于中华文明起源的判断，第一条成果就是"生产力获得发展，出现社会分工，在农业显著发展的基础上，出现农业和手工业的分离，并且部分手工业生产专业化"①。可见生产力进步对于中华文明产生的决定性意义。即使文明产生以后，文明的每一次变革，也都离不开生产力的因素。比如，唐宋之际，社会也有一个较大的变化，学术界常以"唐宋变革"为称，其背景就是唐宋之际经济关系的变化。② 至于近代以来的文明变革，生产关系的变化就更是一个突出的因素。

经济基础的变化，必然会带动上层建筑的变化③，这主要表现为：第一，国家形态的变化，如国家结构的变化、王权的变化、官僚机构的变化；第二，社会思想的变化，如主流意识形态的变化、法律的变化、宗教思想的变化。随着国家结构和社会思想的变化，国家结构和社会思想的物

---

① 王巍：《中华5000多年文明的考古实证》，《求是》2020年第2期。
② 漆侠：《唐宋之际社会经济关系的变革及其对文化思想领域所产生的影响》，《中国经济史研究》2000年第1期。
③ 对此，马克思有极为精辟的论断："人们在自己生活的社会生产中发生一定的、必然的、不以他们的意志为转移的关系，即同他们的物质生产力的一定发展阶段相适合的生产关系。这些生产关系的总和构成社会的经济结构，即有法律的和政治的上层建筑竖立其上并有一定的社会意识形式与之相适应的现实基础。物质生活的生产方式制约着整个社会生活、政治生活和精神生活的过程。不是人们的意识决定人们的存在，相反，是人们的社会存在决定人们的意识。"[马克思：《〈政治经济学批判〉序言》，载《马克思恩格斯选集》（第2卷），人民出版社1972年版，第82页]

化形式——如宫殿、墓葬、殉葬的器物等——自然也都要改变。比如，国家结构发生了变化，王权由一开始的邦国王权走向了夏商周复合制国家王权[①]，王所居住的城市、所入葬的坟墓，自然都有了较大的变化，突出表现为规模宏大的都城和墓葬。一般而言，这类物化形式的变化是最容易观察，也最容易量化的，因而常常被用来讨论文明的演进。故此，关注于"物"的研究，是讨论文明变革的不可或缺的部分。这在文献材料较少的早期文明阶段尤为重要。

在商周时期，青铜礼器就是与社会思想关系最为密切的物质载体。通过青铜礼器的变化探讨礼制的变化，并上升到文明变革的研究，无疑是一条从"礼器"到"礼制"再到"文明"的研究路径。本书认为，我们可以通过对商周青铜礼器的研究，最终为探讨商周礼制变革与早期中华文明变革的关系提供来自物质载体的证据，阐释早期中华文明变革本质所在。

五　研究方法

以上，商周礼制演进是与早期中华文明重要特性相关联的一个课题，而它们又都可以借由商周青铜礼器的视角去研究。因而，本书的学术目标，即在于通过考察商周铜礼器组合的变化，研究商周礼制演进的具体过程和实质，及其背后所反映的早期中华文明重要特性。

为完成上述学术目标，本书努力坚持实事求是原则，坚持历史主义原则。在此基础上，本书处理研究材料的具体原则是：

第一，坚持把古文字材料与考古材料结合起来，并参考文献材料、民俗学材料，通过多重对比，所得结论必然更加完备。

第二，对于古文字材料，要全面系统地梳理关联内容，不作片面式研究。

第三，对于古文字材料与传世文献材料的矛盾之处，要考虑到现实历史与文本历史的差异、贵族视角与平民视角的不同等情况，不能轻易用甲否定乙，或用乙否定甲，一定要综合分析各类可能性，审慎判断。

第四，对于青铜器材料，以出土材料为主，并使用"组合""成套"

---

① 关于早期王权演变，参见王震中《邦国、王国与帝国：先秦国家形态的演进》，《河南大学学报》（社会科学版）2003年第4期；王震中《中国王权的诞生——兼论王权与夏商西周复合制国家结构之关系》，《中国社会科学》2016年第6期。

和"配对"的学术概念。所谓"组合",就是器物之间反复出现的共存关系,可以是形制、纹饰、铭文有关联的器物,也可以是形制、纹饰、铭文没有关联的器物。所谓"成套",就是在"组合"之下的固定关系。所谓"配对",则是在"成套"之下的同纹饰或铭文的组合关系。"配对组合"的产生和普及,主要发生在西周时期,甚至成为周文化重要特色。讨论"配对组合关系"形成的过程,有助于我们从青铜器角度认识礼制变革和周礼的形成。

第五,重视青铜器的出土位置,不同器类常常形成位置上的关联性,这是由器物的功用所决定的,因此位置关系能够提供功能组合信息。重视青铜器的自名,自名是我们研究青铜器功用最直接的办法,也是将青铜器研究由"器"的层面上升为"道"的层面的最直接的信息。因此,对青铜器自名的关注,从自名角度讨论功用和组合,也是极为重要的研究方法。

第六,对于传世文献材料,要注意文献"时间性的等次性"问题,即越早的文献反映的早期信史的可能性就越大;越晚的文献,经后代学者想象的空间就越大。

六 研究材料

本书所用材料,主要由甲骨文材料、青铜器与金文材料、商周考古材料和传世文献材料四部分构成,四者皆很重要。

(一)甲骨文材料

甲骨文有商周之分,商代甲骨文主要出土于殷墟遗址,周代甲骨文主要出土于周原遗址与周公庙遗址。

自殷墟甲骨文被辨识出来后,致力于收集和著录甲骨文材料的学者不下数十家,相关材料过于庞杂且寻找不便,到 20 世纪五六十年代,中国科学院历史研究所(今中国社会科学院古代史研究所)开始编纂《甲骨文合集》十三册(中华书局 1979—1983 年版),解决了甲骨文材料不易寻求的难题。本书所使用的殷墟甲骨文材料,除《甲骨文合集》外,还有大量新的甲骨著录材料,如《小屯南地甲骨》(中华书局 1980 年版)、《殷墟花园庄东地甲骨》(云南人民出版社 2003 年版)、《殷墟小屯村中村南甲骨》(云南人民出版社 2012 年版)等。

在使用这些材料时,本书参考相关缀合信息,如《甲骨缀合集》(及《续集》)(台湾乐学书局有限公司 1999 年版、台湾文津出版社 2004 年版)、《醉古集》(台湾书房 2008 年版)、《契合集》(台湾万卷楼 2013 年版)、《甲骨拼合集》(及《续集》《三集》《四集》)(学苑出版社 2010 年、2011 年、2013 年、2016 年版)及中国社会科学院古代史研究所先秦史网站等,尽量将卜辞材料收集齐全。

在甲骨文类组方面,本书主要参考黄天树[①]、李学勤、彭裕商[②]及香港中文大学中国文化研究所与中国古籍研究中心"汉达文库"数据库的分组信息。

西周甲骨文的发现要追溯到 1954 年山西洪赵县坊堆村的发掘[③],一件卜骨正面刻有八字,乃周初卜骨[④]。大规模的发现要到 1977 年周原凤雏甲组基址的发掘,该基址西厢二号房 H11 及 H31 出土大量周初甲骨文,引起学术界广泛关注。[⑤] 这一批材料,系统公布在《周原甲骨文》[⑥] 一书中。周原甲骨文之后,西周甲骨文又有多次发现[⑦],2008 年周公庙出土大量周初卜辞[⑧],惜系统材料尚未正式发表。

由于西周甲骨文发现数量相对较少,发现地区相对分散,且相关材料尚没有全部公布,所以没有形成诸如殷墟甲骨文那样系统的分期成果。对西周甲骨文的利用,要参考它的背景材料。

(二) 青铜器与金文材料

青铜器与金文的著录始于宋代金石学,吕大临《考古图》和宋徽宗敕撰《宣和博古图》都是著录青铜器的经典之作。自宋代以来,历代皆有青铜器著录,但本书所利用青铜器材料多有明确的组合背景,属于考古发掘物品。相关材料除了散见于各类发掘报告、简报,还见于考古单位出版的青铜器图录,如《中国青铜器全集》(1—6)(文物出版社 1996—1998 年版)、《中国出土青铜器全集》(龙门书局 2018 年版)、

[①] 黄天树:《殷墟王卜辞的分类与断代》,科学出版社 2007 年版。
[②] 李学勤、彭裕商:《殷墟甲骨分期研究》,上海古籍出版社 1996 年版。
[③] 山西省文物管理委员会:《山西洪赵县坊堆村古遗址墓群清理简报》,《文物参考资料》1955 年第 4 期;畅文齐、顾铁符:《山西洪赵县坊堆村出土的卜骨》,《文物参考资料》1956 年第 7 期。
[④] 李学勤:《谈安阳小屯以外出土的有字甲骨》,《文物参考资料》1956 年第 11 期。
[⑤] 陕西周原考古队:《陕西岐山凤雏村发现周初甲骨文》,《文物》1979 年第 10 期。
[⑥] 曹玮编著:《周原甲骨文》,世界图书出版公司 2002 年版。
[⑦] 王宇信:《西周甲骨探论》,中国社会科学出版社 1984 年版,第 18—19 页。
[⑧] 周原考古队:《岐山周公庙遗址去年出土大量西周甲骨材料》,《中国文物报》2009 年 2 月 20 日第 5 版。

《陕西出土商周青铜器》（文物出版社 1979—1984 年版）、《河南出土商周青铜器》（一）（文物出版社 1981 年版）、《殷墟青铜器》（文物出版社 1985 年版）、《殷墟新出土青铜器》（云南出版社 2008 年版）、《周原出土青铜器》（巴蜀书社 2005 年版）、《吉金铸华章：宝鸡眉县杨家村单氏青铜器窖藏》（文物出版社 2008 年版）、《曾国青铜器》（文物出版社 2007 年版）等。

至于金文著录材料，本书最常用的工具书是中国社会科学院考古研究所主编《殷周金文集成》（中华书局 1984—1994 年版）、吴镇烽先生编《商周青铜器铭文暨图像集成》（上海古籍出版社 2012 年版）、《商周青铜器铭文暨图像集成续编》（上海古籍出版社 2016 年版）、《商周青铜器铭文暨图像集成三编》（上海古籍出版社 2020 年版）、张天恩先生主编《陕西金文集成》（三秦出版社 2016 年版）等。最新的金文材料，还见于相关发掘报告与简报。

除了原始材料，青铜器与金文研究还涉及分期和考释，这方面的成果可参考郭沫若先生《两周金文辞大系图录考释》（科学出版社 1957 年版）、陈梦家先生《西周铜器断代》（中华书局 2004 年版）、唐兰先生《西周青铜器铭文分代史征》（中华书局 1986 年版）、王世民、陈公柔、张长寿三位先生《西周青铜器分期断代研究》（文物出版社 1999 年版）、彭裕商先生《西周青铜器年代综合研究》（巴蜀书社 2003 年版）、岳洪彬先生《殷墟青铜礼器研究》（中国社会科学出版社 2006 年版）、朱凤瀚先生《中国青铜器综论》（上海古籍出版社 2009 年版）、严志斌先生《商代青铜器铭文研究》（上海古籍出版社 2017 年版）等著作。

（三）商周考古材料

本书所用考古材料较为简单，主要是商周时期商文化区和周文化区内重要墓地的贵族墓葬材料。这一核心文化区的分布范围随时代变迁而略有不同。

在早商时期，商文化由郑洛地区逐渐向四方扩张，最盛时东面到泰沂山脉，西面达关中西部岐山、扶风一线，南面逾长江，北面抵达长城。[①] 早商时期出土重要墓葬的考古报告有《郑州商城：1953—1985 年考古发掘

---

① 中国社会科学院考古研究所编著：《中国考古学·夏商卷》，中国社会科学出版社 2003 年版，第 253 页。

报告》（文物出版社2001年版）、《偃师商城》（第1卷）（科学出版社2013年版）、《藁城台西商代遗址》（文物出版社1985年版）、《盘龙城：1963—1994年考古发掘报告》（文物出版社2001年版）等，《辉县发掘报告》（科学出版社1956年版）中也有部分早商墓葬。

在晚商时期，商文化的政治中心转移至豫北（以殷墟遗址为中心），此时商文化除了北线和东线略有扩张外，其西线退缩到西安，南线收缩至桐柏山附近。晚商时期殷墟遗址的考古报告较多，此外还有《老牛坡》（陕西人民出版社2002年版）、《滕州前掌大墓地》（文物出版社2005年版）、《灵石旌介商墓》（科学出版社2006年版）等考古报告。

在西周时期，周文化的势力范围较之商文化区有所扩张，"我自夏以后稷、魏、骀、芮、岐、毕，吾西土也；及武王克商，蒲姑、商奄，吾东土也；巴、濮、楚、邓，吾南土也；肃慎、燕、亳，吾北土也"（《左传·昭公九年》）。这一广袤范围内的都城和封国遗址众多，重要考古报告有《沣西发掘报告：1955—1957年陕西长安县沣西乡考古发掘资料》（文物出版社1963年版）、《张家坡西周墓地》（中国大百科全书出版社1999年版）、《宝鸡強国墓地》（文物出版社1988年版）、《高家堡戈国墓》（三秦出版社1995年版）、《洛阳北窑西周墓》（文物出版社2002年版）、《鹿邑太清宫长子口墓》（中州古籍出版社2000年版）、《浚县辛村》（科学出版社1964年版）、《梁带村芮国墓地》（文物出版社2010年版）、《梁带村芮国墓地——2005、2006年度发掘报告》（文物出版社2020年版）、《上村岭虢国墓地》（科学出版社1959年版）、《三门峡虢国墓》（文物出版社1999年版）、《平顶山应国墓地》（大象出版社2012年版）、《天马—曲村（1980—1989）》（科学出版社2000年版）、《琉璃河西周燕国墓地：1973—1977》（文物出版社1995年版）等。

（四）传世文献材料

本书所利用到的传世文献，以先秦文献为主，部分章节可能还会利用到出土简牍。在利用这些传世文献时，需要注意几个问题：

第一，文献的"时间性的等次性"问题，这一点上文已经谈过，不再赘述。

第二，文献的校勘和注疏问题。因为传世文献经过传抄和修订，我们目前所见之定本已经产生了大量讹变、错漏等现象，这就需要借助历代学者的校勘和注疏。这一方面，我们尽量使用权威版本，如中华书局整理的阮元校刻的《十三经注疏》（清嘉庆刊本）、中华书局整理的清人注疏十三经系列、中华书局点校本《史记》修订本等。

第三，目前战国秦汉时期的简帛文字大量出土，其中往往有传世文献的古本，甚至有大量佚失古书，如清华简中的书类文献和《系年》等。这些简帛文献所记史实的可靠性未必一定高于传世文献，但因为是出土文献，需要加以注意。

第一章　商周青铜食器组合研究

所谓"食器",是与"酒器"相区别的词汇,指以炊煮、盛放谷、肉、蔬、果、酱等各类食物为主的器皿。"商人重酒,周人尚食",是学术界较为固定的印象,重酒、重食遂成为商、周文化各自的特点。这种认识固然有道理,但我们追溯"周人尚食"的源头,会发现不少的因素已见于晚商时期。也就是说,"周人尚食",并非无中生出的文化传统,而有着悠久的历史传承。本章以商、周文化都较为常见的铜鼎、铜簋为例,详细讨论商周青铜食器文化的传承与演变。

第一节　商周列鼎组合研究

"列器"之名最早由郭宝钧先生提出,他在《辉县发掘报告》[①]《山彪镇与琉璃阁》[②] 等报告中根据古人"列鼎而食"(《说苑·建本》)的记载,提出一墓所出3、5、7、9件形制相同、大小相次的鼎,就是列鼎。除郭宝钧先生,俞伟超、高明[③]、杜迺松[④]、宋建[⑤]、李学勤[⑥]、王世民[⑦]、林沄[⑧]、张闻捷[⑨]、

---

① 中国科学院考古研究所编著:《辉县发掘报告》,科学出版社1956年版,第75、112页。
② 郭宝钧:《山彪镇与琉璃阁》,科学出版社1959年版,第11—13页。
③ 俞伟超、高明:《周代用鼎制度研究(上)》,《北京大学学报》(哲学社会科学版)1978年第1期。
④ 杜迺松:《从列鼎制度看"克己复礼"的反动性》,《考古》1976年第1期。
⑤ 宋建:《关于西周时期的用鼎问题》,《考古与文物》1983年第1期。
⑥ 李学勤:《东周与秦代文明》,文物出版社1984年版,第207—208页。
⑦ 王世民:《关于西周春秋高级贵族礼器制度的一些看法》,载《考古学史与商周铜器研究》,社会科学文献出版社2017年版,第401—414页。
⑧ 林沄:《周代用鼎制度商榷》,《史学集刊》1990年第3期。
⑨ 张闻捷:《周代用鼎制度疏证》,《考古学报》2012年第2期。

杨琳[①]等先生都有文章讨论这一问题。目前，关于列鼎制的一般结论，是认为成熟列鼎制产生于西周晚期，最早可以追溯到西周中期，列鼎是一组形制相同、大小相次的鼎。对于列鼎制的起源，或如俞伟超、高明二位先生所采取的"杂取各鼎，相配成套"的办法，把列鼎制追溯到西周早期；或如更多学者所言，直接略过西周早期和晚商时期，从明确的西周中期开始谈起。林沄先生早已指出，"杂取各鼎，相配成套"会使列鼎的判断失去客观依据，而有变成主观的数字游戏的危险，是行不通的。略过晚商和西周早期也是不合适的，列鼎制不会是无源之水，无本之木，对它的起源的探索依旧需要从晚商和西周早期进行。林沄先生还指出，根据"厤"可以训为列来看，凡是形制相同的成组铜器，都可以命名为列器。据此"列器"内涵，不仅形制相同、大小相次的鼎可以称为"列鼎"，形制相同、大小相似的鼎也可以称为"列鼎"，早年已有简报如此称呼墓中列鼎。[②]那么，把形制相同、大小相似的组鼎纳入列鼎的研究范畴，是否会对传统的列鼎研究产生影响？这就是本节所要讨论的问题。

一　西周时期列鼎分类

根据形制和大小，西周时期的列鼎至少可以分为两类：第一类是形制相同、大小相似的成组鼎；第二类是形制相同、大小相次的成组鼎。下面分别介绍两类列鼎的出土情况。

（一）第一类列鼎

形制相同、大小相似的组鼎，凡16墓所出的26组列鼎。这些墓葬可以根据时代的先后，大致分为西周早期和西周中期。

1. 西周早期　13座墓葬，共计出土23组列鼎。

河南鹿邑太清宫M1，出土5组列鼎，分别是：长子口扁足圆鼎，5件；长子口分裆圆鼎，5件；析子孙方鼎，2件；子方鼎，2件；长子口带耳方鼎，5件。[③]

陕西宝鸡石鼓山M4，出土2组列鼎，分别是：乳钉纹鼎，2件；子父

[①] 杨琳：《周代前期用鼎制度新探》，《江汉考古》2019年第2期。
[②] 山东诸城县博物馆：《山东诸城臧家庄与葛布口村战国墓》，《文物》1987年第12期。
[③] 河南省文物考古研究所、周口市文化局编：《鹿邑太清宫长子口墓》，中州古籍出版社2000年版，第58—71页。

丁分裆鼎，2件。①

湖北随州叶家山 M1，出土 2 组列鼎，分别是：师方鼎，4 件；师圆鼎，2 件。②

甘肃灵台白草坡 M2，出土 1 组列鼎，为 2 件㚸伯方鼎。③

山西天马—曲村 M6081，出土 1 组列鼎，为 2 件南宫姬束颈鼎。④

若把西周早期分为前段和后段，上述 5 墓可进一步归为西周早期前段。

湖北随州叶家山 M28，出土 3 组列鼎，分别是：曾侯谏分裆鼎，2 件；曾侯谏方鼎，2 件；曾侯谏圆鼎，2 件。⑤

湖北随州叶家山 M111，出土 2 组列鼎，分别是：曾侯小方鼎，4 件；圆涡四叶目纹鼎，2 件。⑥

山西翼城大河口 M1，出土 2 组列鼎，分别是：兽面纹圆鼎，4 件；圆涡纹圆鼎，3 件。⑦

湖北随州叶家山 M2，出土 1 组列鼎，为 2 件曾侯谏分裆鼎。⑧

湖北随州叶家山 M65，出土 1 组列鼎，为 2 件涡龙纹圆鼎。⑨

湖北随州叶家山 M50，出土 1 组列鼎，为 2 件九六一伯方鼎。⑩

湖北随州叶家山 M27，出土 1 组列鼎，为 2 件曾侯方鼎。⑪

---

① 陕西省考古研究院、宝鸡市考古研究所、宝鸡市渭滨区博物馆：《陕西宝鸡石鼓山商周墓地 M4 发掘简报》，《文物》2016 年第 1 期。

② 湖北省文物考古研究所、随州市博物馆：《湖北随州叶家山西周墓地发掘简报》，《文物》2011 年第 11 期。

③ 甘肃省博物馆文物队：《甘肃灵台白草坡西周墓》，《考古学报》1977 年第 2 期。

④ 北京大学考古学系商周组、山西省文物考古研究所编著：《天马—曲村（1980—1989）》，科学出版社 2000 年版，第 336 页。

⑤ 湖北省文物考古研究所、随州市博物馆：《湖北随州叶家山 M28 发掘报告》，《江汉考古》2013 年第 4 期。

⑥ 湖北省文物考古研究所、随州市博物馆：《湖北随州叶家山 M111 发掘简报》，《江汉考古》2020 年第 2 期。

⑦ 山西省考古研究院、临汾市文物局、翼城县文物旅游局联合考古队、山西大学北方考古研究中心：《山西翼城大河口西周墓地一号墓发掘》，《考古学报》2020 年第 2 期。

⑧ 湖北省文物考古研究所、随州市博物馆：《湖北随州叶家山西周墓地发掘简报》，《文物》2011 年第 11 期。

⑨ 湖北省文物考古研究所、随州市博物馆：《湖北随州叶家山 M65 发掘简报》，《江汉考古》2011 年第 3 期。

⑩ 湖北省文物考古研究所、随州市博物馆：《湖北随州市叶家山西周墓地》，《考古》2012 年第 7 期。

⑪ 湖北省文物考古研究所、随州市博物馆：《湖北随州叶家山西周墓地发掘简报》，《文物》2011 年第 11 期。

陕西长安花园庄 M15，出土 1 组列鼎，为 2 件䍙妣进方鼎。①

上述 8 墓可进一步归为西周早期后段。

2. 西周中期　3 座墓葬，共计出土 3 组列鼎。

1978 陕西扶风齐家 M19，出土 1 组列鼎，为 2 件作旅鼎。②

山西翼城大河口 M1017，出土 1 组列鼎，为 2 件圆角方鼎。③

若把西周中期细化为前段和后段，则上述 2 墓可进一步归为西周中期前段。

陕西扶风强家 M1，出土 1 组列鼎，为 2 件弦纹鼎。④ 此墓可进一步归为西周中期后段。

（二）第二类列鼎

形制相同、大小相次的组鼎，凡 8 墓所出 8 组列鼎，每墓出土 1 组列鼎，另有 3 窖藏出土 5 组列鼎。这些墓葬和窖藏可以根据时代的先后，大致分为西周早期、中期和晚期。

1. 西周早期　3 座墓葬。

山西绛县横水倗国墓地 M3250，目前公布的材料中，有三件素面束颈鼎（M3250：19、23、58）形制接近，大小尺寸不同，似可称为一组列鼎。⑤ 然则，其中两件（M3250：19、23）为无铭，另一件（M3250：58）有"太保铸"铭文，铭文不同，无法把全部三件束颈鼎视为一组列鼎。不过，至少可以认为 M3250：19、23 两件束颈鼎为一组列鼎。

山西绛县横水倗国墓地 M2056，出土 2 件易友鼎，皆饰弦纹，有铭文"易友作丰姬宝旅鼎"，大小相次。⑥

山西天马—曲村 M6080，公布了 2 件弦纹鼎，铭文皆为"作宝鼎"，大小相次。⑦

---

① 陕西省文物管理委员会：《西周镐京附近部分墓葬发掘简报》，《文物》1986 年第 1 期。
② 陕西周原考古队：《陕西扶风齐家十九号西周墓》，《文物》1979 年第 11 期。
③ 山西省考古研究所、临汾市文物局、翼城县文物旅游局联合考古队、山西大学北方考古研究中心：《山西翼城大河口西周墓地 1017 号墓发掘》，《考古学报》2018 年第 1 期。
④ 周原扶风文管所：《陕西扶风强家一号西周墓》，《文博》1987 年第 4 期。
⑤ 山西省考古研究院、山西大学北方考古研究中心、运城市文物工作站、绛县文物局编著：《倗金集萃：山西绛县横水西周墓地出土青铜器》，上海古籍出版社 2021 年版，第 523—532 页。
⑥ 山西省考古研究院、山西大学北方考古研究中心、运城市文物工作站、绛县文物局编著：《倗金集萃：山西绛县横水西周墓地出土青铜器》，上海古籍出版社 2021 年版，第 234—241 页。
⑦ 北京大学考古学系商周组、山西省文物考古研究所编著：《天马—曲村（1980—1989）》，科学出版社 2000 年版，第 396—397 页。

2. 西周中期　1座墓葬、1座窖藏。

陕西宝鸡茹家庄 M1 甲室，出土 5 件儿鼎，形制一致，大小相次，素面束颈，且皆在口沿内有铭文"儿"字。① 此墓的年代，可以细化为西周中期前段。

1960 年陕西扶风县召陈村窖藏，出土 4 件散伯车父鼎，形制一致，颈下皆饰窃曲纹带，蹄足，大小相次，为一组列鼎。② 召陈村窖藏中的器物年代不一，就此组散伯车父列鼎而言，学术界一般认为年代是西周中期后段，近于西周晚期。散伯车父各鼎大小相次，高度分别是 47.2 厘米（甲）、40 厘米（乙）、28.2 厘米（丙）、25.7 厘米（丁），乙鼎和丙鼎尺寸相差较大，中间至少还漏有一鼎，故此组列鼎不全。

另外，1991 年河南平顶山应国墓地 M95，出土 3 件公作敔鼎，形制一致，与散伯车父鼎较为接近，3 鼎的大小不同，当为一组列鼎。③ 平顶山 M95 为西周晚期早段墓葬，这三件公作敔鼎的年代略早于墓葬年代，而与散伯车父鼎的年代接近。

3. 西周晚期　3座墓葬、2座窖藏。④

山西曲沃晋侯墓地 M8，墓葬被盗，出土晋侯苏鼎 1 件，半球形腹，圜底蹄足，附耳，颈下一周大小相间的重环纹。⑤ 除了晋侯墓地 M8，国内博物馆及国外私人收藏家尚有同一形制、铭文的晋侯苏鼎 4 件，唯大小相次，这 4 件晋侯苏鼎应该是从晋侯墓地 M8 中流散出去的。⑥ 可见，晋侯墓地 M8 的晋侯苏鼎列鼎应该由 5 件构成。此墓的年代，可以细化为西周晚期后段。

---

① 卢连成、胡智生著，宝鸡市博物馆编辑：《宝鸡㚸国墓地》，文物出版社 1988 年版，第 279—280 页。
② 史言：《扶风庄白大队出土的一批西周铜器》，《文物》1972 年第 6 期。
③ 河南省文物研究所、平顶山市文物管理委员会：《平顶山应国墓地九十五号墓的发掘》，《华夏考古》1992 年第 3 期。该简报仅公布一件公作敔鼎，编号为 102，参考《中国出土青铜器全集·河南》所公布的 94 号公作敔鼎，可知公作敔鼎为一组大小相次的列鼎。
④ 由于两方面的因素，本书所举西周晚期材料较少。第一方面，是因为部分西周晚期重要墓葬材料公布不全，无法纳入本书统计范围；第二方面，则是学术界对部分墓葬的年代，究竟属于西周晚期，还是春秋早期一事，颇有争议。基于这两方面的原因，本书只统计笔者可以把握的一些墓葬，这些墓葬已经足以说明问题。
⑤ 北京大学考古学系、山西省考古研究所：《天马—曲村遗址北赵晋侯墓地第二次发掘》，《文物》1994 年第 1 期。
⑥ 上海博物馆：《晋国奇珍——山西晋侯墓群出土文物精品》，上海人民出版社 2002 年版，第 101—105 页。

山西曲沃晋侯墓地 M31，3 件重环纹蹄足鼎，大小相次。① 此墓的年代，也是西周晚期后段。

山西曲沃晋侯墓地 M62，3 件，窃曲纹，大小相次。② 此墓的年代，可能要略晚于晋侯墓地 M8、M31，可归为西周末年。

1975 年陕西岐山县董家村窖藏，出土此鼎 3 件，弦纹蹄足，大小相次；重环纹鼎 2 件，重环纹蹄足，大小相次。③ 这两组列鼎，时代相近，为西周晚期后段。

2003 年陕西眉县杨家村窖藏，出土铜鼎 12 件，包括卌二年逨鼎 2、卌三年逨鼎 10，皆为列鼎。④ 这两组列鼎，其年代皆是西周晚期后段，学术界多认为是宣王时制作的器物。卌二年逨鼎仅余 2 件，无疑组合不全；卌三年逨鼎虽有 10 件之多，但第丁、戊鼎之间尺寸差异较大，第庚、辛鼎之间尺寸又太相近，故学术界或认为卌三年逨鼎可分为两组列鼎。⑤

二　第一类列鼎的文化内涵分析

上述两类列鼎，一为大小相当，一为大小相次，虽流行时间略有交叉，但第一类列鼎主要流行于西周早期，第二类列鼎主要流行于西周晚期，二者流行时段存在较大的差异。这里先分析第一类列鼎的文化内涵及渊源，下文再讨论第二类列鼎。

16 墓所出 26 组第一类列鼎，列鼎的鼎数多以偶数的形式存在，或为 2，或为 4，不过山西翼城大河口 M1 与河南鹿邑太清宫 M1 所出列鼎的鼎数也有 3、5 之数。这说明，第一类列鼎的最高鼎数，很可能是 5。这一点还可以得到一个材料的证明。湖北随州叶家山墓地出土 5 件曾侯谏圆鼎，包括：叶家山 M28，出土 2 件曾侯谏圆鼎；叶家山 M65，出土 1 件曾侯谏

---

①　山西省考古研究所、北京大学考古学系：《天马—曲村遗址北赵晋侯墓地第三次发掘》，《文物》1994 年第 8 期。晋侯墓地 M31 这三件鼎的尺寸相差并不是很大，可归为第一类列鼎，也可归为第二类列鼎，考虑到 M31 的年代，这里归为第二类列鼎。

②　山西省考古研究所、北京大学考古学系：《天马—曲村遗址北赵晋侯墓地第四次发掘》，《文物》1994 年第 8 期。

③　岐山县文化馆庞怀清、陕西省文管会镇烽、忠如、志儒：《陕西省岐山县董家村西周铜器窖穴发掘简报》，《文物》1976 年第 5 期。

④　陕西省考古研究所、宝鸡市考古工作队、眉县文化馆杨家村联合考古队：《陕西眉县杨家村西周青铜器窖藏发掘简报》，《文物》2003 年第 6 期。

⑤　陕西省考古研究院、宝鸡市考古研究所、眉县文化馆编著：《吉金铸华章：宝鸡眉县杨家村单氏青铜器窖藏》，文物出版社 2008 年版，第 234—235 页。

圆鼎①；叶家山M2，出土1件曾侯谏圆鼎②；叶家山M3，出土1件曾侯谏圆鼎③。这一材料，一方面说明第一类列鼎未必全部随葬在同一墓葬之中，也可能会分开放置；另一方面则再次说明第一类列鼎的最高鼎数可以为5。

实际上，列鼎的分开放置例子较多。比如，随州叶家山M2出土2件曾侯谏分裆鼎，叶家山M28也出土2件曾侯谏分裆鼎，说明叶家山墓地出土的曾侯谏分裆列鼎的鼎数至少为4。再如，叶家山M27出土2件曾侯方鼎，叶家山M28出土1件曾侯方鼎④，说明曾侯方形列鼎的最高鼎数最少是3；叶家山M65出土1件曾侯谏方鼎⑤，叶家山M28出土2件曾侯谏方鼎，说明曾侯谏方列鼎的最高鼎数也最少是3。据此可知，列鼎分开放置，是较为常见的现象。翼城大河口M1出土3件圆涡纹圆鼎，而同墓所出兽面纹圆列鼎为4鼎制，这暗示翼城大河口M1的圆涡纹列鼎原有鼎数很可能不止3件。

既然第一类列鼎的鼎数可以多到5件，为何绝大多数墓葬中的第一类列鼎的鼎数不超过4，且多为偶数？笔者认为，同一墓葬中的第一类列鼎强调偶数，是一种特定的文化传统，这种文化传统即使是五鼎制列鼎也要遵守。比如，鹿邑太清宫M1虽然出土多组5鼎制列鼎，但若我们从这些列鼎出土位置来分析，就会发现它们的组合并非简单的5鼎一组。太清宫M1的食器群主要分布于北椁室，各组5鼎制列鼎也都如此。但列鼎并非全部放置在一起。长子口扁足圆列鼎的编号分别是M1∶12、29、76、93、94，除了M1∶12位于北椁室西部，其余4件长子口扁足圆鼎皆位于北椁室的中部和东部。长子口分裆圆列鼎的编号分别是M1∶6、78、80、91、185，除了M1∶6位于北椁室西部，其余4件长子口分裆圆鼎皆位于北椁室的东部。长子口带耳方列鼎也是如此，其编号M1∶186的方鼎位于北椁室的东部，其余4件方鼎（M1∶4、77、88、95）则全部出自北椁室中部。可见，这三组5鼎制列鼎，皆是4件鼎聚集在一起，另有1件鼎远离聚集之地，这种安排无疑是有意识的行为，不大可能用巧合来解

---

① 湖北省文物考古研究所、随州市博物馆：《湖北随州市叶家山M65发掘简报》，《江汉考古》2011年第3期。
② 湖北省文物考古研究所、随州市博物馆：《湖北随州叶家山墓地发掘简报》，《文物》2011年第11期。
③ 湖北省文物考古研究所、随州市博物馆：《湖北随州市叶家山西周墓地》，《考古》2012年第7期。
④ 湖北省文物考古研究所、随州市博物馆：《湖北随州叶家山M28发掘报告》，《江汉考古》2013年第4期。
⑤ 湖北省文物考古研究所、随州市博物馆：《湖北随州叶家山M65发掘简报》，《江汉考古》2011年第3期。

释。这暗示，鹿邑太清宫 M1 的 5 鼎制列鼎，在出土位置上遵循 4 鼎聚集，外加 1 鼎的模式，是一种基于 4 鼎制的列鼎模式。是以，太清宫 M1 所出的 5 鼎制列鼎，并没有彻底违背西周早中期第一类列鼎常见的偶数制列鼎传统。

第一类列鼎并非仅存于西周时期，偶数用鼎的列鼎理念早在晚商时期业已存在。在著名的河南安阳小屯 M5 中，至少存在 8 组第一类列鼎，分别是：2 件司辛大方鼎，2 件妇好长方扁足鼎，2 件妇好小型圆鼎，2 件好细高柱足鼎，2 件妇好小型柱足鼎，3 件妇好小型鸟足鼎，6 件 A 型妇好中型圆鼎，6 件 B 型妇好中型圆鼎。① 多是以偶数形式存在的列鼎。除了小屯 M5，殷墟刘家庄北地 M1095 出土 2 件盾方鼎②、郭家庄 M160 出土 2 件亚窦止分裆圆鼎、2 件亚址方鼎③、大司空 M303 出土 2 件马危方鼎、2 件马危分裆鼎、2 件马危扁足鼎④、刘家庄北地 M1046 出土 2 件亚掫方鼎、2 件亚掫分裆鼎⑤，皆是第一类列鼎的形式。除了青铜鼎，殷墟墓葬中的仿铜陶鼎也表现出第一类列鼎的特征，如小屯西地 GM233⑥、大司空东地 M123⑦ 皆出土大小、形制相同的两件仿铜陶鼎。这些材料可以证明，鼎数为偶数的第一类列鼎制早在晚商时期已经流行，是殷人用鼎制度中的重要特色。有学者指出，使用偶数同形陶器是判断殷遗民的标准之一⑧，这也说明偶数列器是殷人的固有习俗。

既然第一类列鼎产生于晚商时期，由殷人开始使用，并在西周时期扩大影响范围，成为周王朝内重要的用鼎特色，似可以认为这种用鼎制度是殷文化在西周时期依旧颇有影响力的物证之一。也就是说，固然有非殷系贵族在使用第一类列鼎，但西周时期的第一类列鼎依旧无法抹去其身上的殷文化印记。非殷系贵族同样遵从第一类列鼎的偶数同形规则，即是明证。

---

① 中国社会科学院考古研究所编著：《殷墟妇好墓》，文物出版社 1984 年版，第 34—44 页。
② 中国社会科学院考古研究所安阳工作队：《河南安阳市殷墟刘家庄北地 M1095 发掘简报》，《考古学集刊》第 28 集，社会科学文献出版社 2023 年版。
③ 中国社会科学院考古研究所编著：《安阳殷墟郭家庄商代墓葬：1982 年—1992 年考古发掘报告》，中国大百科全书出版社 1998 年版，第 79—81 页。
④ 中国社会科学院考古研究所安阳工作队：《殷墟大司空 M303 发掘报告》，《考古学报》2008 年第 3 期。
⑤ 中国社会科学院考古研究所安阳工作队：《安阳殷墟刘家庄北 1046 号墓》，载《考古学集刊》第 15 集，文物出版社 2004 年版。
⑥ 中国社会科学院考古研究所编著：《殷墟发掘报告》，文物出版社 1987 年版，第 218 页。
⑦ 中国社会科学院考古研究所安阳工作队：《河南安阳市殷墟大司空东地 M123 发掘报告》，载《三代考古》（九），科学出版社 2021 年版。
⑧ 雷兴山、蔡宁：《周原遗址黄堆墓地分析》，载《古代文明》（第 12 卷），上海古籍出版社 2018 年版。

三 第二类列鼎的起源与演变

学术界普遍认为，殷人重酒，周人重食，殷人多以酒器觚爵标榜身份，周人则用鼎簋表达文化，尤以列鼎制是周文化的特色。这里的列鼎制，主要指的是第二类列鼎，即大小相次的列鼎。此类列鼎制既是周人特色，那么它的起源必然要向西土地区寻找。不过，若把晚商到西周早期盛行的第一类列鼎考虑进来，问题就复杂得多了。

在上文所列举的13组第二类列鼎中，茹家庄M1甲室所出的5件儿鼎是过去所见年代较早、鼎数较多的列鼎，学术界一般把此组列鼎视为西周列鼎制形成的标志。但是，如果对这5件儿鼎进行细致分析，会发现它的特殊性。首先，这5件儿鼎皆素面束颈，铜质较差，范痕明显，"儿"铭在口沿部位，极为特别，具有显著的地方风格，可归为广义的西土地区青铜器。其次，这5件鼎的通高分别是17.7厘米（M1甲：1）、15.3厘米（M1甲：2）、15.0厘米（M1甲：3）、13.5厘米（M1甲：4）、11.5厘米（M1甲：5），其中M1甲：2与M1甲：3尺寸几乎相当，二鼎的重量也基本一致。可见这5件儿鼎虽尺寸不一，但并非严格的"大小相次"。再次，就出土位置而言（图1-1-1），编号1、2、4、5四鼎并排在南椁室的东侧，与3号鼎之间隔着一件铜簋。也就是说，3号鼎与其他4鼎并非放置一起，儿列鼎也是一种4鼎+1鼎模式。有趣的是，排除3号鼎，剩下的4鼎完全符合"大小相次"规律。如果将茹家庄M1甲室的儿列鼎与西周早中期其他列鼎作对比的话，与儿列鼎空间分布最为接近的例子正是上文分析的鹿邑太清宫M1三组5鼎制第一类列鼎，皆是4鼎+1鼎模式。这种相似性说明，茹家庄M1甲室儿列鼎受到了当时盛行的第一类列鼎的影响，否则很难解释它独特的空间分布关系。

不仅茹家庄M1甲室所出儿列鼎受到了第一类列鼎的影响，年代更早的山西横水倗国墓地M3250、M2056、天马—曲村M6080三墓所出的第二类列鼎虽符合大小相次的基本规则，但鼎数都是2，也与西周晚期及其之后列鼎制由奇数鼎所构成的现象完全不同。这自然也只能归为第一类列鼎的影响。值得注意的是，倗国墓地M3250除了有两件素面束颈鼎外，还有一件"太保铸"素面束颈鼎，三器大小相次、形制相似，主要的区别在于有没有铭文。如果不考虑铭文，倗国墓地M3250这3件素面束颈鼎也可归为一组列鼎，是一种2鼎+1鼎的模式，这与茹家庄M1甲室的儿列鼎的4鼎+1鼎模式较为相似。

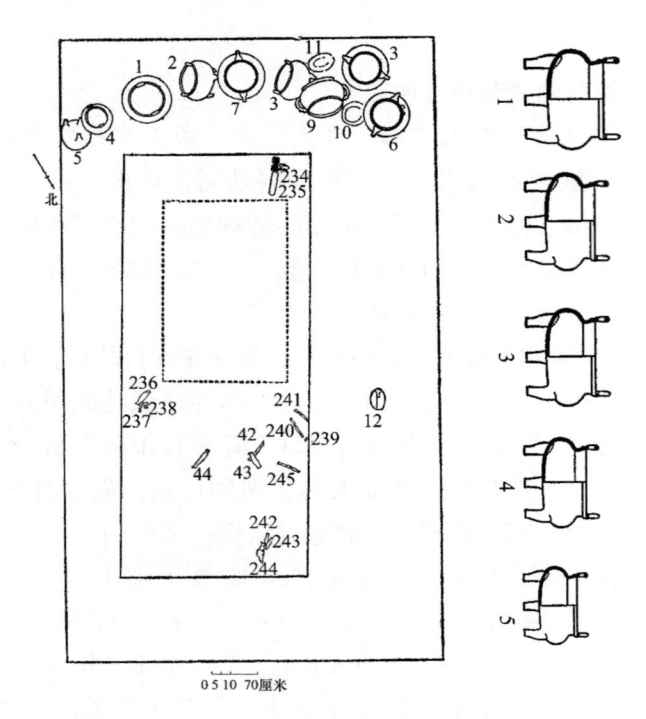

图 1-1-1　茹家庄 M1 甲室所出几列鼎

追溯第二类列鼎的起源，学术界一般认为陕西省甘泉县下寺湾阎家沟所出列鼎与此有关。2005 年，下寺湾阎家沟发现一座晚商时期墓葬，出土青铜礼器 15 件，包括简化兽面纹圆鼎 3 件，这 3 件圆鼎形制较为接近（图 1-1-2），大小递减，发掘简报怀疑其为列鼎。① 张懋镕先生则直接指出，阎家沟商墓的发现，"将'列鼎'制度的早期形式上溯到商代晚期"。② 不过，把阎家沟 3 件简化兽面纹圆鼎视为一组列鼎，并不十分规范。这 3 件简化兽面纹圆鼎，虽大小相次，但仅有 2 件形制基本相同，上腹部饰微凸的宽带，简化兽面纹饰于宽带上，第 3 件圆鼎的上腹部没有饰微凸的宽带，而是用两周凸弦纹代替，用以间隔简化兽面纹。3 鼎形制并非完全一致，不符合两周时期列器的定义，或最多只能理解为列器在形成

---

① 王永刚、崔风光、李延丽：《陕西甘泉县出土晚商青铜器》，《考古与文物》2007 年第 3 期。
② 陕西师范大学中国青铜文化研究中心：《西周重食文化的新认识——从甘泉县阎家沟新出青铜器谈起》，《考古与文物》2009 年第 1 期。此文收录张懋镕《古文字与青铜器论集》（第三辑）（科学出版社 2010 年版）。

初期的尚未成熟的形态。因此，即使把阎家沟3件简化兽面纹圆鼎视为一组列鼎，也只能是2鼎+1鼎的形式。

图 1-1-2　阎家沟遗址所出简化兽面纹圆鼎①

除了阎家沟墓葬，卢连成、胡智生两位先生还提及陕西武功梁家堡先周墓葬出土3件铜鼎，大小相次，编列成组。② 据张懋镕先生公布的梁家堡先周墓葬3件铜鼎的图片来看，也是两件宽带简化兽面纹圆鼎加一件凸弦纹简化兽面纹圆鼎的共存关系。③ 如果把梁家堡墓葬的3件铜鼎也视为列鼎的话，那自然与阎家沟墓葬的列鼎相似，是2鼎+1鼎的形式。可见，晚商时期2鼎+1鼎的列鼎形式并非孤例，这就为倗国墓地 M3250 的2鼎+1鼎模式、茹家庄 M1 甲室的4鼎+1鼎模式找出了渊源。本书把这种"2鼎+1鼎"或"4鼎+1鼎"模式笼统称为"偶数鼎+1鼎"模式。

关于"偶数鼎+1鼎"模式，它在数量上的特点，主要表现在重"偶数"，即以偶数鼎为主，以另1鼎为辅。这一点在茹家庄 M1 甲室4鼎+1鼎模式的空间位置上表现得最为明显。或许正是因为早期第二类列鼎重视"偶数鼎"的数量关系，倗国墓地 M2056 与天马—曲村 M6080 二墓中的第二类列鼎才放弃了辅助鼎的存在，而只出现偶数鼎。单纯考虑列鼎的数量，而不考虑形制和大小，偶数用鼎无疑最早出现于殷墟遗址，也在殷墟遗址更为流行，是商文化的重要特色。笔者认为，基于西土地区与商文化

---

① 曹玮编：《陕北出土青铜器》（第二册），巴蜀书社2009年版，第30—35页。
② 卢连成、胡智生：《陕西地区西周墓葬和窖藏出土的青铜礼器》，载《宝鸡𢐗国墓地》，文物出版社1988年版，第497页。
③ 陕西师范大学中国青铜文化研究中心：《西周重食文化的新认识——从甘泉县阎家沟新出青铜器谈起》，《考古与文物》2009年第1期。

早已存在文化交流的事实，第二类列鼎中强调"偶数鼎"的现象，应该是受到商文化偶数用鼎制度影响的结果。也就是说，第二类列鼎在起源过程中，并非完全是西土地区的创见，很有可能也受到第一类列鼎的影响，并在之后相当长的一段时间内保留了"偶数鼎"的核心地位。

当然，"偶数鼎+1鼎"模式在形制上属于"大小相次"，"大小相次"是第二类列鼎的核心特点。就目前的考古发现而言，西周早中期的第二类列鼎分布区域虽然很广，但主要集中于西土和接近西土的晋南地区，并没有在东部地区出现的实例。而且，第二类列鼎的形制较为简单，多为素面，或仅饰弦纹（图1-1-3），与第一类列鼎多见精美纹饰不同，显示出较为明显的文化共性，似也可认为是西土地区的特色。至于第二类列鼎的起源阶段，如阎家沟、梁家堡两地的简化兽面纹列鼎，自然也是西土系铜器[1]，故确实可以认为第二类列鼎起源于西土地区。因此，第二类列鼎

横水墓地M3250：19　　横水墓地M3250：23

天马—曲村M6080：15　　天马—曲村M6080：1

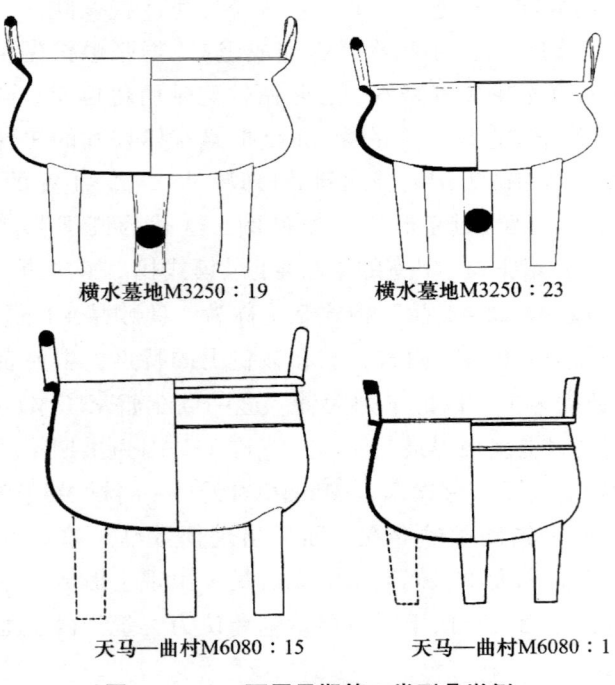

图1-1-3　西周早期第二类列鼎举例

---

[1]　王天艺：《从阎家沟墓葬看晚商简化兽面纹铜鼎的相关问题》，《考古》2017年第11期。

在其起源阶段虽然有一些殷文化的因素，但更多的是西土文化因素，是一种与殷文化列鼎制不同的新的用鼎制度。

这一新的用鼎制度，在西周中期前段的茹家庄 M1 尚不成熟，而西周晚期则已经有了较多的列鼎材料。除了上文所举出的 3 墓、2 窖藏外，还有传世的颂鼎、小克鼎、梁其鼎等列鼎材料，这些材料的年代也都集中在西周晚期。从这些材料来看，西周晚期的第二类列鼎已经极为成熟，不仅严格满足大小相次的基本规律，且纹饰较为精致，不再如西周早中期那般凸显地域风格。问题在于，这一从不成熟走向成熟，是何时发生的？目前看来，由于西周中期（尤其是中期后段）列鼎材料较为匮乏，我们很难对这一问题作出系统回答，但有一些线索可以证明这一转变在西周中期后段已经完成。首先，西周中期后段的陕西沣西张家坡 M222 出土一组 5 鼎制仿铜陶列鼎，发掘简报描述这 5 件鼎"形制相同而大小相次"，是较为成熟的列鼎形态。① 其次，上举召陈村窖藏所出散伯车父列鼎，及平顶山应国墓地 M95 所出公作敔列鼎，不仅大小相次，且制作精良，纹饰精美，与西周早中期第二类列鼎的素面纹饰完全不同。这显示，至少在西周中期后段，业已流行了西周晚期那般严格的大小相次且制作精美的第二类列鼎。因此，第二类列鼎由不成熟走向成熟，彻底抛弃其身上的殷文化因素，很可能发生在西周中期后段。

据上，晚商到西周早中期流行第一类列鼎，第一类列鼎具有明显的殷文化色彩；此时第二类列鼎处于萌芽状态，第二类列鼎是在西周中期后段以后才成为列鼎的主流形态，并表现出与第一类列鼎差异较大的用鼎方式。这种两类列鼎的转变，可以视为列鼎的礼制变革，是西周中晚期礼制变革的重要组成部分。从时间上看，这一变革最可能发生在西周中期后段，更早时期的第二类列鼎受到了一些殷文化影响，而没有完整展示出周文化特征。这显示出，所谓列鼎的礼制变革，更多地体现在对殷文化的抛弃，以及对西土土著列鼎文化的继承和发扬。

---

① 中国科学院考古研究所：《沣西发掘报告：1955—1957 年陕西长安县沣西乡考古发掘资料》，文物出版社 1963 年版，第 122 页。发掘报告认为此墓是西周中期前段，俞伟超、高明二位先生认为是懿、孝时期。此墓随葬一组仿铜陶礼器，除了鼎，还有簋、盘、壶等，应该是共同制作的一组器物。这组器物中，仿铜陶壶的形制较为明确，其整体呈圆鼓腹形的形制最早见于西周中期晚段，接近西周晚期（如 1960 年扶风齐家村窖藏所出之几父壶），与西周中期前段的铜壶差异明显。因此，张家坡 M222 的年代很可能只是西周中期晚段，而非西周中期前段。

第二节　商周列簋组合研究

过去，学术界在讨论西周中晚期的礼制变革时，往往把列鼎列簋制的产生视为殷周礼制变革的重要标志，且重点讨论列鼎制的形成与演进，而较少专门讨论列簋制。本章第一节也专门讨论了商周时期两类列鼎制的起源与演变，及其与商周礼制变革的关联。实际上，由于列簋材料要远比大小相次的列鼎材料更为丰富，且形成时间同样较为久远，它更适合作为细化礼制演进研究的一个参考系。因此，本节希望通过系统梳理西周早中期列簋的出土情况，分析列簋制的形成与变化，以期对殷周礼制演进做出更加详细的判断。当然，本节虽然主要讨论西周早中期的列簋，但研究时段还要涉及晚商和西周晚期，因而以"商周列簋组合研究"为题。

一　西周早中期墓葬所出列簋分类

据笔者统计，至少有41座西周早期和中期贵族墓葬出土列簋（附表1-2-1），可见列簋是此一阶段贵族墓葬中较为常见的随葬品。这41座墓葬共出土48组列簋，根据列簋簋数，可分为二簋制、四簋制两种。下面分别说明。

二簋制，即簋数为二的列簋，数量最多，凡47组，占全部列簋的97.9%；这47组列簋发现于40座墓葬，墓葬占比为97.6%。其中，西周早期前段墓葬共发现二簋制列簋11组，西周早期后段墓葬共发现二簋制列簋13组，西周中期前段墓葬共发现二簋制列簋18组，西周中期后段墓葬共发现二簋制列簋5组。西周中期后段墓葬所出二簋制列簋数量较少，很可能与此时期保存完好的贵族墓葬发现较少或公布材料较少有关。从附表1-2-1可知，二簋制列簋分布区域极为广泛，周王朝统治范围内的墓葬，多有发现，且簋在形制上并无固定特征，基本囊括了西周早中期铜簋主流形制。

四簋制列簋，就是簋数为四的列簋，附表1-2-1中仅有一座墓葬出土四簋制列簋，即宝鸡茹家庄M1甲室。茹家庄M1为西周中期前段墓葬，该墓有甲、乙两室，甲室较小，处于陪葬地位，乙室为主室。甲室出土4件儿簋，大小相仿，形制接近，为一组列簋（图1-2-1）。[①]

[①] 卢连成、胡智生著，宝鸡市博物馆编辑：《宝鸡㝬国墓地》，文物出版社1988年版，第279—281页。

图1-2-1 宝鸡茹家庄M1甲室所出儿列簋①

上述48组列簋，皆是可以据形制、铭文确定为列簋者，但考古材料中还有一些无法确定的材料，需要略作说明。在周初的西土地区，常见尖刺乳钉纹盆式簋，乃典型的西土风格铜器。② 这些尖刺乳钉纹盆式簋总体呈现器壁较薄、制作粗糙、纹饰浅疏等特征，形制、纹饰基本一致，高度也较为接近，一般在15厘米、16厘米左右。周初部分墓葬中可能一墓随葬多件这种尖刺乳钉纹盆式簋，它们是否可以称为列簋呢？比如，陕西宝鸡石鼓山M3出土4件尖刺乳钉纹盆式簋③、石鼓山M4出土9件尖刺乳钉纹盆式簋④，这两墓中的尖刺乳钉纹盆式簋是否可以分别称为四簋制列簋和九簋制列簋呢？本书认为，似乎不可如此称呼。在列簋的定义中，形制、大小的相似仅是表象，配对使用才是核心。除了有意识拼凑现象，如果几件铜簋仅是形制、大小的相似，而铭文不同，或铸造的时间、地点都不同，就很难被称为列簋。也就是说，一组列簋中的铜簋，在自身的某些特征方面，具有明显的排他性，以区别于此列簋之外的铜簋。尖刺乳钉纹盆式簋极具特殊性，就是多数尖刺乳钉纹盆式簋有相似的形制、大小，根本无法据其自身特征判断它们是否具有排他性。上述于石鼓山M3、M4所出13件尖刺乳钉纹盆式簋，基本的形制、大小都较为相似（图1-2-2），根本无法从这些尖刺乳钉纹盆式簋自身特征上，寻找墓主人是否会把它们视为列簋的依据。假设，如果仅仅因为尖刺乳钉纹盆式簋外形上的相似，就把这两座墓葬中的尖刺乳钉纹盆式簋都称为列簋，那么就会引发另一个问题。由于这两座墓葬是同一个墓地中的相邻两座，年代也相近，按照一般的惯例，两墓中的形制接近的器物，很可能本是一组。这种同一组器物分开放置在两座或多座关联墓葬中的现象，

---

① 徐天进、段德新主编：《宝鸡青铜器博物院藏商周青铜器》，上海古籍出版社2017年版，第162—171页。
② 郭妍利：《斜方格乳钉纹簋类型及其相关问题》，《中国历史文物》2009年第3期。
③ 石鼓山考古队：《陕西宝鸡石鼓山西周墓葬发掘简报》，《文物》2013年第2期。
④ 陕西省考古研究院、宝鸡市考古研究所、宝鸡市渭滨区博物馆：《陕西宝鸡石鼓山商周墓地M4发掘简报》，《文物》2016年第1期。

在商周时期较为普遍（下文还会讨论这一问题）。这样一来，石鼓山 M3、M4 所出 13 件尖刺乳钉纹盆式簋，就可以凭借外形上的相似，构成更大数量的列器，即 13 件一组的列簋。这自然是不合适的。因此，本书暂时不把这种同墓中的多件尖刺乳钉纹盆式簋称为列簋。

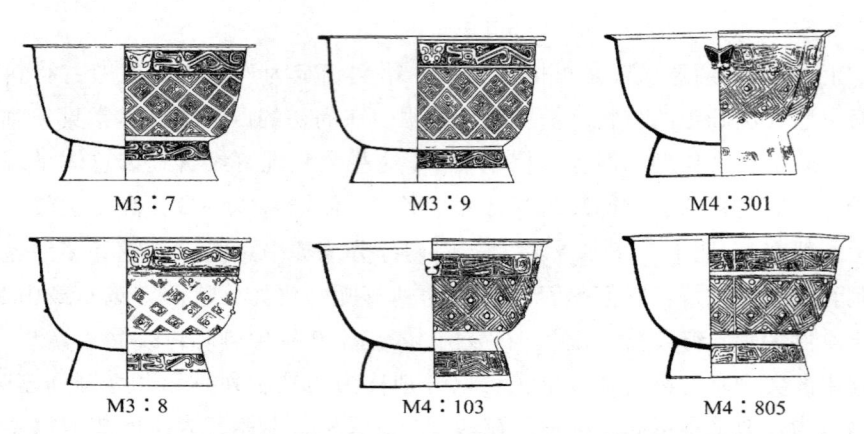

图 1-2-2　宝鸡石鼓山 M3、M4 所出部分尖刺乳钉纹盆式簋举例

二　西周早中期二簋制列簋的渊源

据上，西周早中期虽分二簋制列簋和四簋制列簋，但二簋制列簋最为常见，是当时列簋的主流形式。本书认为，有必要讨论二簋制列簋的渊源，加深对此类列簋文化属性的认识。

墓葬中的二簋制列簋并非仅见于西周早中期，早在晚商时期，这种制度已初现端倪。比如，河南安阳小屯 M5 出土 2 件妇好小型簋，形制、大小基本相同，铭文一致[①]，是目前所见年代最早的列簋，为殷墟文化第二期。再如，安阳大司空 M303 出土 2 件马危双耳簋（图 1-2-3），也是列簋形式[②]，年代为殷墟文化第四期。1982 年小屯 M1 出土一批青铜礼器，其中有 13 件质地轻薄的明器，包括成对的两件簋[③]，说明该墓也出土二簋制列簋，此墓年代是殷墟文化第四期晚段。这几座墓葬材料，足以证明西周早中期的二簋制列簋可以追溯到晚商殷墟遗址。有趣的是，妇好小型簋

[①]　中国社会科学院考古研究所编著：《殷墟妇好墓》，文物出版社 1984 年版，第 49 页。

[②]　中国社会科学院考古研究所编著：《安阳大司空——2004 年发掘报告》，文物出版社 2014 年版，第 410—414 页。

[③]　中国社会科学院考古研究所编著：《殷墟青铜器》，文物出版社 1985 年版，第 455—456 页。

和马危双耳簋在器型上都是束颈鼓腹簋，主体纹饰也都是晚商时期较为常见的兽面纹，这种器型和纹饰特征也与西周早中期二簋制铜簋一脉相承。

大司空M303：81　　　　　　　　大司空M303：79

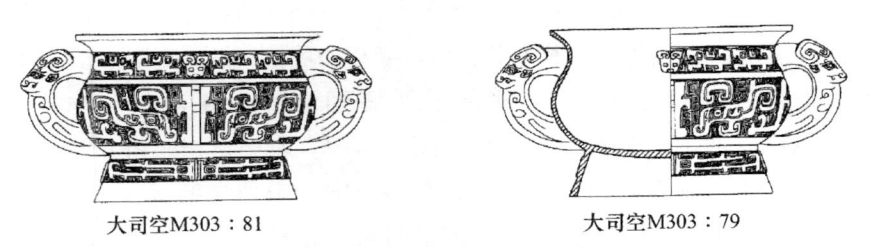

图1-2-3　安阳大司空M303所出列簋

除了铜列簋，殷墟遗址也有一墓出土两件形制接近的陶簋例子，如殷墟1959年武官M1就曾出土形制相同陶簋2件①，不过这两件陶簋大小略有差异，似是陶列簋的早期形态。殷墟小屯GM233出土仿铜陶簋2件，形制相同，当为一组列簋。② 殷墟大司空东地M123出土仿铜陶簋2件，形制相同，也是一组列簋。③ 这些材料再次证明，二簋制列簋在晚商时期业已存在。因此，本书认为，西周早中期的二簋制列簋，至少可以追溯到晚商时期的商文化葬俗中，商人已经使用此葬俗。

就笔者目前所见，晚商时期二簋制列簋仅见于殷文化遗址，具有显著的殷系文化特征，故本书认为，可以把晚商时期殷墟遗址所出二簋制列簋称为殷系列簋。从目前的材料来看，殷系列簋具有两个明显特征：其一，簋数为2，无超过2者；其二，无论墓葬等级如何，一墓最多能随葬一组列簋。殷墟小屯M5、大司空M303都是著名的高等级贵族墓葬，它们可以随葬多组列鼎（大小相同的第一类列鼎），却都仅随葬一组二簋制列簋，就是第二个特征的明证。

从簋数与形制来看，殷系列簋无疑是西周早中期二簋制列簋的渊源。不过，相对于晚商时期的殷系列簋，西周早中期的二簋制列簋，既有传承，也有创新。在传承的一面，殷遗民墓葬中的列簋，不仅延续了殷系列簋的簋数，

---

① 中国社会科学院考古研究所安阳工作队：《安阳武官村北的一座殷墓》，《考古》1979年第3期。
② 中国社会科学院考古研究所编著：《殷墟发掘报告》，文物出版社1987年版，第221页。
③ 中国社会科学院考古研究所安阳工作队：《河南安阳殷墟大司空东地M123发掘报告》，载《三代考古》（九），科学出版社2021年版。

且延续了一墓之中只有一组列簋的传统。比如，河南鹿邑长子口大墓，带有强烈的殷文化风格，墓葬所出"长子"铭文也能追溯到殷墟卜辞和金文，是典型的殷遗民墓葬。① 长子口大墓随葬了大量的青铜礼器，仅青铜礼乐器就达85件，无疑是一座高等级贵族墓葬，但该墓却仅随葬一组二簋制的子四耳簋。殷遗民对列簋的使用，明显更多地受到了殷系列簋因素的影响。

创新的一面则主要发生在非殷遗民群体中。非殷遗民墓葬中的二簋制列簋，可以多组存在，而不用固守殷系列簋中一组列簋的习俗。比如，北京房山琉璃河ⅡM251出土两组二簋制列簋，分别为2件伯𩰬簋、2件𢼩簋。众所周知，琉璃河墓地分Ⅰ、Ⅱ两区，其中Ⅰ区一般被认为是殷遗民墓地，Ⅱ区则被认为是燕侯家族墓地。② 琉璃河ⅡM251出土两组二簋制列簋，就是周人墓葬可随葬多组二簋制列簋的明证。再如，湖北随州叶家山M111（曾侯之墓）也出土两组二簋制列簋，分别为2件曾侯犺带盖簋、2件大兽面纹簋。随着湖北随州文峰塔曾侯與编钟③、枣树林嬭加编钟④的发现，曾国是姬姓封国的认识已经得到实证，这也说明周人墓葬可以随葬多组二簋制列簋。除了房山琉璃河ⅡM251、随州叶家山M111，类似的材料还有山西翼城大河口M1（两组列簋）、M1017（两组列簋）、山西绛县横水M2165（三组列簋）等墓，这三座墓葬的墓主人虽然不是周人，但也不是殷遗民。⑤ 可见，非殷遗民群体贵族虽然接受了二簋制列簋，但在具体使用方式上，并没有与殷遗民群体完全保持一致，而是有所"增益"，变"一组"为"两组"乃至"三组"，使用多组列簋表达身份和地位。

总结从晚商时期的殷系列簋到西周早中期的二簋制列簋，晚商时期的殷系列簋沿着殷遗民族群和非殷遗民族群两个方向发展，非殷遗民族群所用的

---

① 河南省文物考古研究所、周口市文化局编：《鹿邑太清宫长子口墓》，中州古籍出版社2000年版，第209—210页。

② 北京市文物研究所：《琉璃河西周燕国墓地：1973—1977》，文物出版社1995年版，第251页。

③ 湖北省文物考古研究所、随州市博物馆：《随州文峰塔M1（曾侯與墓）、M2发掘简报》，《江汉考古》2014年第4期。

④ 郭长江、李晓杨、凡国栋、陈虎：《嬭加编钟铭文的初步释读》，《江汉考古》2019年第3期。

⑤ 翼城大河口霸国墓地与绛县横水倗国墓地虽表现出一定的殷文化特征，但很少有学者认为此二墓地为殷遗民墓地。由于倗国为媿姓，故学术界多认为这两个墓地与怀姓九宗有关。在传世文献中，怀姓九宗与殷遗民是两个完全不同的概念，《左传·定公四年》称殷遗民为"殷民六族""殷民七族"，与"怀姓九宗"无涉。

二簋制列簋是在殷系列簋基础上发展而来的，只是在组数上区别于殷系列簋。恰恰是这种有意识的区别，暗示非殷遗民族群应该是知道单组二簋制列簋是殷系文化葬俗，所以自己在使用这种葬俗时才特意表现出不同之处。

三 西周早中期普遍存在四簋制列簋

经过上文讨论可知，二簋制列簋是西周早中期列簋的主流形态，但这并不意味着与二簋制相关之列簋的最高簋数就一定是2。

在附表1-2-1"二簋制"一栏中，湖北随州叶家山墓地 M2①、M28② 各出土曾侯谏作媿簋2件，这两组曾侯谏作媿列簋不仅铭文相同，形制、尺寸也基本相同（图1-2-4），说明相同形制、铭文的曾侯谏作媿簋本来有

图1-2-4 湖北随州叶家山墓地 M2、M28 所出曾侯谏作媿列簋③

---

① 湖北省文物考古研究所、随州市博物馆：《湖北随州叶家山西周墓地发掘简报》，《文物》2011年第11期。
② 湖北省文物考古研究所、随州市博物馆：《湖北随州叶家山 M28 发掘报告》，《江汉考古》2013年第4期。
③ 湖北省博物馆、湖北省文物考古研究所、随州市博物馆编：《随州叶家山：西周早期曾国墓地》，文物出版社2013年版，第71页。

4件，曾侯谏作媿列簋应该是簋数为4的列簋，只是被放置于不同墓葬，才导致两个墓葬中的曾侯谏作媿列簋以二簋制的形象呈现出来。

　　在西周早中期，这种本是四簋之制，却仅随葬其中两簋的现象，并非罕见。这点可由山西绛县横水墓地材料来证明。横水墓地 M2531 出土伯旅父簋2件，有铭"伯旅父作宝铃簋四"①，说明伯旅父簋本来制作4件，M2531 仅随葬其中2件。横水墓地 M2158 出土倗姬簋2件，有铭"芮伯作倗姬宝媵簋四"②，说明倗姬簋本来制作4件，M2158 仅随葬其中2件。另外，横水墓地 M2165 的详细材料尚未全部刊布，但《倗金集萃》著录两件该墓所出仲辣父簋③，有铭"仲辣父作宝铃簋四"，也当与同墓地的 M2531、M2158 相似。对于横水墓地 M2531、M2158、M2165 三墓而言，墓葬中的伯旅父簋、倗姬簋、仲辣父簋本都是4件一组的列簋，但墓葬中都仅随葬其中的2件，再次说明部分墓葬的二簋制列簋，是由四簋制列簋分开放置导致的。可见，对于西周早中期墓葬中的部分列簋来说，也许列簋本来的簋数为4，只是分置在不同墓葬中，才导致二簋制列簋的产生。

　　西周早中期这种存在四簋之制，但又不全部随葬在同一墓葬，一墓葬中往往只随葬其中两簋的现象，本书称其为列簋分置现象。④ 这一现象说明，西周早中期普遍存在四簋制列簋，四簋制列簋并非仅见于宝鸡茹家庄 M1。此认识还可以得到仿铜陶簋材料的支持。比如，周初鹿邑长子口大墓虽然随葬二簋制的铜列簋，但北椁室出土8件仿铜陶簋，可分两组，分别是4件双耳云雷纹列簋和4件云雷纹列簋。再如，西周中期的86陕西长安花园村 M5⑤、87沣西张家坡 M1⑥ 也都出土四件一套的仿铜陶列簋。四件

---

① 山西省考古研究所、运城市文物工作站、绛县文物局联合考古队、山西大学北方考古研究中心：《山西绛县横水西周墓地 M2531 发掘报告》，《考古学报》2020年第1期。
② 山西省考古研究所、运城市文物工作站、绛县文物局联合考古队、山西大学北方考古研究中心、中国人民大学出土文献与中国古代文明研究协同创新中心：《山西绛县横水西周墓地 M2158 发掘简报》，《考古》2019年第1期。
③ 山西省考古研究院、山西大学北方考古研究中心、运城市文物工作站、绛县文物局编：《倗金集萃：山西绛县横水西周墓地出土青铜器》，上海古籍出版社2021年版，第378—387页。
④ 列器分置，并非仅见于青铜簋，还见于青铜鼎、盆等器类。为何会产生列簋分置现象？目前还没有较好的解释。从早期文献来看，周人颇重视二簋。《易·坎》："樽酒，簋贰，用缶，纳约自牖，终无咎。"《易·损》："曷之用二簋可用享。"都是日常生活中使用二簋的证据。墓葬中普遍随葬二簋制列簋，是否与此有关？这尚需要更多材料方能讨论。
⑤ 郑洪春、穆海亭：《长安县花园村西周墓葬清理简报》，《文博》1988年第1期。
⑥ 中国社会科学院考古研究所沣西队：《1987、1991年陕西长安张家坡的发掘》，《考古》1994年第10期。

一套仿铜陶列簋的存在，再次证明四簋制列簋的普遍存在。

何以西周早中期列簋的最高簋数可为4？或者说，四簋制列簋为何可以普遍存在？笔者认为，西周早中期列簋最高簋数为4，与列簋的功用有着密切的关系。众所周知，历代的经学家都认为经书中的"簋"是黍稷之器，即认为簋是盛放黍稷等谷物的礼器。问题在于，先秦时期谷物种类较多，且同一种谷物因其品种不同而有不同的名称，面对众多的谷类品种，簋具体如何盛放谷物呢？是一簋中可以盛放多种谷物，还是每种谷物只能各放一簋之中？就传世文献来看，似是一簋一谷。比如，《仪礼·公食大夫礼》："宰夫设黍、稷六簋于俎西，二以并，东北上。黍当牛俎，其西稷，错以终，南陈。"这是说宰夫在俎的西边摆放了六个簋，两排并列，三簋盛黍，三簋盛稷，明确指出一簋只能放一种谷物。《仪礼·聘礼》："八簋继之，黍其南稷，错……六簋继之，黍其东稷，错。"也是黍、稷分别放在不同簋中的证据。

《诗经·秦风·权舆》：

於我乎，每食四簋。今也每食不饱。於嗟乎，不承权舆。

毛传："四簋，黍稷稻粱。"孔颖达疏："《秋官·掌客》注云：'簠，稻粱器也。簋，黍稷器也。'然则稻粱当在簠，而云'四簋，黍稷稻粱'者，以诗言'每食四簋'，称君礼物大具，则宜每器一物，不应以黍稷二物分为四簋。以《公食大夫礼》有稻有粱，知此四簋之内兼有稻粱。"据毛传和孔颖达所说，"每食四簋"分别指黍簋一、稷簋一、稻簋一、粱簋一，即每簋各放一种谷物。

从上述《仪礼》《诗经》材料可以看出，周代的列簋，可以盛放不同品种谷物，每簋盛一谷。从两周金文材料来看，青铜器所盛谷物的种类又有定量，一般不能超过四种谷物。比如：

用盛稻粱。（1. 史免簋，《铭图》5909，西周晚期）
用实稻粱。（2. 邿召簋，《铭图》5925，春秋早期。同墓出土2件，另一件资料未发表）
用盛稻粱。（3. 叔家父簋，《铭图》5955，春秋早期）
以敦稻粱。（4. 叔朕簋，《铭图》5967、5968、5969，春秋早期）

用盛稻粱。(5. 曾伯霥簠盖，《铭图》5979、5980，春秋早期)

　　用盛稻粱。(6. 黄子季庚臣簠，《铭三》589，春秋早期)

　　其朝夕用盛粱稻穛。(7. 伯䵼簠，《铭图》5100，西周中期)

　　其朝夕用盛稻粱雀。(8. 伯旬簠，《铭图》4989、《铭续》410，西周中期)

　　用盛秾稻穛粱。(9. 弭仲簠，《铭图》5975，西周晚期)

　　用盛穛稻糯粱。(10. 伯公父簠，《铭图》5976，西周晚期)

　　用盛稻穛糯粱。(11. 兽叔奂父盨，《铭图》5655，西周晚期。同墓出土2件，另一件资料未发表)

　　用盛黍稷稻粱。(12. 曾伯克父簠，《铭续》518、519，春秋早期)

　　用盛黍稷稻粱。(13. 伯克父盨，《铭续》474、475，春秋早期)

　　上述13种铭文涉及的谷物名称较多，但每一铭文记载其器所盛之谷的种类，却有定数。前6种铭文盛两谷（稻、粱），第7、8两种铭文盛三谷（粱、稻、穛，或稻、粱、雀），第9到第13五种铭文盛四谷（秾、稻、穛、粱，或穛、稻、糯、粱，或黍、稷、稻、粱），尚不见盛5种或5种以上谷物的铭文。也就是说，对于同一件或同一套青铜盛粢器而言，其所盛的谷物种类，不会超过4种。从两周青铜盨、簠发现的情况来看，盨、簠常常成对出现，可以称为列盨、列簠，其最高的盨数、簠数也都是4①，与其铭文所载最多盛四谷一事完全吻合。这自然不会是一种巧合。合理的推测是，四件一组的列盨、列簠，正是为了盛放4种谷物而设置的。

　　越来越多的材料可以证明，青铜盨、簠是在西周早中期的时期，由青铜簋派生出的衍生器，簋与盨、簠在功能上有其相似之处。② 这就能够解释为何列盨、列簠最多也是4件一组，因西周早中期的列簋最多也是4件一组。从这一关联来看，4件一组的列盨、列簠、列簋，在盛放谷物的用途上，应该有其相通之处，就是3类器物都最多只能盛放4种谷物。这就为西周早中期列簋最高簋数何以为4，找到了答案。本书认为，西周早中期列簋最高簋数为4，与列盨、列簠最高盨数、簠数为4的原因相同，都

---

　　① 张懋镕：《两周青铜盨研究》，《考古学报》2003年第1期；张婷：《两周青铜簠初步研究》，《四川文物》2009年第1期。

　　② 张懋镕：《青铜簠：仿陶青铜器器类演进的典型代表》，载《中国古代青铜器整理与研究·青铜簠卷》，科学出版社2017年版，第xiii—xiv页。

是为了最多盛放四种谷物而设置的。

四 西周中晚期列簋簋数之变及列鼎列簋制的形成

西周早中期列簋的最高簋数为4，这与学术界普遍认为的东周时期天子八簋的高等级配置尚有不小差距，暗示周代的列簋簋数有从"4"向"8"的变化。这种变化，自然可以视为礼制变革的一个组成部分。

八簋之制最早见于西周，这一点无论是传世文献、青铜器铭文，还是考古材料，皆有证据的。《诗经·小雅·伐木》："於粲洒埽，陈馈八簋。"毛传："圆曰簋，天子八簋。"这是较可信的西周文献记载八簋之例。"八簋"铭文见于西周晚期青铜器，如孟辥父簋"孟辥父作弦伯妊媵簋八"（《集成》3962、3963）、函皇父诸器"函皇父作琱娟般盉尊器……自豖鼎降十又一，簋八，两罍，两壶"（《集成》2745、4141—4143、10164），证明西周晚期已经多见簋数为8的列簋。同样，在周原的窖藏坑中，也常见八簋的实物证据，如1975年岐山县董家村窖藏出土此簋8件[①]、1976年扶风县庄白一号窖藏出土癲簋8件[②]。传世铜器中，如史颂簋、颂簋皆为8件一套[③]，也是八簋之制。

八簋制多见于西周晚期，如上举孟辥父簋、函皇父诸器、此簋、史颂簋、颂簋的年代皆是这一时期。不过，癲簋的年代可能略早，学术界普遍认为年代在孝、夷前后[④]，即西周中期后段。因此，就目前的材料来看，八簋之制的产生大约在西周中期后段。也就是说，至少在西周中期后段，列簋最高簋数已经开始由"4"向"8"的变化。

列簋最高簋数存在从"4"向"8"的转变，相应的八簋制列簋所盛谷物种类可有变化？这里存在两种可能性。第一种可能性，就是随着簋数的增加，列簋所盛谷物种类，最多由四种变为八种。《周礼·天官·膳夫》："凡王之馈，食用六谷。""六谷"之说，已经突破了四谷的限制，更何况

[①] 岐山县文化馆庞怀清、陕西省文管会镇烽、忠如、志儒：《陕西省岐山县董家村西周铜器窖穴发掘简报》，《文物》1976年第5期。

[②] 陕西周原考古队：《陕西扶风庄白一号西周青铜器窖藏发掘简报》，《文物》1978年第3期。

[③] 王世民：《关于西周春秋高级贵族礼器制度的一些看法》，载《文物与考古论集》，文物出版社1986年版。

[④] 王世民、陈公柔、张长寿：《西周青铜器分期断代研究》，文物出版社1999年版，第82页；朱凤瀚：《中国青铜器综论》，上海古籍出版社2009年版，第1323页。

文献中还有"九谷"之说。第二种可能性，就是分成两组四簋制列簋，并列放置，每组四簋制列簋所盛谷物的种类，依旧不超过四种。上举《仪礼》中的用簋制度，就是将列簋并列为两组使用。由于缺乏可信的共时性材料，无法证实在这两种推测中，哪一种更为合理。

八簋制的产生，并不意味着学术界所关注的列鼎列簋制的产生，二者尚有一定时间差。① 所谓列鼎列簋制，指的是列鼎与列簋相配出现的现象，即一墓中的列鼎和列簋存在显而易见的关联，用以标识墓主人等级、身份。关于这种列鼎列簋制的产生，学术界有很多有益的探索。俞伟超、高明两位先生在讨论周代用鼎制度时，采用的"杂取各鼎，相配成套"的办法，把列鼎列簋制追溯到周初②，但"杂取各鼎，相配成套"有违学术界对列鼎列簋制的一般认识，故学术界很少遵从。更多的学者认为列鼎列簋制形成于西周中晚期。比如，茹家庄 M1 甲室除了出土 4 件儿簋，还出土 5 件大小不同的儿鼎，儿簋与儿鼎皆为素面，明显相配，无疑是列鼎列簋制的典型证据，故部分学者把列鼎列簋制追溯到西周中期前段③；也有学者认为，以鼎簋为核心、各种器用严格配置的一整套列器制度是懿、孝以后才产生的④，这意味着列鼎列簋制的形成应该是西周中期后段。

就笔者搜集的资料来看，这两种观点都有道理，但也都有一定不足。西周中期前段说没有注意到茹家庄 M1 甲室所出列簋的特殊性，即同时期其他墓葬都没有随葬四簋制列簋的例子。茹家庄 M1 甲室所出列簋是独一份的，更不用说与其相配的列鼎。这种独特性，还反映在列鼎、列簋形制上的地域特色。茹家庄 M1 甲室所出鼎、簋通体素面，铜质较差，铭文"儿"字都在口沿部分，与西周早中期其他列簋风格迥异，发掘报告称其地方色彩颇为浓厚，是西土风格铜器。有趣的是，茹家庄 M1 甲室非主墓室，而是陪葬者所在墓室，甲室除了儿鼎、儿簋，别无其他青铜容器。按

---

① 本书所称"列鼎列簋制"，是一种鼎、簋相配的制度，它的起源自然与列鼎制或列簋制的起源不同，这里主要讨论鼎、簋相配的列鼎列簋制的起源。
② 俞伟超、高明：《周代用鼎制度研究（上）》，《北京大学学报》（哲学社会科学版）1978年第 1 期。
③ [英] 杰西卡·罗森：《祖先与永恒：杰西卡·罗森中国考古艺术文集》，邓菲、黄洋、吴晓筠等译，生活·读书·新知三联书店 2011 年版，第 20—62 页；宋建：《关于西周时期的用鼎问题》，《考古与文物》1983 年第 1 期。
④ 曹玮：《从青铜器的演化试论西周前后期之交的礼制变化》，载《周原遗址与西周铜器研究》，科学出版社 2004 年版，第 91—106 页。

照传统观点，五鼎四簋是卿大夫级别贵族所享用的等级，这与茹家庄 M1 甲室的级别相差甚大，无法把茹家庄 M1 甲室的列鼎列簋制与西周晚期到春秋时期那些可以标识墓主人级别的列鼎列簋制关联起来。因此，茹家庄 M1 甲室中的列鼎列簋，只能算是西周晚期以后列鼎列簋制的一个源头，而非意味着此时已经普遍存在这种用器制度。

西周中期后段说满足大小相次列鼎产生的时间，如 1960 年扶风县召陈村窖藏所出散伯车父列鼎①、陕西沣西张家坡 M222 所出仿铜陶列鼎②皆为大小相次列鼎，这些列鼎在形制上与西周晚期到东周时期列鼎一脉相承，而与地域性特色明显的茹家庄 M1 甲室列鼎完全不同，这意味着大小相次的列鼎制在此时期已经形成并产生了一定影响。但是，无论是扶风县召陈村窖藏，还是沣西张家坡 M222，都没有与列鼎相配对的列簋，张家坡 M222 虽然出土 2 件陶列簋，但数量上与 5 件陶列鼎无法配对，形制上也有较大差异。这说明西周中期后段墓葬中尚没有形成固定的列鼎列簋制。

可见，无论是西周中期前段说，还是西周中期后段说，都无法解释现有材料。实际上，即使到了西周晚期早段，成熟的列鼎列簋制依旧没有完全形成，更没有在整个周王朝内普及，贵族墓葬中的鼎、簋依旧处于一个较为杂乱的过渡阶段。比如，西周晚期早段河南平顶山应国墓地 M95 出土敔鼎 3 件、敔簋 4 件③，似乎可以视为 3 鼎 4 簋的列鼎列簋制，但这 3 件敔鼎大小相似，与列鼎列簋制中大小相次的列鼎不同。西周晚期早段山西洪洞永凝堡 BM5 出土弦纹鼎 3 件、重环纹簋 2 件④，在数量上也符合列鼎列簋制，但这 3 件鼎，有 2 件大小相似，也不符合大小相次的列鼎要求。可见，西周晚期前段墓葬中列鼎与列簋的组合只能被视为列鼎列簋制的形成阶段，而非定型阶段。

列鼎列簋制的真正形成，应该是在西周晚期后段到两周之际。西周晚期后段的山西曲沃晋侯墓地 M62 出土列鼎 3 件、列簋 4 件，鼎、簋纹饰已

---

① 史言：《扶风庄白大队出土的一批西周铜器》，《文物》1972 年第 6 期。
② 中国科学院考古研究所编著：《沣西发掘报告：1955—1957 年陕西长安县沣西乡考古发掘资料》，文物出版社 1963 年版，第 122 页。发掘报告认为此墓是西周中期前段，俞伟超、高明二位先生认为是懿、孝时期，本书认为张家坡 M222 的年代很可能只是西周中期晚段。
③ 河南省文物考古研究所、平顶山市文管会办公室：《平顶山应国墓地九十五号墓的发掘》，《华夏考古》1992 年第 3 期。
④ 山西省文物工作委员会、洪洞县文化馆：《山西洪洞永凝堡西周墓葬》，《文物》1987 年第 2 期。

经接近，皆有窃曲纹，是较为典型的列鼎与列簋相配的例子。① 西周晚期后段的曲沃晋侯墓地 M31 出土列鼎 3 件、列簋 2 件，虽鼎、簋纹饰不同，但二者鼎奇簋偶，也应该是列鼎列簋制的体现。② 这证明，列鼎列簋制在西周晚期后段才真正成为主流用器制度。

如果把列簋最高簋数之变、列鼎列簋制的形成都视为礼制变革的内容，那么上文对西周中晚期列簋变化的研究能够给予我们这样的印象：列簋最高簋数由"4"向"8"的转变可以被视为礼制变革的开始，而列簋与列鼎相配，并形成成熟的列鼎列簋制才是礼制变革的真正完成。故此，从列簋制度的变化来看，西周的礼制变革跨越了西周中期到晚期，这再次证明西周礼制变革不是一蹴而就的。西周礼制变革是一个渐进的、逐步形成的过程。

五　余论

过去，学术界有一个较主流的认识，就是殷人重酒，周人重食。体现在青铜器上，就是殷人的觚爵制，周人的列鼎列簋制。从长时段来看，大小相次的列鼎制度很可能是在西土地区产生的，殷人虽然也有列鼎，但列鼎大小相同，自然不会是西周晚期以后列鼎的源头。不过，关于列鼎列簋制中列簋制的起源，却颇有值得讨论的地方。《礼记·郊特牲》："鼎俎奇而笾豆偶，阴阳之义也。" 礼书使用盛食器，多以偶数为规律，这一点在列簋上也体现得很明显。学术界常言列鼎列簋制，或三鼎二簋，或五鼎四簋，或七鼎六簋，或九鼎八簋，列簋皆为偶数。从上文的研究可知，西周早中期墓葬中流行的二簋制列簋，其渊源在晚商时期的殷系列簋。从这一点出发，列鼎列簋制中的列簋制自然也包含了殷文化因素。可见，所谓周人重食，以列鼎列簋制为青铜礼器的核心，很可能是东土、西土两种礼仪制度融合的结果，这是由列簋制研究所得启发中最为重要的一条。

第三节　作为组合中心的兽面纹大圆鼎研究

商周时期流行一类兽面纹大圆鼎，体形硕大（通高一般在 40 厘米以

---

① 山西省考古研究所、北京大学考古系：《天马—曲村遗址北赵晋侯墓地第四次发掘》，《文物》1994 年第 8 期。
② 山西省考古研究所、北京大学考古系：《天马—曲村遗址北赵晋侯墓地第三次发掘》，《文物》1994 年第 8 期。

上），腹饰兽面纹，近似蹄足，如著名的大盂鼎①、子龙鼎②，给人以威严厚重之感。学术界已经注意到，这类兽面纹大圆鼎在高等级贵族墓葬中往往只出现一件，起着"中心性"的作用，显示出其在商周礼仪生活中的重要性。相对于兽面纹大圆鼎的重要性而言，学术界对其关注较少，除了张昌平先生对海外博物馆藏兽面纹大圆鼎的介绍性文章③外，较少有学者以专题形式进行讨论。是以，本节将系统梳理西周兽面纹大圆鼎的出土情况，讨论其背后的礼俗，并试图探索这种礼俗的渊源及其所反映的殷周礼制演进。本节所要讨论的对象，主要是墓葬中的兽面纹大圆鼎，窖藏虽然也出兽面纹大圆鼎，但组合关系不明确，窖藏中的兽面纹大圆鼎只能作为参考材料。

一 西周墓葬中的最大兽面纹圆鼎

目前，共计 12 座西周墓葬出土 15 件兽面纹大圆鼎，这说明有些墓葬中的兽面纹大圆鼎不仅出土一件。为了便于发现兽面纹大圆鼎的规律，下文重点介绍这 12 座墓葬中的最大兽面纹圆鼎，即墓中体型最大的那件兽面纹大圆鼎。这些兽面纹大圆鼎体型和纹饰布局大体相似：圆口微敛，方唇，两立耳微外侈，腹较深，鼓腹或略鼓腹，圜底或近平底，三柱状足中部略细或近似蹄足，口沿下饰一周云雷纹为地的兽面纹带，足上部饰浮雕兽面，其下有弦纹。具体到每一件兽面纹大圆鼎，体型和纹饰又各有差异。

河南鹿邑太清宫 M1:9（图 1-3-1, 1），口沿下的兽面纹带由三组兽面纹构成，兽面纹之间饰有倒立夔纹，通高 50.8 厘米、口径 38 厘米、重 15.9 千克。④据发掘报告，并参考朱凤瀚先生《中国青铜器综论》，太清宫 M1 的年代为西周初年，是周代墓葬中年代较早者。

山东滕州前掌大遗址 M11:94（图 1-3-1, 2），口沿下的兽面纹带由三组大羽状兽面纹和三组小兽面纹交错构成，腹壁内侧有铭文"史"

---

① 《中国青铜器全集》编辑委员会编：《中国青铜器全集 5·西周 1》，文物出版社 1996 年版，图版说明第 7 页。
② 中国国家博物馆、中国书法家协会编：《中国国家博物馆典藏甲骨文金文集粹》，安徽美术出版社 2015 年版，第 81—83 页。
③ 张昌平：《吉金类系——海外博物馆藏中国古代青铜器（三）：兽面纹大鼎》，《南方文物》2011 年第 4 期、2012 年第 1 期。
④ 河南省文物考古研究所、周口市文化局编：《鹿邑太清宫长子口墓》，中州古籍出版社 2000 年版，第 57 页。

字，通高51.6厘米、口径38厘米。① 前掌大M11的年代是西周早期前段，器与墓的年代一致。

河南郑州市洼刘村遗址M1:1（图1-3-1,3），口沿下的兽面纹带由六组兽面纹构成，内壁有铭文"冀父丁"三字。通高40厘米、口径32厘米。② 洼刘M1的年代是西周早期前段，但墓内器物并非同一器主、同时制作，不排除M1:1可以早到商末的可能性。

北京房山琉璃河M253:12（图1-3-1,4），口沿下的兽面纹带由六组兽面纹构成，内壁有铭文4行26字："匽侯令堇饴太保于宗周，庚申，太保赏堇贝，用作大子癸宝尊鬻。卌罒。"通高62厘米、口径47厘米，重41.5千克。③ 琉璃河M253年代为西周早期前段，堇鼎与墓的年代一致。

湖北随州叶家山M1:09（图1-3-1,5），索状立耳，垂腹明显，口沿下饰一周六组浅浮雕兽面纹，器腹、外底及足根部有烟炱痕迹，器内壁有铭文"师作父乙宝尊彝"，通高54.8—56厘米、口径40.4—40.8厘米，残重21.5千克。④ 学术界一般认为叶家山M1是叶家山墓地中年代较早者⑤，为西周早期前段，这一年代也应该是此墓兽面纹大圆鼎的年代。

甘肃灵台洞山西周墓6号鼎（图1-3-1,6），口沿下的兽面纹带由六组兽面纹构成，器底存有较厚的烟灼痕，腹内近口处有铭文"昇壬"2字，通高60厘米、口径45.7厘米。⑥ 洞山西周墓被破坏严重，礼容器中仅残留一鼎一瓿，年代当是西周早期前段。

湖北随州羊子山M4大鼎（图1-3-1,7），口沿下的兽面纹带是由三组兽面纹构成，兽面纹之间饰有倒立夔纹，通高43.3厘米、口径33厘米。⑦ 羊子山M4的详细材料尚未公布，就《随州出土文物精粹》所著录的羊子山M4铜器群来看，有学者认为羊子山M4与宝鸡纸坊头M1时

---

① 中国社会科学院考古研究所编著：《滕州前掌大墓地》，文物出版社2005年版，第209页。
② 郑州市文物考古研究所：《郑州洼刘村西周早期墓葬（ZGW99M1）发掘简报》，《文物》2001年第6期。
③ 北京市文物研究所：《琉璃河西周燕国墓地：1973—1977》，文物出版社1995年版，第101、103页。
④ 湖北省文物考古研究所、随州市博物馆：《湖北随州叶家山西周墓地发掘简报》，《文物》2011年第11期。
⑤ 《湖北随州叶家山西周墓地笔谈》，《文物》2011年第11期。
⑥ 甘肃省博物馆文物队、灵台县文化馆：《甘肃灵台县两周墓葬》，《考古》1976年第1期。
⑦ 随州市博物馆编：《随州出土文物精粹》，文物出版社2009年版，第67页。羊子山M4材料最近已公布，见《中国国家博物馆馆刊》2024年第1期。

代相当①，可归为西周早期墓葬。

1966年陕西岐山贺家村西周墓大鼎（图1-3-1，8），口沿下的兽面纹带由六组兽面纹构成，两兽面纹之间填充一对凤鸟纹，凤鸟纹之上还有小的兽面纹，制作精美，通高55.5厘米、口径42厘米。② 贺家村西周墓的年代是西周早期前段，出土"毕公"铭文铜器，大鼎与墓葬年代一致。

1979年淳化史家塬一号墓大鼎（图1-3-1，9），器型硕大，纹饰瑰丽，口沿下的兽面纹带由三组兽面纹构成，每组兽面纹又是由两条相对的夔龙纹构成，鼻梁扉棱下饰浮雕牛首。与足对应的腹部饰三个兽首鋬，鋬下出勾。通高122厘米、口径83厘米、重226千克。③ 一号墓虽然被破坏严重，但据所出一鼎二簋，皆是典型的西周早期前段器物。

陕西宝鸡石鼓山M4，出土两件兽面纹大圆鼎，分别是M4K2：215、M4K3：315，其中M4K3：315体型更大，属于此墓中的"最大兽面纹圆鼎"。④ 石鼓山M4K3：315（图1-3-1，10），器底外有网格纹，足部有较多补铸痕迹，一足断裂，铸造极粗糙，图案纹饰及范线未加打磨，通高46.6厘米、口径35.7厘米、重19.8千克。石鼓山M4是周初墓葬，M4K3：315制作粗糙，显示出与墓葬一致的年代。

湖北随州叶家山M111，出土两件兽面纹大圆鼎，分别是M111：75、M111：84—1，其中M111：84—1体型更大，属于此墓中的"最大兽面纹圆鼎"。⑤ 叶家山M111：84—1（图1-3-1，11），口沿下的兽面纹带由六组兽面纹构成，外底有黑色烟炱痕迹，内壁有铭"彳戈祖辛"，通高56.3厘米、口径42.1厘米、重26.05千克。此鼎出土时内置铜匕一件。叶家山M111是叶家山墓地中年代较晚者，当属西周早期后段，但M111：84—1有长期使用的痕迹，未必不会早于墓葬年代。

山西翼城大河口M1，出土两件兽面纹大圆鼎，分别是M1：4—1、

---

① 张昌平：《论随州羊子山新出噩国青铜器》，《文物》2011年第11期。
② 长水：《岐山贺家村出土的西周铜器》，《文物》1972年第6期；《中国青铜器全集》编辑委员会编：《中国青铜器全集5·西周1》，文物出版社1996年版，图版说明第5—6页。
③ 淳化县文化馆：《陕西淳化史家塬出土西周大鼎》，《考古与文物》1980年第1期；《中国青铜器全集》编辑委员会：《中国青铜器全集6·西周2》，文物出版社1997年，图版说明第40—41页。
④ 陕西省考古研究院、宝鸡市考古研究所、宝鸡市渭滨区博物馆：《陕西宝鸡石鼓山商周墓地M4发掘简报》，《文物》2016年第1期。
⑤ 湖北省文物考古研究所、随州市博物馆：《湖北随州叶家山M111发掘简报》，《江汉考古》2020年第2期。

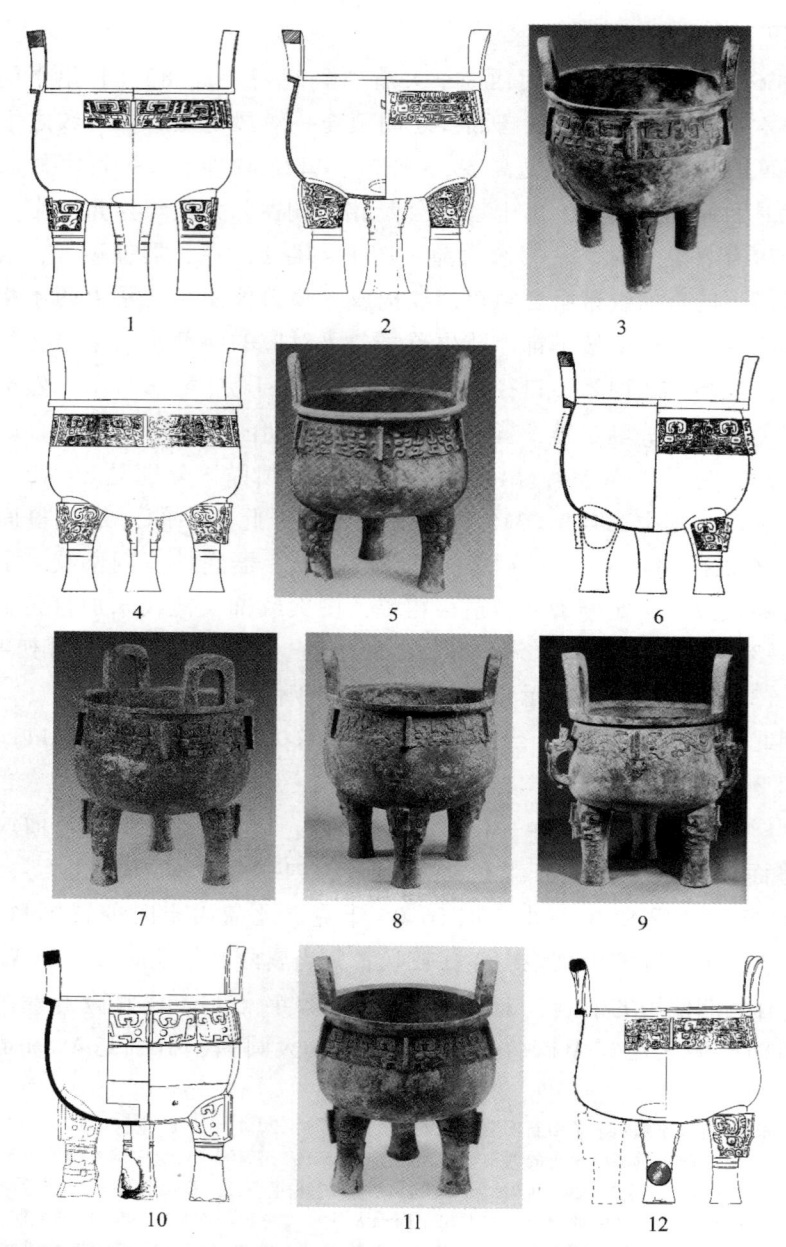

1. 河南鹿邑太清宫 M1∶9 2. 山东滕州前掌大遗址 M11∶94 3. 河南郑州洼刘遗址 M1∶1 4. 北京房山琉璃河 M253∶12 5. 湖北随州叶家山 M1∶09 6. 甘肃灵台洞山西周墓 6 号鼎 7. 湖北随州羊子山 M4 大鼎 8. 1966 年陕西岐山贺家村西周墓大鼎 9. 1979 年淳化史家塬一号墓大鼎 10. 陕西宝鸡石鼓山 M4K3∶315 11. 湖北随州叶家山 M111∶84—1 12. 山西翼城大河口 M1∶5—1

图 1-3-1　西周贵族墓葬中的最大兽面纹圆鼎

M1∶5—1，其中 M1∶5—1 体型更大，属于此墓中的"最大兽面纹圆鼎"。[①] 大河口 M1∶5—1（图1-3-1，12），索状立耳，垂腹，口沿下的兽面纹带由六组兽面纹构成，三足上部及底部烧烤成深灰色，局部泛黑色，通高55.4厘米、口径40厘米，重18.22千克。大河口 M1 是西周早期后段墓葬，M1∶5—1 与墓葬的年代一致。

上述最大兽面纹圆鼎之所以重要，不仅是因为其硕大的体型，还因为它们在墓葬中的特殊性，这一特殊性主要体现在数量上的唯一性、位置上的中心性。

上述12座墓葬中，皆出土单件最大兽面纹圆鼎，说明最大兽面纹圆鼎是以单件形式出现的。与之相比，西周墓葬中的圆鼎、方鼎多见成对、成组出现的例子。比如，在上述12座墓葬中，鹿邑太清宫 M1 出土了5件长子口扁足圆鼎、5件长子口分裆圆鼎、2件析子孙方鼎、2件子方鼎、5件长子口带盖方鼎，各组内鼎的形制、大小、纹饰、铭文基本相同。随州叶家山 M111、翼城大河口 M1 等墓中也多见这种成组的铜鼎。本章第一节已经讨论了这种成组铜鼎问题，并认为它们是列器的一类，常见于西周贵族墓葬中。不过，就目前材料而言，虽然西周早中期的成组铜鼎常见，但最大兽面纹圆鼎却绝没有以成组、成对的形式出现。即使如宝鸡石鼓山 M4、随州叶家山 M111、翼城大河口 M1 三墓那样，皆出土两件兽面纹大圆鼎，但这两件兽面纹大圆鼎的形制、纹饰、体型都有差异，无法成对。可见，在数量上，上述12座墓葬中的最大兽面纹圆鼎具有"唯一性"，即在墓葬中以单件形式存在。

上述12座墓葬中的最大兽面纹圆鼎还具备位置上的"中心性"，这可以从保存较好的鹿邑太清宫 M1、滕州前掌大遗址 M11、房山琉璃河 M253、随州叶家山 M111、翼城大河口 M1 几墓探得。这几座墓葬中的最大圆鼎的位置可以分为三类。第一类是最大圆鼎位于椁室一角，如鹿邑太清宫 M1，最大圆鼎 M1∶9 就位于北椁室的最西处，与其他食器之间尚有较为明显的空白地带，明显处于一个醒目的位置（图1-3-2，1）。前掌大遗址 M11 中的最大圆鼎也位于墓主人头端椁室的西北角，只是其空间位置没有太清宫 M1∶9 那么醒目。第二类是最大圆鼎位于酒器群和食器群的中间，如房山琉璃河 M253，礼器群分布于北椁室，酒器群居西，食器群

[①] 山西省考古研究院、临汾市文物局、翼城县文物旅游局联合考古队、山西大学北方考古研究中心：《山西翼城大河口西周墓地一号墓发掘》，《考古学报》2020年第2期。

居东，最大圆鼎位于中间空白地带，也极为醒目（图 1-3-2，2）。叶家山 M111 的食器群与酒器群完全分开放置，最大圆鼎位于食器群的东南角，但若忽略最大圆鼎与酒器群之间的空白地带，最大圆鼎也可以视为酒器群和食器群的中间位置。故叶家山 M111 中的最大圆鼎也可归为第二类。第三类是墓中的食器群与酒器群混杂在一起，最大圆鼎位于整个礼器群中间

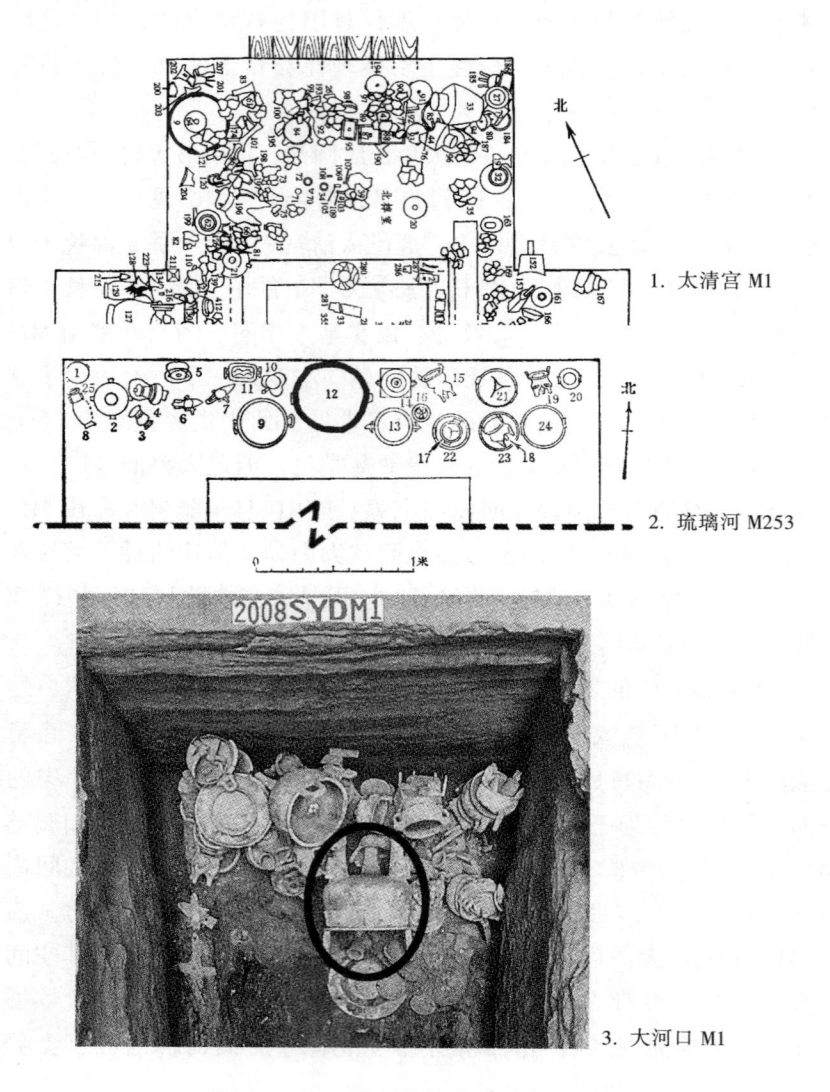

1. 太清宫 M1

2. 琉璃河 M253

3. 大河口 M1

图 1-3-2 最大兽面纹圆鼎出土位置举例

的正上方，如翼城大河口M1（图1-3-2，3）。最大圆鼎在这三类空间分布类型中，未必总是位于空间位置的正中心，但一般处于食器群（甚至是整个礼器群）中最醒目、最显眼的位置。从这个意义上说，最大圆鼎在空间关系上处于"中心性"位置。

二 兽面纹大圆鼎"独特性"溯源

从上述"唯一性"和"中心性"可知，兽面纹大圆鼎在礼器群中具备不同于一般礼容器的特殊意义。虽然我们暂时无法准确理解兽面纹大圆鼎所承担的丧葬礼仪作用和功能，但历时性考察兽面纹大圆鼎"唯一性"和"中心性"的葬俗史，对我们认识兽面纹大圆鼎的作用和功能颇有好处。目前可以确知的是，墓葬中兽面纹大圆鼎的"唯一性"和"中心性"至少可以追溯到晚商时期。

商文化墓葬早在二里岗文化时期已经开始使用兽面纹大圆鼎，如湖北黄陂盘龙城遗址PLZM2[1]、PYWM11[2]皆有大型圆鼎出土，可以视为殷文化墓葬使用兽面纹大圆鼎的源头。这类早期墓葬数量太少，不足以详细讨论其与晚商墓葬使用兽面纹大圆鼎的关联，所以本书暂不讨论二里岗时期使用兽面纹大圆鼎的规律性特征。

晚商时期，殷人使用兽面纹大圆鼎具有很强的规律性，这主要体现在兽面纹大圆鼎数量、位置的"独特性"。下面依次论之。

1. 数量上的"唯一性"

晚商时期的铜鼎，大致可分为圆鼎与方鼎两大类，圆鼎中又可以分出柱足（或略带蹄足）圆鼎、分裆圆鼎、扁足圆鼎、束颈圆鼎等小类，其中方鼎、分裆鼎、扁足鼎、束颈圆鼎多有成对出现者，有学者称为偶数成对现象[3]，但兽面纹大圆鼎尚没有发现成对出现者。下面举例说明。

殷墟妇好墓为殷墟二期墓葬，墓主人为武丁配偶妇好，该墓出土铜鼎31件（包括带流鼎形器），铜鼎可分方、圆两大类。[4] 方鼎5件，其中成

---

[1] 湖北省文物考古研究所编著：《盘龙城：1963—1994年考古发掘报告》，文物出版社2001年版，第169页。
[2] 湖北省文物考古研究所编著：《盘龙城：1963—1994年考古发掘报告》，文物出版社2001年版，第281—283页。
[3] 汤毓赟：《殷墟墓葬青铜礼器组合的新思考》，《江汉考古》2018年第2期。
[4] 中国社会科学院考古研究所编著：《殷墟妇好墓》，文物出版社1984年版，第34—44页。

对的方鼎有妇辛大方鼎2件、妇好长扁足鼎2件；圆鼎25件，其中成对或成组的圆鼎有ⅡA式妇好中型圆鼎6件、ⅡB式妇好中型圆鼎6件、妇好小型圆鼎2件、好高柱足圆鼎2件、妇好小型柱足圆鼎2件、妇好小型鸟足鼎3件。这些成对或成组铜鼎，铭文一致、形制、纹饰、重量接近。除此之外，妇好墓还出土一件亚弜大圆鼎（M5：808），通高72.2厘米，重50.5千克，远比妇好墓所出其他24件圆鼎硕大、厚重。

殷墟郭家庄M160为殷墟三期墓葬，墓主人属于亚址家族，该墓出土铜鼎6件，成对的铜鼎有亚寰止分裆圆鼎2件、亚址方鼎2件，成对者铭文一致，形制、纹饰、重量接近。① 郭家庄M160还出土大圆鼎1件（M160：62），通高55厘米，重26.1千克，体型远比同墓所出其他铜鼎硕大。

除了殷墟妇好墓、郭家庄M160，殷墟之内的花东M54②、文源绿岛M5③，殷墟之外的济南大辛庄M139④、信阳罗山天湖M1⑤也都仅出土一件兽面纹大圆鼎。可见，整个晚商时期，商文化范围内的中高等级墓葬往往随葬成对或成组的青铜鼎，但唯独墓中兽面纹大圆鼎不见成对或成组出现的例子，这说明晚商墓中兽面纹大圆鼎在数量上具有独特性，即数量上的"唯一性"。

2. 位置上的"中心性"

从位置上看，晚商墓葬中的兽面纹大圆鼎一般放置在椁内棺外或棺、椁盖之上，后者由于棺椁腐朽而塌陷，出土位置未必就是原始位置，本书暂不讨论。仅就椁内棺外的兽面纹大圆鼎而言，兽面纹大圆鼎摆放位置具有一定规律。

在上举诸墓中，妇好墓所出亚弜大圆鼎位于椁室西北角，花东M54所出亚长大圆鼎（M54：240）位于头端椁室东北角，罗山天湖M1所出兽面纹蹄足大圆鼎（M1：1）位于头端椁室西北角，这些大圆鼎位于椁室头端一角，

---

① 中国社会科学院考古研究所编著：《安阳殷墟郭家庄商代墓葬：1982年—1992年考古发掘报告》，中国大百科全书出版社1998年版，第78页。
② 中国社会科学院考古研究所编著：《安阳殷墟花园庄东地商代墓葬》，科学出版社2007年版，第97页。
③ 安阳市文物考古研究所编著：《安阳殷墟徐家桥郭家庄商代墓葬》，科学出版社2011年版，第47页。
④ 山东大学历史文化学院考古系、山东省文物考古研究所：《济南大辛庄遗址139号商代墓葬》，《考古》2010年第10期。
⑤ 信阳地区文管会、罗山县文化馆：《河南罗山县蟒张商代墓地第一次发掘简报》，《考古》1981年第2期。

位置极为醒目。这种普遍放置于椁室一角的规律①,反映的是兽面纹大圆鼎在食器群中的"中心性"地位。比如,妇好墓中的亚弜大圆鼎(M5:808)周边多为大型食器(图1-3-3,1),如870为妇好连体甗、790为妇好三联甗、789、809为姤辛大方鼎,这些食器皆围绕亚弜大圆鼎分布。再如花东M54以亚长大圆鼎(M54:240)为中心(图1-3-3,2),周围分布着两件方鼎(170、191)、四件分裆鼎(166、167、172、181)、两件簋(171、177)、三件陶罍(161、162、164),亚长大圆鼎的位置极为显目。

晚商时期还有一些墓葬中的兽面纹大圆鼎虽没有紧靠椁室一角,但也距离椁角不远,且是各自食器群的"中心"位置,如殷墟郭家庄M160。郭家庄M160所出亚址大圆鼎(M160:62)位于头端椁室(图1-3-3,3),其周围礼器群以乐器和食器为主,食器以大圆鼎为中心,北侧为方形器(50)和甗(51),南侧为方鼎(21)、有盖提梁鼎(32)和簋(33),大圆鼎放在靠近东北角的空白地带,三足竖立,位置较端正,极为醒目。

可见,从空间上看,晚商时期中高等级墓葬中的兽面纹大圆鼎一般被放置于椁室(多为头端椁室)一角,其他食器以它为基点布局,或绕其分布,给予兽面纹大圆鼎空间上的显目位置。这暗示,兽面纹大圆鼎的位置必然经过事先的规划,否则很难如此整齐划一。因此,可以用"中心"二字概括兽面纹大圆鼎在食器群中的空间位置。

晚商时期的兽面纹大圆鼎不仅具有数量上的"唯一性"和空间上的"中心性",商人还赋予其标识等级的功能。毫无疑问,目前商文化遗址所发现的兽面纹大圆鼎多出现于等级较高的贵族墓葬中,殷墟妇好墓(小屯M5)、花东M54、郭家庄M160三墓是殷墟发掘史上保存完好的级别最高的三座墓葬,大辛庄M139是大辛庄遗址发现的级别最高墓葬。罗山天湖遗址中出土兽面纹大圆鼎的墓葬也是该墓地中的高规格墓葬。唯一需要说明的是殷墟文源绿岛M5,该墓出土青铜礼器仅有9件,规格相对殷墟其他出土兽面纹大圆鼎墓葬要低得多,但该墓竟出土4件青铜鼎,且出土一件通高超过60厘米的大铜甗。这种数量的青铜鼎及这种规格的大铜甗并不常见,暗示文源绿岛M5的特殊性,该墓的墓主人未必就是低等级贵族。可见,只有生前显贵的高等级贵族,死后才可以随葬兽面纹大圆鼎。

---

① 除此三座墓葬外,济南大辛庄M139被盗严重,所剩青铜礼器都分布在二层台,兽面纹大圆鼎就出土于墓葬二层台的东北角,与殷墟常见的把大圆鼎放在椁室一角的做法基本一致。

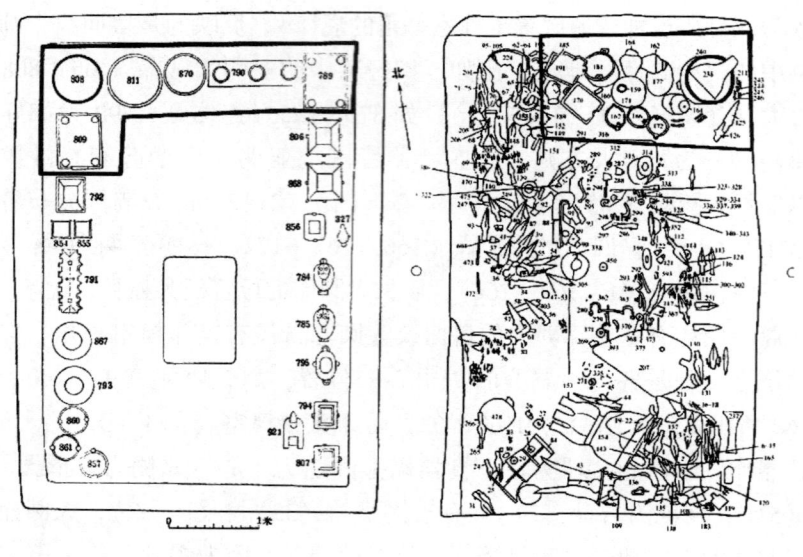

1. 妇好墓

2. 花东 M54

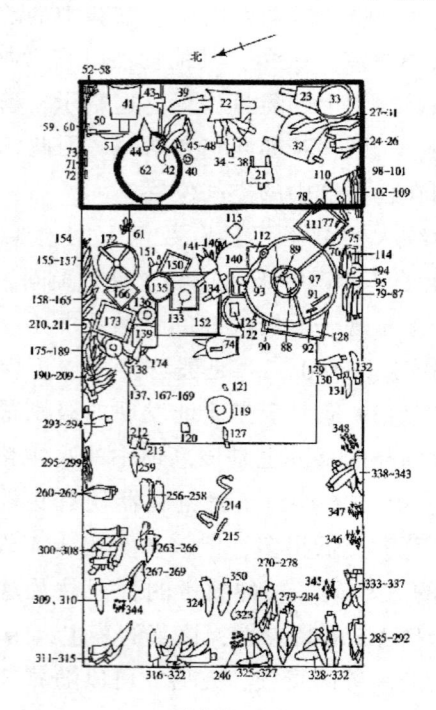

3. 郭家庄 M160

图 1-3-3　晚商时期最大兽面纹圆鼎位置举例

三 殷人与周人使用兽面纹大圆鼎的异同

从上述溯源结果来看，殷人在晚商时期业已形成了一套相对稳固的使用兽面纹大圆鼎的习俗，殷人有意营造兽面纹大圆鼎在食器群中的"唯我独尊"地位。西周时期贵族墓葬中最大兽面纹圆鼎在数量上的"唯一性"与空间上的"中心性"，无疑承接自晚商时期殷人使用兽面纹大圆鼎的习俗，这说明西周时人使用最大兽面纹圆鼎时，存在"周承商制"的现象。但是，问题似乎并不如此简单。兽面纹大圆鼎在西周时期的使用，一方面体现为既有殷系贵族（殷遗民）继续使用兽面纹大圆鼎，如鹿邑太清宫 M1、前掌大墓地 M11；另一方面，更多地体现为周人（包括姬姓周人及其盟友）对旧俗的沿用与改造。因而下面可以分两种情况分别论之。

1. 殷遗民对兽面纹大圆鼎的使用

鹿邑太清宫 M1 为周初大墓，该墓出土大量带有"长子口"铭文铜器，乃长族族长"口"的墓葬。太清宫 M1 具有典型的殷系文化风格，而长族长老一直是商王朝的高等级贵族（如花东 M54 墓主人"亚长"），所以太清宫 M1 的"长子口"自然是殷遗民。太清宫 M1 出土青铜礼乐器达 85 件，其中铜鼎 22 件，仅有兽面纹大圆鼎一件（M1∶1），且这唯一一件大圆鼎出土于墓主人头端北椁室的西北角。无论是数量，还是空间位置，太清宫 M1 所出兽面纹大圆鼎都与殷墟所出兽面纹大圆鼎一致。

前掌大墓地在晚商时期业已存在，其严格的觚爵组合、腰坑殉狗、殉人，以及大量的族徽、日名铭文，说明该墓地属于典型商文化遗址。前掌大墓地 M11 已经进入西周早期，其墓主人可被视为广义的殷遗民。前掌大墓地 M11 出土大量青铜礼器，其中仅鼎就有八件，却仅有一件兽面纹大圆鼎，体现了数量的唯一性。这件兽面纹大圆鼎位于墓主人头端北椁室的西北角，在位置上也与晚商时期商人兽面纹大圆鼎的礼俗一致。

可见，无论是前掌大 M11，还是太清宫 M1，都说明殷遗民在使用兽面纹大圆鼎时，完整地继承了商人礼俗，在数量上、位置上都是如此。

2. 周人对兽面纹大圆鼎的使用

西周时期兽面纹大圆鼎多有殷系族徽铭文和日名，显示出兽面纹大圆鼎的原主人多为殷人或殷遗民。不过，也有少数兽面纹大圆鼎铭文显示器主为周系贵族。大盂鼎为康王时期贵族盂为纪念其祖南公而作的兽面纹大圆鼎，最近新出的随州文峰塔曾侯與编钟有"王遣命南公"铭文①，乃姬姓曾侯记载曾国始封故事，可见大盂鼎是较为确凿的姬姓贵族制作兽面纹大圆鼎的例子。除了大盂鼎，宝鸡戴家湾曾出土一件毛伯鼎，乃兽面纹大圆鼎，有铭"毛伯入门"②，或是毛伯作器。西周的毛氏为姬姓贵族，毛伯鼎很有可能也是一件姬姓贵族制作的兽面纹大圆鼎。

周人对兽面纹大圆鼎的改造，主要体现在对兽面纹大圆鼎随葬位置与数量的有意识安排。在位置上，由于周系墓葬中的随葬物品往往聚类分布③，此时的兽面纹大圆鼎未必就位于椁室的一角。比如，房山琉璃河M253中的兽面纹大圆鼎就位于北椁室中间，处于食器群的西侧。琉璃河M253位于墓地的Ⅱ区，学术界一般认为该区中的墓葬是灭商后被分封到燕地的周人墓葬④，可见琉璃河M253的墓主人可能是周人。另一个周人墓葬是随州叶家山M111，该墓所出兽面纹大圆鼎位于北二层台中部，在食器群中的一角。宝鸡石鼓山M4虽然很可能不是姬姓封君之墓，但它随葬的高领袋足鬲暗示墓主人可归为周系贵族之列。该墓的兽面纹大圆鼎分置于两个壁龛，位于各壁龛器物群的一角。可见，周人和周系贵族使用兽面纹大圆鼎时，往往把兽面纹大圆鼎放置于食器群的一角，而不是椁室一角。

在数量上，晚商时期的高等级贵族墓葬，即使贵如武丁配偶妇好者，也仅仅出土一件兽面纹大圆鼎，其他墓葬皆是如此。相对于晚商时期兽面纹大圆鼎的"唯一性"，本书在讨论西周时期兽面纹大圆鼎的数量特征时，强调的是墓葬中"最大兽面纹圆鼎"数量上的"唯一性"，而非"兽面纹大圆鼎"的"唯一性"。这是因为，石鼓山M4、叶家山M111都出土两件兽面纹大圆鼎，"最大兽面纹圆鼎"针对的是两件兽面纹大圆鼎中的体型较大者。石鼓山M4、叶家山M111的存在，说明周系贵族在使用兽面纹大圆鼎时，即使没有突破兽面纹大圆鼎不成对、不成组的基本原则，但也不再恪守兽面纹大圆鼎数量上的"唯一性"。

---

① 湖北省文物考古研究所、随州市博物馆：《随州文峰塔M1（曾侯與墓）、M2发掘简报》，《江汉考古》2014年第4期。
② 陈昭容主编：《宝鸡戴家湾与石鼓山出土商周青铜器》，台北"中央研究院"历史语言研究所、陕西省考古研究院2015年版，第325页。
③ 杨博：《西周初期墓葬铜礼器用区位研究》，《江汉考古》2020年第2期。
④ 北京市文物研究所：《琉璃河西周燕国墓地：1973—1977》，文物出版社1995年版，第251页。

是以，到了西周时期，由于殷遗民文化的存在与影响，不仅殷遗民继续使用兽面纹大圆鼎，周系贵族也在制作、使用兽面纹大圆鼎。周系贵族在利用殷系文化时，未必严格遵循殷人礼俗，而是有所"增益"。一墓两件兽面纹大圆鼎，以及兽面纹大圆鼎由位于椁室一角变为位于食器群一角，是周系贵族使用兽面纹大圆鼎时的"增益"之处。当然，这种"增益"也并不局限于周系贵族中，在既非殷遗民，也非周系贵族的翼城大河口墓地 M1 中，相似情况也存在，该墓出土两件兽面纹大圆鼎，圆鼎位于器物群中间显目位置。这似乎可以说明，周系贵族对兽面纹大圆鼎的"改造"受到了广泛认同。

也就是说，西周早期周系贵族墓葬对兽面纹大圆鼎的使用，一方面继承了晚商时期业已形成的以兽面纹大圆鼎为尊的习俗；另一方面则在表现形式上有所变化，属于周系贵族"维新"之处。

四 从兽面纹大圆鼎到战国时期的"镬鼎"

上述考证，有助于理解兽面纹大圆鼎在西周中期及其以后的去向。俞伟超、高明两位先生在讨论周代用鼎制度时，曾提道[①]：

> 周初有一种像盂鼎那样形体特大的鼎，往往自铭为🝑……🝑像鼎在火上炊，并有匕取物，很像是镬鼎。但此字当释为鬻，是盛有菜之羹，则似乎为羞鼎，或为煮羞之镬，疑不能定，故此处暂不收入。

俞、高二氏所说的"盂鼎"就是著名的大盂鼎，属于本书所讨论的兽面纹大圆鼎。下文还会说明，"🝑"并非鬻字，而是鬻字，也就是文献中的爔字，当训为煨。可见，兽面纹大圆鼎并不是一种盛菜羹的羞鼎，存在是镬鼎早期形态的可能性。

《周礼·天官·亨人》："亨人掌共鼎镬，以给水、火之齐。"郑玄注："镬所以煮肉及鱼腊之器，既孰，乃脀于鼎。齐，多少之量。"《仪礼·少牢馈食礼》："羹定，雍人陈鼎五：三鼎在羊镬之西，二鼎在豕镬之西。"学术界一般认为，镬鼎是一种蒸煮牲体的大鼎。[②] 这种镬鼎，在东周时期高等级

[①] 俞伟超、高明：《周代用鼎制度研究（上）》，《北京大学学报》（哲学社会科学版）1978 年第 1 期。

[②] 郭宝钧：《山彪镇与琉璃阁》，科学出版社 1959 年版，第 42 页。

墓葬中较为常见，典型的例子有山西太原赵卿墓出土的附耳牛头螭纹蹄足鼎①、河南辉县琉璃阁甲墓出土的蟠虺纹三环有盖大鼎②、安徽寿县蔡侯墓出土的有盖大鼎③、湖北随州曾侯乙墓出土的两件无盖大鼎④、枣阳九连墩 M2 出土的两件大鼎⑤、江陵望山楚墓 M1 出土的大铜鼎⑥、荆州天星观 M2 出土的无盖大鼎⑦、荆门包山二号楚墓出土的牛镬大鼎⑧等。可见，东周高等级墓葬中的镬鼎数量较少，多为一到两件。⑨李零先生认为这类鼎的器名为"镬"，从需声，可读为"鼐"，《说文》谓"鼐，鼎之绝大者"。⑩可备一说。本书从旧说，依旧用"镬鼎"称呼这类大定。

　　从东周的考古与文献材料来看，镬鼎的特点主要有四点。其一，镬鼎是蒸煮牲体的鼎，故不仅体型较大，以致成为同墓诸鼎中最大者，且由于实用的功能，多数镬鼎的器底和足部都有烟炱痕迹。其二，牲体被煮熟后，要"脀于鼎"，即移于升鼎，镬鼎与升鼎配套使用，高等级贵族墓葬中的升鼎往往以列鼎的形式出现。其三，《仪礼·士昏礼》："匕俎从设。"郑玄注："匕所以别出牲体也。"这说明牲体被煮熟后，要先用匕将其由镬鼎移至俎，再由俎移至升鼎，匕的作用不能忽略。其四，业已发现的镬鼎，其出土位置较为固定，或者被放置于礼器群中间位置，大型礼器排列在镬鼎一侧，或者被放置于礼器群的一角，以镬鼎为基点安排礼器位置。在这两种安置方式中，镬鼎的位置都极为显目。

　　从这几个特点出发，镬鼎与西周早期的兽面纹大圆鼎具有功用上的一

---

　　① 山西省考古研究所、太原市文物管理委员会：《太原晋国赵卿墓》，文物出版社 1996 年版，第 17 页。
　　② 河南省博物院、台北"国立"历史博物馆编著：《辉县琉璃阁甲乙二墓》，大象出版社 2003 年版，第 58 页。
　　③ 安徽省文物管理委员、安徽省博物馆：《寿县蔡侯墓出土遗物》，科学出版社 1956 年版，第 6 页。
　　④ 湖北省博物馆编：《曾侯乙墓》，文物出版社 1989 年版，第 188—190 页。
　　⑤ 湖北省文物考古研究所、襄阳市文物考古研究所、枣阳市文物考古队：《湖北枣阳九连墩 M2 发掘简报》，《江汉考古》2018 年第 6 期。
　　⑥ 湖北省文物考古研究所：《江陵望山沙冢楚墓》，文物出版社 1996 年版，第 27 页。
　　⑦ 湖北省荆州博物馆编著：《荆州天星观二号楚墓》，文物出版社 2003 年版，第 33 页。
　　⑧ 湖北省荆沙铁路考古队编：《包山楚墓》，文物出版社 1991 年版，第 98 页。
　　⑨ 湖北枣阳九连墩 M1 报道镬鼎三件（《江汉考古》2019 年第 3 期），未见全部材料，暂时不论。
　　⑩ 李零：《说楚系墓葬中的大鼎——兼谈楚墓葬的用鼎制度》，《中国国家博物馆馆刊》2023 年第 1 期。

致性。首先，兽面纹大圆鼎只见于高等级贵族墓葬，在位置布局中具有"显目性"，这一点与东周墓葬中的镬鼎一致。其次，兽面纹大圆鼎自名为爥，器底多见烟炱痕迹，且很多兽面纹大圆鼎中发现有兽骨。这说明兽面纹大圆鼎也是蒸煮牲体的鼎。有一点值得注意，郭家庄M160与鹿邑长子口大墓中兽面纹大圆鼎内的兽骨皆为牛骨，这与东周时期的镬鼎多盛牛骨的情形一致。再次，兽面纹大圆鼎在西周时期发展出一墓两件的新组合，而东周墓葬中的镬鼎多为一墓一镬，也见一墓两镬，兽面纹大圆鼎与镬鼎在数量上也保持一致性。最后，叶家山M111所出祖辛大圆鼎外底有黑色烟炱痕迹，表明其作为蒸煮器的功能，且器内有一铜匕（M111：84—2），这件匕的功能应该就是把煮熟后的牲体转移至俎的工具。

除了功用上的一致性，我们还能探索镬鼎与兽面纹大圆鼎形制上的渊源关系。镬鼎可以追溯到西周晚期。清末陕西扶风任家村窖藏出土大量青铜礼器，其中大克鼎一件，小克鼎七件。[1] 七件小克鼎的形制、铭文相近，大小递减，形成了一组列鼎。就目前的材料来看，小克鼎最大者高56.5厘米，重47.8公斤，而大克鼎高91.3厘米，重201.5公斤，二者尺寸相差甚大，大克鼎形制在任家村窖藏铜器组合中极为显著。可见，大克鼎与小克鼎很可能构成了镬鼎与升鼎的组合模式。[2]

1　　　　　　　　　2

图 1 -3 -4　大克鼎与吴贺遗址大鼎

---

[1] 张天恩主编：《陕西金文集成》（4），三秦出版社2016年版，第27—53页。
[2] 俞伟超、高明二位先生《周代用鼎制度研究》一文也提到大克鼎为镬鼎。

大克鼎除了体型巨大、垂腹、蹄足等特征外，纹饰上也很有特点：口沿下也饰一周由窃曲纹组成的变形兽面纹，兽面的鼻梁、眼睛等特征较为显著，蹄形足上饰浅浮雕兽面纹，下腹部为一周波曲纹（图1-3-4，1）。抛开波带纹这种西周中晚期新形成的纹饰因素，大克鼎的其他形制、纹饰特征都可以追溯到兽面纹大圆鼎上。西周中期以后，典型兽面纹大圆鼎不复存在，这是由于以动物形象为主要元素的典型兽面纹在西周中期以后不再成为主流的主体纹饰，典型兽面纹开始向由窃曲纹、鸟纹组成变形兽面纹转变。循此演进规律，兽面纹大圆鼎并非"消失"，而是由典型兽面纹大圆鼎转变为变体兽面纹大圆鼎。比如，西周中期翼城大河口M1017出土一件伯鼎（M1017:25）①，其口沿下饰由长鼻鸟纹组成的兽面纹，该鼎在体型上是诸鼎之最（高45.9厘米），在位置上位于礼器群的中间上层，无疑发挥着西周早期兽面纹大圆鼎的作用。类似的例子还有1952年岐山丁童村家出土的外叔鼎②、1973年长安马王村窖藏出土的䈷鼎③、1979年陕西兴平市庄头镇吴贺遗址出土的大鼎（图1-3-4，2）④，这三件大圆鼎口沿之下或饰由鸟纹组成的变体兽面纹，或饰由窃取纹组成的变体兽面纹。这说明，变体兽面纹大圆鼎不仅继承了典型兽面纹大圆鼎的形制特点，且也起着西周早期典型兽面纹大圆鼎的作用。有意思的是，除去下腹部的波带纹，大克鼎的整体形态与吴贺遗址变体兽面纹大圆鼎一脉相承，这就在大克鼎与西周早期兽面纹大圆鼎之间建立起了形制上的渊源传承关系。也由此，我们也就建立起兽面纹大圆鼎与镬鼎形制上的关联。

可见，兽面纹大圆鼎与镬鼎在形制、位置、功能、组合上具有高度相似性，把兽面纹大圆鼎视为镬鼎源头，自然是一种可以接受的假说。也就是说，西周早期以后的兽面纹大圆鼎并非消失了，而是演进为变体兽面纹大圆鼎，并逐渐具备了文献中镬鼎的功用。当然，由于缺乏西周晚期到春秋早期墓葬中特大型铜圆鼎材料，我们尚不能论定这一假说，但这不失为一个有意义的探索方向。

---

① 山西省考古研究所、临汾市文物局、翼城县文物旅游局联合考古队，山西大学北方考古研究中心：《山西翼城大河口西周墓地1017号墓发掘》，《考古学报》2018年第1期。
② 王玉清：《岐山发现西周时代大鼎》，《文物》1959年第10期。
③ 西安市文物管理处：《陕西长安新旺村、马王村出土的西周铜器》，《考古》1974年第1期。
④ 曹玮主编：《中国出土青铜器全集·陕西》，龙门书局2018年版，第381页。

五 余论

最后，本节再简单讨论下兽面纹大圆鼎的自名，自名能够为我们探索兽面纹大圆鼎在礼仪活动中的作用提供更多线索。商末周初，兽面纹大圆鼎开始出现长篇铭文，其中的自名除了"鼎""彝"等通称外，还有"鼐"与"䰞"。

晚商时期的嬟鼎（《集成》2578）有铭："嬟作父庚鼐。𢻱册。""鼐"是鼎的一种。《诗经·周颂·丝衣》："自堂徂基，自羊徂牛，鼐鼎及鼒。"关于《丝衣》中的"鼐"，陆德明《释文》称"小鼎也"。《尔雅·释器》谓："鼎绝大谓之鼐，圜弇上谓之鼒。"《说文·鼎部》也说鼐是"鼎之圜掩上者"。这都是把鼐视为口小腹大的小圆鼎。不过，《说文·鼎部》在解释与鼐相对的鼒时，一方面称其为"鼎之绝大者"，另一方面引《鲁诗》称鼒为"小鼎"。"鼒"的大小尚且有两说，则"鼐"之为小鼎，也必不视为定论。刘向在《说苑》中解释《丝衣》时，称"言自内及外，以小及大也"，所以鼒小鼐大。这是认为鼐为大鼎。可见，关于"鼒""鼐"的大小，秦汉时期存在两说。从考古发现上看，嬟鼎是侈口大鼎，与"圜弇上谓之鼒"的小鼎说不符。另外，周初的王作康季鼐鼎也自名为鼐（《集成》2261），该器仅残片就达18斤，可以想见原器之大，也可以证明鼐是大鼎，这一点王献唐先生早有论述①。

除了表示大小的"鼐"，商周时期兽面纹大圆鼎更多自名为"䰞"（这里暂时用"△"代替），如琉璃河ⅡM253所出堇鼎有铭"用作大子癸宝尊䰞"（《集成》2703）。殷墟后冈祭祀坑曾出土一件戍嗣子鼎，有"用作父癸宝䰞"（《集成》2708）铭文，"䰞"虽与堇鼎自名"䰞"字形不完全一致，但考虑到二者皆为兽面纹大圆鼎，"䰞"当是"△"字。1982年长安新旺村窖藏所出冉鼎（《集成》2247）的自名磨灭不清，根据残留部分字形特征，也应该是"△"字。传世兽面纹大圆鼎中也常见以"△"为自名的例子，如作册豊鼎"用作父己宝䰞"（《集成》2711）、木工册作妣戊鼎"木工册作妣戊䰞"（《集成》2246）、发鼎"发作文父丁䰞"（《集成》2318）、乃孙鼎"乃孙作祖己宗宝䰞"（《集成》2431）等。

以上诸器，其自名䰞、䰞、䰞、䰞、䰞诸形，从"鬲"或"皿"，从

---

① 王献唐：《岐山出土康季鼐铭读记》，《考古》1964年第9期。

"匕"，从"量"。此字，还有从"束"的例子，如形，学术界多释为"饎"字，也就是用作鼎实的"餗"字繁体①。不过，"△"的诸多字型，以从"量"者为主，从"束"者仅一见，而甲骨文中相关字形也从"量"（《合集》26860），且年代更早，所以"△"更可能读为"量"声。另外，西周中期贤簋（《集成》4104—4106）有"晦贤百晦"，""是在"△"上加了羽形，在铭文中应该释读为"糧"，有可能是行道之糧（《周礼·地官·廪人》郑玄注"行道曰糧，谓糒也"）。② 西周早期鼒作又母辛鬲有铭"鼒入（纳）于女（汝）子，用作又母辛尊彝"（《集成》688），其中""字是在"△"字基础上加米形，无疑也可以读为"糧"③，是用于贡纳的物品。这些都可以再次证明△字应该读为"量"声，可隶定为"鬵"。兽面纹大圆鼎其实是一种鬵鼎。

张亚初先生曾考释"鬵"为"爊"，并引《篇海》"爊，火煨也"、《六书故》"煨，火中热物"，认为爊鼎是温热食物的青铜礼器。④ 从目前已经发现的商文化兽面纹大圆鼎来看，鼎的腹部及足上往往有烟炱痕迹，西周时期的兽面纹大圆鼎也是如此，可以证明兽面纹大圆鼎确实是一种用于加热蒸煮的煨鼎。《合集》26860 有"其鬵"，应该是商王用火蒸煮兽面纹大圆鼎，向神灵祭祀的意思。

除了兽面纹大圆鼎，目前还发现两件其他形制大鼎自名为"鬵"（爊）：叟（摄）方鼎及禽鼎。1973 年辽宁省喀左县北洞村 2 号窖藏出土一件西周早期摄方鼎，通高 52 厘米，重 31 千克，鼎外壁挂有一层烟痕，有铭"用作母己尊鬵"。⑤ 这暗示"鬵"（爊）可能是煨热食物大鼎的通称。1981 年陕西长安沣东斗门镇花园村 15 号墓出土两件西周中期禽鼎，一大

---

① 孙诒让：《名原》，中华书局 2016 年版，第 230 页；金祥恒：《释鬵》，载《甲骨文献集成》（第 12 册），四川大学出版社 2001 年版，第 466—468 页；唐兰：《西周青铜器铭文断代史征》，上海古籍出版社 2016 年版，第 93 页。
② 郭沫若：《两周金文辞大系图录考释》，科学出版社 2002 年版，第 225 页；裘锡圭：《西周糧田考》，载《裘锡圭学术文集·古代历史、思想、民俗卷》，复旦大学出版社 2012 年版，第 196 页。
③ 郭沫若：《两周金文辞大系图录考释》，科学出版社 2002 年版，第 225 页。
④ 张亚初：《殷周青铜鼎器名、用途研究》，载《古文字研究》（第十八辑），中华书局 1992 年版。张先生在此将从"束"者与从"量"者分开考释，认为是两个不同的字，与本文观点不同。
⑤ 北洞文物发掘小组：《辽宁喀左县北洞村出土的殷周青铜器》，《考古》1974 年第 6 期。

一小，形制基本相同，整体素面。① 大者（M15：13）通高 35 厘米，重 10.5 千克，有铭"禽作文考宝鬻鼎"；小者（M15：02）通高 21.5 厘米，重 3.5 千克，有铭"禽作文考父辛宝鼎"。从禽鼎铭文可知，大者为"鬻鼎"，小者为"鼎"，进一步证明"鬻"（煁）不独表示兽面纹大圆鼎，而是与兽面纹大圆鼎用途相同的大型鼎的通称。②

"鬻"（煁）是大型煨鼎的共名，表明兽面纹大圆鼎是可供加热蒸煮鼎内食物的一种器皿，这就确定了兽面纹大圆鼎的使用方式。考虑到兽面纹大圆鼎经常盛有动物骨骼，很容易推测殷周兽面纹大圆鼎为蒸煮牲体之器。

附表 1-2-1　　　　　　　西周早中期墓葬中的列簋分类

簋数	遗址	列簋时代	列簋情况	其他	出处
二簋制	河南鹿邑长子口大墓	西周早期前段	子四耳簋，2 件	北椁室有 8 件仿铜陶簋，可分两组：双耳云雷纹列簋，4 件；云雷纹列簋，4 件	《鹿邑太清宫长子口墓》
	北京房山琉璃河ⅡM251	西周早期前段	伯鱼簋，2 件；歔簋，2 件		《琉璃河西周燕国墓地》
	山西天马—曲村 M6081	西周早期前段	方格纹乳钉簋，2 件		《天马—曲村（1980—1989）》
	陕西宝鸡石鼓山 M4	西周早期前段	双耳簋，2 件		《文物》2016 年第 1 期
	山西天马—曲村 M6195	西周早期前段	弦纹簋，2 件		《天马—曲村（1980—1989）》
	河南信阳县浉河港	西周早期前段	作父鼎簋，2 件		《考古》1989 年第 1 期
	陕西泾阳高家堡 M1	西周早期前段	蜗纹方座簋，2 件	其中一件方座残破未修复	《高家堡戈国墓》
	甘肃灵台白草坡 M1	西周早期前段	蜗纹簋，2 件		《考古学报》1977 年第 2 期
	甘肃灵台白草坡 M2	西周早期前段	潶伯簋，2 件		《考古学报》1977 年第 2 期
	陕西宝鸡竹园沟 M7	西周早期前段	兽面纹簋，2 件		《宝鸡㚄国墓地》
	山东济阳刘台子 M2	西周早期后段	夆彝簋，2 件		《文物》1981 年第 9 期
	山西天马—曲村 M6308	西周早期后段	弦纹簋，2 件		《天马—曲村（1980—1989）》

---

①　陕西省文物管理委员会：《西周镐京附近部分墓葬发掘简报》，《文物》1986 年第 1 期。
②　张长寿先生早已指出这一自名（张先生释为鼎）是鼎中之大者，参看张长寿《记陕西长安沣西新发现的两件铜鼎》，《考古》1983 年第 3 期。

续表

簋数	遗址	列簋时代	列簋情况	其他	出处
二簋制	山西天马—曲村 M6080	西周早期后段	伯簋，2件		《天马—曲村（1980—1989）》
	河南浚县辛村 M29	西周早期后段	素面簋，2件	两件簋"经久使用"，年代可能更早	《浚县辛村》
	湖北随州叶家山 M2	西周早期后段	曾侯谏作媿簋，2件		《文物》2011年第11期
	湖北随州叶家山 M28	西周早期后段	曾侯谏作媿簋，2件	本墓有曾侯谏簋1件，与叶家山M65曾侯谏簋配对	《江汉考古》2013年第4期
	湖北随州叶家山 M111	西周早期后段	曾侯犺带盖簋，2件；大兽面纹簋，2件		《江汉考古》2020年第2期
	湖北黄陂鲁台山 M30	西周早期后段	公太史簋，2件		《江汉考古》1982年第2期
	山西翼城大河口 M1	西周早期后段	伯方座簋，2件；蜗纹簋，2件		《考古学报》2020年第2期
	2014陕西岐山贺家 M11	西周早期后段	昔鸡簋，2件		《考古》2016年第7期
	1991陕西扶风齐家 M5	西周早期后段	卸簋，2件	本墓有仿铜陶簋，2件	《周原出土青铜器》
	1980年山东黄县庄头 M1	西周中期前段	芮公叔方座簋，2件		《文物》1986年第8期
	山西翼城大河口 M1017	西周中期前段	霸伯扁腹圆簋，2件；伯荆垂腹圆簋，2件		《考古学报》2018年第1期
	山西翼城大河口 M2002	西周中期前段	格仲簋，2件		《考古学报》2018年第2期
	山西绛县横水 M2531	西周中期前段	伯旅父簋，2件	簋铭记载作器4件	《考古学报》2020年第1期
	山西绛县横水 M2158	西周中期前段	芮伯作倗姬媵簋，2件	簋铭记载作器4件	《考古》2019年第1期
	山西绛县横水 M1006	西周中期前段	倗伯簋，2件		《倗金集萃》
	山西绛县横水 M1011	西周中期前段	伯䝨簋，2件		《考古学报》2022年第1期
	山西绛县横水 M2165	西周中期前段	仲辣父簋，2件；倗姬簋，2件；趩簋，2件	仲辣父簋铭记载作器4件	《倗金集萃》
	陕西宝鸡茹家庄 M2	西周中期前段	带盖簋，2件		《宝鸡渔国墓地》
	1954陕西长安普渡村长甶墓	西周中期前段	长甶簋，2件		《考古学报》1957年第1期
	陕西长安花园庄 M15	西周中期前段	孟式簋，2件		《文物》1986年第1期

续表

簋数	遗址	列簋时代	列簋情况	其他	出处
二簋制	陕西长安花园庄 M17	西周中期前段	鸿叔簋，2件		《文物》1986年第1期
	1978 陕西扶风齐家 M19	西周中期前段	作旅簋，2件	本墓有仿铜陶簋，2件	《文物》1979年第11期
	1980 陕西扶风黄堆乡 M4	西周中期前段	生史簋，2件	本墓被盗	《周原出土青铜器》
	1975 陕西临潼南罗墓	西周中期前段	弦纹簋，2件		《文物》1982年第1期
	1954 河南洛阳中州路 M816	西周中期后段	回首鸟纹簋，2件		《洛阳中州路（西工段）》
	山西洪洞永凝堡 NDM11	西周中期后段	夔纹簋，2件		《文物》1987年第2期
	1957 陕西扶风上康村 M2	西周中期后段	回首夔纹簋，2件		《考古》1960年第8期
	1981 陕西扶风强家 M1	西周中期后段	夷伯夷簋，2件；伯几父簋，2件		《文博》1987年第4期
四簋制	陕西宝鸡茹家庄 M1 甲室	西周中期前段	儿簋，4件		《宝鸡强国墓地》

第二章　商周青铜酒器组合研究

众所周知，商、周物质文化的一个重要区别，就是两代对待酒器态度的不同。《尚书·酒诰》称商人"荒腆于酒"，大盂鼎（《集成》2837）谓商人"率肆于酒"，以至于灭亡。从考古发现来看，商文化贵族墓葬中的青铜酒器比例，往往高于青铜食器比例，反映出商人重酒的史实。[①] 不过，我们也要看到，西周时期，尤其是西周早中期，商人的酒文化深刻影响到了周人的用器制度，这不仅仅表现在西周早中期贵族墓葬依旧盛行随葬酒器，还表现在器物功能和用器组合上的一致性。因此，系统研究商周青铜酒器组合特征，不仅有助于了解商周酒器用器制度的异同，还将对我们探索西周礼制演进颇为有益。而且，商人重酒仅是一个记载于周代文献中的印象，它在商代具体的情形，尚有待我们去发掘。

鉴于商周青铜酒器的重要性，以及多数酒器缺乏较为充分的自名材料，故需要较为详细的分类讨论。

第一节　西周时期细腰觚组合及其功用探讨

西周时期流行一种喇叭口、细腰、无鼓腹铜觚，朱凤瀚先生在《中国青铜器综论》中将其归为 B 型细体觚中的 Bb 型Ⅱ式，没有把此种觚视为一个单独的类型。[②] 实际上，此种觚在外形上是可以与商周时期流行的"三段式"觚区分开来的："三段式"觚的形制特征是中间部分鼓出或饰纹饰，成为区分颈部和圈足的"中间段"；而此种觚形制特点主要表现为

[①] 郭宝钧：《商周铜器群综合研究》，文物出版社 1981 年版，第 33—34 页。对此问题，若从陶质酒器来看，似乎问题并非特别简单。对此，可参见王祁《商代陶质酒器组合的研究》，《南方文物》2016 年第 4 期。

[②] 朱凤瀚：《中国青铜器综论》，上海古籍出版社 2009 年版，第 250 页。

腹部更细、无鼓腹、无切地或切地不明显、纹饰一般饰在圈足。另外，这种觚与"三段式"觚还存在尺寸和重量上的差异：就已经发现的铜觚而言（附表2-1-1），这种觚的高度在17厘米到28厘米之间，多数集中在22厘米到26厘米之间，要略矮于多数"三段式"铜觚；这种觚的重量在0.3千克到0.6千克之间，远轻于"三段式"铜觚。可见，无论是外形，还是尺寸和重量，我们都可以把喇叭口、细腰、无鼓腹觚与"三段式"觚区分开来，单独命名。马承源先生在《中国青铜器》中认为这种觚的形制"较为特殊"，并将其分为"甚细腰喇叭口式"和"腰极细式"。[①] 本书参考马承源先生"细腰喇叭口"的命名方式，称这一类觚为细腰觚。也就是说，本书所称"细腰觚"，专指喇叭口、细腰、无鼓腹的一类觚。除了铜觚，由于西周时期漆觚也往往作喇叭口、细腰、无鼓腹的形制，可归为本书所要讨论的"细腰觚"中。

过去，学术界对细腰觚关注不够，最主要的原因是考古材料不足，学术界没能注意到细腰觚与"三段式"觚的不同。随着考古材料的增多，细腰觚的学术价值逐渐显现，它们是认识西周礼制的重要实物证据，需要给予特别关注。下面从组合角度入手，结合相关的出土文字资料，讨论细腰觚在商周礼仪活动中的作用。

一 细腰觚内部组合特征

细腰觚的组合与其他青铜礼器组合特征略有不同，它可分为内部组合与外部组合两部分：细腰觚的内部组合，指的是觚与觚内配件的组合；细腰觚的外部组合，指的是觚与其他器物的固定组合关系。下面先谈细腰觚内部组合特征，尤其是细腰铜觚的内部组合。

据笔者统计，传世或经考古发现的细腰铜觚有21件，其中16件铜觚内部没有铜、木腔，5件铜觚内部有铜、木腔（附表2-1-1）。这5件有腔细腰铜觚，对探索细腰铜觚内部组合颇为重要。下面逐一介绍。

山西翼城大河口M1：268+277，外为青铜质（268号），内为木质空腔（277号），木腔套于铜觚上部，下部接一筒形管，底中部有一圆孔，铜管周围与铜觚有较宽缝隙，其间有泥土，铜觚下部有一圆台状木塞，顶面下凹，

[①] 马承源主编：《中国青铜器》（修订本），上海古籍出版社2003年版，第172—173页。

底面外凸（图 2 - 1 - 1，1）。① 值得注意的是，该觚圈足内部有"匽侯作𩵾（隶定为'禹'）"铭文，作器者为匽（燕）侯，故可称燕侯有腔觚。

山西翼城大河口 M1017：90，铜木觚，其结构分三层，外层为较薄的铜质觚体，腹内套置较厚的铜喇叭形内腹，内腹内再套置木质内腔（图 2 - 1 - 1，2）。②

山西临汾天马—曲村 M6384：16，内有铜筒，喇叭口已残（图 2 - 1 - 1，3）。③

陕西韩城梁带村 M27：1019，大侈口，细腰，圈足切地相对明显，整体素面，器口内套锥状铜器，与觚结锈，锥状铜器内有木圆锥状木塞。④

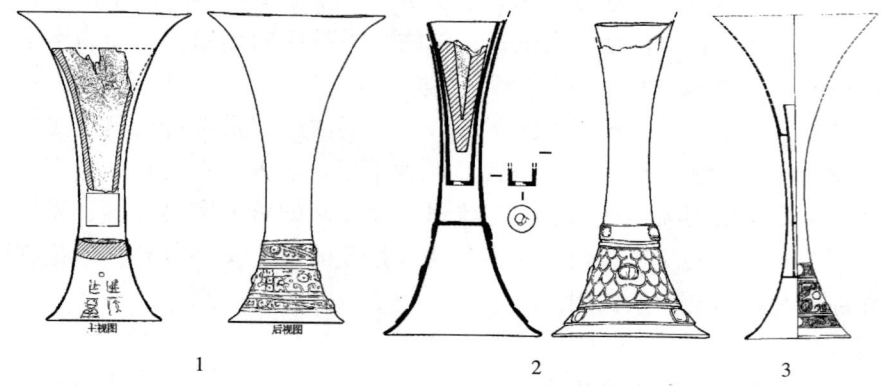

1. 翼城大河口 M1：268 + 277　2. 翼城大河口 M1017：90　3. 天马—曲村 M6384：16

图 2 - 1 - 1　有腔细腰铜觚举例

2010 年出现于河南洛阳的䚢觚，著录于《铭图》9820，据著录者描述，䚢觚中部有一个壁厚 1 厘米的木筒，木筒内有一个木塞，木塞上部呈半球形凹下，中间镶嵌一根上下贯通的绿松石细管，其上置放一个上部为细杆下部为球形的铜杵（又称为棒形器），连铜杵通高 16.8 厘米。这些部

---

① 山西省考古研究院、临汾市文物局、翼城县文物旅游局联合考古队、山西大学北方考古研究中心：《山西翼城大河口西周墓地一号墓发掘》，《考古学报》2020 年第 2 期。
② 山西省考古研究所、临汾市文物局、翼城县文物旅游局、山西大学北方考古研究中心：《山西翼城大河口西周墓地 1017 号墓发掘》，《考古学报》2018 年第 1 期。
③ 北京大学考古学系商周组、山西省考古研究所编著：《天马—曲村（1980—1989）》，科学出版社 2000 年版，第 500 页。
④ 陕西省考古研究院、渭南市文物保护考古研究所、韩城市文物旅游局：《陕西韩城梁带村遗址 M27 发掘简报》，《考古与文物》2007 年第 6 期。

件可以取出，但其间缝隙极小。

除了上述五件细腰铜觥，大河口墓地曾出土两件细腰漆木觥，漆木觥保存较好，口腹内部也有木腔。① 这说明配置内腔是细腰铜觥和漆觥都有的现象。

需要说明的是，木腔不易保存，对于没有内腔的细腰铜觥而言，不排除这些铜觥本也是配腔使用，由于木腔腐朽或其他原因，没有发现它们的内腔。比如，庄白一号窖藏所出 84 号细腰铜觥，原报告描述"从圈足内残留的红色物质分析，原器为铜胎髹漆"②，这也可能是铜觥内本有漆木腔导致的。因此，细腰觥的内部组合特征，主要体现为细腰觥往往是由外面的觥身与里面的铜、木腔组合而成。觥身与内腔组合在一起，形成一种独特的有腔觥。这种有腔觥目前仅见于细腰觥，"三段式"觥中尚无发现内腔的例子。

二　细腰觥的外部组合特征

上举几种有腔觥中，铜、木腔多可视为觥本身的形制特征，尚没有涉及觥与外部器物的组合方式。实际上，簋觥除了有木筒外，还配套使用了一根棒形器。这种棒形器还见于翼城大河口 M1（M1∶159）（图 2-1-2，1），出土于椁室头端北侧近椁壁处。有意思的是，燕侯有腔觥（M1∶268+277）也位于此处，从墓葬椁室平面图上看，二者位置接近，这说明燕侯有腔觥很可能是与棒形器配套使用。

细腰觥与棒形器的组合较为常见，除了簋觥和燕侯觥，在 2013 年 7 月举行的"随州叶家山西周墓地考古研讨会"上，曾主持北京房山琉璃河遗址发掘工作的王巍先生提道："当年在琉璃河发现有漆觥上插一玉质的细棒，这是非常值得注意的现象。"③ 湖北随州叶家山 M28 墓室北二层台东部漆案上有一件细腰铜觥（M28∶170）和一件漆觥（M28∶175），二觥上方各有一铜、漆棒形器与之相对（图 2-1-3，铜棒形器见图 2-1-2，2）。除此之外，宝鸡竹园沟 M13 所出细腰铜觥（M13∶7）旁有一件铜棒形器（M13∶8）（图 2-1-2，3），也可以证明棒形器与细腰觥是较为固定的组合关系。

---

① 山西省考古研究所、山西博物院、首都博物馆编著：《呦呦鹿鸣：燕国公主眼里的霸国》（珍藏手本），科学出版社 2014 年版，第 49 页。
② 宝鸡市周原博物馆编著：《周原——庄白西周青铜器窖藏考古发掘报告》，科学出版社 2016 年版，第 62 页。
③ 《随州叶家山西周墓地第二次发掘笔谈》，《江汉考古》2013 年第 4 期。

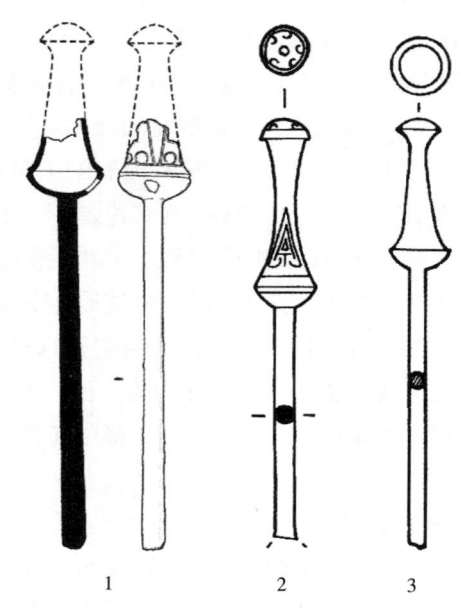

1. 翼城大河口 M1∶159　2. 随州叶家山 M28∶176　3. 宝鸡竹园沟 M13∶8

图 2-1-2　西周墓葬中的铜棒形器举例

图 2-1-3　叶家山 M28 铜、漆觚与铜、漆棒形器共存现象①

---

① 湖北省博物馆、湖北省文物考古研究所、随州市博物馆编：《随州叶家山：西周早期曾国墓地》，文物出版社 2013 年版，第 76 页。

第二章　商周青铜酒器组合研究　　71

除了与棒形器组合，部分墓葬中的细腰觚还可以与柄形器组合。大河口 M1017 细腰铜觚口部放置一件金质柄形器（图 2-1-4），就是这种组合的写照。另外，在大河口 M1 中，除了细腰铜觚，还有漆觚。据发掘报告，M1 出土一件燕侯旨作姑妹铜尊（M1:273—1），器内有漆木觚 2 件、玉柄形饰 1 组（玉柄形器 1、绿松石片 30、蚌条 1）等物品，这自然是有意识的安排。漆觚与柄形器的组合由来已久，从新石器时代晚期到早商时期，都能够在墓葬中寻到这种证据①，大河口墓地 M1 中的漆觚和玉柄形器组合不过是这一习俗的延续。

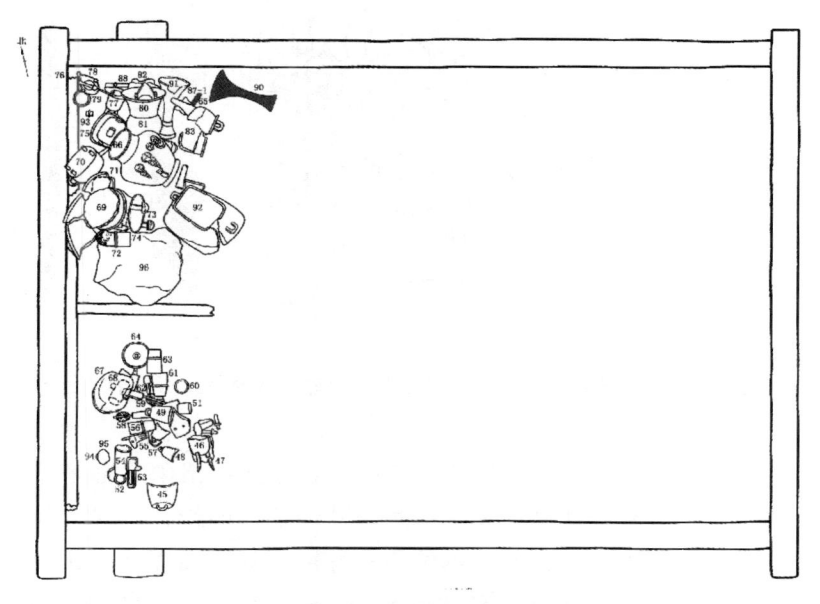

图 2-1-4　大河口 M1017 所出铜觚与金质柄形器相对位置图

实际上，上述两种组合模式，反映的应该是细腰觚、棒形器、柄形器三者的组合。比如，竹园沟 M13 细腰铜觚附近除了棒形器，还有一件玉柄形器（M13:11），形成了细腰觚、棒形器、柄形器三者的组合模式。在叶家山 M28 细腰觚的西侧不远位置，有一件玉柄形器（M28:183），这件玉柄形器不排除与细腰觚、棒形器形成组合的可能。再如，大河口 M1 中

---

① 严志斌：《漆觚、圆陶片与柄形器》，《中国国家博物馆馆刊》2020 年第 1 期；王亚：《早商时期墓葬内出土"圆陶片"浅析》，《考古与文物》2020 年第 2 期。

与漆觚组合使用的玉柄形饰是由柄形器、绿松石片、蚌条组成，蚌条发挥着棒形器的功能。除了这三墓，叶家山 M111 北二层台东北部出土两件方柱体柄形器（M111：97、101），附近皆有漆觚痕，还有一件玉棒形器（M111：100）①，从器物出土的共存关系推断（图 2 - 1 - 5，1），101 号柄形器（图 2 - 1 - 5，2）、100 号玉棒形器（图 2 - 1 - 5，3）与附近的漆觚可能形成了组合关系。

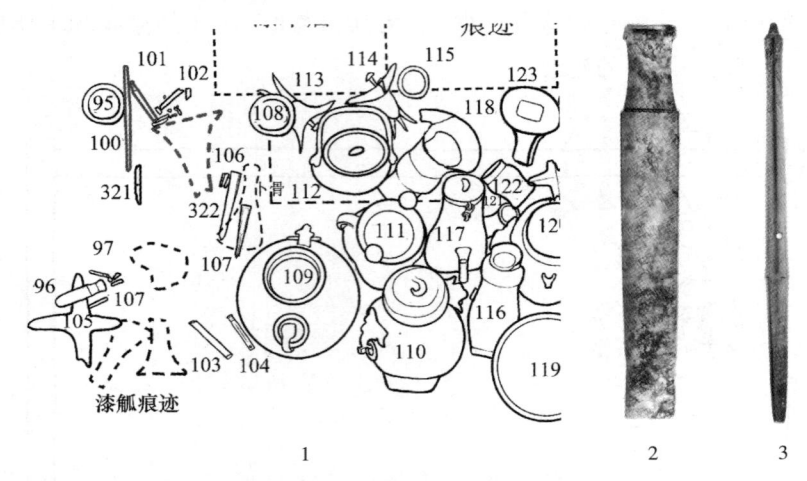

图 2 - 1 - 5　叶家山 M111 北二层台上的漆觚、柄形器、玉棒形器组合

　　这种细腰觚、棒形器、柄形器三者的组合模式在洛阳北窑墓地中发现得更多。北窑 M155、M174 皆出土一种玉器与漆器的组合模式，玉柄形器下有玉片组成的鞘饰，托以长体形蚌饰，蚌饰中部有圆穿孔，孔内向下插一柱形玉饰，玉柱之下承接漆器（图 2 - 1 - 6）。② 从北窑 M155 情况来看，玉柱下面的漆器应为漆觚，这一点学术界早有论述。北窑墓地的玉柄形器组饰与大河口 M1 旨作姞妹尊中的玉柄形器组饰相似，也都是玉柄形器与棒形器的组合，玉柄形器与棒形器以鞘饰和蚌托相连。从组合的角度来看，北窑墓地诸墓中的玉柄形器、玉柱或蚌柱、漆觚的组合，就是柄形器、棒形器与细腰觚的组合模式。

---

①　湖北省文物考古研究所、随州市博物馆：《湖北随州叶家山 M111 发掘简报》，《江汉考古》2020 年第 2 期。

②　洛阳市文物工作队编著：《洛阳北窑西周墓》，文物出版社 1999 年版，第 18—19、51—52 页。

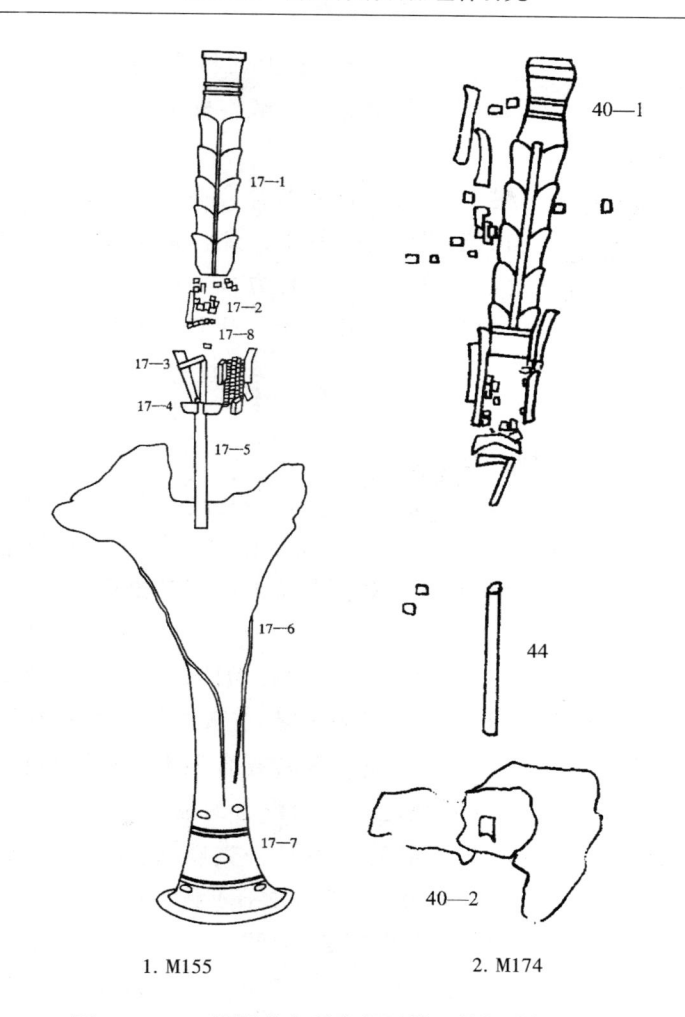

第二章　商周青铜酒器组合研究　　73

1. M155　　　　　2. M174

图 2-1-6　洛阳北窑所出柄形器组饰与漆觚的组合

最近，卢一、黄凤春两位先生在《湖北随州叶家山西周墓地出土漆器整理与研究》一文中详细介绍了叶家山墓地出土的漆器，提到 M65 中可能存在三件漆觚，M86 出土一件漆觚，漆觚上部还有一件铜棒形器。[1] 查叶家山 M65 发掘简报[2]，可知三件漆觚（简报称"漆木豆"）旁有一件玉柄

---

[1] 卢一、黄凤春：《湖北随州叶家山西周墓地出土漆器整理与研究》，《江汉考古》2024 年第 1 期。
[2] 湖北省文物考古研究所、随州市博物馆：《湖北随州叶家山 M65 发掘简报》，《江汉考古》2011 年第 3 期。

形器（简报称"玉圭"），并有一件与玉柄形器体型接近的小玉戈，或都与漆觚配合使用。这两个墓葬材料也是漆木觚与柄形器、棒形器组合使用的较好例子。

以上，我们总结细腰觚至少有三种外部组合模式：与棒形器组合、与柄形器组合、与棒形器和柄形器组合。其中，细腰觚与棒形器和柄形器组合无疑是一种较为齐全的组合模式，其组合方式大体如下：柄形器以鞘饰固定，下连有孔蚌托，棒形器插入蚌托之中，一并插入细腰觚内腔中，形成一整套组合器物。

三 "瓒"即细腰觚组合考

西周早期的内史亳觚（《铭图》9855）有铭："成王赐内史亳豊祼，弗敢虞，作祼同。"作为器名的"同"，在《尚书·顾命》中出现过（"奉同""受同"），历代经学家争议颇多，自从内史亳觚出现后，学术界才知道"同"是觚的自名。①

内史亳觚自名为"同"，但上举大河口 M1 所出燕侯有腔觚自名为"鬲"，二者岂不矛盾？从形制上看，燕侯有腔觚外部虽然具有觚的形制，但里面套有木质空腔，空腔下有铜管，这种复合型木腔铜觚与普通"三段式"铜觚差异较大，不能等同视之。即使普通铜觚可以称为"同"，也不影响有腔铜觚自名为"鬲"，二者毕竟不是一类器物。可见，燕侯有腔觚自名为"鬲"，与内史亳觚自名为"同"，并不矛盾。

"鬲"字，清人徐同柏早已意识到是"瓒"字②。郭沫若先生进一步考释："鬲乃古甗字象形。甗之为物，上下二层，下层为鬲，上层为甑。故此鬲字即于鬲上再着一层以象之。小盂鼎铭每见'鬲宾'或'鬲王邦宾'等字样，均假为献纳之献。'鬲宝'，余谓当读'瓒宝'……（鬲）均与圭字连文，即圭瓒也。"③"鬲"是否是古甗字的象形，尚存争议，但从西周金文赏赐"圭鬲"的一般文例来看，释"鬲"为"瓒"当无可疑。

关于瓒的形制，学术界历来争议较大。《诗经·大雅·旱麓》："瑟彼玉瓒，黄流在中。"毛传："玉瓒，圭瓒也。黄金，所以饰流鬯也。"郑玄

---

① 吴镇烽：《内史亳丰同的初步研究》，《考古与文物》2010 年第 2 期；王占奎：《读金随札——内史亳同》，《考古与文物》2010 年第 2 期。
② （清）徐同柏：《从古堂款识学》卷十六，同文书局石印本，光绪十二年（1886），第 28 页。
③ 郭沫若：《金文丛考》，人民出版社 1954 年版，第 267 页。

笺:"圭瓒之状,以圭为柄,黄金为勺,青金为外,朱中央矣。"《周礼·春官·典瑞》:"裸圭有瓒,以肆先王,以祼宾客。"郑众注:"于圭头为器,可以挹鬯祼祭,谓之瓒。"《礼记·祭统》:"君执圭瓒祼尸,大宗执璋瓒亚祼。"郑玄注:"圭瓒、璋瓒,祼器也,以圭璋为柄。"可见,两郑都把瓒视为有柄的勺,用于祼礼,圭瓒是以圭为柄的勺,璋瓒是以璋为柄的勺。近代以来,学者探索瓒的形制,就深受汉人有柄勺说影响。比如,1976年扶风黄堆云塘窖藏出土的两件宽柄勺形器①,作器者为"伯公父",勺形器自名为"✦",贾连敏②、李家浩③、孙庆伟④等学者释✦为"瓒"。但是,"✦"从舁从鬯从又,与《说文》中的"爵"字篆文(✦)接近,应当被释为爵。⑤ 把"✦"释为瓒,于字形不合。

最近几十年,由于学术界对小臣𰀀玉柄形器的研究,部分学者开始突破汉人旧解,提出瓒的新说。小臣𰀀玉柄形器有铭:"乙亥,王赐小臣𰀀✦,在大室。"✦,即瓒字,部分学者认为其在小臣𰀀玉柄形器铭文中用作自名,并据此将考古遗址所出柄形器视为"瓒"。⑥ 但是,小臣𰀀玉柄形器铭文中的"瓒"只是被赏赐之物,没有任何材料能够直接证明"瓒"是柄形器的自名。而且,金文和文献常见"玉瓒""圭瓒""璋瓒",如果瓒本身就能表示祼礼用玉,那何以要用玉、圭、璋来修饰或界定瓒? 又如何理解礼书中的"祼圭有瓒"? 更何况,柄形器功能复杂,除了用于礼仪活动,还可以捧在手中、佩戴在胸前、悬挂于腰间⑦,这与瓒是礼仪用器并不完全一致。

这样一来,燕侯有腔铜觚就成为确凿无疑的唯一一例自名为瓒的器

---

① 陕西周原考古队:《陕西扶风县云塘庄白二号西周铜器窖藏》,《文物》1978年第11期。
② 贾连敏:《古文字中的"祼"和"瓒"及相关问题》,《华夏考古》1998年第3期。
③ 李家浩:《包山266号简所记木器研究》,载《著名中年语言学家自选集·李家浩卷》,安徽教育出版社2002年版,第243页。
④ 孙庆伟:《周代祼礼的新证据——介绍震旦艺术博物馆新藏的两件战国玉瓒》,《中原文物》2005年第1期。
⑤ 李零:《读〈楚系简帛文字编〉》,《出土文献研究》(第五辑),科学出版社1999年版;严志斌:《瓒爵辨》,载《三代考古》(七),科学出版社2017年版;严志斌:《薛国故城出土鸟形杯小议》,《考古》2018年第2期;李春桃:《从斗形爵的称谓谈到三足爵的命名》,载《中央研究院历史语言研究所集刊》2018年第89本第1分本。
⑥ 李学勤:《〈周礼〉玉器与先秦礼玉的源流——说祼玉》,载《东亚玉器》,香港中文大学中国考古艺术研究中心1998年,第34—36页;李小燕、井中伟:《玉柄形器名"瓒"说——辅证内史亳同与〈尚书·顾命〉"同瑁"问题》,《考古与文物》2012年第3期;严志斌:《小臣𰀀玉柄形器诠释》,《江汉考古》2015年第4期。
⑦ 曹楠:《三代时期出土柄形玉器研究》,《考古学报》2008年第2期。

物。上文已经论述，细腰觚内往往放置铜、木腔，即使是考古发现的无腔细腰觚，本来也可能是配有木腔，只是腔已腐朽。而且，细腰觚在墓葬中往往与棒形器、柄形器形成固定组合，是否可以把细腰觚组合称为"瓒"？这一问题的解答，除了自名为瓒的燕侯有腔觚外，还需要结合"瓒"的更早期字形考察。

在过去的研究中，方稚松先生释出《花东》493"子用𤲚"之"𤲚"就是瓒字的早期形态，乃象形字，象将玉置于"同"（觚）中之形。① 可从。从"𤲚"形出发，王卜辞中的"𤲚"（《合集》17535）、"𤲚"（《合集》4849）、"𤲚"（《合集》6649）、"𤲚"（《合集》36751）及"𤲚"（《合集》18059）、"𤲚"（《花东》403）所从的偏旁无疑都是瓒字。

综合考虑商代文字中的瓒字及从瓒的字形，我们可以看出瓒的字形由上下两部分构成，分别称为瓒首、瓒尾。其瓒尾字形大体分三型：

　　A型：𤲚（《合集》4849）、𤲚（《合集》19351）
　　B型：𤲚（《花东》493）、𤲚（《花东》475）、𤲚（《合集》17539）
　　C型：𤲚（《合集》3799）、𤲚（《合集》27456+《合补》10222）、𤲚（小臣𤲚玉柄形器）

A型从▽从同（觚），B型从∧（及由此演变而来的个）从同（觚），C型从个（及由此演变而来的个）从同（觚），其中的个形应该是由▽、∧两形整合而成。甲骨文中的瓒字是象形字，它的各部分应该都有象征之形，如瓒尾字形中的"凵"形明显就是觚的外形。从象形的角度来说，瓒尾深入觚内部的"▽"形不排除象征觚中木腔、铜管等配件的可能。比如，大河口M1所出燕侯有腔觚、大河口M1017所出铜木觚中的配件的纵截面都是近锥形（图2-1-1, 2），梁带村M27所出铜木觚中的配件也是锥状，皆可与"▽"形对应。

宋人薛尚功《历代钟鼎彝器款识法帖》著录一件𤲚井器（图2-1-7,

---

① 方稚松：《释殷墟花园庄东地甲骨中的瓒、祼及相关诸字》，《中原文物》2007年第1期。

1)①，"☗井"二字实则是一种族徽铭文，《铭图》9754、11248 皆有著录（图 2-1-7，2、3）。在图 2-1-7 中，族徽铭文中的踞坐之人手捧之物分别写作"☗""☗""☗"，与甲骨文中的瓒字如出一辙，"☗"字所从之"☗"与 A 型瓒尾接近。对比"☗"与"☗""☗"，可以很明显看出"☗"对应"☗""☗"，即有腔觚，"☗"中的"☗""☗"形分别象征着瓒觚外形和觚内的配件（木腔等）。因此，从"☗井"族徽出发，也能看出瓒字的瓒尾部分对应着有腔觚。

1

2　　　　　　　　3
1.《铭图》41698　2.《铭图》9754　3.《铭图》11248
图 2-1-7　金文中的"☗井"族徽

瓒首字形较为复杂、多变，又常见省略的形态，但大体可分三型：

---

① （宋）薛尚功：《历代钟鼎彝器款识法帖》，海城于氏景印明崇祯朱氏刻本 1935 年，第 20 页。

A 型：🝤（小臣𰁬玉柄形器）

B 型：🝥（《合集》4851）、🝦（《合集》19351）、🝧（《合集》17534）、🝨（《合集》36751）

C 型：🝩（《花东》403）、🝪（《合集》17539）、🝫（《合集》27456 +《合补》10222）

A 型从玉，荣簋中的瓒写作"🝤"（《铭图》5099），也从玉。B 型从辛形，但并不是辛字本身，否则很难写成"🝥""🝦"等形。其具体内涵，尚待考证。1985 年殷墟刘家庄南 M42 出土朱书玉璋中有表示奉祭的"🝬"字①，其所从的"🝭"字上半部分从辛，下半部分与"🝤"的下半部分一样，自然也是瓒首的一种形态，可归为 B 型。C 型与西周金文中瓒的字首相似，其早期形态 🝮 有可能与 B 型的 🝦 形有关联，🝮 更接近柄形器的象形。

如果瓒尾是有腔细腰觚的象形，那么瓒首自然可以表示与有腔细腰觚形成固定组合的柄形器组饰。② 比如，A 型瓒首顶端的玉形可以对应着柄形器组饰中的玉器部分，中间的"𰁬"形对应着柄形器之下的由蚌饰或绿松石等组成的"鞘饰"，下端的一竖对应着有孔蚌托之下的棒形器（图 2-1-8）。

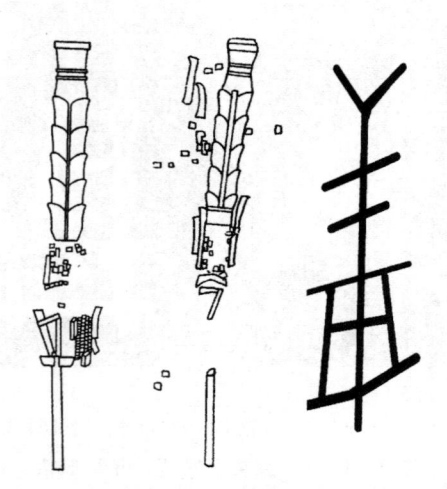

图 2-1-8　瓒首字形及其所对应的考古实物

---

① 孟宪武、李贵昌：《殷墟出土的玉璋朱书文字》，《华夏考古》1997 年第 2 期。

② 这一点，李小燕、井中伟两位先生早已指出（《玉柄形器名"瓒"说——辅证内史亳同与〈尚书·顾命〉"同瑁"问题》，《考古与文物》2012 年第 3 期），学术界也较为认同，但他们又把瓒视为柄形器本身，则与本书观点不同。

第二章 商周青铜酒器组合研究

可见，无论是燕侯有腔瓤自名为"瓒"，还是"瓒"的早期字形与细腰瓤组合的对应关系上，把细腰瓤组合视为瓒之实物，都是没有问题的。因此，本书认为，甲骨金文及文献中的"瓒"就是细腰瓤组合。① 在这一观点之下，燕侯把瓒的自名铸在瓒瓤上，小臣䍙把王赐瓒之事记录在瓒柄上，都是合乎逻辑之事。从这一点出发，郑众、郑玄等经学家把瓒视为一种以玉为柄的金玉组合器，也许并非一种没有依据的臆测。与细腰瓤组合使用的柄形器，在某种意义上类同于经学家所说的"柄"。我们也能理解经学家为何把"圭瓒"解释成以圭为柄，把"璋瓒"解释成以璋为柄。子尊（《铭图》11797）有"王商子黄瓒一"铭文，有学者认为其中"黄瓒"就是"璜瓒"。② 若此，还有以璜为柄的瓒。

除了"圭瓒""璋瓒"等，甲骨文中还有"示瓒"。卜辞有：

贞：其示瓒。
贞：其示瓒。 《合集》27456 +《合补》10222③【何组】

这条卜辞是刘影先生所缀，又收录于《甲骨拼合四集》④，其重要性是拼出了两个"䝮"字，证明甲骨文中早已存在了瓒的金文字形。对于"示瓒"，刘影认为是将（祼祭中的）瓒玉给予、献给某人的意思。其说不确。甲骨文中的"示"有多重含义，方稚松先生曾对"示"的字形作出区分，他认为"T""干"两形都可以表示神主，但"干"形多只表示神主，而"T"除表"神主"义外还有一些其他用法。⑤ "示"可以表示神主，是陈梦家先生的观点，他认为甲骨文中的示、主（宗庙之神主）一字⑥，唐兰先生也有此观点⑦，学术界

---

① 付强先生在《从大河口墓地 M1017 出土的所谓"铜木瓤"谈商周时期的"瓒"》（"先秦秦汉史"微信公众号，2018 年 5 月 28 日）一文中也提出此类"铜木瓤"就是"瓒"，当然付文所论及的其他内容则与本书观点不同。本节最初发表的时候，失引付文，是不应有的疏忽。
② 杨州：《金文"品"及"祼玉三品"梳析》，《山西师大学报》2007 年第 3 期。
③ 刘影：《几组缀合为甲骨学研究提供的新材料》，《故宫博物院院刊》2016 年第 2 期。
④ 黄天树主编：《甲骨拼合四集》，学苑出版社 2016 年版，第 74—75 页。
⑤ 方稚松：《谈谈甲骨文记事刻辞中"示"字的含义》，《出土文献与古文字研究》（第二辑），复旦大学出版社 2008 年版。
⑥ 陈梦家：《宗庙与神主之起源》，载《陈梦家学术论文集》，中华书局 2016 年版，第 148—150 页。
⑦ 唐兰：《怀铅随录（续）·释示宗及主》，《考古社刊》第六期，1937 年。此文又收录于《唐兰全集（二）》，上海古籍出版社 2015 年版，第 579—581 页。

对此已经形成共识。"示瓒"之"示"写作"ᅮ"形，也应该表示神主，而不是给予、献于的意思。"示瓒"，是用神主"示"充当瓒柄的意思，与"圭瓒""璋瓒"文字结构相似。1991年安阳后岗M3出土六件石柄形器，每件柄形器上各有一祖先日名，分别为祖庚、祖甲、祖丙、父口、父辛、父癸。① 刘钊先生认为这六件有日名柄形器起着文献中"石主"的作用。② 若这一观点无误，那么甲骨文中的"示瓒"很可能依旧反映了以柄形器为瓒柄的习俗。

关于细腰觚组合，即瓒的功用，文献多谓其为祼礼用器，如上举《周礼·春官·典瑞》《礼记·祭统》所载。毛公鼎（《铭图》2518）谓："锡汝秬鬯一卣，祼圭瓒宝。"从西周金文角度确证了文献所载瓒为祼器的可信性。从考古材料出发，细腰觚与柄形器、棒形器的组合也常与铜爵共出，形成组合关系，如叶家山M28两觚之侧就有两爵。类似的组合在宝鸡竹园沟M13中也有发现，细腰觚旁边有一件铜爵。西周早期王爵自名为"王祼彝"（《铭图》8274），就是爵也是祼礼用器的明证。瓒与爵形成组合关系，实际上是两种祼礼用器的组合，反映出瓒要与爵一起完成祼礼仪式。相关仪式可能还需要其他酒器，如斗、尊、卣、觯等，它们之间的具体分工，则是本章最后一节深入探讨的问题。总之，细腰觚组合为瓒后，当主要用于祼礼。

第二节 晚商墓葬中铜爵与柄形器、棒形器的"组合关系"

众所周知，晚商墓葬中的铜爵与铜觚有着固定的组合关系，二者数量往往相当，成套相配，套数代表着墓主人的社会地位。③ 除了觚爵相配制度外，何毓灵、马春梅两位先生指出商代的"铜柶"（或称"铜尺形器"）与觚、爵也有组合关系，铜柶可以搅拌爵中酒水，可以柶食铜觚中的酒滓。④ 实际上，觚爵及相关器物的组合关系，并非仅有这两种。从空间位置上看，晚商墓葬常见铜爵与柄形器、棒形器位置相邻的现象，这几类器物构成了"组合关系"，这

---

① 中国社会科学院考古研究所安阳队：《1991年安阳后冈殷墓的发掘》，《考古》1993年第10期。
② 刘钊：《安阳后岗殷墓所出"柄形饰"用途考》，《考古》1995年第7期。
③ 岳洪彬：《论妇好墓随葬铜觚爵的配制及相关问题》，载《三代考古》（七），科学出版社2017年版。
④ 何毓灵、马春梅：《试论妇好墓"铜尺形器"的功用——兼谈商周青铜爵、觚的使用》，《文物》2016年第12期。

第二章　商周青铜酒器组合研究　　81

是学术界过去没有注意的地方。笔者认为，这一"组合关系"实际反映了漆木觚与柄形器、棒形器的固定组合关系，晚商时期漆木觚与柄形器、棒形器组合上承史前到早商时期的漆木觚与柄形器的组合，下启西周的细腰觚与柄形器、棒形器组合，对讨论商周礼制颇有帮助。故此，笔者认为有必要详细讨论晚商墓葬中铜爵与柄形器、棒形器的"组合关系"，及其所反映的相关问题。

一　晚商墓葬中铜爵与柄形器、棒形器组合关系分类

为了便于讨论，本书把晚商墓葬中铜爵、柄形器、棒形器三种器物的组合关系分为四类：柄形器与棒形器的组合，铜爵与柄形器的组合，铜爵与棒形器的组合，铜爵与柄形器、棒形器的组合。下面分别论之。

1. 柄形器与棒形器的组合

晚商墓葬中的柄形器与棒形器并非没有关联。2003—2004年殷墟孝民屯M17墓主人腹部位置出土一套三件的组合玉石器（图2-2-1），上部是编号为58-3的石柄形器（简报编号，《安阳孝民屯》编号为58-2，有误），下部是编号为58-1的玉棒形器（原报告称为"玉笄"），二者由中间的编号为58-2"鞘饰"相连。[①] 这就为柄形器与棒形器的组合关系提供了实物证据，说明柄形器与棒形器可以通过"鞘饰"连接在一起，形成一个具有某种功能的新器类。

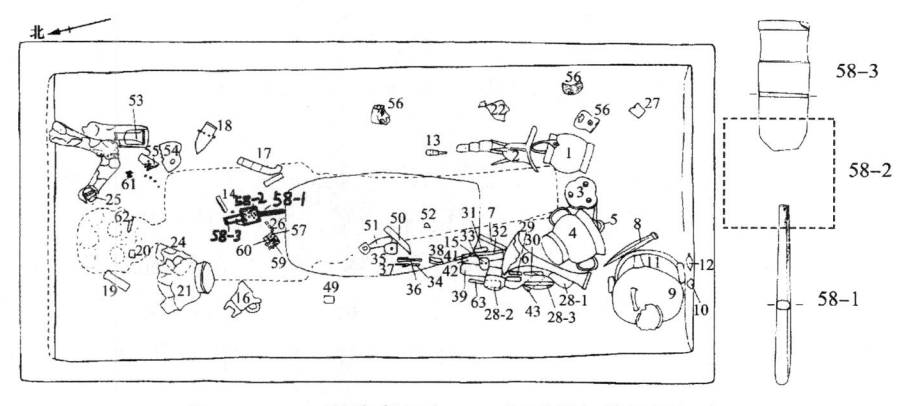

图2-2-1　殷墟孝民屯M17柄形器与棒形器组合

[①] 殷墟孝民屯考古队：《河南安阳市孝民屯商代墓葬2003—2004年发掘简报》，《考古》2007年第1期；中国社会科学院考古研究所编著：《安阳孝民屯（四）》，文物出版社2018年版，第35—44页。

从孝民屯 M17 中的柄形器和棒形器组饰来看,中间的"鞘饰"部分容易腐朽,颇难保存。不过,也有保存较好的"鞘饰"。比如,殷墟小屯祭祀坑 M50、M52 曾出土柄形器与鞘饰、蚌托组合而成的组饰(图 2-2-2),其大体结构是:柄形器下有数个蚌片组成饰件,下方为一椭长形穿孔蚌饰,中间有孔。① 两墓虽没有出土与柄形器组饰配对的棒形器,但柄形器组饰下方的椭长形穿孔蚌饰,中间的穿孔最适宜插入棒形器,暗示这两件柄形器组饰可以与棒形器组合。

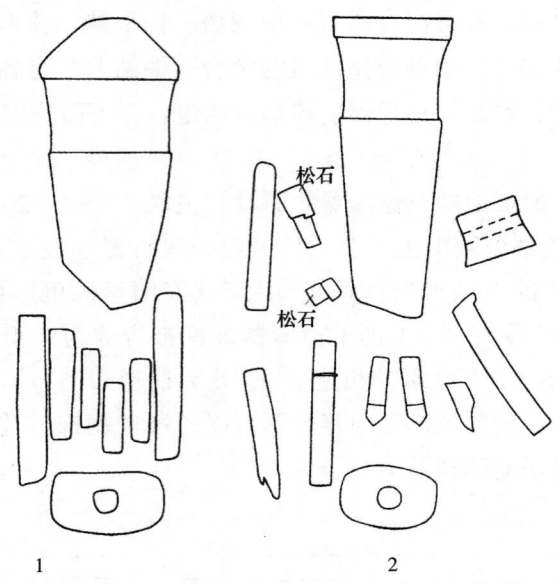

图 2-2-2 小屯祭祀坑 M50、M52 所出柄形器组饰

晚商时期墓葬中的柄形器与棒形器所出土位置常常邻近。比如,1977 年殷墟小屯 M18 墓主人腰部右侧出土一件玉柄形器(M18:22)和一件玉棒形器(M18:23)(图 2-2-3,1)。② 1983 年殷墟大司空村东南 M663 墓主人腹部位置出土一件柄形器(M663:58)和一件棒形器(M663:36,原简报作"石笄")(图 2-2-3,2)。③ 1994 年殷墟刘家庄北地 M793 墓主人腹部位置也

---

① 中国社会科学院考古研究所编著:《安阳小屯》,世界图书出版公司 2004 年版,第 167—169 页。
② 中国社会科学院考古研究所安阳工作队:《安阳小屯村北的两座殷代墓》,《考古学报》1981 年第 4 期。
③ 中国社会科学院考古研究所安阳工作队:《1983 年安阳大司空村东南的一座殷墓》,《考古》1988 年第 10 期。

第二章　商周青铜酒器组合研究　　83

出土一件柄形器（M793∶25）和一件玉棒形器（M793∶39）（图2-2-3，3）。①1949年前发掘的小屯M333墓主人胸部位置有玉柄形器（M333∶R9021）和玉棒形器（M333∶R9084）。②这些墓葬中的柄形器、棒形器位置接近，

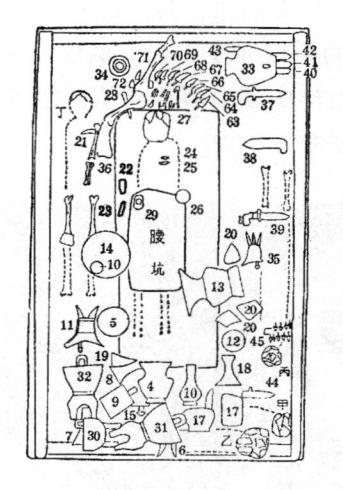

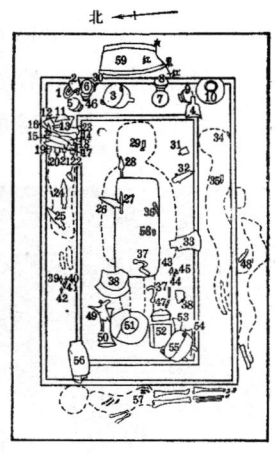

1. 小屯M18　　　　2. 大司空村东南M663

3. 刘家庄北地M793

图2-2-3　殷墟墓葬所出柄形器与棒形器组合举例

---

①　中国社会科学院考古研究所安阳工作队：《1994年殷墟刘家庄北地M793发掘简报》，《考古》2022年第8期。
②　石璋如：《小屯·遗址的发现与发掘·丙编·丙区墓葬》，台北"中央研究院"历史语言研究所1980年，第193—194页。

很可能就是殷墟孝民屯 M17 中的柄形器和棒形器的组合，只是柄形器与棒形器中间的连接部分（鞘饰）腐朽不存，发掘者才没有注意到这种组合。

2. 铜爵与柄形器的组合

2004 年殷墟大司空 M303 出土大量青铜礼容器，其中包括 10 爵 6 觚的觚爵组合。① 有趣的是，编号为 90 的爵口部横放一玉柄形器（M303：87）（图 2 - 2 - 4），这件柄形器在礼容器群中较为醒目。从柄形器放于爵口的现象来看，二者无疑具有某种特殊联系。

图 2 - 2 - 4　殷墟大司空 M303 所出玉柄形器与铜爵的组合②

除了大司空 M303，1993 年安阳体育中心 M2 出土 2 爵 1 觚，其中 2 号爵的三足后面有一件玉柄形器（M2：3），爵与柄形器形成了较为密切的空间关联。③ 1949 年前发掘的小屯 M388 出土 2 套铜觚爵，并出土 11 件柄形器，其中 1 件柄形器（干 633，发掘报告称"剑形小石器十"）出土于

---

①　中国社会科学院考古研究所安阳工作队：《殷墟大司空 M303 发掘报告》，《考古学报》2008 年第 3 期。

②　中国社会科学院考古研究所编著：《安阳大司空——2004 年发掘报告》，文物出版社 2014 年版，彩版八十九·1。

③　汤毓赟：《殷墟墓葬青铜礼器的组合与构成》，博士学位论文，中国社会科学院研究生院，2018 年。

第二章　商周青铜酒器组合研究　　85

棺内椁外的东南隅，"贴在一个铜质的爵形器上面"。①

3. 铜爵与棒形器的组合

1999 年殷墟刘家庄北地 M1095 出土青铜礼容器四件：成对铜方鼎、铜觯和铜爵。② 这四件器物分布较有特色，方鼎（M1095：15，两件）与觯（M1095：14）放置一起，位于墓主人脚部西侧，铜爵（M1095：13）位于墓主人脚部东侧（图 2－2－5，1）。两堆器物之间有明显的空隙，暗示这些礼容器的空间位置似经有意规划。此墓组合不全，缺乏殷墟文化第二期墓葬中常见的铜斝。与之相对，此墓铜爵南侧有一件玉棒形器（M1095：18），极为醒目，与铜爵形成了较为明显的空间组合关系。

1. 刘家庄北地 M1095　　　　2. 殷墟西区 M1713

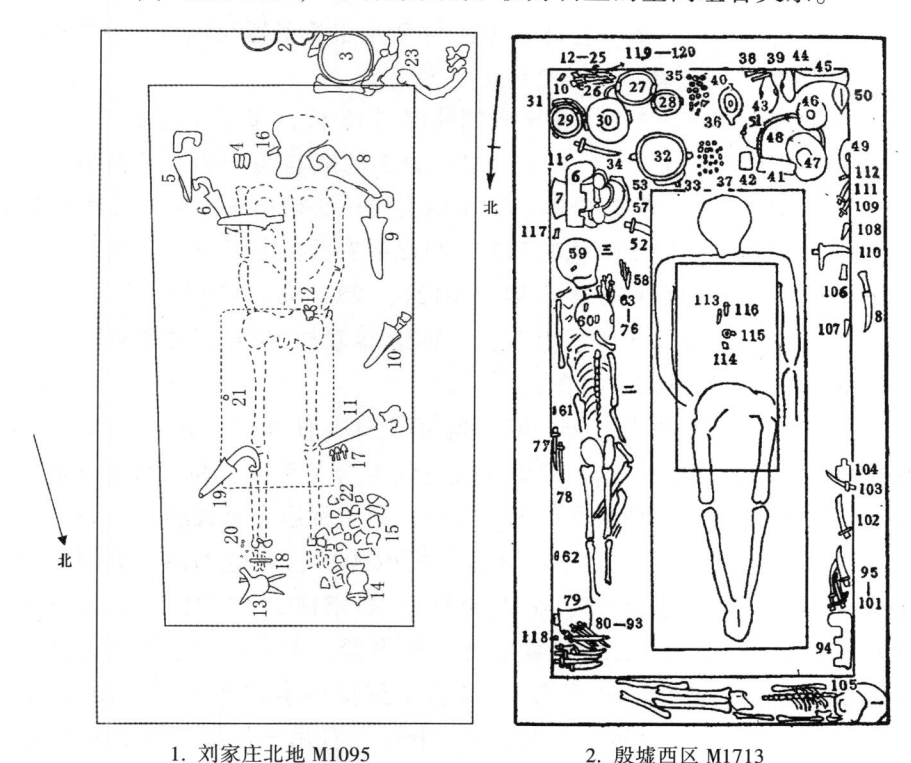

图 2－2－5　殷墟墓葬所出铜爵与玉棒形器组合举例

---

① 石璋如：《小屯·遗址的发现与发掘·丙编·丙区墓葬》，台北"中央研究院"历史语言研究所 1980 年，第 241 页。
② 中国社会科学院考古研究所安阳工作队：《河南安阳市殷墟刘家庄北地 M1095 发掘简报》，《考古学集刊》第 28 集，社会科学文献出版社 2023 年版。

类似的玉棒形器与铜爵的空间关联还见于殷墟西区 M1713。该墓礼容器主要分布于墓主人头端椁室（图 2-2-5，2），东侧主要分布食器，西侧主要分布酒器①，食器群与酒器群中间有明显的间隙，说明这一分布方式是有意识规划的结果。该墓酒器群以 3 爵 2 觚为核心，其中编号为 43、44 的两爵形制相同，编号为 45、46 的两觚也形制相同，此 2 觚 2 爵位置紧邻，似乎形成组合关系。可见，殷墟西区 M1713 多出一件铜爵（M1713∶50）。有趣的是，礼容器群中夹杂一件玉棒形器（M1713∶112），玉棒形器距离 50 号铜爵并不远，其一端被铜卣压在底部，不排除与 50 号铜爵形成空间组合关系。若此，则殷墟西区 M1713 所出玉棒形器与铜爵的关系，就与刘家庄北地 M1095 所出玉棒形器与铜爵关系相似。

4. 铜爵与柄形器、棒形器的组合

山东济南刘家庄 M121 出土青铜礼容器 15 件，包括 3 爵 2 觚，并非觚爵数量对等的组合关系。② 其中，编号为 2 的觚与编号为 5 的爵皆位于棺内西侧，编号为 18 的觚与编号为 21 的爵皆位于棺内东南端，唯编号为 37 的爵远离礼器群，位于腰坑的上方。与此爵有关的是北侧的一件玉柄形器（M121∶42）和两件玉棒形器（M121∶22、38，简报称为"玉簪"）（图 2-2-6）。从空间关系上看，玉柄形器似与 38 号玉棒形器一起与不远处的 37 号铜爵形成了组合关系。

从第 1 种组合形式来看，柄形器可以和棒形器组合成一个新的器物，这一新的器物可以进一步与铜爵形成空间组合关系，从而形成第 4 种组合形式。第 2 种和第 3 种组合形式，应该是第 4 种组合形式的"简版"。

需要说明的是，上述安阳殷墟孝民屯 M17、小屯 M18、大司空东南 M663、刘家庄北地 M793、小屯 M333、刘家庄北地 M1095、殷墟西区 M1713、济南刘家庄 M121 诸墓中的"棒形器"颇有特色，皆为小木棒形（图 2-2-7），故称"棒形器"。各墓发掘报告多称此类棒形器为"笄"或"簪"，然"笄""簪"多有笄头、簪头，且出土位置多在墓主人头端，与这几件出土于墓主人腹部位置附近的棒形器不同。因此，这几件棒形器应该不是用来束发的笄、簪。

---

① 中国社会科学院考古研究所安阳工作队：《安阳殷墟西区一七一三号墓的发掘》，《考古》1986 年第 8 期。

② 济南市考古研究所：《济南市刘家庄遗址商代墓葬 M121、M122 发掘简报》，《中国国家博物馆馆刊》2016 年第 7 期。

第二章 商周青铜酒器组合研究

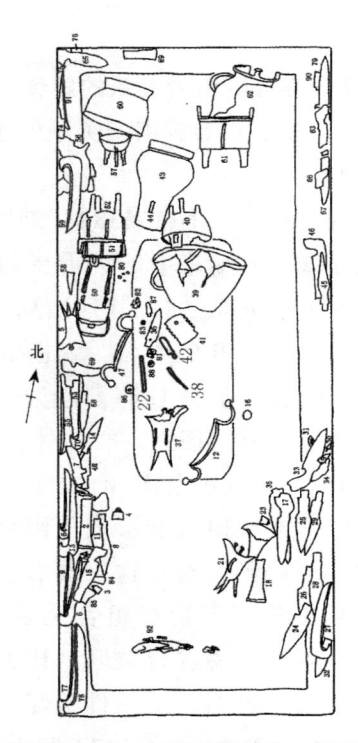

图 2-2-6 济南刘家庄 M121 所出柄形器、棒形器和铜爵位置图

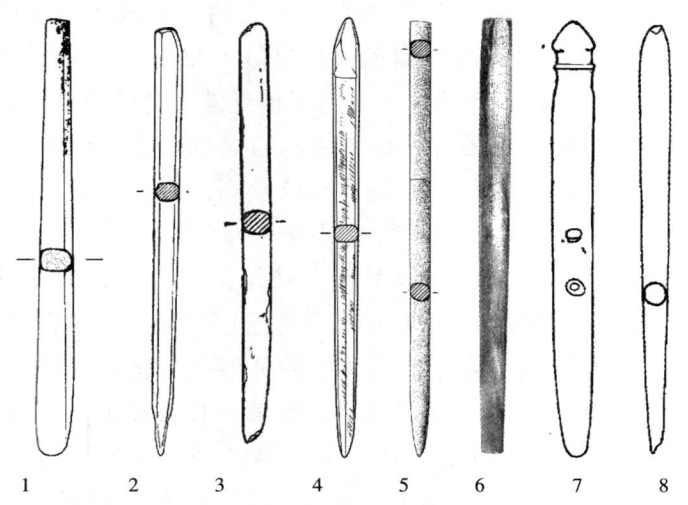

1. 孝民屯 M17：58—1 2. 小屯 M18：23 3. 大司空东南 M663：36 4. 刘家庄北地 M793：39 5. 小屯 M333：R9084 6. 刘家庄北地 M1095：18 7. 殷墟西区 M1713：112 8. 济南刘家庄 M121：38

图 2-2-7 晚商墓葬中的棒形器

二 对铜爵与柄形器、棒形器组合关系的解释

为何铜爵会与柄形器、棒形器形成组合关系？这就需要深入分析上述墓葬中铜爵的出土背景。

大司空 M303、体育中心 M2、小屯 M388、刘家庄北地 M1095、殷墟西区 M1713、济南刘家庄 M121 六墓中的铜爵皆与柄形器或棒形器形成了空间上的组合关系，除了小屯 M388，其他诸墓有一个共性：觚爵组合不全，且爵多于觚。正如本书一开始所言，觚爵等量相配是晚商墓葬的一般性规律，这一规律不仅见于殷墟墓葬，还见于商文化区内的其他贵族墓地，已经成为殷文化的重要特征之一。在体育中心 M2、刘家庄北地 M1095、殷墟西区 M1713、济南刘家庄 M121 四墓中，爵比觚多一件，正是这多出的一爵，与柄形器或棒形器形成了组合关系。这自然不会是巧合，而应有着独特的礼仪内涵。对于这一现象，本书推测，墓中可能本有漆觚，漆觚与柄形器或棒形器形成组合关系，只是漆觚腐朽不存，才只剩下玉棒形器或柄形器与铜爵进行关联。比如，刘家庄北地 M1095 墓主人腿部位置放置的都是礼容器，仅一件孤零零的玉棒形器，若棒形器附近没有漆觚，则很难解释棒形器的出土位置。再如，殷墟西区 M1713 出土 3 件铜爵，恰可分为两组，其中两件弦纹爵（M1713∶43、44）并排放置，与相邻的两件铜觚（M1713∶45、46）形成组合关系；带盖爵（M1713∶50）形制特殊，又与玉棒形器（M1713∶112）相距不远，很可能在玉棒形器处还有一件漆觚，与这件带盖的寝鱼爵形成组合关系。只可惜早年发掘此墓时，地下水位较高，漆器不容易被发现。这样一来，此四墓中觚爵组合也能得以补齐。

这种由漆觚代替铜觚，与铜爵组合使用的现象，在殷墟并不罕见，辛店遗址就有多例。2016—2019 年，辛店遗址发现不少漆器墓，部分墓葬中的漆器与铜礼器相组合，使墓葬中的礼器组合得以完整。据孔德铭先生等介绍，辛店 M24 出土铜爵 3 件，铜觚 2 件，加上与铜器同出漆觚 1 件，可形成 3 套完整的觚爵组合；辛店 M26 所出 1 件铜爵与 1 件漆觚形成觚爵组合；辛店 M27 所出 1 件铜爵与 1 件漆觚形成觚爵组合。[①] 除

[①] 孔德铭、孔维鹏：《殷墟漆器的发现与研究——以辛店遗址出土漆器为例》，《中原文物》2020 年第 3 期。

了辛店遗址，洹北商城 M89 也是铜爵与漆觚的组合。① 若上文推测合理，则铜爵与柄形器、棒形器的组合关系，间接反映出觚与柄形器、棒形器的组合关系。

上述推测并非完全没有依据的，从上一节所介绍的西周材料来看，觚往往与柄形器或棒形器形成固定的组合关系。比如，湖北随州叶家山 M28 墓室北二层台东部漆案上有 2 觚 2 爵，觚为 1 件铜觚（M28:170）和 1 件漆觚（M28:175），2 觚上方各有 1 铜、漆棒形器与之相对。② 宝鸡竹园沟 M13 也有一漆案（报告称"漆盘"），其上为青铜酒器群，包括 1 爵 1 觚，铜觚（M13:7）旁也有 1 件铜棒形器（M13:8）。这两个例子都是典型的觚与棒形器的组合模式。另外，上一节也已介绍，西周早中期墓葬还有觚与柄形器的组合模式、觚与棒形器、柄形器的组合模式，这里不再赘言。叶家山 M28、竹园沟 M13 所出铜觚除了与铜棒形器有组合关系外，还与同墓中的爵等量相配，这完全是殷文化的遗俗，暗示西周早中期流行的觚与棒形器或柄形器的组合关系，很可能是由晚商时期流传下来的。也就是说，晚商时期本来也可能存在觚与柄形器或棒形器的组合关系。

据《荥阳小胡村商周墓地》一书，小胡村 M52 出土了晚商时期较为罕见的漆木觚与棒形器、柄形器的完整组合，就是觚与棒形器、柄形器组合关系可以追溯到晚商时期的实物证据。

小胡村 M52 的葬具为一棺一椁，随葬品均出土自棺内，有铜鼎 1、铜觚 1、铜爵 1、漆木觚 1、"玉簪体" 1、"玉簪套" 1、玉钺 1、铜戈 1、铜刀 1、玉璧 1、玉鸟 1、海贝 43。③ 随葬品主要分布于墓主人的东、西两侧（如图 2-2-8），表现出一定的规律性：墓主人西侧有玉钺、铜戈、铜刀，钺、戈尚保存木柲痕迹，表现出明显的兵器类特征；墓主人东侧有铜鼎、铜觚、漆木觚、铜爵、"玉簪体""玉簪套"，表现出明显的礼器特征。

---

① 中国社会科学院考古研究所安阳工作队：《河南安阳洹北商城手工业作坊区墓葬 2015—2020 年的发掘》，《考古学报》2022 年第 3 期。
② 湖北省文物考古研究所、随州市博物馆：《湖北随州叶家山 M28 发掘报告》，《江汉考古》2013 年第 4 期。
③ 河南省文物考古研究院：《荥阳小胡村商周墓地》，中华书局 2022 年版，第 144—149 页。

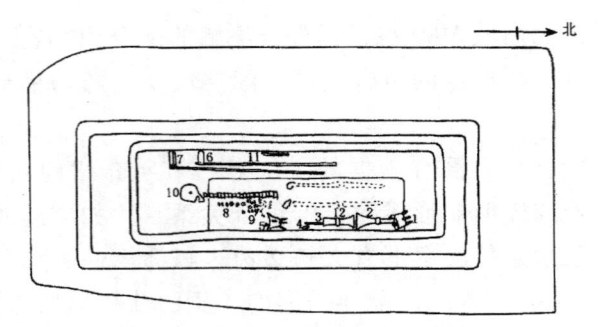

1. 铜鼎 2. 铜觚 3. "玉簪体" 4. "玉簪套" 5. 铜爵 6. 玉钺 7. 铜戈 8. 海贝 9. 玉璧 10. 玉鸟 11. 铜刀 12. 漆木觚

图 2-2-8 小胡村 M52 平面图

在一群铜、漆木礼器中，所谓"玉簪"起着一种怎样的作用？据报告描述，"棺室东侧自北向南依次出土有铜鼎 1、铜觚 1、漆木觚 1、玉簪 1 套、铜爵 1，铜器和漆木器均为口超南足向北侧放"。结合图 2-2-9，可

1. 小胡村 M52   2. 洛阳北窑 M155

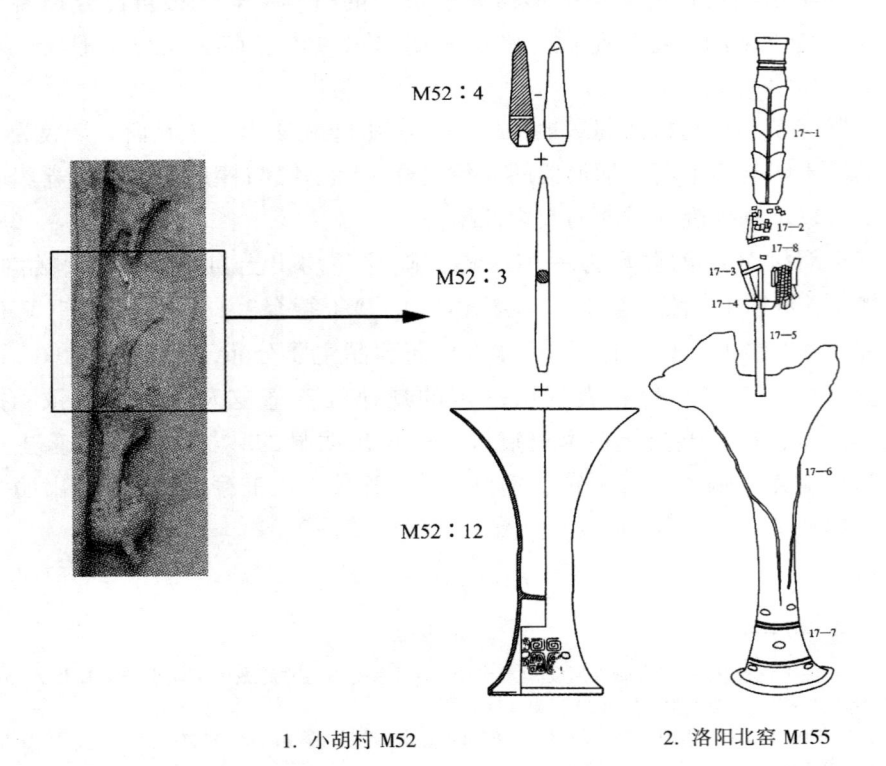

图 2-2-9 小胡村 M52 所出漆木觚组合与洛阳北窑 M155 所出漆木觚组合对比

以明显看出，小胡村 M52 "玉簪 1 套"正位于漆木觚的口部，这一组合形态，正与洛阳北窑墓地所出漆木觚与柄形器、棒形器的组合形态①几乎完全一致。"玉簪 1 套"包括所谓"簪套"（M52：4）和"簪"（M52：3），"簪"明显就是棒形器，与图 2-2-7 中的棒形器形制相同，"簪套"则发挥着柄形器的功能，可称为"类柄形器"。可见，小胡村 M52 所出漆木觚与"玉簪 1 套"组合，颇类似于西周时期的觚、棒形器、柄形器的组合形态。"玉簪"与"玉簪套"组合后，插入漆木觚中使用。

关于小胡村 M52 的具体年代，可从该墓所出三件礼容器来判断。铜鼎为简化兽面纹鼎，铜觚为兽面纹粗体觚，二器的形制与殷墟小屯 M17 所出铜鼎（M17：4）、铜觚（M17：5）②较为相似，后者年代是殷墟文化第二期早段。铜爵浅腹卵底，柱靠近流部，显示出较早的器型特征，明显要早于殷墟文化第二期晚段的殷墟花园庄东地 M54 所出铜爵③，故其年代判断为殷墟文化第二期早段。可见，小胡村 M52 的年代应该是殷墟文化第二期早段，即商王武丁晚期。④也就是说，早在商王武丁时期，商文化区的墓葬就存在觚与柄形器、棒形器组合关系的实例。

由于各地区埋藏环境不同，墓葬中的漆木器未必都能够很好地保存下来，或者即使保存下来部分痕迹，也往往无法分辨器型，这一点在北方地区更是如此。以荥阳小胡村 M52 为例，若该墓所出漆木觚与棺木痕迹混杂一起，无法分辨出来，我们自然也就无法得出此墓中的"玉簪套件"与漆木觚形成组合的认识。甚至于，从空间关联上看，会得出"玉簪套件"与邻近的铜爵为组合的观点。笔者认为，这就是本节所讨论的，铜爵何以会与柄形器、棒形器形成组合关系的根本原因。

---

① 相关材料参考洛阳市文物工作队编著《洛阳北窑西周墓》，文物出版社 1999 年版，第 18—19、51—52 页。

② 中国社会科学院考古研究所安阳工作队：《安阳小屯村北的两座殷代墓》，《考古学报》1981 年第 4 期。

③ 中国社会科学院考古研究所编著：《安阳殷墟花园庄东地商代墓葬》，科学出版社 2007 年版，第 112—113 页。

④ 关于殷墟文化分期，本书主要采用郑振香先生的分期体系，参考郑振香《论殷墟文化分期及其相关问题》，载《中国考古学研究——夏鼐先生考古五十周年纪念论文集》，文物出版社 1986 年版，第 116—127 页。发掘报告采用了岳洪彬先生《殷墟青铜礼器研究》中的分期体系，把小胡村 M52 的年代判断为殷墟二期晚段，即武丁晚期与祖庚、祖甲时期，这与本书的判断并不矛盾。本书之所以不采用发掘报告的分期结果，是因为郑振香先生的分期体系可以把武丁晚期与祖庚、祖甲时期分在不同阶段，有利于墓葬年代的进一步精细化。

至此，通过晚商墓葬的等量相配的觚爵关系，笔者推测晚商墓葬中的铜爵与柄形器、棒形器的组合实为可能存在的漆木觚与柄形器、棒形器的组合，并据西周早中期流行的觚与柄形器、棒形器的组合关系，及荥阳小胡村 M52 所出漆木觚与类柄形器、棒形器的组合实例，证明这一推测并非臆测，而是有事实根据。

上举刘家庄北地 M1095 玉棒形器附近也有漆器的痕迹，旁有 4 颗绿松石为漆器装饰（M1095∶20），发掘报告根据漆器痕迹判断此漆器为漆觚。这件漆觚正好位于玉棒形器的前方，与玉棒形器形成了明确的位置组合关系。这就为本书提出的晚商墓葬中存在漆木觚与柄形器或棒形器组合关系，提供了又一实物证据。

另外，2016 年安阳辛店 M21 出土一件"玉簪"（M21∶19），扁平长条形，截面呈四边形，与图 2-2-7 中的棒形器形制接近，而不能称为"簪"。[①] 这件玉棒形器的附近，就有一堆器型不明的漆器。这堆漆器的器类，尚可据与辛店 M21 相邻的辛店 M41 略作推测。M41 所出铜礼器组合与 M21 相同，皆为一鼎一簋一觚一爵，且 M41 也出土漆木器，有漆觚 1、漆爵 1、漆豆 1。辛店 M21 与辛店 M41 相邻（仅 0.5 米距离），二者随葬铜礼器组合相同，则二者也有可能随葬相似的漆器组合，因而辛店 M21 所出漆器自然也可能包含了漆觚。若此，辛店 M21 也可能有玉棒形器与漆觚的组合。

三 晚商时期瓒及瓒觚问题

山西翼城大河口出土一件燕侯觚（M1∶268+277），外为青铜质（268 号），内为木质空腔（277 号），圈足内部有"匽侯作鬲（瓒）"铭文。[②] 笔者在本章第一节，据燕侯觚论证西周时期觚与棒形器、柄形器的组合，就是甲骨金文和传世文献中的"瓒"。"瓒"的实物形态，乃细腰觚与棒形器、柄形器的组合。瓒在商代业已存在，方稚松先生认为甲骨文中的"𤭕"就是瓒字的早期形态，象将玉置于"同"（觚）中之形。[③] 传出

[①] 安阳市文物考古研究所：《河南安阳辛店商代晚期铸铜遗址 2016 年发掘简报》，《文物》2021 年第 4 期。

[②] 山西省考古研究院、临汾市文物局、翼城县文物旅游局联合考古队、山西大学北方考古研究中心：《山西翼城大河口西周墓地一号墓发掘》，《考古学报》2020 年第 2 期。

[③] 方稚松：《释殷墟花园庄东地甲骨中的瓒、祼及相关诸字》，《中原文物》2007 年第 1 期。

第二章　商周青铜酒器组合研究　　　　　　　　　　　　　　　　93

自安阳殷墟的小臣𪓑玉柄形器（《铭图》19778）有铭："乙亥，王赐小臣𪓑瓒，在大室。"也能证明"瓒"的使用至少可以追溯到晚商时期。既然西周的瓒是觚与棒形器、柄形器的组合，那么晚商的瓒也可以理解此一时期的觚与棒形器、柄形器的组合。

比如，刘影先生曾缀合过一条"其示瓒"卜辞，"瓒"字写作🈳形，与西周金文中的"瓒"字写法相同。① 其中的"示"字写作"т"形，乃专门表示神主的字形②，故"示瓒"与西周金文中"圭瓒""璋瓒"文字结构相似，是用玉器"示"充当瓒柄的意思。作为神主的"示"，可由柄形器充当，如1991年安阳后岗M3出土的六件有祖先日名的石柄形器就可能起着文献中"石主"的作用③，则"示瓒"很可能依旧反映了以柄形器为瓒柄的习俗。在晚商时期柄形器的各类组合中，觚与柄形器的组合关系最可能与"示瓒"联系起来，即这种组合关系就是晚商时期的瓒。

因此，笔者认为，晚商时期觚与棒形器、柄形器的组合，也应该被称为"瓒"。关于晚商时期瓒，有一点特别值得关注，就是瓒觚形制问题。就本节所列举晚商墓葬而言，其中与棒形器、柄形器组合的觚，或为漆木觚，或本为漆木觚，发掘时业已腐朽不存、辨识不出。总之，没有铜觚与棒形器组合的例子。如何理解这一现象？

我们知道，商周时期觚大体可以分为铜觚和漆木觚两种，商代铜觚基本是"三段式"觚，西周铜觚开始流行细腰觚，西周漆木觚发现较多，基本是细腰的形制。西周时期可以与柄形器、棒形器进行组合的瓒觚，皆为细腰觚，不见传统的"三段式"觚。关于西周时期细腰铜觚的起源问题，笔者统计了细腰铜觚的尺寸和重量，发现细腰铜觚的尺寸和重量与传统的"三段式"铜觚差异较大，细腰铜觚很可能仿自漆木觚，而非传承自"三段式"铜觚。若此，西周时期瓒觚的起源，就聚焦到漆木觚的身上。

回到晚商墓葬材料，与棒形器、柄形器组合的瓒觚，也都是漆木觚，正回应了西周瓒觚起源聚焦于漆木觚的认识。因此，晚商时期瓒觚很可能主要是由漆木觚充当，而不是由铜觚充当。可见，正是因为晚商时期铜觚多不充当瓒觚，铜觚与棒形器自然就不能形成固定的组合关系。

---

① 刘影：《几组缀合为甲骨学研究提供的新材料》，《故宫博物院院刊》2016年第2期。
② 方稚松：《谈谈甲骨文记事刻辞中"示"字的含义》，《出土文献与古文字研究》（第二辑），复旦大学出版社2008年版。
③ 刘钊：《安阳后岗殷墓所出"柄形饰"用途考》，《考古》1995年第7期。

这里再简单讨论下瓒斝的起源问题。就目前的考古发现而言，瓒和瓒斝的历史渊源要远早于晚商时期。据严志斌和王亚二位先生的研究，早在史前的良渚文化时期，漆木斝就与玉锥形器形成了较为稳固的组合，二里头文化和二里岗文化墓葬中也都有这种组合材料，组合中的锥形器演变为柄形器。① 由于没有文字材料，早商及其之前的漆木斝与柄形器的组合是否应该被称为"瓒"，尚不好定论，但我们至少可以把这种组合视为瓒的渊源。这说明，以漆木斝充当瓒斝的现象有着相当悠久的历史渊源，可以追溯到史前时期。即使到了青铜斝流行的三代时期，青铜斝也没有取代漆木斝用为瓒斝的礼仪传统。只有到了西周时期，由于仿漆木斝的细腰铜斝的出现，铜质斝才可以较多用为瓒斝。

由于晚商时期漆木斝与柄形器、棒形器组合关系得到了证明，从史前时期到西周时期瓒的起源、发展、演变历史就变得更加完整。相对于史前到早商时期的漆木斝与柄形器的组合，晚商时期的瓒有一个较大的发展，即引入了棒形器，形成了漆木斝与柄形器、棒形器的组合模式。这一新的组合模式，成为西周时期细腰斝与柄形器、棒形器组合的来源。从这一意义上说，西周时期的瓒，具有典型的殷礼特色。周人使用了这种礼仪用器，如姬姓曾侯墓地的叶家山 M28、M111 都出土了瓒的实物形态，则是周人使用殷礼的新证据。

第三节　商周尊卣组合再研究

商周时期贵族墓葬中常见相似纹饰风格、相似铭文的青铜尊卣，或一尊一卣，或一尊二卣，笔者称之为青铜尊卣的"配对组合"。② 这一"配对组合"关系，对我们研究尊卣的功用，及尊卣与礼制变革的关系，都颇有帮助。不过，青铜尊卣并不全是"配对组合"关系，很多贵族墓葬中的尊卣并非纹饰风格一致、铭文相似，而仅仅是一种"拼凑"的"组合关系"。这说明，商周时期的尊卣组合关系较为复杂，我们除了需要研究"配对组合"关系外，尚需要更全面地讨论商周尊卣的组合与演进。因为

---

① 严志斌：《漆斝、圆陶片与柄形器》，《中国国家博物馆馆刊》2020 年第 1 期；王亚：《早商时期墓葬内出土"圆陶片"浅析》，《考古与文物》2020 年第 2 期。

② 王祁：《商周铜尊卣配对组合研究》，《考古》2019 年第 3 期。

第二章　商周青铜酒器组合研究

笔者之前发表过《商周铜尊卣配对组合研究》一文，故本节的名称就叫作"商周尊卣组合再研究"。

一　晚商时期尊卣的组合模式

青铜尊的起源较早，早期的尊主要为体型较大的大口尊和截头尊，到殷墟文化第三期时，由于受觚的影响，产生了"觚形尊"。这几种形制不同的"尊"，其形制差异较大，功能未必相同，只是由于缺乏自名材料，我们无法进一步讨论它们功能的差异。与铜卣形成了组合关系的尊类，是"觚形尊"。

晚商时期的铜卣也可分为四类，其中束颈提梁卣可能属于"壶"类，鸮卣形制独特，流行时间也较短（主要集中于殷墟文化第二、第三期），故本书所称铜卣，主要是针对扁体卣、筒形卣而言的，尤以扁体卣为主。扁体卣产生的时间较晚，但略早于"觚形尊"产生的时间，可到殷墟文化第二期晚段，如安阳殷墟 GM2575 出土的史卣（GM2575：23）[1]。筒形卣起源的年代也可追溯到殷墟文化第二期晚段，如山东济南刘家庄 M121 所出"商式"筒形卣（M121：50）[2]，或可早到此时。1983 年安阳殷墟大司空东南地 M663 出土一件殷墟二期晚段仿铜筒形卣（M663：56）[3]，也是筒形卣可早到殷墟二期晚段的证据。

尊卣的组合关系，在殷末铜器墓和仿铜陶礼器墓中表现得最为明显。在仿铜陶礼器墓中，墓葬常见鼎、簋、觚、爵、尊、卣、罍、觯的组合关系，1 尊 1 卣是极为常见的尊卣组合模式。比如，小屯西地 GM233[4]、1962 年大司空 M53[5]、1969—1977 年殷墟西区 GM4、GM1057、GM1133、GM1134[6]、

---

[1] 中国社会科学院考古研究所编著：《殷墟青铜器》，文物出版社 1985 年版，第 469—470 页。

[2] 济南市考古研究所：《济南市刘家庄遗址商代墓葬 M121、M122 发掘简报》，《中国国家博物馆馆刊》2016 年第 7 期。

[3] 中国社会科学院考古研究所安阳工作队：《1983 年安阳大司空村东南的一座殷墓》，《考古》1988 年 10 期。

[4] 中国社会科学院考古研究所编著：《殷墟发掘报告（1958—1961）》，文物出版社 1987 年版，第 205—206 页。

[5] 中国科学院考古研究所安阳发掘队：《1962 年安阳大司空村发掘简报》，《考古》1964 年第 8 期。

[6] 中国社会科学院考古研究所安阳工作队：《1969—1977 年殷墟西区墓葬发掘报告》，《考古学报》1979 年第 1 期。

1984年殷墟西区GM1711①、2010—2011年刘家庄北地M858②、2017—2018年大司空东地M123③诸墓，皆出土1件仿铜陶尊和1件仿铜陶卣，尊为觚形尊，卣为扁体卣。这些墓葬年代一致，皆为殷墟四期晚段；等级不一，既有2套陶仿铜觚爵者，也有1套仿铜觚爵者，但尊卣组合的数量是一致的。尤其值得注意的是，仿铜陶尊与陶卣，在位置上往往相邻，这为尊卣组合的产生，提供了空间上的证据。这一位置上的关系，在小屯西地GM233（图2-3-1）、殷墟西区GM1057、大司空东地M123等墓中表现得最为明显。可见，在殷墟四期晚段，殷墟遗址业已产生了较为稳固的仿铜尊卣组合。

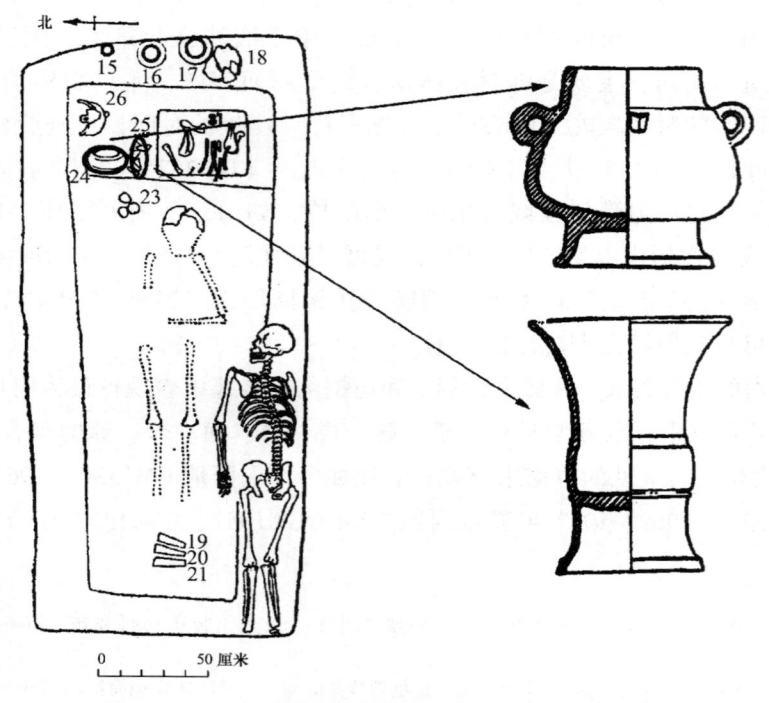

图2-3-1　小屯西地GM233所出仿铜尊、卣位置图

---

① 牛世山、岳洪彬、岳占伟主编：《殷墟出土陶器》，社会科学文献出版社2018年版，第393页。
② 郭梦、何毓灵、李建西、吴萌蕾：《殷墟锡衣仿铜陶礼器的发现与研究》，《考古学报》2020年第2期。
③ 中国社会科学院考古研究所安阳工作队：《河南安阳市殷墟大司空东地M123发掘报告》，载《三代考古》（九），科学出版社2021年版。

第二章　商周青铜酒器组合研究

在铜器墓中，殷墟四期晚段常见铜鼎、簋、觚、爵、尊、卣、斝、觯明器组合，其中尊、卣往往各出1件。比如，殷墟西区GM2579[①]、戚家庄东M63、M231、M235[②]、郭家庄M53[③]、82小屯M1[④]、86郭庄北M6[⑤]、2003孝民屯NM154[⑥]、2004大司空M412[⑦]，都出土质地粗糙、制作简陋的铜尊1、卣1。在一些等级稍高的贵族墓中，1尊1卣也较为常见。比如，刘家庄北地M9出土青铜礼器16件，可分实用器组与明器组，其中明器组有鼎2、觚3、爵2、尊1、卣1、斝1、觯1，尊、卣位置接近。[⑧]再如，殷墟西区M1713出土青铜礼器17件，也可分实用器组与明器组，其中明器组包括鼎3、簋1、甗1、斝1、觚2、卣1、尊1、盘1、盂1，尊、卣位置也接近（图2-3-2）。[⑨]位置的接近，为铜容器墓中尊卣组合关系提供了空间上的证据。由于这些墓葬中的尊卣皆为明器，故它们的纹饰多为素面，饰弦纹，显示出相对单一的纹饰风格。但也有一些墓葬中的尊、卣饰较为粗疏的纹饰带，如刘家庄北地M9铜卣（M9:22）、82小屯M1铜尊（M1:18）、戚家庄东M63铜尊（M63:14）都是如此，与之组合的铜尊或铜卣却没有这样的纹饰带，显示出当时的尊卣组合并非"配对"关系。

上述材料说明，在殷墟四期晚段，殷墟遗址业已形成了较为稳固的1尊与1卣组合模式，只是其中的尊卣纹饰风格并非完全一致，这一组合与西周时期较为常见的尊卣配对关系尚不完全相同。1尊1卣的组合模式还见于年代更早的殷墟三期。比如，安阳殷墟戚家庄东M269出土1件觚形

[①] 中国社会科学院考古研究所编著：《殷墟青铜器》，文物出版社1985年版，第478页。
[②] 安阳市文物考古研究所编著：《安阳殷墟戚家庄东商代墓地发掘报告》，中州古籍出版社2015年版。
[③] 中国社会科学院考古研究所编著：《安阳殷墟郭家庄商代墓葬：1982年—1992年考古发掘报告》，中国大百科全书出版社1998年版，第162页。
[④] 中国社会科学院考古研究所编著：《殷墟青铜器》，文物出版社1985年版，第455—456页。
[⑤] 安阳市文物工作队：《河南安阳郭庄村北发现一座殷墓》，《考古》1991年第10期。
[⑥] 中国社会科学院考古研究所编著：《安阳孝民屯（四）：殷商遗存·墓葬》，文物出版社2018年版，第657—660页。
[⑦] 中国社会科学院考古研究所编著：《安阳大司空——2004年发掘报告》，文物出版社2014年版，第266页。
[⑧] 安阳市文物工作队：《1983—1986年安阳刘家庄殷代墓葬发掘报告》，《华夏考古》1997年第2期。
[⑨] 中国社会科学院考古研究所安阳工作队：《安阳殷墟西区一七一三号墓的发掘》，《考古》1986年第8期。汤毓赟从器物来源角度进一步将这5件实用器分为三组，参考汤毓赟《试论殷墟墓葬青铜容器的来源"构成"》，《考古》2019年第5期。

尊（M269∶14）与 1 件扁体卣（M269∶10），尊的主体纹饰为兽面纹，卣的肩部和盖部饰云雷纹带，二者纹饰风格不同。① 同属于殷墟三期但略早的殷墟郭家庄 M160 出土 1 件素面圆尊（M160∶118）与 1 件凤鸟纹提梁卣（M160∶172），似也可归为尊卣组合之中。② 可见，尊卣组合关系，最早见于殷墟三期，更早的时期由于尚未出土觚形尊，故无法进一步讨论。值得注意的是，这两座殷墟三期墓葬中的尊卣组合，在位置关系上并非很接近，这是它们与殷墟四期晚段墓葬中的尊卣组合不同之处。

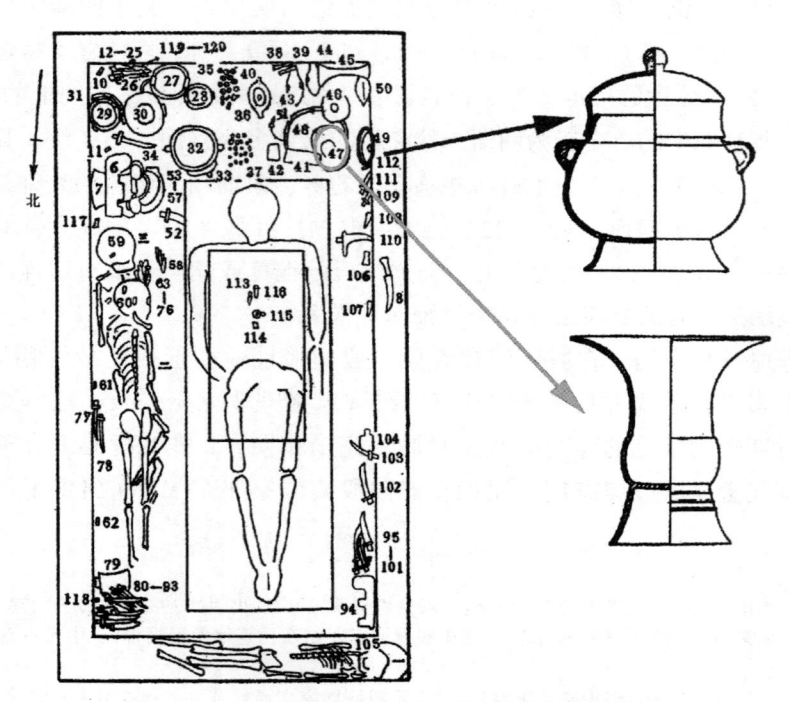

图 2-3-2　殷墟西区 M1713 所出铜尊、卣位置图

在殷墟之外的商文化遗址中，1 尊 1 卣的组合关系也较为常见。比如，山东益州苏埠屯 M8 为商末墓葬，出土器物形制、组合皆具有商文化因素，可归为商文化墓葬。该墓出土青铜尊（M8∶8）1 件、青铜卣（M8∶11）

---

① 安阳市文物考古研究所编著：《安阳殷墟戚家庄东商代墓地发掘报告》，中州古籍出版社 2015 年版，第 219—223 页。
② 中国社会科学院考古研究所编著：《安阳殷墟郭家庄商代墓葬：1982 年—1992 年考古发掘报告》，中国大百科全书出版社 1998 年版，第 89 页。

第二章　商周青铜酒器组合研究　　99

1件，尊为兽面纹圆体尊，卣为素面筒形卣，二者位置接近。① 这说明除了扁体卣与觚形尊的组合，商末业已产生了筒形卣与觚形尊的组合，尽管筒形卣与觚形尊组合材料较少。

除了1尊1卣组合关系，在殷墟文化第四期的一些墓葬中，我们还可见1尊2卣的组合关系。比如，安阳殷墟刘家庄北地M1046为殷墟四期晚段墓葬，出土1件觚形尊（M1046∶7）与2件扁体卣（M1046∶6、10），三器皆有"亚胍"铭文，且位置接近，不过尊与卣的纹饰风格并不相同（图2-3-3）。② 可见，刘家庄北地M1046所出青铜尊与青铜卣形成了组合关系，但这一组合关系也非"配对"关系。属于殷墟四期早段的安阳殷

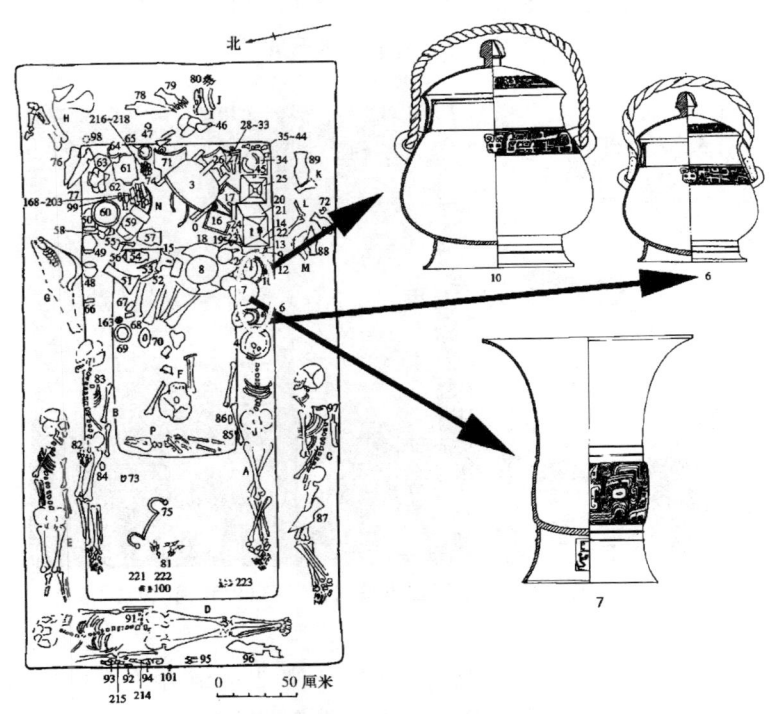

图2-3-3　刘家庄北地M1046所出铜尊、卣位置图

———
① 山东省文物考古研究所、青州市博物馆：《青州市苏埠屯商代墓发掘报告》，载《海岱考古》（第一辑），山东大学出版社1989年版。
② 中国社会科学院考古研究所安阳工作队：《安阳殷墟刘家庄北1046号墓》，载《考古学集刊》第15集，文物出版社2004年版。

墟大司空 M303 也出土 1 件圆尊（M303∶83）、2 件扁体卣（M303∶119、120），这三件器物铭文一致，纹饰风格不同。① 不过，与刘家庄北地 M1046 所出 1 尊 2 卣组合略不同，大司空 M303 所出 1 尊与 2 卣的位置关系不是很接近。

在殷墟之外的商文化遗址中，1 尊 2 卣组合也较为常见。比如，山西灵石旌介 M1 为殷末墓葬，出土 23 件青铜容器，包括 1 件瓿形尊（M1∶34）与 2 件扁体卣（M1∶17、33），尊与卣的铭文、纹饰都不相同，但其中 1 尊 1 卣紧挨在一起（图 2 - 3 - 4），也反映出尊卣组合的位置关联。② 再如，山西闻喜酒务头墓地 M1 也是典型的殷末墓葬，该墓出土较多的青铜礼容器，其中包括 1 件瓿形尊（M1∶69）和 2 件扁体卣（M1∶62、63），尊、卣铭文相同，位置接近，但纹饰不同。③

图 2 - 3 - 4　灵石旌介 M1 所出铜尊（M1∶34）和卣（M1∶33）

可见，在晚商时期的商文化遗址中，1 尊 2 卣组合关系也较为常见。上述 1 尊 2 卣组合，也包含部分 1 尊 1 卣组合，在纹饰上有个较为显著的特征，即铜尊多为兽面纹尊，铜卣的肩和盖部多饰连珠纹间隔的纹饰带。

---

① 中国社会科学院考古研究所编著：《安阳大司空——2004 年发掘报告》，文物出版社 2014 年版，第 417—418 页。
② 山西省考古研究所：《灵石旌介商墓》，科学出版社 2006 年版，第 16—17、34—47 页。
③ 山西省考古研究院、运城市文物工作站、闻喜县文物局：《山西省闻喜县酒务头商代墓地发掘简报》，《中国国家博物馆馆刊》2022 年第 10 期。

1尊2卣组合中的"2卣",形制、纹饰、铭文相同,唯大小不等。

以上,晚商时期的尊卣组合有如下几个特点:第一,有1尊1卣组合和1尊2卣组合两种模式;第二,无论是哪种模式,皆为"组合"关系,而非"配对"关系,尊与卣的纹饰风格往往不同;第三,无论是1尊1卣组合,还是1尊2卣组合,在组合关系刚形成的殷墟三期到殷墟四期早段,尊卣位置皆非紧密关联;第四,到了殷墟四期晚段,尊卣组合关系还体现在位置的关联性上,尊卣的组合关系更为密切;第五,1尊1卣组合形成时间要略早于1尊2卣组合形成时间,但1尊2卣组合所出墓葬等级要更高。对于第五点,刘家庄北地M1046出土3觚5爵、大司空M303出土6觚10爵、酒务头M1出土5觚6爵、旌介M1出土4觚10爵,其觚爵之数一般都要高于1尊1卣墓。总之,到了殷墟四期晚段,尊卣组合关系已经极为明确。

二 西周早期尊卣的组合模式

西周早期是尊卣组合关系发生重大变化的时段。一方面,尊卣组合依旧流行,很多贵族墓葬中都有这一组合关系;另一方面,纹饰风格接近的尊卣配对关系也已经产生,并逐渐流行起来。这在一些年代较早的墓葬中表现得极为明显。

河南鹿邑太清宫长子口大墓为周初墓葬,该墓出土青铜容器较多,达79件,包含5件铜尊、6件铜卣。[①] 尊卣之中,1件长子口尊(M1:127)与2件长子口卣(M1:129、219)纹饰风格一致,有相同的"长子口作旅宗彝"铭文,位置也接近,是典型的1尊2卣配对组合。这一墓葬材料说明,尊卣配对的产生,不会晚于西周初年。

陕西泾阳高家堡墓地有四座西周早期前段铜容器墓葬,编号为M1—M4,其中M1、M2、M4皆随葬尊卣组合。M1出土13件青铜容器,包括1件尊(M1:6)、2件卣(M1:7、8),其中M1:6与M1:7腹部皆饰蜗纹,显示出相似的纹饰风格。有意思的是,M1所出M1:7铜卣的盖、器铭文不同,卣底铭文与尊铭相同,皆为"🙋"铭。可见,M1所出尊(M1:6)、卣(M1:7)不仅纹饰风格一致,且铭文相同,属于典型的尊卣配对组合关系。M2出土7件青铜容器,包括1件尊(M2:5)、1件卣

---

① 河南省文物考古研究所、周口市文化局编:《鹿邑太清宫长子口墓》,中州古籍出版社2000年版。

(M2∶4)，尊饰兽面纹，卣饰蜗纹，显示出不同的纹饰风格。不过，这组尊卣的位置紧挨，说明此墓使用了不同纹饰风格的尊、卣，以取得"组合"的关系。M4 出土青铜礼器 19 件，乃四墓中最多，其中包括 1 件尊（M4∶13）、2 件卣（M4∶17、28），尊饰兽面纹，有"父癸"铭；2 件卣形制相同，肩和盖饰目雷纹带，皆有"冂"铭。这 1 尊 2 卣虽然纹饰风格不同，但三器位置紧挨着，形成了明显的组合关系（图 2-3-5）。①

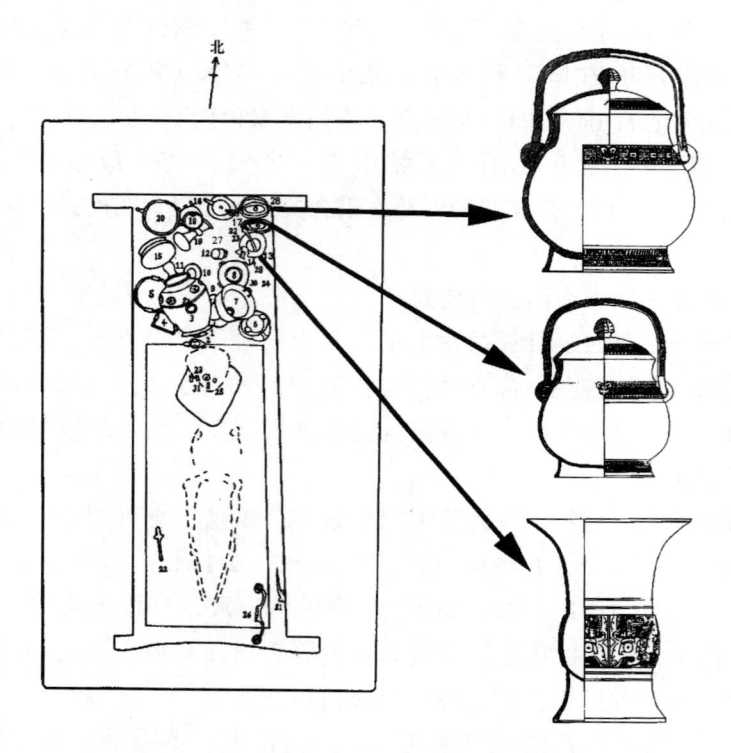

图 2-3-5　高家堡 M4 所出尊、卣位置图

上述高家堡墓地 3 墓的尊卣组合可分为两大类：一类为尊卣配对组合，一类为尊卣组合。对于后一类，需要指出的是，高家堡 M4 所出 1 尊 2 卣组合，颇与商末的 1 尊 2 卣组合接近，这种相似性不仅体现在组合本身，还体现在纹饰上。商末 1 尊 2 卣组合中的"2 卣"往往在肩部和盖部饰连珠纹间隔的纹饰带，卣一般不会如尊那样使用夸张的兽面纹作主体纹

---

① 三墓材料见陕西省考古研究所编著《高家堡戈国墓》，三秦出版社 1995 年版。

饰,这一点在高家堡 M4 中也有体现。考虑到高家堡墓地诸墓多有腰坑,器物铭文也显示出较为浓厚的殷遗色彩,这为高家堡 M4 1 尊 2 卣组合与商末 1 尊 2 卣组合的相似性找到了较为合适的解释。

略晚于高家堡墓地,但年代依旧属于西周早期前段的北京房山琉璃河 M251、M253,也是值得关注的对象。[①] 琉璃河 M251 出土 1 件尊(M251:7)、1 件卣(M251:6),尊、卣纹饰不同,但铭文相同,且尊卣位置紧挨。琉璃河 M253 出土 1 件尊(M253:2)、2 件壶(M253:4、5),三器铭文有关联,1 尊 1 壶皆有"作宝彝"铭,另 1 件壶则有长铭,"作宝彝"或是长铭的缩略形式;三器的主体纹饰皆为兽面纹,但纹饰细节仍有较大不同;尊、壶位置接近。在 M253 出土 1 尊 2 壶组合中,"2 壶"发挥着"2 卣"的作用,三器已经接近"配对组合"的关系。可见,就琉璃河墓地而言,尊卣"配对组合"关系虽然已有形成的迹象,但并不固定,甚至出现了用"壶"代替"卣"的现象。

以上,西周早期前段虽然已经出现了尊卣配对组合,且这一配对组合中既有 1 尊 1 卣配对,也有 1 尊 2 卣配对,但此时尊卣配对组合数量依旧是少量的,也是不完善的。除了上述墓葬材料外,在著名的陕西宝鸡石鼓山墓地中,M1—M4 虽然也曾出现尊卣组合的迹象(如 M3:14 尊与 M3:13 卣),但并无明确尊卣配对组合材料。[②] 与石鼓山墓地相关的宝鸡戴家湾遗址曾出土鼎尊 1 件、鼎卣 2 件,尊、卣年代较早,或可早到商末,三器明显为组合关系,然尊、卣纹饰风格并不完全一致,尊的主体纹饰为兽面纹,卣的主体纹饰为凤鸟纹。[③] 这也能够说明商末之际的尊卣配对组合尚不够成熟。因此,西周早期前段贵族墓葬中的尊卣配对组合较为稀少,而当时依旧流行不"配对"的尊卣组合,就是一件可以理解的事情。

到了西周早期后段,墓葬中的尊卣组合关系有了进一步的发展,产生了新的情况。新的情况主要表现为尊卣配对组合的普及,"配对"材料比

---

① 北京市文物研究所:《琉璃河西周燕国墓地:1973—1977》,文物出版社 1995 年版,第 171—187 页。

② 石鼓山考古队:《陕西宝鸡石鼓山西周墓葬发掘简报》,《文物》2013 年第 2 期;陕西省考古研究院、宝鸡市考古研究所、宝鸡市渭滨区博物馆:《陕西宝鸡石鼓山商周墓地 M4 发掘简报》,《文物》2016 年第 1 期。

③ 陈昭容主编:《宝鸡戴家湾与石鼓山出土商周青铜器》,台北"中央研究院"历史语言研究所、陕西省考古研究院 2015 年版,第 94—95、122—129 页。

例急速增高。这一点在不少墓地中都有体现。

湖北随州叶家山墓地是姬姓曾侯宗族墓地，发现不少贵族墓葬，且年代多集中于西周早期，尤以西周早期后段为主。在已经公布的材料中，M1、M27①、M28②、M65③、M107④、M126⑤、M111⑥诸墓皆出土尊卣组合，且尊卣组合的模式较为清楚，可供讨论。M1 出土尊卣各 1 件，为 1 尊 1 卣组合，尊、卣纹饰风格不同，不属于"配对"关系。M27 出土鱼伯彭尊（M27：14）、卣（M27：11）各 1 件，纹饰风格一致、铭文相同（图 2-3-6），属于 1 尊 1 卣配对关系。M28 出土 1 件曾侯谏作媿尊（M28：178）、1 件兽面纹尊（M28：173）、2 件曾侯谏作媿卣（M28：167、169），曾侯谏作媿尊、卣不仅铭文相同，纹饰风格也一致，可视为 1 尊 2 卣配对关系。M65 出土 1 件作尊彝尊（M65：30）、1 件作尊彝卣（M65：29），尊卣有相同的铭文和纹饰风格，可视为 1 尊 1 卣配对关系。M107 出土戈父乙尊 1 件（M107：8）与戈父乙卣 1 件（M107：7），二者铭文相同，皆为素面，可视为 1 尊 1 卣配对关系。M126 出土麻于尊 1 件（M126：7）、戈父癸尊 1 件（M107：18）、麻于卣 1 件（M126：10）、木索卣 2 件（M126：8、11），其中麻于尊与麻于卣不仅铭文相同，且纹饰风格一致，说明二者可被视为 1 尊 1 卣配对关系。M111 出土曾侯用彝尊 1 件（M111：130）、北父乙尊 1 件（M111：118）、曾侯用彝卣 2 件（M111：124、126）、父辛卣 1 件（M111：112），其中曾侯用彝尊、卣铭文相同，位置接近，但纹饰风格略有差异，似是丧葬活动时有意"拼凑"的一组 1 尊 2 卣组合关系；北父乙尊与父辛卣虽铭文不同、纹饰风格也差异较大，但二者位置紧挨着，也可视为一组尊卣组合关系。

---

① 湖北省文物考古研究所、随州市博物馆：《湖北随州叶家山西周墓地发掘简报》，《文物》2011 年第 11 期。叶家山 M1 的年代可能略早，这里为了比较，一并讨论。
② 湖北省文物考古研究所、随州市博物馆：《湖北随州叶家山 M28 发掘报告》，《江汉考古》2013 年第 4 期。
③ 湖北省文物考古研究所、随州市博物馆：《湖北随州叶家山 M65 发掘简报》，《江汉考古》2011 年第 3 期。
④ 湖北省文物考古研究所、随州市博物馆、出土文献与中国古代文明研究协同创新中心：《湖北随州叶家山 M107 发掘简报》，《江汉考古》2016 年第 3 期。
⑤ 湖北省文物考古研究所、随州市博物馆：《湖北随州叶家山西周墓地 126 号墓的发掘》，《考古学报》2021 年第 4 期。
⑥ 湖北省文物考古研究所、随州市博物馆：《湖北随州叶家山 M111 发掘简报》，《江汉考古》2020 年第 2 期。

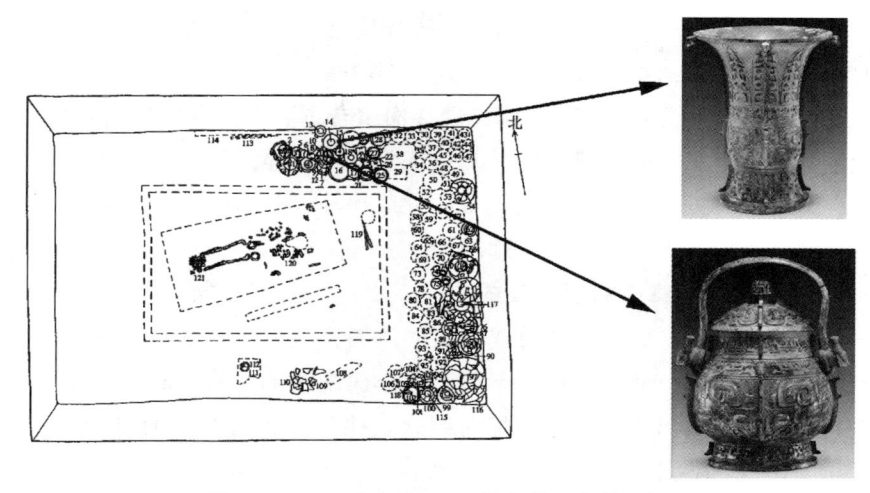

第二章　商周青铜酒器组合研究　　　　　　　　　105

图2-3-6　叶家山M27所出尊、卣位置图

以上叶家山墓地诸墓出土数组尊卣组合，其中严格的"配对组合"关系有5组，已占绝大多数，可知西周早期后段的尊卣"配对组合"关系已较为普遍。

除了叶家山诸墓，同属西周早期后段的山西翼城大河口M1也值得关注。大河口M1的墓主人为一代霸伯，该墓随葬青铜礼器达71件，其中包括匽侯旨作姑妹尊1件（M1：273—1）、素面尊1件（M1：255）、匽侯旨作姑妹卣2件（M1：276—1、271—1）、素面卣2件（M1：257、258）。[①] 匽侯旨作姑妹尊、卣铭文相同，纹饰风格一致，且位置紧挨，说明此三器为1尊2卣配对组合。素面尊、卣皆无铭文，皆为素面，且位置紧挨，此三器也是1尊2卣配对组合。可见，大河口M1出土两组1尊2卣组合。将翼城大河口M1与西周早期前段的鹿邑长子口大墓相比，后者所出青铜礼器数量更多，规模更大，且出土了更多的尊、卣，但仅有一组尊卣配对组合，而前者所出2尊、4卣可配出2组尊卣配对组合。这一对比，更能够说明西周早期后段尊卣配对组合的普及和流行。

以上，西周早期有两大类、四小类尊卣组合模式：其一大类为普通的尊卣组合关系，另一大类为尊卣配对组合关系，每一大类又可分1尊1卣组合

[①] 山西省考古研究院、临汾市文物局、翼城县文物旅游局联合考古队、山西大学北方考古研究中心：《山西翼城大河口西周墓地一号墓发掘》，《考古学报》2020年第2期。

与1尊2卣组合两小类。① 从时间上看,西周早期前段为尊卣配对组合产生的时间,但尊卣配对组合尚不常见,这一组合模式要到西周早期后段才能成为主流的组合模式。从等级上看,1尊2卣组合主要见于等级稍高墓葬之中,如鹿邑长子口大墓、叶家山M28、翼城大河口M1等,其墓主人皆为邦国的首领,显示出不同尊卣组合模式具备区分墓葬等级的作用。

三　西周中期尊卣的组合模式

到了西周中期,尊卣组合模式有新的发展,这主要体现在尊卣组合的不断衰落上。一方面,此一时期,不见1尊2卣配对的实物材料,即使是高等级贵族墓葬中也不出土1尊2卣配对组合。比如,比翼城大河口M1略晚的大河口M1017为西周中期前段墓葬,其墓主人为一代霸伯,地位较高,此墓虽出多件尊、卣,却不见1尊2卣配对组合。② 再如,陕西宝鸡茹家庄M1为西周中期前段墓葬,其墓主人为一代强伯,地位较高,然依旧没有1尊2卣配对组合。③ 与茹家庄M1相比,同墓地稍早的竹园沟M7(西周早期前段)④、竹园沟M13(西周早期前段)⑤、竹园沟M8(西周早期后段)⑥,皆出土1尊2卣配对组合,显示出该墓地有一个1尊2卣配对组合逐渐消失的过程。可见,在西周中期前段,1尊2卣配对组合逐渐退出了尊卣组合行列。

1尊2卣组合的消失,还可以从表2-3-1中看出。表2-3-1为西周墓葬所出尊卣组合材料的量化表,可以看到1尊2卣配对组合主要见于西周早期墓葬,西周中期墓葬不再出现这一组合。

---

① 这里有一个问题,就是1尊1卣配对组合与1尊2卣配对组合是否存在关联?比如,1尊1卣中的"1卣"是否是"2卣"分开放置的结果?这一推测并非完全子虚之言。曲沃天马曲村M6210、M6069各出土1卣,这2卣形制、纹饰、铭文皆相同,唯大小不等,明显是一对卣分开放置在两座墓葬之中。不过,这种例子较为少见,我们目前只能根据更普遍的材料,将1尊1卣配对组合与1尊2卣配对组合分开讨论。

② 山西省考古研究所、临汾市文物局、翼城县文物旅游局联合考古队、山西大学北方考古研究中心:《山西翼城大河口西周墓地1017号墓发掘》,《考古学报》2018年第1期。

③ 卢连成、胡智生著,宝鸡市博物馆编辑:《宝鸡強国墓地》,文物出版社1988年版,第296—301页。

④ 卢连成、胡智生著,宝鸡市博物馆编辑:《宝鸡強国墓地》,文物出版社1988年版,第101—106页。

⑤ 卢连成、胡智生著,宝鸡市博物馆编辑:《宝鸡強国墓地》,文物出版社1988年版,第61—66页。

⑥ 卢连成、胡智生著,宝鸡市博物馆编辑:《宝鸡強国墓地》,文物出版社1988年版,第175—180页。

表 2-3-1　　　　　　　　西周墓葬中的尊卣配对组合表

	西周早期前段	西周早期后段	西周中期前段
1尊1卣配对组合	4组：泾阳高家堡M1、1971洛阳北窑墓①、襄县霍庄西周墓②、天马—曲村M6081③	10组：天马—曲村M6214④、天马曲村M6231⑤、叶家山M27、叶家山M65、叶家山M107、叶家山M126、宝鸡竹园沟M4、1991周原齐家村M5⑥、2014周原贺家村M11⑦、1982顺义牛栏山西周墓⑧	9组：天马—曲村M6384⑨、平顶山应国墓地M84⑩、1978周原齐家村M19⑪、长安斗门镇花园村M17、斗门镇花园村M15（2组）⑫、绛县横水M2531⑬、绛县横水M2158⑭、绛县横水M1011⑮
1尊2卣配对组合	6组：鹿邑太清宫长子口大墓、宝鸡竹园沟M7、宝鸡竹园沟M13、1999郑州洼刘M1⑯、灵台白草坡M1、白草坡M2⑰	7组：随州叶家山M28、翼城大河口M1（2组）、绛县横水M3250⑱、宝鸡竹园沟M8、元氏县西张村西周墓⑲、1972扶风刘家村丰姬墓⑳	

① 洛阳博物馆：《洛阳北窑西周墓清理记》，《考古》1972年第2期。
② 河南省博物馆：《河南省襄县西周墓发掘简报》，《文物》1977年第8期。
③ 北京大学考古学系商周组、山西省考古研究所编著：《天马—曲村（1980—1989）》，科学出版社2000年版，第344—346页。
④ 北京大学考古学系商周组、山西省考古研究所编著：《天马—曲村（1980—1989）》，科学出版社2000年版，第411—417页。
⑤ 北京大学考古学系商周组、山西省考古研究所编著：《天马—曲村（1980—1989）》，科学出版社2000年版，第437页。
⑥ 曹玮主编：《周原出土青铜器》，巴蜀书社2005年版，第1887—1889页。
⑦ 周原考古队：《陕西宝鸡市周原遗址2014—2015年的勘探与发掘》，《考古》2016年第7期。
⑧ 程长新：《北京市顺义县牛栏山出土一组周初带铭青铜器》，《文物》1983年第11期。
⑨ 北京大学考古学系商周组、山西省考古研究所编著：《天马—曲村（1980—1989）》，科学出版社2000年版，第497—505页。
⑩ 河南省文物考古研究所、平顶山市文物管理委员会：《平顶山应国墓地八十四号墓发掘简报》，《文物》1998年第9期。
⑪ 陕西周原考古队：《陕西扶风齐家十九号西周墓》，《文物》1979年第11期。
⑫ 陕西省文物管理委员会：《西周镐京附近部分墓葬发掘简报》，《文物》1986年第1期。
⑬ 山西省考古研究所、运城市文物工作站、绛县文物局联合考古队、山西大学北方考古研究中心：《山西绛县横水西周墓地M2531发掘报告》，《考古学报》2020年第1期。
⑭ 山西省考古研究所、运城市文物工作站、绛县文物局联合考古队、山西大学北方考古研究中心、中国人民大学出土文献与中国古代文明研究协同创新中心：《山西绛县横水西周墓地M2158发掘简报》，《考古》2019年第1期。
⑮ 山西省考古研究院、运城市文物工作站、绛县文物局联合考古队、山西大学北方考古研究中心：《山西绛县横水西周墓地1011号墓发掘报告》，《考古学报》2022年第1期。
⑯ 郑州市文物考古研究所：《郑州市洼刘村西周早期墓葬（ZGW99M1）发掘简报》，《文物》2001年第6期。
⑰ 甘肃省博物馆文物队：《甘肃灵台白草坡西周墓》，《考古学报》1977年第2期。
⑱ 山西省考古研究院、山西大学北方考古研究中心、运城市文物工作站、绛县文物局编：《倗金集萃：山西绛县横水西周墓地出土青铜器》，上海古籍出版社2021年版，第560—573页。
⑲ 河北省文物管理处：《河北元氏县西张村的西周遗址和墓葬》，《考古》1979年第1期。
⑳ 曹玮主编：《周原出土青铜器》，巴蜀书社2005年版，第1147—1183页。

另一方面，1尊1卣配对组合虽然在西周中期前段依旧较为流行（表2-3-1），但在西周中期后段也退出了尊卣组合行列。对此，可详细讨论。

2004年发掘的山西绛县横水倗国墓地发现大量保存较好的贵族墓葬，目前已经公布材料的墓葬年代多为西周中期，可供本书讨论。绛县横水M2531、M2158皆为西周中期前段墓葬，横水M2531出土御正射尊1件（M2531：14）、御正射卣1件（M2531：13），为1尊1卣配对组合；M2158出土作宝彝尊1件（M2158：115）、作宝彝卣1件（M2158：117），为1尊1卣配对组合。横水M1011的年代略晚，可能已经步入西周中期后段，该墓出土作宝尊彝尊1件（M1011：54）、作宝尊彝卣1件（M1011：55），尊卣紧挨在一起，为一组典型的尊卣配对组合。横水M1011年代虽然略晚，但其所出尊卣的形制具有明确的西周中期前段特征，故墓中的尊卣配对组合的年代可能要早于墓葬年代。这说明，就横水墓地所公布的材料来看，1尊1卣配对组合在西周中期前段依旧较为流行，尚不见年代更晚的尊卣配对组合实物材料。

除了绛县横水墓地，山西曲沃天马—曲村墓地发现了不少的西周早中期贵族墓葬，也可作为讨论的对象。天马—曲村墓地由晋侯墓地区与中小型墓地区两部分构成，后者材料已经全部公布，是本书讨论的对象。该墓地共有五座墓葬出土尊卣组合，分别为M6081、M6210、M6214、M6231、M6384，其中M6081、M6210、M6214、M6231四墓的年代为西周早期，M6384的年代为西周中期前段。在这五座墓葬中，M6210所出尊卣形制风格不同，尊为兽面纹尊，卣的肩部饰回首夔纹带，尊卣当非"配对"关系。剩下的四组尊卣组合，皆为1尊1卣配对关系。由此可见，天马—曲村墓地自西周早期就流行1尊1卣配对组合，直到西周中期前段，此后再也不见尊卣配对组合材料。

就目前已经公布的材料来看，尊卣配对主要流行于西周中期前段及其之前时期，西周中期后段及其以后时期已经基本不见尊卣配对组合，甚至连尊卣组合也极少存在。比如，1981年扶风强家村M1为西周中期后段规模较大墓葬，出土青铜礼容器18件，却不见尊卣组合的迹象。[1] 不少年代较晚的遗迹单位也曾出土尊卣配对或尊卣组合，但尊卣的年代往往较早，上文所举横水M1011就是如此。再如，横水M2的年代略晚，

---

[1] 周原扶风文管所：《陕西扶风强家一号西周墓》，《文博》1987年第4期。

是西周中期后段墓葬，该墓出土1尊、1卣，报告仅公布铜卣的图像和铭文，据图像可知卣的年代为西周中期前段。① 1976年庄白一号窖藏坑出土一大批青铜礼器，包括两组尊卣配对组合，分别为商尊与商卣（西周早期后段）、丰尊与丰卣（西周中期前段）。② 庄白一号窖藏的年代较晚，甚至可晚至西周晚期③，然窖藏仅见西周早期后段和中期前段的尊卣配对组合，也能说明尊卣配对组合流行的时间。至于两周之际高等级贵族墓葬之中所出的制作粗糙的尊卣明器（如天马—曲村晋侯墓地M93④），或陕西韩城梁带村M27所出的带盖兽面纹圆体尊（M27：1014）与凤鸟纹提梁卣（M27：1021）⑤，已经与西周早中期主流礼器组合中的尊卣组合意义不同，可不用讨论。

以上，西周中期是尊卣组合衰落的时期，尊卣组合逐渐退出铜器组合的行列，但不同模式的尊卣组合退出时间不同。1尊2卣配对组合仅见于西周早期，西周中期基本不见1尊2卣配对组合的迹象，说明1尊2卣配对组合最先退出组合行列。1尊1卣配对组合在西周中期前段依旧流行，不少西周中期前段贵族墓葬中都出土1尊1卣配对组合，但我们基本不见更晚时期的1尊1卣配对组合材料。因此，1尊1卣配对组合在西周中期前段之后，也退出了组合行列。这种尊卣组合阶段性变化，极为明显，且极有特色，值得我们关注。

四　尊卣配对组合与觯的组合

上文讨论了自晚商时期到西周中期尊卣组合模式的演变历程，尊卣组合最先起源于晚商时期的殷墟遗址，在商末流行于整个商文化区，具有商文化因素特征。到了周初，尊卣组合之中演化出尊卣配对组合，这一配对组合流行于西周早期后段，延续到西周中期前段，此后基本退出

---

① 山西省考古研究所、运城市文物工作站、绛县文化局：《山西绛县横水西周墓发掘简报》，《文物》2006年第8期。
② 宝鸡市周原博物馆编著：《周原——庄白西周青铜器窖藏考古发掘报告》，科学出版社2016年版，第15—19、32—35页。
③ 学术界一般认为庄白一号窖藏中伯先父器的年代在西周晚期。
④ 北京大学考古学系、山西省考古研究所：《天马—曲村遗址北赵晋侯墓地第五次发掘》，《文物》1995年第7期。
⑤ 陕西省考古研究院、渭南市文物保护考古研究所、韩城市文物旅游局：《陕西韩城梁带村遗址M27发掘简报》，《考古与文物》2007年第6期。

了铜器组合行列。如果我们认为尊卣配对组合是西周铜礼器组合中富有辨识度的特征之一，那就要承认这一特征是在商文化组合基础上发展而来的。从晚商的尊卣组合发展为西周的尊卣配对组合，及尊卣配对组合的消失，正可以视为殷文化酒器组合影响力在西周早中期发展、衰落的一项重要标志。

下面还要讨论尊卣配对组合与觯的组合问题，这一问题有助于我们理解尊卣配对组合的功能。

众所周知，西周早中期的觯常与爵形成组合关系，但不少墓葬中的觯也存在与尊卣组合的可能性。比如，在绛县横水 M2158 中，尊（M2158：115）、卣（M2158：117）、觯（M2158：83）三器表现出相似的纹饰风格：腹部皆饰竖棱纹，上下间隔一圈回首鸟纹带（图 2-3-7）。[①] 三器的铭文也相似，尊、觯皆铭"伯作宝彝"，卣铭"作宝彝"，可见是同一人作的一组器。尊、卣、觯在纹饰与铭文上的一致性，暗示这三器具有组合上的关联性。

M2158：115　　　　　M2158：117　　　　　M2158：83

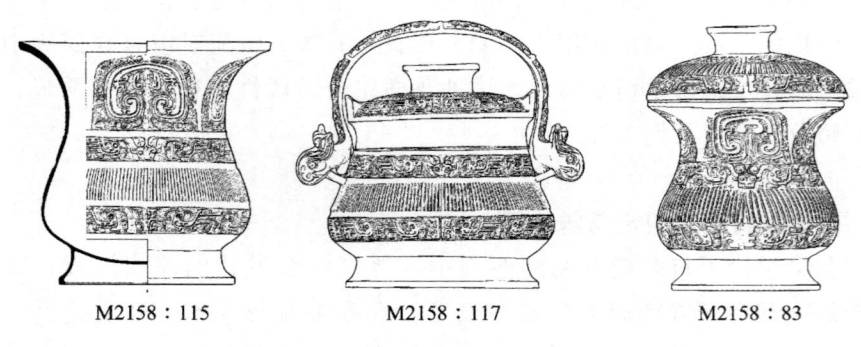

图 2-3-7　绛县横水 M2158 所出尊、卣、觯

除了纹饰与铭文，位置上的关联也是证明尊卣与觯存在组合关系的有效途径。在宝鸡竹园沟 M4 中，酒器群主要被放置在一"漆盘"上，它们依次为卣（M4：1）、尊（M4：2）、带盖大觯（M4：3）、斗（M4：4）、无盖小觯（M4：5）、爵（M4：6）（图 2-3-8），尊卣为配对组合关系，

[①] 山西省考古研究所、运城市文物工作站、绛县文物局联合考古队、山西大学北方考古研究中心、中国人民大学出土文献与中国古代文明研究协同创新中心：《山西绛县横水西周墓地M2158 发掘简报》，《考古》2019 年第 1 期。

5号觯与6号爵明显形成爵觯组合关系，多出的3号觯似只能与其旁的尊卣进行组合。

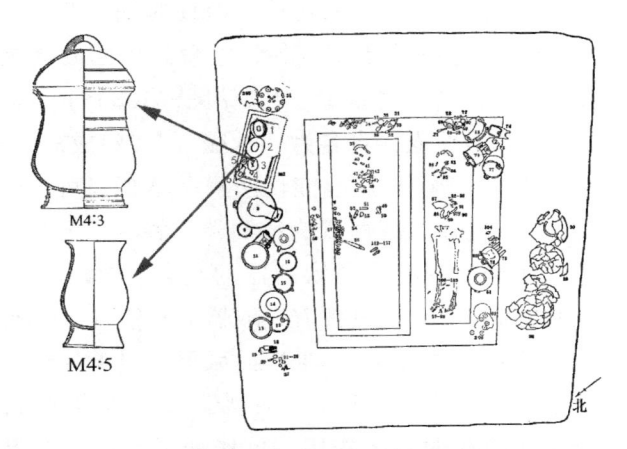

图 2-3-8　竹园沟 M4 墓葬平面图及所出的两件铜觯

竹园沟 M7 也存在尊卣与觯的组合。该墓墓主人头前二层台也有一"漆盘"，"漆盘"上放置了 2 件卣（M7∶6、7）、1 件觯（M7∶9），周围还散落一件铜尊（M7∶8），也当是"漆盘"上的器物。1 尊 2 卣为配对组合关系，它们在配对组合后，自然可与"漆盘"上的铜觯组合使用。

除了上述竹园沟 M4、M7，竹园沟 M13、叶家山 M28 也都出土"漆盘"（当为漆案或漆禁），其上都放置了配对的尊卣组合，还放置了觚（铜觚或漆觚）、爵、觯、斗四种酒器。这两座墓中的觚与爵形成觚爵组合关系，多余的觯自然也能与尊卣组合使用。竹园沟 M13 铜斗出于卣中。

宝鸡石鼓山 M3 是一座大型壁龛墓，3 号壁龛主要放置酒器，在一座铜禁（M3∶25）之上，依次放置铜觯（M3∶98）、方彝（M3∶24）、斗（M3∶22）、2 卣（M3∶20、23）、卣座（M3∶21），斗在卣前。此墓方彝与 2 卣形成组合关系，代替了当时尚处于形成阶段的尊卣组合，故它们与觯的组合，也可视为尊卣与觯组合的间接证据。

以上，西周早期墓葬材料显示，尊卣在配对之后，往往可以与觯形成组合关系，这一组合关系虽然不是固定的，却可以说明尊卣与觯有某种关联。而且，从上述"漆盘""铜禁"上的斗所出位置来看，或出于觯内，或出于尊卣内，也是建立起觯与尊卣关联的证据。

从器物的功能角度上说，尊卣是盛酒器，这点当无异议。河北元氏县西张村西周墓所出叔趯父尊、卣自名"小郁彝"，即盛放郁鬯之彝的意思。① 关于觯的功能，也可由自名来讨论。西周时期，有些觯有自名，至少有三件自名为"鑵"，正与清华简《封许之命》中的酒器鑵对应上了。② 其中一件有自名的觯，自名为"饮鑵"（《铭图》10855），说明觯是饮器。上海博物馆藏一件伯作姬饮壶，自名为"饮壶"（《集成》6456），葛亮先生看过实物，说是带盖小觯。③ 这也能说明觯是饮器。可见，西周时期铜觯主要发挥着饮酒器的功用。尊卣既为盛酒器，觯为饮酒器，则尊、卣与觯的组合，自然可理解为盛酒器与饮酒器的组合。这一组合中还常见铜斗，或在卣中，或在觯中，斗当发挥着挹取器的功能（《诗经·小雅·大东》"维北有斗，不可以挹酒浆"，斗为挹取器，当无异议）。至此，尊、卣、觯、斗四器的组合，就是盛酒器、挹酒器与饮酒器三者的组合关系。我们对这一组合在饮酒礼的具体作用，可作如下推测：饮者用斗将酒从尊、卣之中盛出，倒入觯中，然后举觯饮酒。当然，如果考虑到它们与爵、觚的组合，问题会更复杂。这一点，本章最后一节会详细讨论。

五　从尊卣组合论觚形尊自名

本节最后，我们再从商周尊卣组合角度讨论觚形尊的自名。古器物学中的青铜尊之名来源宋代④，后世学者沿用"尊"的器名，仅仅是为了给此类器形一个区别于其他器类的名称，而非认定此类器形在商周时期就以"尊"为名。随着青铜尊自名材料的增多，学术界开始讨论青铜尊的古名，以了解这类器型在商周礼仪活动中的作用。在青铜尊的几类器形（觚形尊、大口尊、截头尊、兽形尊等）中，觚形尊由于组合材料和自名材料较多，是学术界讨论的热点，也是本书所要讨论的内容。

吴镇烽先生《商周青铜器铭文暨图像集成续编》中著录一件妇传尊（《铭续》785），其铭为："妇传作辟日己䵼尊彝。"（图2-3-9）其中"䵼"

---

① 河北省文物管理处：《河北元氏县西张村的西周遗址和墓葬》，《考古》1979年第1期。
② 谢明文：《谈谈金文中宋人所谓"觯"的自名》，载《商周文字论集》，上海古籍出版社2017年版，第344—353页。
③ 谢明文：《谈谈金文中宋人所谓"觯"的自名》，载《商周文字论集》，上海古籍出版社2017年版，第351页。
④ 《重修宣和博物图》卷六、卷七专列"尊"类，所举器物与今日所称之"尊"大体相当，唯偶有壶、觯、罍混入。

第二章　商周青铜酒器组合研究　　　　　　　　　　　　　113

字，从鬱从同，吴镇烽先生隶定为"䖢"，释为鬱，表示鬱的异体字，不失为一种可行的解释。除了释为鬱，本书认为"䖢"字还有另外一种解释。

图2-3-9　妇传尊器型与铭文拓片（采自《金文通鉴》）

甲骨金文中的鬱字从林、从大、从勹，写作 （《合集》5426）、 （《合集》8182）、 （《集成》4132）等形，或在勹下加两点，写作 （《集成》9571）形。① 勹下加"同"的䖢字，是目前仅见的一例。由于"䖢"字在妇传尊中处于自名（也包含其修饰词）的位置，这很容易与器名"同"字关联。《尚书·顾命》有"奉同瑁""受同瑁""受同"等词，历代经学家对"同"字争论不休，直到自名为"祼同"的内史亳觚出现，学术界才知道"同"有可能就是青铜觚的自名。② 也就是说，"同"本身就是青铜器的器名。因此，"䖢"是否可以解释为"鬱同"的合文，表示盛鬱之同的意思？就目前的材料来看，这种可能是存在的。

---

① 吴振武：《说"苞""鬱"》，《中原文物》1990年第3期。也有学者认为苞、鬱同源，或直接把吴先生所释"苞"字改释为鬱。
② 吴镇烽：《内史亳丰同的初步研究》，《考古与文物》2010年第2期；王占奎：《读金随札——内史亳同》，《考古与文物》2010年第2期。

首先，西周早中期铜壶自名为"鬱壶"（如《集成》9571 孟戠父壶、《铭图》12145 康伯壶、《俑金集萃》007 俑公仲壶），说明"鬱"可以修饰器名，"鬱同"与"鬱壶"在结构上是相似的。其次，觚形尊产生于晚商时期，学术界普遍认为觚形尊是由青铜觚发展而来①，这也是"觚形尊"得名之由来。我们知道，当两种青铜器存在渊源上的关系时，衍生器与祖型器的自名存在密切关联，如铜簋由铜簠发展而来，铜簋就常见以"簠"为自名的现象。觚形尊既然由自名为"同"的青铜觚演变而来，自然可以以"同"为自名。最后，把"㒭"视为"鬱同"合文，还与目前已知的青铜卣自名材料相符。西周早中期的觚形尊与铜卣形成固定的组合关系，根据组合关系中的铜器可以自名互代的原则②，铜卣与觚形尊也可能存在使用相同自名的现象。商末周初寓卣自名为"✸"（《集成》5353），王子杨先生认为"✸"的左上部当是"同"字，"✸"可能是"同彝"合文，也可能是从"彝""同"声的一个字，与内史亳觚自名为"同"的字表示的是同一个词。③ 无论是哪一种情况，"✸"都可以证明铜卣曾以"同"为自名。铜卣曾以"同"为名，这就与妇传尊自名为"鬱同"相符，乃组合器物自名互代之惯例。可见，只有把"㒭"释为"鬱同"合文，才能合理解释铜卣何以以"同"为名。

上述三点理由，决定了妇传尊"㒭"存在是"鬱同"合文的可能。当然，把"㒭"释为"鬱同"，那么妇传尊的自名就会出现"鬱同"+"尊彝"的特殊连称现象，学术界把这种现象称为金文自名中的"小名+大名"形式④，也非不合适。王子杨先生释寓卣"✸"为"同彝"合文，就是一个"小名+大名"的例子。同样的现象还见于子鼎"子作鼎盟彝"（《集成》2018）、王季鼎"王季作鼎彝"（《集成》2031）、薛侯鼎"薛侯作父乙鼎彝"（《集成》2377），皆是"小名鼎"+"大名彝"的形式。有"小名+大名"形式，自然也有"大名+小名"形式，如曾侯鼎（《文物》2011年第11期）"曾侯作宝尊彝鼎"、吕伯簠（《集成》3979）与竞簠（《集成》4134、

---

① 张长寿：《殷商时代的青铜容器》，《考古学报》1979年第3期。
② 陈剑：《青铜器自名代称、连称研究》，载《中国文字研究》（第一辑），广西教育出版社1999年版。
③ 王子杨：《甲骨文字形类组差异现象研究》，中西书局2013年版，第229页。
④ 陈剑：《青铜器自名代称、连称研究》，载林大雄编《中国文字研究》（第一辑），广西教育出版社1999年版。

4135）中的"宝尊彝簋"就是如此。故此，把"𩰫"视为"鬱同"合文，导致妇传尊出现"小名+大名"的特殊自名现象，并没有超出金文文例。

上述讨论只是论证了妇传尊"𩰫"字是"鬱同"合文的可能性，并不能彻底否定"𩰫"字是"鬱"异体字的可能性，若有其他觚形尊也自名为"同"，则能够直接证明"𩰫"字确是"鬱同"合文。这一材料是存在的。

1965年，陕西长安县沣西公社太原村出土一件带有长篇铭文商末周初子尊（又被称为子黄尊或乙卯尊），为腹部带有兽面纹的觚形尊，该尊铭文末句为"用作己□🩱"。①"□"字磨灭，一般补为"宝"，可信。"🩱"，应该是尊的自名，是学术界考察觚形尊古名的重要材料。该字下半从"皿"，上半漫漶不清，但依旧能够看出痕迹。李学勤②、王慎行③两位先生认为上左似从"鬯"，据《陕西金文集成》第11册1254子尊铭文彩图，此观点应该是正确的。"鬯"在酒器自名中常用为意符，表示与鬯有关的器类，如𩰬𩰫进觯自名"𩰭"（《集成》9594），即从"鬯"。

"🩱"字上右为"𦨶"，学术界对此字形的隶定、考释争议较大。王慎行先生最早将"𦨶"隶定为"凡"，其后林巳奈夫先生④也如此隶定。除了隶定为"凡"，更多的学者是将其隶定为"舟"，李学勤⑤、何景成⑥、苏建洲⑦、任家贤⑧等学者皆是如此隶定。不过，无论是隶定为"凡"，还是"舟"，学术界基本承认"𦨶"充当声符，"𦨶"的确定，是认识"🩱"的关键。王慎行先生将"𦨶"隶定为凡，认为"🩱"是"盘"的异体字；何景成、苏建洲两位先生将"𦨶"隶定为舟，径直认为"🩱"是盘之名。李学勤先生虽然没有明确说"🩱"是盘之名，但参考他曾经的"舟"乃承尊盘

---

① 陈贤芳：《父癸尊与子尊》，《文物》1986年第1期。
② 李学勤：《沣西发现的乙卯尊及其意义》，《文物》1986年第7期。
③ 王慎行：《论乙卯尊的时代及相关问题》，《文博》1987年第2期。
④ ［日］林巳奈夫：《殷周青铜器综览》（第一卷），［日］广濑薰雄、近藤晴香译，上海古籍出版社2017年版，第125页。
⑤ 李学勤：《〈周礼〉玉器与先秦礼玉的源流——说祼玉》，载《东亚玉器》，香港中文大学中国考古艺术研究中心1998年版，第34—36页。
⑥ 何景成、王彦飞：《自名为"舟"的青铜器解说》，载《古文字研究》（第三十辑），中华书局2014年版。
⑦ 苏建洲：《论新见楚君酓延尊以及相关的几个问题》，《出土文献》（第六辑），中西书局2015年版。
⑧ 任家贤：《觚形尊的自名及相关问题补说》，《文史》2021年第2期。

形器的观点①，可知李先生也认为"🐚"指盘形器。任家贤先生释"舟"为舟，认为舟就是瓤形器的专名，盘形器以舟为名，是由于盘、尊配套，连类而及的结果。林巳奈夫先生认为"🐚"是表示酒杯的从"凡"之字，不过他把此字视为《方言》"䀀"字，则纯属推测，不用过多讨论。

可见，无论是释"凡"，还是释"舟"，学术界多认为"🐚"与盘有关。之所以如此，与东周时期楚文化地区尊、盘组合有关。1978年湖北随州擂鼓墩曾侯乙墓出土尊、盘一套，出土时尊放于盘内，尊、盘大小相适、纹饰风格一致，铭文也相同，无疑有组合关系，李学勤先生将这一尊、盘组合命名为尊盘。②除曾侯乙尊盘，1955年安徽寿县蔡侯墓出土铜尊3、铜盘4，其中16.1蔡侯申尊与25.1蔡侯申盘各有长达92字铭文，铭文中除器名不同，其余皆同，而且二器皆饰蟠螭纹，故李学勤先生认为是一组尊盘。李学勤先生认为蔡侯墓还有两组尊盘，唯此两组尊盘中的器物多有残破，铭文不全，其组合关系不如16.1蔡侯申尊与25.1蔡侯申盘明显。曾侯乙墓与蔡侯申墓年代接近，为东周中晚期，又都在广义的楚文化地区，故可以认为东周中晚期楚文化地区高等级贵族墓葬中有尊、盘的组合形式。

上文已经提到，当两种青铜器形成较为固定的组合关系时，它们的自名可以相互代称，如部分铜匜与铜盉都可自名为"盘"是因为匜盘、盉盘都是较为固定的组合器。蔡侯尊盘中的盘（25.1、25.2）有自名，写作"䀀（䀀）"形，从皿、从酉、从舟，李学勤先生认为"舟"是声符，"䀀"当读为"舟"，即《周礼·司尊彝》郑众注"舟，尊下台，若今时承槃"之"舟"。唐兰先生认为䀀就是盘字，盘本以盛水，也可盛酒浆，所以从酉。③结合晋韦父盘自名为"舟（舟）"（《铭图》14434），同样从舟声的䀀字自然可以直接读为盘，唐兰先生之说较为恰当。④尊盘组合中的盘自名为"盘"，那么组合中的尊同样也可以以"盘"代称。比如，同样属于东周晚期的楚君酓肯尊（《铭图》11790）自名为䀀，也是舟声，与蔡侯盘自

---

① 李学勤：《论擂鼓墩尊盘的性质》，《江汉考古》1989年第4期。
② 李学勤：《论擂鼓墩尊盘的性质》，《江汉考古》1989年第4期。
③ 唐兰：《〈五省出土重要文物展览图录〉序言》，载《唐兰论文集》，上海古籍出版社2018年版，第985页。
④ 不仅铜盘自名中的"舟"可能读为"盘"，文献中部分"舟"字也可能如此理解，如张桂光先生就认为《周礼·春官·司尊彝》中"祼用鸡彝鸟彝，皆有舟"之"舟"，就是"盘"之误（《学术研究》1985年第2期）。

名醽应该是一字之异。楚君酓朏尊器形为尊，而自名为盘，即是因为此时期的尊与盘的组合关系导致的。

由于东周中晚期的尊盘组合，把此时期觚形尊的自名释为舟、释为盘，都是可以理解的，但若由此认为西周早期的觚形尊也以舟（盘）为自名，则无疑是有问题的。首先，从青铜器组合角度看，西周早中期的觚形尊组合关系较为明确，主要与青铜卣组合，次要与方彝、觥组合①，没有明确的与铜盘组合的证据。故此，若认为商末周初的子尊也因与盘的组合而自名为盘，与此时觚形尊的组合形式矛盾。即使如任家贤先生所言，直接认为舟是觚形尊的专名，也是不可以的，因为此时期有自名为"舟"的晋韦父盘，觚形尊与盘都可以自名为舟，而二者又没有形制或组合关系，这不符合青铜器自名规律。其次，从文字释读角度，子尊自名"🜨"所从之"𠁁"也不能隶定为"舟"。"舟"，甲骨文作 （《合集》11461）、 （《合集》32852）等形，金文作 （《集成》5073）、 （《集成》4247）等形，像木船之形，与竖直的"𠁁"明显不同。西周金文中从"舟"之字，如盘、般、朕、服等，其中的"舟"旁也多作木船之形，或有讹混写作类似于"𠁁"形的，数量极少，不是常规形态，很难据此认定子尊中的"𠁁"旁就是"舟"之讹。

可见，将"𠁁"隶定为"舟"，进而把子尊自名"🜨"解释为一个与盘有关的字，证据并不充足。不过，"𠁁"似也不能隶定为"凡"，它更可能是"同"字。据王子杨先生考证，甲骨金文中的"凡"字虽与"同"字形体相近，但二者区别也较为明显："凡"字左右竖笔不对称，左侧竖笔笔直且短，右侧竖笔外向弯曲且长，写作 （《合集》29990）、 （《集成》10176）、 （《集成》2835）形；"同"字左右竖笔对称、等长，写作 （《合集》6565）、 （《集成》4261）、 （《集成》4330）形。② 从王子杨先生的考证来看，"𠁁"字明显更像"同"，而与左右竖笔不对称的"凡"字差异明显。故此，本书认为"🜨"是一个从凸、从皿、同声的字，可以隶定为"醽"，读为"同"。③ 也就是说，"醽"可能是青铜器器名"同"的异体字。

---

① 冯峰：《论西周青铜器中的尊、方彝（尊、方彝、觥）组合》，载《三代考古》（八），科学出版社2019年版。
② 王子杨：《甲骨文字形类组差异现象研究》，中西书局2013年版，第224—230页。
③ 最近，徐晓美慧先生也提出此字如此隶定和释读，并认为"同"是觚形尊自名，参见徐晓美慧《子尊自名考》，《出土文献》2024年第2期。

把子尊中的"✦"隶定为"🝃",读为"同",就可以与妇传尊中的"鬱同"对应起来,说明觚形尊以"同"为自名并非孤例,子尊与妇传尊的自名就可以互相印证。不过,这里尚存在一个问题,即觚与觚形尊皆可自名为"同",那么"同"究竟是哪一种青铜器的名称?这里存在三种答案:"同"是觚的专名;"同"是觚形尊的专名;"同"是觚与觚形尊的共名。由于觚形尊来源于觚,二者存在渊源关系,上述三种答案皆有可能,目前的考古材料、古文字材料很难排除任何一种答案。故此,这一问题的解答,尚需要更多的新材料。不过,就觚、觚形尊皆可自名为"同"而言,它们的功能必然是一致的。至于东周时期楚文化地区觚形尊以"盘"为自名的现象,可以理解为东周时期楚文化地区觚形尊的地域特色,并不妨碍西周早中期觚形尊自名为"同"现象的存在。

第四节 从殷墟明器墓论商周核心酒器群的形成

根据本章上述诸节的研究,我们可以很容易发现西周时期(尤其是西周早期)贵族墓葬中有一个频繁出现的核心酒器群,这一核心酒器群包含了尊、卣、觚、爵、觯等器类。那么,这一核心酒器群是什么时候形成的?这就要追溯到更早的晚商时期。在殷末时期,殷墟遗址流行明器墓,常见用仿铜陶礼器、制作粗疏的铜礼器、铅礼器随葬在墓葬中,形成了极有特色的明器文化。[1] 明器墓中的酒器群在种类上和空间位置上业已形成了某些规律,可以与西周墓葬中的核心酒器群形成关联。因此,讨论殷墟遗址明器墓中的组合特征,对我们认识商周核心酒器群的形成,及背后的商周礼制,无疑是有帮助的。

一 殷墟仿铜陶礼器群组合特征

仿铜陶礼器在殷墟遗址一直存在,但殷墟早中期的仿铜陶礼器仅是零星出现,且往往制作精美,具有实用成分,不是本节讨论的范畴。到了殷末,殷墟遗址墓葬中开始成组合出现仿铜陶礼器群,这些仿铜陶礼器制作

---

[1] 刘一曼:《安阳殷墓青铜礼器组合的几个问题》,《考古学报》1995年第4期;岳洪彬:《殷墟青铜礼器研究》,中国社会科学出版社2006年版,第287—288页;何毓灵:《殷墟墓葬随葬品冥器化现象分析》,载《三代考古》(二),科学出版社2006年版;胡洪琼:《殷墟仿铜陶礼器墓试析》,《华夏考古》2006年第3期。

简陋,陶质疏松,是典型的明器。关于仿铜陶礼器,学术界早有讨论,但相关研究多集中于殷墟遗址本身,而没有把其与更晚的周代礼制关联起来。笔者认为,仿铜陶礼器群的研究,有助于我们理解商周核心酒器群的形成,因而应当重新被研究。

为了便于讨论仿铜陶礼器的组合特征,本书主要讨论成组合的仿铜陶礼器墓。这些仿铜陶礼器墓共 11 座,其出土的仿铜陶礼器情况如表 2-4-1 所示。

表 2-4-1　　殷墟遗址成组合仿铜陶礼器墓统计表

序号	单位	仿铜陶礼器组合	普通陶器	其他器物	出处
1	17—18 大司空东地 M123	食器:鼎2、簋2、甗1 酒器:觚2、爵2、尊2、卣1、斝1、觯1	觚1、爵1、罐3、罍2、尊1		《三代考古》(九)
2	10—11 刘家庄北地 M858	食器:鼎1、簋1 酒器:爵2、觚1、尊1、卣1、斝1、觯1	觚1、盘1、罐1		《考古学报》2020年第2期
3	小屯西地 GM233	食器:鼎2、簋2、 酒器:爵1、尊1、卣1、斝1	觚1、罍2、罐1		《殷墟发掘报告》
4	1962 大司空 M53	食器:鼎1、簋1 酒器:尊1、卣1、斝1	觚1、爵1、盘1、壶1	铜爵2、觚2、觯1	《考古》1964年第8期
5	1984 苗圃 M129	食器:鼎1、簋1 酒器:爵2、觚1、尊1	觚1、盘1、罍1、罐2		《考古》1989年第2期
6	69—77 西区 GM4	食器:鼎1、簋1 酒器:觚2、爵2、尊1、卣1、斝1	爵1、罍3		《考古学报》1979年第1期
7	69—77 西区 GM1057	食器:鼎1 酒器:觚1、爵2、尊1、卣1、斝1、觯1	簋1、觚1、爵1、盘1、罍1		
8	69—77 西区 GM186	食器:鼎1、簋1 酒器:觚2、爵2、尊1、卣1、斝1	觚1、爵1、罍3		
9	69—77 西区 GM216	食器:鼎1、簋1、甗1 酒器:觚2、爵2、尊1、斝1	觚1、爵1、盘1、罍2、罐3	被盗,余铜觚1	
10	69—77 西区 GM1133	食器:鼎1、簋1 酒器:觚2、爵2、尊1、卣1、斝1、觯1	觚1、盘1、小壶3		
11	69—77 西区 GM1134	食器:鼎1 酒器:觚1、爵1、尊1、卣1、觯1	盘1、簋1、壶4		

续表

序号	单位	仿铜陶礼器组合	普通陶器	其他器物	出处
11	1984AGM1711	食器：甗1 酒器：觚2、爵2、尊1、卣1	觚1、爵1、盘1		《殷墟出土陶器》

以上11座墓葬，所出仿铜陶礼器，共有鼎、簋、甗、觚、爵、尊、卣、斝、觯九类，前三类为食器，后六类为酒器。

在食器方面，有鼎簋甗、鼎簋、单鼎、单甗四种组合形式，其中鼎簋甗组合2件，鼎簋组合6件，单鼎组合2件，单甗组合1件。这说明，食器组合以鼎簋为核心。值得注意的是，上述11座墓葬中，凡是鼎、簋共出者，鼎、簋的数量皆相同，或2鼎2簋，或1鼎1簋。若同出2鼎2簋，2鼎的形制是相同的，这对于2簋也是一样。

在酒器方面，有觚爵尊卣斝觯、觚爵尊卣斝、觚爵尊卣觯、觚爵尊卣、觚爵尊斝、觚爵尊、爵尊卣斝、尊卣斝等组合形式。从这些墓葬来看，可知觚爵组合在殷墟四期晚段时期依旧是墓葬酒器组合的核心，且数量上往往相配成套；尊卣已经形成了固定的组合关系，西周时期尊卣配对现象应该是此时期尊卣组合的延续；觯在酒器组合中的地位并不高，并没有取代觚的地位，也没有形成如西周时期爵觯的组合关系。

当然，在上述11座墓葬中，有一些仿铜陶礼器的组合关系并非完整。就鼎簋组合而言，殷墟西区GM1057、GM1134都仅出现1件仿铜陶鼎，而无仿铜陶簋。[①] 就觚爵组合而言，刘家庄北地M858与苗圃M129皆出土仿铜陶爵2、觚1，小屯西地GM233出土仿铜陶爵1，觚爵数量并不相配。这种组合不全的现象，仅是就墓葬中的仿铜陶礼器而言的，若我们把研究材料扩充到普通陶器或铜礼器上，就会发现墓葬中的礼器组合依旧是完整的。参考表2-4-1，在上述11座墓葬中，共存的普通陶器往往是觚、爵、盘、罐、罍等，仅殷墟西区GM1057、GM1134两墓共存普通陶簋，而这两墓恰恰缺少与仿铜陶鼎相配的簋。类似的，刘家庄北地M858与苗圃M129二墓都多出一件普通陶觚（无与之相配的普通陶爵），正好与仿铜陶觚爵配成2套觚爵的组合模式；小屯西地GM233

---

① 据殷墟西区发掘报告所附墓葬登记表，参见中国社会科学院考古研究所安阳工作队《1969—1977年殷墟西区墓葬发掘报告》，《考古学报》1979年第1期。

则多出一件普通陶觚（无与之相配的普通陶爵），可与同墓所出仿铜陶爵配成1套觚爵的组合模式。这几座墓葬中的普通陶器与仿铜陶礼器相配，正好补齐仿铜陶礼器组合中的缺失现象，应该不是偶然，而是一种有意识的行为，其背后的动机应该是为了追求礼器组合的完整性。这一点甚至体现在随葬品的位置上，如殷墟西区GM1057陶簋（GM1057：2）没有与普通的陶觚、爵、盘（GM1057：24—26）摆放在一起，而是紧挨着仿铜陶鼎（GM1057：1）（图2-4-1），正说明埋葬者刻意追求仿铜陶鼎与普通陶簋的组合效果。

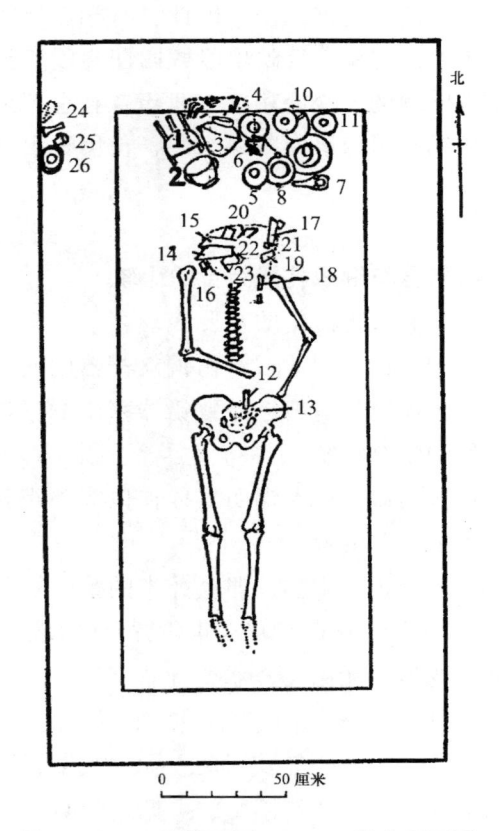

图 2-4-1　殷墟西区 GM1057 墓葬平面图

在上述 11 座墓葬中，大司空 M53 较为特殊，该墓没有出土仿铜陶觚爵，仅有鼎簋尊卣斝组合。有趣的是，该墓还出土青铜爵 2、觚 2、觯 1，与普通的陶觚 1、爵 1、盘 1、壶 1。从位置上看，青铜觚爵与仿铜陶器一起放置于墓主人头端，而铜觯（实用器）却被单独放置于墓主人腹部位置，这说明此墓的仿铜陶礼器可能是与青铜觚爵相配，形成完整的鼎簋觚爵尊卣斝组合。当然，由于普通陶觚爵也是被放置于墓主人头端，不排除此墓中的仿铜陶礼器是与普通陶觚爵相配。总之，无论是与青铜觚爵相配，还是与普通陶觚爵相配，大司空 M53 也在追求礼器组合的完整性。

据以上分析可知，仿铜陶礼器墓中的陶礼器组合可能有所缺失，但埋葬者往往会采用补救的办法，将墓葬中的普通陶器或青铜器与仿铜陶礼器相配，使墓葬中的礼器组合完整起来。因此，有学者所指出的，仿铜陶礼器墓中仿铜觚、爵不配的现象，反映出殷墟四期晚段觚爵相配制度即将终结的观点，应该是有问题的。恰恰相反，埋葬者有意识地将仿铜陶觚与普通陶爵相配，或将仿铜陶爵与普通陶觚相配，正反映出殷末觚爵相配制度的强大生命力。

二　仿铜陶礼器组合与铜明礼器组合的比较

殷墟仿铜陶礼器是殷末明器化的重要表现之一，学术界往往将仿铜陶礼器与其他明礼器一起讨论。因此，对仿铜陶礼器的研究，自然也要涉及其他类型明器。由于铅器容易腐朽，导致铅器墓中的铅器形制不明，故这里主要讨论青铜明器的组合特征。

商末同样流行青铜明器，且青铜明器往往以完整组合形式存在。铜明器组合较为多样，需要分类分析。

第一类，铜明器组合相对完整，即墓葬中的铜明器可以形成较为完整的礼器组合。这里列举几个例子。1979 年殷墟西区 GM2579，出土 11 件青铜礼器，全部为素面明器，无铭文，器类有鼎 1、簋 1、甗 1、觚 2、爵 2、尊 1、卣 1、斝 1、觯 1。[①] 1982 年戚家庄东 M63，出土 10 件青铜礼器，有鼎 2、簋 1、觚 2、爵 2、尊 1、卣 1、斝 1。[②] 这组铜器制作粗糙，虽多有铭文，但铭文或为刻铭，或为铸铭阳文，可见全为明器。1983 年戚家庄东 M231、M235，二墓各出土 8 件青铜礼器，铜礼器组合皆为鼎 1、簋 1、觚

[①] 中国社会科学院考古研究所编著：《殷墟青铜器》，文物出版社 1985 年版，第 478 页。

[②] 安阳市文物考古研究所编著：《安阳殷墟戚家庄东商代墓地发掘报告》，中州古籍出版社 2015 年版，第 178—182 页。

2、爵 2、尊 1、卣 1，部分铜器虽有铭文，也都是铸铭阳文，可归为明器。① 郭家庄 M53，出土 10 件铜明器，有鼎 1、簋 1、甗 1、觚 2、爵 2、尊 1、卣 1、斝 1。② 2003 年孝民屯 NM154，出土一组铜明器，有鼎 1、觚 1、爵 1、尊 1、卣 1、斝 1。③ 2004 年大司空 M412，出土 10 件铜明器，有鼎 2、簋 1、觚 2、爵 2、尊 1、卣 1、斝 1。④ 另外，1982 年小屯 M1 与 1986 年郭庄北 M6 虽然都随葬一组实用铜礼器，但也都随葬了整套的铜明器：1982 年小屯 M1 的铜明器组合为鼎 3、甗 1、簋 2、觚 2、爵 2、斝 1、卣 1、尊 1⑤；1986 年郭庄北 M6 的铜明器组合为圆鼎 2（成对）、方鼎 2（成对）、甗 1、簋 1、觚 2、爵 2、斝 1、尊 1、卣 1、罍 1⑥。

从上述 9 座墓葬材料可知，殷末铜明器组合较为固定，食器组合以鼎簋为核心，酒器组合以觚爵（也包含尊卣）为核心，与仿铜陶礼器组合模式相似。铜明器组合中的觚爵也是数量相当，这点与仿铜陶礼器组合中的觚爵状况相同。不过，戚家庄东 M63、大司空 M412、1982 年小屯 M1、1986 年郭庄北 M6 诸墓中的鼎、簋数量不同，孝民屯 NM154 中有鼎无簋，暗示铜明器中的鼎簋并非严格按照成套原则组合，这是需要注意的地方。

第二类，铜明器中的核心组合（觚爵组合）不全，但有与之相配成套的实用器，进而形成了较为完整的礼器组合。比如，1983—1986 年刘家庄北地 M9 出土青铜礼器 16 件，可分实用器组与明器组，实用器组有举父癸鼎 1、举□□簋 1、举父癸爵 1、举父癸觯 1，明器组有分裆鼎 2、觚 3、爵 2、尊 1、卣 1、斝 1、觯 1，明器组中的部分铜器虽有铭文，不过是刻铭或铸铭阳文，与实用器中的铸铭阴文不同。⑦ 此墓明器组合中有 3 觚 2 爵，觚爵并没有成套，但有意思的是实用器组中多出一件举父癸爵，无与举父癸爵相配的

---

① 安阳市文物考古研究所编著：《安阳殷墟戚家庄东商代墓地发掘报告》，中州古籍出版社 2015 年版，第 191—193、200—202 页。

② 中国社会科学院考古研究所编著：《安阳殷墟郭家庄商代墓葬：1982 年—1992 年考古发掘报告》，中国大百科全书出版社 1998 年版，第 162 页。

③ 中国社会科学院考古研究所编著：《安阳孝民屯（四）：殷商遗存·墓葬》，文物出版社 2018 年版，第 657—660 页。

④ 中国社会科学院考古研究所编著：《安阳大司空——2004 年发掘报告》，文物出版社 2014 年版，第 266 页。

⑤ 中国社会科学院考古研究所编著：《殷墟青铜器》，文物出版社 1985 年版，第 455—456 页。

⑥ 安阳市文物工作队：《河南安阳郭庄村北发现一座殷墓》，《考古》1991 年第 10 期。

⑦ 安阳市文物工作队：《1983—1986 年安阳刘家庄殷代墓葬发掘报告》，《华夏考古》1997 年第 2 期。

实用觚。因此，笔者认为这件举父癸爵很可能与明器觚相配，形成完整的3套觚爵组合。即，此墓中的明器觚爵组合是由实用器爵补充完整的。当然，我们也要看到，此墓还出土一件举父癸觯，那么这件举父癸觯是否可以与举父癸爵相配呢？毕竟西周时期的铜觯业已取代铜觚，可以与铜爵形成相对固定的组合关系。就目前的殷墟考古发现而言，即使到了殷末，也不见铜觯与铜爵形成相对固定的组合关系。而且，从刘家庄北地 M9 墓葬平面图（图 2-4-2）来看，举父癸觯（M9:35）远离举父癸爵（M9:54），举父癸爵与其他两件明器爵放置一起，紧邻着三件明器觚。因此，笔者认为，举父癸爵应该是与明器觚形成觚爵组合关系，而非是与举父癸觯形成爵觯组合。

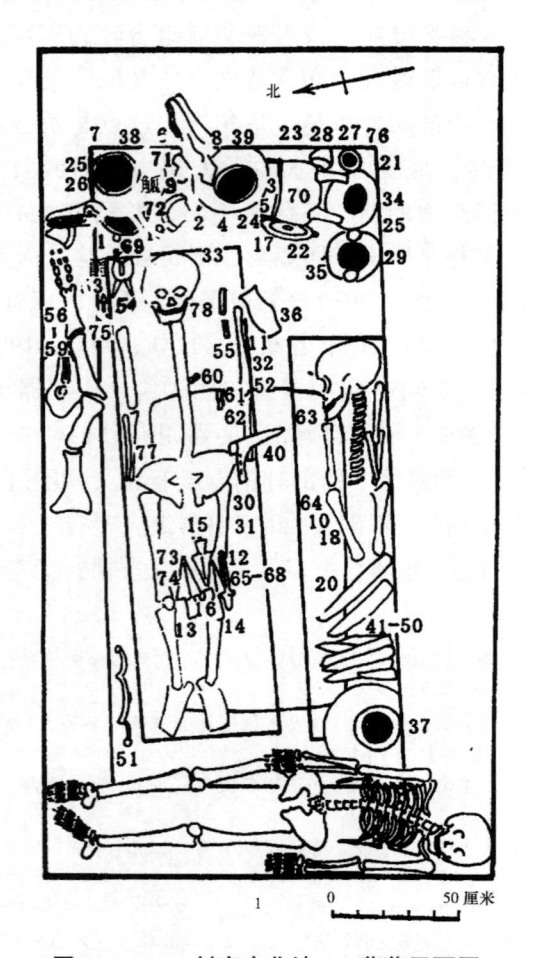

图 2-4-2 刘家庄北地 M9 墓葬平面图

除了刘家庄北地 M9，1984 年殷墟西区 M1713 所出青铜礼器也值得注意。殷墟西区 M1713 出土青铜礼器 17 件，可分两组：实用器组，5 件，有亚鱼兄癸鼎 1 件、寝鱼父丁簋 1 件、寝鱼父丁带盖爵 1 件、亚鱼父丁弦纹爵 2 件；明器组，12 件，有鼎 3、簋 1、甗 1、斝 1、觚 2、卣 1、尊 1、盘 1、盉 1。① 明器组仅见 2 觚，不见与之相配的明器爵，说明殷墟西区 M1713 明器组中的核心组合不全。有趣的是，实用器组中存在 3 件铜爵，其中亚鱼父丁弦纹爵正好 2 件，这 2 件爵制作相对简陋，正可以与 2 件明器觚相配成套。这一点也能够反映在它们的位置关系上（图 2-4-3），2 件明器觚（M1713：45、46）正紧挨着 2 件亚鱼父丁弦纹爵（M1713：43、44），进一步说明二者的组合关系。

上述刘家庄北地 M9 与殷墟西区 M1713 皆是铜明器觚爵组合不全的案例，多余明器觚正可以与实用铜爵相配成套，进而形成了完整的礼器组合关系。此二墓中的明器鼎簋也非相配之例，这进一步说明铜明器中的鼎簋未必如仿铜陶鼎簋一般，其数量可以不同。

比较仿铜陶礼器与铜明礼器的组合模式，可知二者虽然有些差异，但它们皆以觚、爵为核心，配上鼎、簋、尊、卣等器类，形成完整的组合形态。而且，二者也都有用非仿铜陶礼器或非铜明礼器补齐礼器组合的现象。既然仿铜陶礼器与铜明礼器在组合模式上具有如此的相近性，且殷末早已流行铜明礼器组合，何以要产生仿铜陶礼器组合呢？学术界对殷末明器化产生的背景多有讨论，并往往归结于主、客观两个方面的原因：第一，主观思想上的变化，如文献中记载了殷末诸王不敬鬼神的传说，这种不敬鬼神的思想导致了明器化现象的普及；第二，在殷末商王朝控制力量的减弱，及周人伐商等政治背景下，商王朝获取青铜资源的能力在降低，青铜资源的减少迫使商人转而使用明器。这两种说法，乃明器普及化现象的一般原因，而非仿铜陶礼器组合产生的具体原因，因此尚需要对仿铜陶礼器产生的具体原因进行分析。

笔者认为，仿铜陶礼器组合之所以产生，背后的根本原因在于殷墟中期以来明器化的进程，使得低等级贵族可以使用更高等级贵族才能使用的组合。据研究，殷墟墓葬中的明礼器一直就存在，且从早到晚有一个不断

---

① 中国社会科学院考古研究所安阳工作队：《安阳殷墟西区一七一三号墓的发掘》，《考古》1986 年第 8 期。汤毓赟先生从器物来源角度进一步将 5 件实用器分为三组，参考汤毓赟《试论殷墟墓葬青铜容器的来源"构成"》，《考古》2019 年第 5 期。

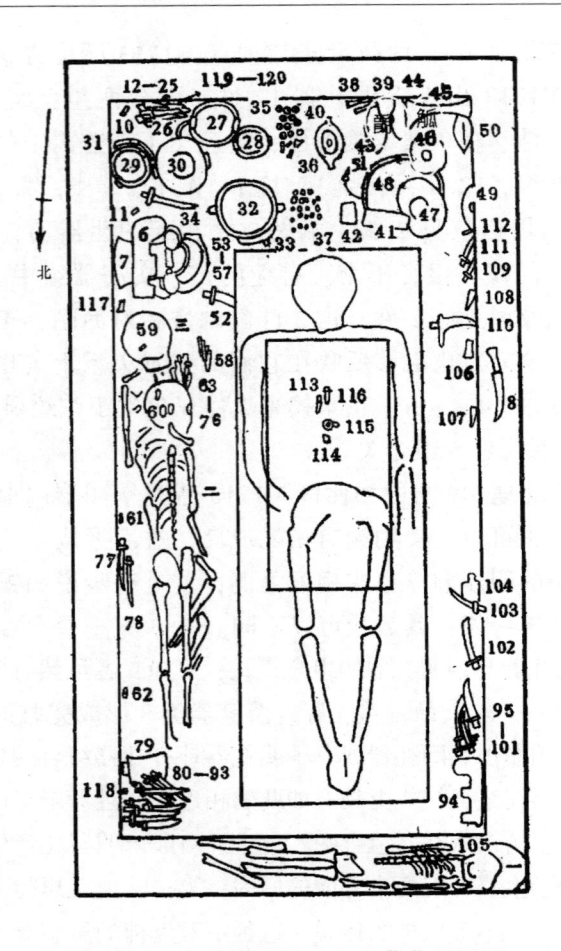

图 2-4-3 殷墟西区 M1713 墓葬平面图

增加的趋势，直到殷墟四期才开始"量变引起质变"。① 不过，无论是青铜实用礼器，还是青铜明礼器，其原料都是铜、锡、铅等金属，属于珍稀资源。因此，即使青铜礼器明器化，也无法打破礼器组合与墓主人等级之间的对应关系。与之相比，仿铜陶礼器就完全不同了，它的原料是陶土，陶土的获取总是要比金属资源更为容易。因此，仿铜陶礼器群的出现，就使得低等级贵族有能力使用更高级别的礼器组合。这一点可以通过对比仿铜陶礼器墓与铜明器墓的等级，加以说明。

---

① 何毓灵：《殷墟墓葬随葬品冥器化现象分析》，载《三代考古》（二），科学出版社 2006 年版。

表 2-4-2　　　　　　随葬明器觚爵墓葬的墓室面积表　　　（单位：套、平方米）

仿铜陶礼器组合墓			铜明礼器组合墓		
仿铜觚爵套数	出处	墓室面积	铜觚爵套数	出处	墓室面积
2	69—77 西区 GM1057	4.8	3	刘家庄北地 M9	6.05
2	17—18 大司空东地 M123	4.5	2+1①	86 郭庄北 M6	5.5
2	1962 大司空 M53	4.27	2+1	西区 M1713	4.68
2	69—77 西区 GM216	4.2	2+1	82 小屯 M1	4.6
2	69—77 西区 GM1133	3.8	2	戚家庄东 M63	5.44
2	69—77 西区 GM4	3.32	2	西区 GM2579	5.33
2	10—11 刘家庄北地 M858	2.97	2	戚家庄东 M231	5.27
2	1984 苗圃 M129	2.7	2	戚家庄东 M235	5.03
1	小屯西地 GM233	3.9	2	大司空 M412	4.48
1	69—77 西区 GM1134	2.76	2	郭家庄 M53	2.88
			1	孝民屯 NM154	4.4

众所周知，殷墟墓葬的等级，与其随葬的青铜觚爵套数成正比，觚爵套数越多，则墓葬等级越高。因此，学术界往往用觚爵套数来描述墓葬等级。在这种观念下，若仿铜陶礼器墓中的觚爵套数也起到铜觚爵的作用，那么仿铜陶礼器墓的级别一定与相同觚爵套数的铜礼器墓级别相当。反之，若仿铜陶礼器墓的级别普遍低于相同觚爵套数的铜礼器墓级别，则可以说明仿铜陶礼器组合是低级别贵族墓葬对高等级贵族墓葬中的铜礼器组合的模仿。在这一思路的指导下，笔者统计了本书所列举 22 座墓葬中确知墓室面积的 21 座墓葬的墓室面积（表 2-4-2），以墓室面积的大小判定墓葬的级别。在这 21 座墓葬中，有 14 座墓葬仅随葬 2 套礼觚爵，有 3 座墓葬随葬 1 套礼觚爵，相同礼觚爵套数的墓葬面积可作对比。据表 2-4-2，可知：随葬 2 套仿铜陶觚爵墓的墓室面积，普遍小于随葬 2 套铜觚爵墓的墓室面积；随葬 1 套仿铜陶觚爵墓的墓室面积，也要小于随葬 1 套铜觚爵墓的墓室面积。这说明，仿铜陶礼器墓在等级上普遍小于随葬相同觚爵套数的铜明器墓。当然，这种规律不是绝对的，表 2-4-2 中也有例外情况，但这种规律应该代表了一种普遍现象。既然是一种相对普遍的现象，它自然可以暗示，仿铜陶礼器墓的产生，不仅与不敬鬼神和青铜资源稀缺有关，还可能与低等级贵族借仿铜陶

---

① "2+1" 指 2 套铜明器与 1 套实用器的组合，下同。

礼器形式提升随葬礼器组合等级的期望有关。

三 商周核心酒器群的形成

在上述研究中，我们发现商末时期中小贵族墓葬中的酒器群较为稳固，主要由觚、爵、尊、卣、斝、觯构成，这点无论是在仿铜陶礼器墓中，还是在铜明器墓中，皆是如此。因此，可以视觚、爵、尊、卣、斝、觯为此时酒器群的核心。而且，这一酒器群按照一定的数量关系存在，觚、爵数量相等，尊、卣、斝、觯一般各有1件。这种按一定数量关系存在的核心酒器群（觚爵尊卣斝觯），在殷墟早中期墓葬中较为少见，可以视为殷末才发展起来的一种新型器用制度。

当然，殷末墓葬中礼容器的用器制度并不仅仅是形成了核心酒器群这一点，其摆放位置也值得关注。从本书所举殷墟西区GM1057、M1713、刘家庄北地M9三墓平面图（图2-4-1到图2-4-3）来看，殷墟中小型墓葬中的食器群（鼎簋甗）与酒器群（觚爵尊卣斝觯）已有分开放置，或各自集中放置的趋势。最典型例子是殷墟西区M1713，食器群（4件铜鼎、2件铜簋及1件铜甗）被放置在墓主人头端椁室的东部，酒器群（3件爵、2件觚、1件卣、尊、斝）被放置在椁室的西部，铜盘和铜盉与酒器群放置在一起，酒器、食器之间有明显的空白地带，显示出酒、食两类铜器业已按功能分区。在这三墓之外，晚商时期中小型墓葬虽较少出现酒、食两类器物明显分离的现象，但往往酒器群聚集在一起，鼎簋等食器则放置在酒器群的一端，即殷墟西区GM1057所显示的食器、酒器的位置关系。再如，大司空东地M123出土仿铜陶礼器13件，其中鼎2（M123：4、14）、簋2（M123：8、13）、甗1（M123：15）排列成一线，相互挨着；觚2（M123：21、22）、爵2（M123：18、19）、尊1（M123：16）、卣1（M123：17）、斝1（M123：40）、觯1（M123：20）虽未与食器群分开放置，但也是紧挨在一起，与食器群分布在不同的空间位置上（图2-4-4）。可见，这种区位制度，与殷墟早中期的"食器分置"现象[①]并不相同，是从"食器分置"进一步发展出来的新特征。

据上述分析，到了商末，商人中小型贵族墓葬已经流行着一种相对稳固的使用青铜礼器的制度，这一制度包含了两个层面：第一，有着较为稳

[①] 殷墟早中期的"食器分置"特征，可参见杨博《殷墟青铜容礼器的器用组合与区位特征》，载《中国历史研究院集刊》第2辑，社会科学文献出版社2020年版。

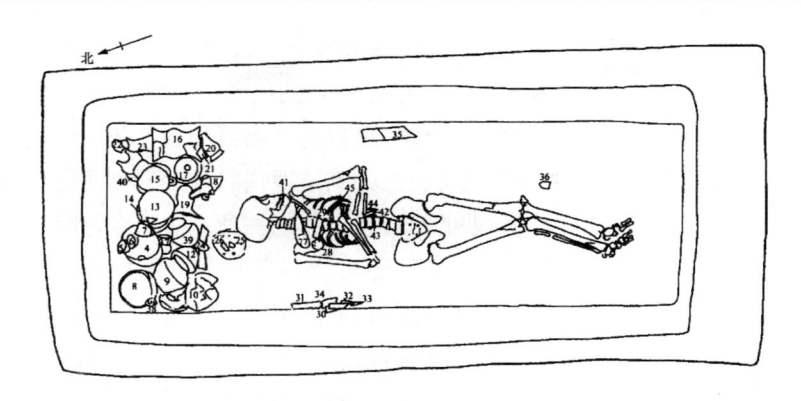

图 2-4-4　大司空东地 M123 墓葬平面图

定的器物种类，其中酒器群以觚爵尊卣斝觯为核心；第二，青铜器按功能分开放置。相对于殷墟早中期而言，此用器制度可视为殷末的特色。当然，这种用器制度并非仅见于商末，它在西周时期有了进一步的发展。

　　杨博先生早已指出，西周早期墓葬中的青铜礼容器存在按大类分置的现象，即青铜食器、水器、酒器分开放置，他把这种现象视为周文化特征。[1] 西周早中期墓葬中的青铜礼容器确实存在按功能分置的现象，无论是杨博先生文章中业已分析的湖北随州叶家山 M2、M65、陕西宝鸡竹园沟 BZM13、宝鸡石鼓山 M3、北京房山琉璃河 M251、M253 诸墓，还是文中没有提及的叶家山 M27、M28、M111、山西绛县横水 M2158、山东济阳刘台子 M6 等墓，皆是如此。这一点，本章与上一章诸节都或多或少论及，此处不再赘述。需要强调的是，这些墓葬中的水器往往与酒器群放置一起，反映出水器与酒器群的大组合（详见本章第六节）。总之，西周早期墓葬按功能分开放置青铜礼容器是较为普遍的现象。

　　西周早中期的这种区位制度明显传承自殷墟时期，这一点只要观察商末殷墟遗址贵族墓葬中的礼容器摆放位置即可知道。[2] 而且，更值得注意的是，上述西周早中期贵族墓葬中，虽然有些墓葬随葬的青铜酒器数量较多，但核心酒器群依旧是觚爵尊卣觯，与商末殷墟墓葬中的核心酒器群大体相当。比如，叶家山 M28、M111、竹园沟 M13 三墓都出土漆案，漆案上主要放置酒器，其种

---

[1]　杨博：《西周初期墓葬铜礼器用区位研究——以随州叶家山为中心》，《江汉考古》2020 年第 2 期。

[2]　至于先周文化中是否也有这种制度，由于缺乏材料，目前无法探知。

类皆为觚、爵、尊、卣、觯五类。叶家山 M28、M111 皆为大型墓葬，墓葬中的酒器并非仅有觚、爵、尊、卣、觯五类，还包括罍、壶等，这本身就说明觚、爵、尊、卣、觯五类酒器的特殊性，可视为酒器群的核心组合。这一核心组合无疑也是传承自商末的殷墟遗址，只是到了西周时期，斝似乎已经退出了核心组合圈，或是商末到西周时期的核心酒器群的一种发展与变化吧。

综上，无论是核心酒器群的种类，还是酒器群在墓中的摆放位置，西周早中期墓葬中青铜酒器用器制度都传承自商末的殷墟遗址，这自然能够反映出周文化对殷文化的继承。当然，从发展的角度来看，西周早中期墓葬中的酒器与食器的分置现象更为普遍、明显，且铜斝已经退出了核心酒器群，皆可视为时代的新特征。

第五节　鸭首形器与核心酒器群的关联

西周早中期墓葬中有一种鸭首形器，作鸭首或鹅首、雁首状（故又称鹅首形器、雁首形器），鸭首接木柲，柲后有铜镈。对于这种器物的功能，学术界讨论较少，或认为是铜觩[①]，或认为是象征王权的权杖[②]。笔者认为，这种鸭首形器，应该与饮酒礼或裸礼有关，而非是铜觩或权杖头。笔者系统收集西周早中期墓葬所出鸭首形器，从它们的出土背景，试图复原其功用。

目前，考古所得的鸭首形器，共计 11 件，它们分别为：陕西宝鸡竹园沟 M7：19[③]、陕西宝鸡竹园沟 M13：10[④]、陕西宝鸡茹家庄 M1乙：72[⑤]、山西翼城大河口 M1：269[⑥]、山西绛县横水 N2158：96[⑦]、陕西

---

① 卢连成、胡智生著，宝鸡市博物馆编辑：《宝鸡強国墓地》，文物出版社 1988 年版，第 71—73 页。
② 李水城：《"牛角形器""铜觩"二器考》，《中原文物》2021 年第 1 期。
③ 卢连成、胡智生著，宝鸡市博物馆编辑：《宝鸡強国墓地》，文物出版社 1988 年版，第 112—115 页。
④ 卢连成、胡智生著，宝鸡市博物馆编辑：《宝鸡強国墓地》，文物出版社 1988 年版，第 71—73 页。
⑤ 卢连成、胡智生著，宝鸡市博物馆编辑：《宝鸡強国墓地》，文物出版社 1988 年版，第 309 页。
⑥ 山西省考古研究院、临汾市文物局、翼城县文物旅游局联合考古队、山西大学北方考古研究中心：《山西翼城大河口西周墓地一号墓发掘》，《考古学报》2020 年第 2 期。
⑦ 山西省考古研究所、运城市文物工作站、绛县文物局联合考古队、山西大学北方考古研究中心、中国人民大学出土文献与中国古代文明研究协同创新中心：《山西绛县横水西周墓地 M2158 发掘简报》，《考古》2019 年第 1 期。

扶风齐家 M5∶9①、山西天马—曲村 M6210∶48②、河南洛阳北窑 M347∶24③、湖北随州叶家山 M111∶134④、湖北随州叶家山 M126∶5⑤、陕西长安张家坡 M163∶45⑥（图 2-5-1，1—9）。这十一件鸭首形器，主要发现于陕西、山西、河南、湖北诸省，尚无出土于山东地区的例子，这或许与山东地区西周早中期贵族墓葬发现较少有关。

1.竹园沟M7∶19　　2.竹园沟M13∶10　　3.茹家庄M1乙∶72　　4.大河口M1∶269

7.洛阳北窑M347∶24

5.齐家M5∶9　　6.天马曲村M6210∶48　　8.叶家山M111∶134　　9.叶家山M126∶5

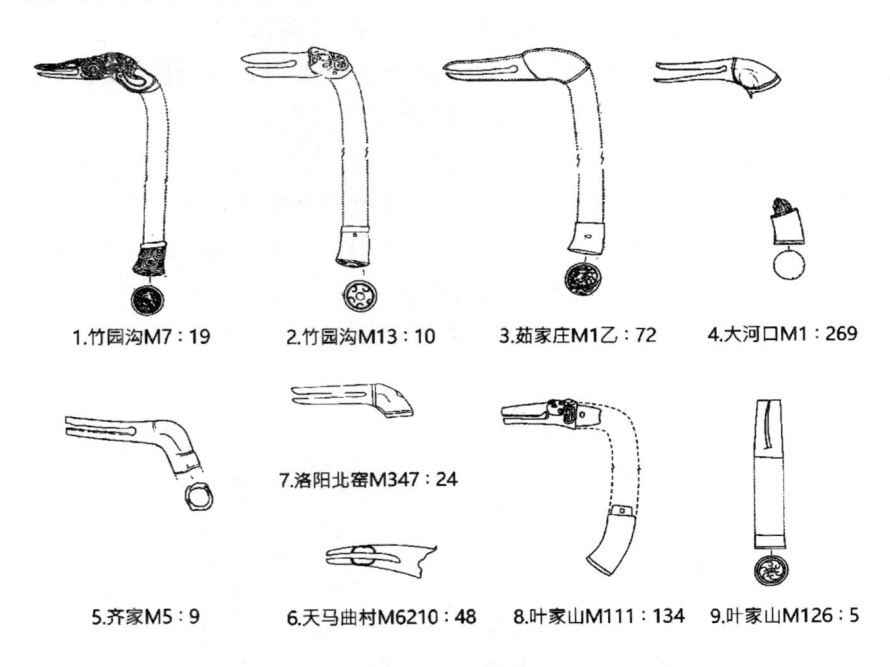

图 2-5-1　西周墓葬所出鸭首形器举例

上述鸭首形器具有相似的形制特征：鸭首形，中空，长嘴，嘴巴张开，鸭首或饰纹饰，或素面，与木柲、铜鐏形成完整器。鸭首形器通长多为 10

---

① 曹玮主编：《周原出土青铜器》（9），巴蜀书社 2005 年版，第 1908 页。
② 北京大学考古学系商周组、山西省考古研究所编著：《天马—曲村（1980—1989）》，科学出版社 2000 年版，第 374 页。
③ 洛阳市文物工作队编著：《洛阳北窑西周墓》，文物出版社 1999 年版，第 149 页。
④ 湖北省文物考古研究所、随州市博物馆：《湖北随州叶家山 M111 发掘简报》，《江汉考古》2020 年第 2 期。
⑤ 湖北省文物考古研究所、随州市博物馆：《湖北随州叶家山西周墓地 126 号墓的发掘》，《考古学报》2021 年第 4 期。
⑥ 中国社会科学院考古研究所编著：《张家坡西周墓地》，中国大百科全书出版社 1999 年版，第 235 页。

厘米左右，其与木柲、铜鐏组成的完整器则可以长达 40—50 厘米。本书之所以称此类器物为"鸭首形器"，而非鹅首形器或雁首形器，是因为鸭、鹅、雁三种动物中，唯鸭嘴呈扁长形，正与这类器物形制相符。

除了上述诸器，有学者认为，陕西宝鸡竹园沟 M4 所出"鹅形铜饰"（M4∶137）（图 2-5-2，1）① 也可归为鸭首形器中（或归为"铜庉"②）。这明显是不对的。首先，竹园沟 M4 这件"鹅形铜饰"，其"鹅首"部分，尺寸约在 6 厘米长，与㝬国墓地所出三件鸭首形器通长（竹园沟 M7∶19 通长 18.5 厘米，竹园沟 M13∶10 通长 13 厘米，茹家庄 M1 乙∶72 通长 14 厘米）相差较大。其次，所谓"鹅形铜饰"，其首部并非鹅首形，更非鸭首形，而所有明确的鸭首形器，其首部皆作张嘴的鸭首形，两类器物在外形上差异较大。再次，就整体器型而言，这件"鹅形铜饰"似与兽首衡末饰更为接近，如房山琉璃河 M253∶51、52（图 2-5-2，2）③，它们的尺寸也较为接近，当归为一类。因此，竹园沟 M4 并没有出土鸭首形器。

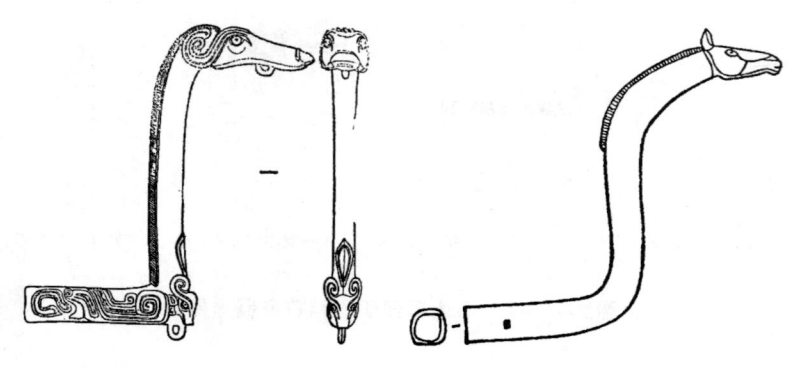

1. 竹园沟 M4∶137　　　　　　2. 琉璃河 M253∶51

图 2-5-2　西周早期兽首衡末饰举例

就出土鸭首形器墓葬的年代来看，多集中在西周早期，属于早期前段墓葬的有竹园沟 M13、天马—曲村 M6210，属于早期后段墓葬的有竹园沟 M7、大河口 M1、齐家 M5、北窑 M347、叶家山 M111、叶家山 M126。也

---

① 卢连成、胡智生著，宝鸡市博物馆编辑：《宝鸡㝬国墓地》，文物出版社 1988 年版，第 166—167 页。
② 李水城：《"牛角形器""铜庉"二器考》，《中原文物》2021 年第 1 期。
③ 北京市文物研究所：《琉璃河西周燕国墓地：1973—1977》，文物出版社 1995 年版，第 218 页。

有部分墓葬的年代可晚到西周中期，如茹家庄 M1 属于中期前段，张家坡 M163、横水 M2158 属于中期后段。可见，鸭首形器在年代上主要分布于西周早期，延续到西周中期。需要注意的是，目前西周早期前段的鸭首形器发现较少，且墓葬的年代都是西周早期前段中比较晚的时期。西周墓葬中年代最早的几座大型墓葬，如陕西宝鸡石鼓山 M3、M4、河南鹿邑长子口大墓中都没有发现鸭首形器。至于年代更早的晚商时期，更是没有发现鸭首形器的痕迹。这暗示，鸭首形器很可能是西周早期前段出现的新器型，并在西周早期后段流行起来。

这些出土鸭首形器的墓葬，有着较为复杂的文化属性。姬姓贵族可以使用鸭首形器，这方面的证据较多，典型的证据有叶家山 M111，其墓主人为姬姓曾侯。北窑 M347 被盗严重，仅出土一件有铭铜器，乃叔造尊（《铭图》11736），其铭："叔造作召公宗宝尊彝，父乙。"叔造既然属于召公宗族族众，那么他无疑也是姬姓。张家坡 M163 没有墓道，紧挨着双墓道的 M157，且墓主人是女性，M163 与 M157 似乎是一组夫妻墓。考虑到 M163 出土两件井叔钟，发掘者将 M163 视为井叔夫人墓。[①] 井叔夫人虽非姬姓，然其已经嫁给了属于姬姓的井氏家族，则理应归为广义的姬姓贵族范畴，故张家坡 M163 也可以说明姬姓贵族使用鸭首形器。

除了姬姓周人，西土地区的土著部族也使用鸭首形器。最典型的证据来自彊国墓地三座墓葬。彊国墓地位于宝鸡地区，出土了大量具有地方特色的器物，学术界一般认为该墓地的族属为当地土著族群。据《尚书·牧誓》，周人在伐商过程中，得到西土土著族群（如庸、蜀、羌、髳、微、卢、彭、濮人等）的鼎力支持。彊国似乎也可归为此类族群，是周人伐商过程中的盟友。

值得注意的是，一些可能归为被征服的族群，也能够使用鸭首形器。比如，齐家 M5 有腰坑，墓内随葬着完整的酒器组合（铜尊 1、卣 1、觚 2、爵 2、觯 1），多数铜器上有"亚牧父乙"铭文，显示出较为明显的殷遗民特征。可见，殷遗民也可以使用鸭首形器。再如，大河口 M1 为一代霸伯之墓，其夫人为霸姬，乃燕国之女，可证霸伯非姬姓。不少学者认为霸国属于"怀姓九宗"之一[②]，若此说可信，那么霸国也是由被征服族群

---

① 中国社会科学院考古研究所沣西发掘队：《长安张家坡西周井叔墓发掘简报》，《考古》1986 年第 1 期。

② 韩巍：《横水、大河口西周墓地若干问题的探讨》，载《青铜器与周史论丛》，上海古籍出版社 2022 年版，第 273—275 页。

构成的邦国,大河口 M1 就是被征服族群使用鸭首形器的证据。

以上,鸭首形器的流行时间虽短,但使用的族群较为普遍,且可以随葬在女性贵族墓中,可见鸭首形器不具备标识族属、性别的功能。在这种情况下,我们该如何认识鸭首形器的功能呢?最早讨论这一问题的是《宝鸡強国墓地》,报告编写者认为鸭首形器是旄首,其与木柄、铜镈的组合就是完整的铜旄。不过,报告编写者并没有给出何以鸭首形器能够称为旄的证据。李水城先生指出这一观点的问题:

>　　"旄"字本意是指旗杆头装饰的牦牛尾。《说文》训为"氂牛尾"的氂,也泛指舞蹈或指挥所用的牦牛尾。如此看来,将上述鸭头铜器对应于古文献记载的"旄"似不通。根据《尚书·牧誓》"武王左杖黄钺,右秉白旄以麾"的语境,此物颇似后世用牛尾或羽毛制作的"拂尘"一类。①

将"旄"理解为后世的"拂尘"一类器物,似不准确,旄应该是用旄牛尾巴装饰的旗帜,所以"旄"才从"㫃"字。不过,李水城先生认为鸭首形器不是文献中的"旄",无疑是正确的。但是,李水城先生又谓:"宝鸡所出这批铸造的鸭头铜器结构与杆头饰非常类似,可称为'鸭头杖首',系仪仗一类用器,或可作为王侯或贵族身份的象征,也被用来随葬。……'鸭头铜杖首'应为西周早期诸侯王或高等级贵族在重要场合宣示权力和教谕的信物。"也是一种未经证实的观点。齐家 M5 在周原地区,叶家山 M126 在叶家山墓地,都仅是中小等级墓葬,远到不了"诸侯王或高等级贵族"级别,其所出鸭首形器自然也不会是"诸侯王或高等级贵族"的权力信物。因此,对鸭首形器的功能,尚需要再作探索。

就笔者所搜集到的鸭首形器出土背景而言,它们有个共性,就是在位置关系上与酒器群较为密切。排除被盗较为严重的洛阳北窑 M347、张家坡 M163,及墓葬背景不甚清楚的齐家 M5,其余 8 墓,多是如此。这里举几个例子,来说明这一现象。

竹园沟 M13 出土一件漆案(报告称"漆盘"),禁上有一组铜酒器,分别为尊 1、卣 2、盉 1、觯 1、觚 1、爵 1、斗 1(M13∶1—7、12),还有

---

① 李水城:《"牛角形器""铜旄"二器考》,《中原文物》2021 年第 1 期。

一件铜棒形器（M13：8）和玉柄形器（M13：11），鸭首形器（M13：10）与这组器物一同放置在漆案之上（图2-5-3）。竹园沟 M7 也有相似的漆案，鸭首形器也在漆案旁。可见，竹园沟 M13 和竹园沟 M7 中的鸭首形器与酒器群的组合关系较为明显。

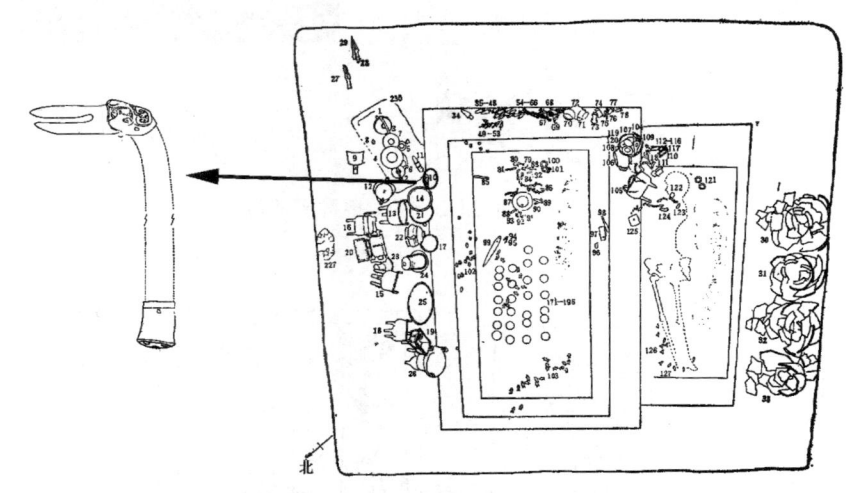

图2-5-3　竹园沟 M13 墓葬平面图

叶家山 M111 出土的青铜礼器可分为两组，一组主要为食器，放置于北椁室中部；另一组主要为酒器，放置于食器组的东部。两组器物之间有明显的空白地带，显示出器物是按功用分组的。叶家山 M111 所出鸭首形器（M111：134），正位于酒器群的上方（图2-5-4），可以看出此鸭首形器本是倚靠墓壁竖立放置于酒器群所在的漆案之上。据此，叶家山 M111 的鸭首形器也与酒器群形成位置上的组合关系。

大河口墓地 M1 出土青铜礼器甚多，礼器群分层放置，上、中两层多为食器，下层多为酒器，鸭首形器就位于酒器群的中间（M1：269）（图2-5-5，1）。天马—曲村 M6210 也是类似的情况，此墓铜礼器分层放置，多数铜礼器放置在棺椁顶上，也有少量放置于棺椁之间，其中鸭首形器（M6210：48，58号"軛饰"当为其配件）就与铜爵（M6210：9）放置在一起，具有明显的空间位置关系（图2-5-5，2）。横水 M2158 也是如此，鸭首形器（简报中称"旈"，未报告器型，当是鸭首形器）也被觚、爵、尊、卣等酒器群环绕。

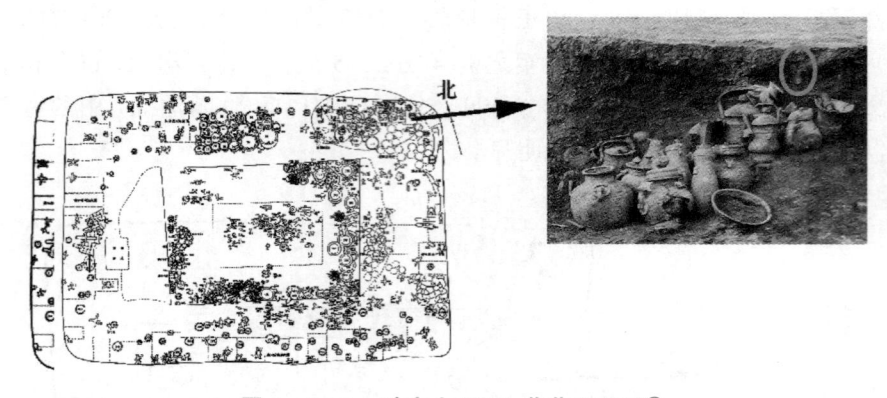

图 2-5-4 叶家山 M111 墓葬平面图①

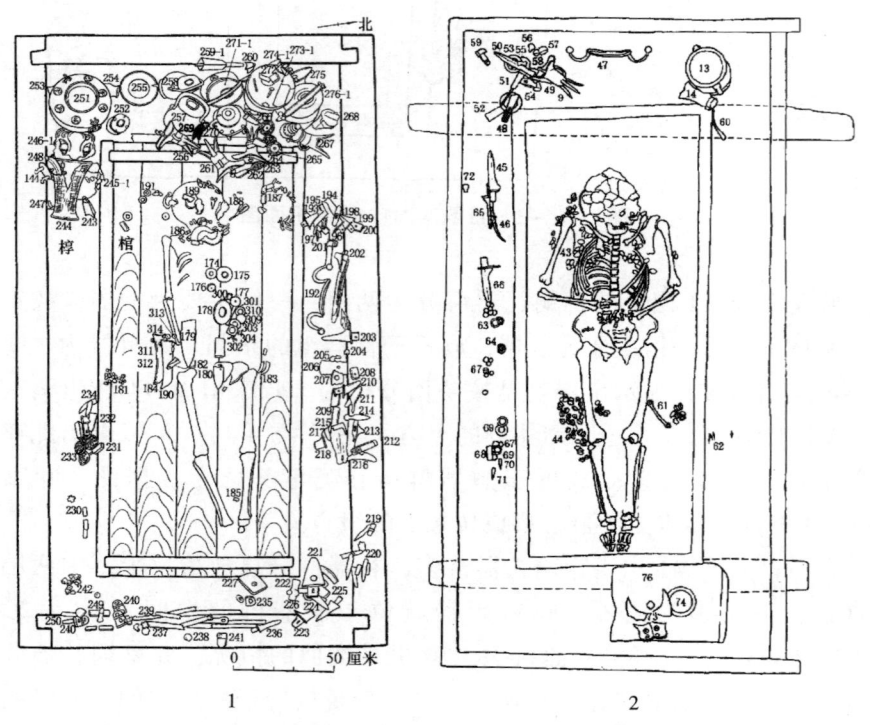

图 2-5-5 大河口 M1、天马—曲村 M6210 墓葬平面图

---

① 彩图来自湖北省博物馆、湖北省文物考古研究所、随州市博物馆编《随州叶家山：西周早期曾国墓地》，文物出版社 2013 年版，第 113 页。

当然，并非所有墓葬的酒器和食器都区分得较为明显，叶家山 M126 所出食器就与酒器群混杂，不过鸭首形器与爵、尊、卣等酒器放置在一起，明显远离食器。唯有茹家庄 M1 乙室所出鸭首形器虽与礼器群一同放置在棺椁之间，却远离酒器，与其他六墓情况不同。不过，发掘报告指出："（乙室）头端棺椁之间放置一批青铜器、原始瓷等七十件，因椁室早期坍塌，器物互相叠压倒置，残损十分严重。"茹家庄 M1 乙室的鸭首形器自然也要受椁室坍塌的影响，很可能出土位置并非随葬时的位置，我们自然也就不能用出土位置来推断原有的位置关系。据此，似可排除茹家庄 M1 乙室的特殊情况。

据鸭首形器的出土位置，它与墓葬中的酒器群有着明显的组合关系，至此当无疑问。那么，我们该如何认识这种关系呢？从竹园沟 M13、竹园沟 M7、叶家山 M111 三墓的情况来看，这种组合关系并非简单的位置邻近，而意味着功能的关联，否则鸭首形器不会与酒器群一起放置于漆案之上。在西周早中期墓葬中，漆案及其上的酒器群，多与裸礼有关。这一点鞠焕文先生早有论证[①]，笔者在本章中也有论述。而且，笔者还证明了，不仅酒器群与裸礼有关，漆案之上的铜棒形器、玉柄形器可与铜觚形成组合，这一组合就是瓒，也是裸礼用器。可见，漆案及其上的器物，有其特定的功能，并非随意摆放。那么，放置于其上的鸭首形器，自然也与此有关。至于那些没有随葬漆案的墓葬，鸭首形器与酒器群的组合关系，虽与裸礼的关系不够明确，然至少也与饮酒礼有关。据此，我们可以推测，西周早中期墓葬中的鸭首形器，多与饮酒礼或裸礼有关，是举行相关礼仪活动的用器。

当然，由于鸭首形器皆无铭文，很难探索它们在相关礼仪活动中的具体用途，本书仅能据它们的出土背景，推测它们为饮酒礼或裸礼用器。至于这种器物为何作"鸭首形"，也没有直接材料可作说明。不过，《诗经》中有《凫鹥》一诗，描绘了"公尸燕饮"诸多情形，每章开头皆以"凫鹥"为引，或可以为我们探索"鸭首形器"与饮酒礼的关系，提供一些线索。关于"凫"，《说文》训为"鹜也"，《尔雅·释鸟》舍人注"凫，野鸭名也"，《礼记·曲礼下》孔疏"野鸭曰凫，家鸭曰鹜"，可见"凫"应该是一种野鸭。本书所讨论的"鸭首形器"，究竟是家鸭之形，还是野鸭之形，仅从外形是无法知道的。我们知道，商、西周（尤其是早期阶段）时期青铜礼器上的动物

[①] 鞠焕文：《先秦祼祭用器新探》，载《西北早期区域史学术研讨会暨第十一届中国先秦史学会年会论文集》，三秦出版社 2020 年版。

纹饰多来源于野生动物，家养的"六畜"基本不用为动物纹饰。比如，青铜器上的较为常见的牛纹，并非来自家养的黄牛，而是来自野生水牛。① 类似的情况还见于羊纹。② 因此，鸭首形器中的鸭形象，极有可能来自野鸭，也就是文献中的"凫"。"公尸燕饮"以"凫鹥"为引，暗示周人认为"凫"是与饮酒礼相关联的意象，这正与鸭首形器与酒器群形成"组合关系"一致。

第六节　从青铜盉论商周酒器群与水器群的"大组合"

　　青铜盉的功能是一个颇有争议的问题。《说文》释"盉"为"调味也"，但没有说"盉"是器物名。欧阳修《集古录》著录一件自名为"宝盉"的青铜器，宋人方知"盉"为器名。吕大临《考古图》据《说文》谓盉"盖整和五味以共调也"③，首次探索了盉的功能。宋人之后，王国维先生对盉的功能提出异议，他认为端方所藏宝鸡戴家湾出土之铜禁上有铜盉，而与之组合的器物都是酒器，则盉"盖和水于酒之器，所以节酒之厚薄者也"④。这一酒器说影响深远，郭沫若⑤、容庚⑥、陈梦家⑦、郭宝钧⑧等学者也都是在酒器说的基础上有所阐发。不过，西周时期青铜器铭文常见盘、盉连称者，或铜盉自名为盘，如岐山县董家村窖藏所出裘卫盉自名"宝盘"，唐兰先生认为"是由于盘盉都是盥洗用具，铸盘时大都也铸盉，所以就把盘铭铸在盉上"⑨。受此

---

① 关于青铜器上的牛纹来源于水牛形象，可参考张之杰《殷商畜牛考》，《自然科学史研究》1998年第4期；胡洪琼《商代考古发现的牛状遗物探析》，《殷都学刊》2015年第3期。关于商代水牛的名称及相关问题，可参考［法］雷焕章《商代晚期黄河以北地区的犀牛和水牛》，葛人译，《南方文物》2007年第4期；刘莉、杨东亚、陈星灿《中国家养水牛起源初探》，《考古学报》2006年第2期；胡松梅等《陕西近年出土的水牛遗存及中国本土水牛的进化》，《华夏考古》2007年第4期；王娟、张居中《圣水牛的家养/野生属性初步研究》，《南方文物》2011年第3期。关于文献中"兕"的内涵变化，可参考杨龢之《中国人对"兕"观念的转变》，《中华科技史学会会刊》第七期，2004年。
② ［日］林巳奈夫：《神与兽的纹样学》，常耀华等译，生活・读书・新知三联书店2016年版，第25页。此书对牛纹与圣水牛的关系，也有论述。
③ （北宋）吕大临：《泊如斋重修考古图》，北京图书馆出版社2003年版，第356页。
④ 王国维：《说盉》，载《观堂集林》，中华书局1959年版，第151—153页。
⑤ 郭沫若：《长安县张家坡铜器群铭文汇释》，载《长安张家坡西周铜器群》，文物出版社1965年版，第7页。
⑥ 容庚：《商周彝器通考》，中华书局2012年版，第384—385页。
⑦ 陈梦家：《西周铜器断代》，中华书局2004年版，第483页。
⑧ 郭宝钧：《商周铜器群综合研究》，文物出版社1981年版，第151页。
⑨ 唐兰：《陕西省岐山县董家村新出西周重要铜器铭辞的译文和注释》，《文物》1976年第5期。

影响，朱凤瀚先生从青铜盉的组合与自名角度提出商周时期的铜盉即使不排除一度兼作温酒与调和酒的酒器使用，但主要是用为水器。① 这就产生了青铜盉功能的水器说，也颇有影响力。② 当然，对于更多学者而言，似乎更愿意调和酒器说、水器说，认为盉同时具备酒器和水器两种功用③，或认为盉最初为酒器，约在西周中期时转化为水器④。可见，商周时期的铜盉为酒器或水器，目前尚没有取得一致的观点。即使不涉及商代铜盉，单就西周铜盉功能而言，同意水器说有之，主张调和说也颇多，而且每一种观点都不能圆通地解释所有的考古学材料。因此，对于材料较为丰富的西周时期铜盉而言，其功能尚有研究之余地，这一余地又与西周礼仪活动颇有关联，十分重要。故笔者认为需要重新讨论西周时期铜盉之功用及相关问题。

铜盉受西周中晚期礼制变革的影响，其在礼器群中的地位逐渐让位于铜匜，西周晚期高等级贵族墓葬中还多见质量轻薄的明器铜盉，组合形式不太明显，所以本节主要讨论西周早中期墓葬中的青铜盉。

一 西周早中期铜盉的考古学组合与出土情境分析

据笔者统计，在已经公布的且随葬品位置清晰的西周早中期墓葬材料中，仅29座墓葬出土青铜盉（附表2-6-1）。在这29座出土青铜盉墓葬中，有27座出土组合较全的食器、水器、酒器，剩下2座墓葬不出土青铜酒器，本书暂不讨论。27座食器、水器、酒器齐备墓葬又可按礼器群是否有功能分区现象进一步分为两类：一类是有较为明显的位置分区，即学术界所提到的按食器、酒器、水器分区放置的现象⑤，凡23座；一类是没有较明显的位置分区，食器、酒器、水器混杂在一起，基本无法按功用区分出三者空间关系，凡4座。由于前一种情形最适宜讨论礼仪过程，故本

---

① 朱凤瀚：《中国青铜器综论》，上海古籍出版社2009年版，第296—297页。
② 彭裕商、韩文博、田国励：《商周青铜盉研究》，《考古学报》2018年第4期。
③ 张亚初：《对商周青铜盉的综合研究》，载《中国考古学研究——夏鼐先生考古五十年纪念论文集（二）》，科学出版社1986年版；马承源主编：《中国青铜器》（修订本），上海古籍出版社2003年版，第241—242页。
④ 张临生：《说盉与匜——青铜彝器中的水器》，《故宫季刊》1982年第17卷第1期；张懋镕：《夷曰匜研究——兼论商周青铜器功能的转化问题》，载《古文字与青铜器论集》（第3辑），科学出版社2010年版。
⑤ 杨博：《西周初期铜器墓葬礼器组合关系与周人器用制度》，载《青铜器与金文》（第一辑），上海古籍出版社2017年版；杨博：《西周初期墓葬铜礼器器用区位研究——以随州叶家山为中心》，《江汉考古》2020年第2期。

书主要讨论前一类墓葬，即附表2-6-1中排序前23名的墓葬。

本书根据盉是否与明确的水器盘形成组合关系，把此23座墓葬分为两组：A组，盉放置于盘上，或盘、盉并列，即盉、盘在空间位置上形成明确的组合关系；B组，盘、盉分离，或不随葬盘，盉与盘在空间位置上并没有明确的关系。下面分别举例说明。

A组 随葬盘、盉，且盘、盉在空间位置上有较为明确的组合关系，有10座墓葬。北京房山琉璃河M251、M253[①]、湖北随州叶家山M27[②]三墓的青铜礼器群排列较为相似，皆放置于北侧二层台上，且呈线性分布。琉璃河M251所出盘、盉在北二层台西部，盉在盘上，盘、盉东侧为一组酒器群，有尊、卣、爵、觯，酒器群的东侧为食器群（图2-6-1，1）。琉璃河M253北二层台所出盘盉并列放置，其西侧为酒器群，有爵、觯、尊、卣，最西侧为铜壶和漆壶铜圈足；盘盉东侧为食器群。叶家山M27盘盉也是并列放置，盘盉西侧也是酒器群，东侧为食器群，其中酒器群包含爵、觥、觯、斗、尊、卣、瓿，酒器群的最外层为罍、壶。湖北随州叶家山M65[③]、山西绛县横水墓地M2158[④]与陕西长安花园庄M17[⑤]三墓中的食器群与酒器群分放在不同二层台或不同层，但盘盉与酒器群放置于同一二层台或同一器物层（图2-6-1，2），其中叶家山M65、横水M2158的盉位于盘上，花园庄M17的盘与盉紧挨，也都颇具代表性。山东济阳刘台子M6的礼器群分为三排，前两排为食器，第三排为酒器觯、爵、尊、卣，盘、盉并排放置于第三批东侧（图2-6-1，3）。[⑥] 山东滕州前掌大M11中的礼器群放置于椁室头端，其中食器集中放在西侧，酒器放在中间和东侧，盘和盉紧挨着放在最东侧。[⑦]

---

① 北京市文物研究所：《琉璃河西周燕国墓地：1973—1977》，文物出版社1995年版，第31—37页。
② 湖北省文物考古研究所、随州市博物馆：《湖北随州叶家山西周墓地发掘简报》，《文物》2011年第11期。
③ 湖北省文物考古研究所、随州市博物馆：《湖北随州叶家山M65发掘简报》，《江汉考古》2011年第3期。
④ 山西省考古研究所、运城市文物工作站、绛县文物局联合考古队、山西大学北方考古研究中心、中国人民大学出土文献与中国古代文明研究协同创新中心：《山西绛县横水西周墓地M2158发掘简报》，《考古》2019年第1期。
⑤ 陕西省文物管理委员会：《西周镐京附近部分墓葬发掘简报》，《文物》1986年第1期。
⑥ 山东省文物考古研究所：《山东济阳刘台子西周六号墓清理报告》，《文物》1996年第12期。
⑦ 中国社会科学院考古研究所编著：《滕州前掌大墓地》，文物出版社2005年版，第75—77页。

第二章　商周青铜酒器组合研究　　141

1. 琉璃河 M251
2. 横水 M2158
3. 刘台子 M6

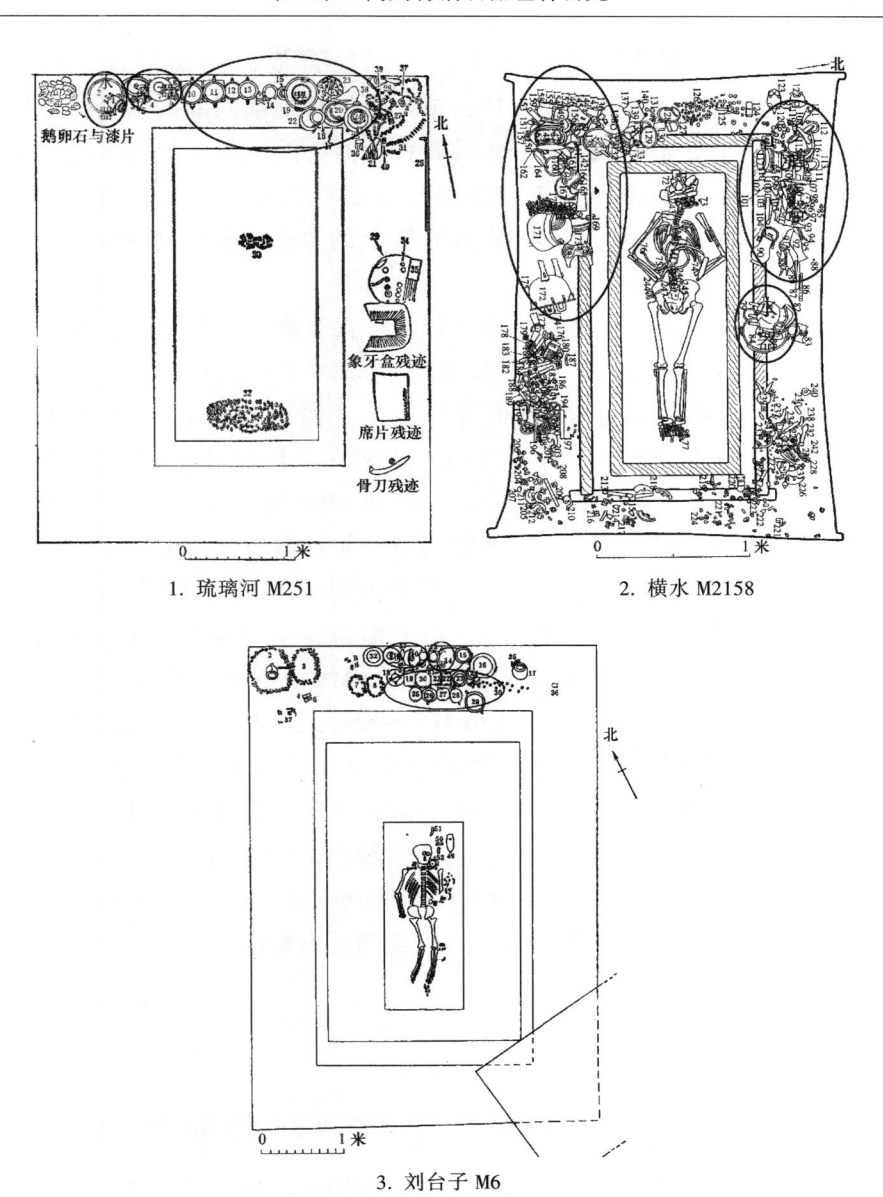

图 2-6-1　西周早中期 A 组盘盉空间位置关系举例

由于上述 A 组墓葬中的盘、盉或者并列放置，或者盉放盘中，盘盉形成明确的组合关系，故学术界多认为其中的盉发挥着水器的作用，这与西周时期青铜器自名中的盘盉连称现象相符。有趣的是，上述所举 A 组墓葬中，作为水器的盘盉都与酒器群相邻，而与食器群的关系则较为复杂。A

组墓葬中的盘盉或与食器群不在同一二层台或同一器物层，如横水M2158、叶家山M65、花园庄M17；或与食器群中间间隔酒器群，如琉璃河M251、前掌大M11；或位于酒器群和食器群的中间，如琉璃河M253、叶家山M27。总之，不存在盘盉单独与食器群放置在一起的情形。这说明，A组墓葬中的盘盉与酒器群存在空间上的关联，其与食器群的关联则不那么明显。

B组 仅随葬盉，或盘盉齐全，但盘、盉分离，盉与盘在空间位置上并没有明确的关系，凡13座墓葬。此组墓葬中有一特殊现象，就是墓葬中的酒器多集中放置于漆案或铜禁之上，如湖北随州叶家山M28[①]、M111[②]、陕西宝鸡竹园沟M13[③]皆出土漆案（或称漆盘），陕西宝鸡石鼓山M3[④]出土铜禁。类似的材料还有大都会博物馆所藏传出于宝鸡戴家湾的铜禁及其上的十三器[⑤]，但由于该组铜器是非发掘品，禁上的十三器又非同时之物，时代差距较大，不能判断是否为同一单位、同一位置所出，故本书暂且排除此禁与其上的十三器。叶家山M28等四墓中的漆案或铜禁上不仅仅有酒器群，叶家山M28、M111、竹园沟M13的报告都记载铜盉位于漆案之上（图2-6-2）；石鼓山M3的铜盉虽没有位于铜禁之上，但位于铜禁一侧，紧挨铜禁。可见，这些墓葬材料中的铜盉与酒器群关系密切，具有空间位置上的组合关系。除了出土漆案或铜禁的墓葬，剩下墓葬中的铜盉也多与酒器群放置一起，仅山东滕州前掌大M18[⑥]略有特殊，该墓所出铜盉虽压于铜甗之下，但距离酒器群也不远，无法判断此盉的组合关系。可见，除了前掌大M18外，B组墓葬所出铜盉也都与酒器群有空间位置上的紧密关系。

[①] 湖北省文物考古研究所、随州市博物馆：《湖北随州叶家山M28发掘报告》，《江汉考古》2013年第4期。

[②] 湖北省文物考古研究所、随州市博物馆《湖北随州叶家山M111发掘简报》，《江汉考古》2020年第2期。

[③] 卢连成、胡智生著，宝鸡市博物馆编辑：《宝鸡䤴国墓地》，文物出版社1988年版，第45—69页。

[④] 石鼓山考古队：《陕西宝鸡石鼓山西周墓葬发掘简报》，《文物》2013年第2期。

[⑤] 陈昭容主编：《宝鸡戴家湾与石鼓山出土商周青铜器》，台北"中央研究院"历史语言研究所、陕西省考古研究院2015年版，第556—557页。

[⑥] 中国社会科学院考古研究所编著：《滕州前掌大墓地》，文物出版社2005年版，第77—81页。

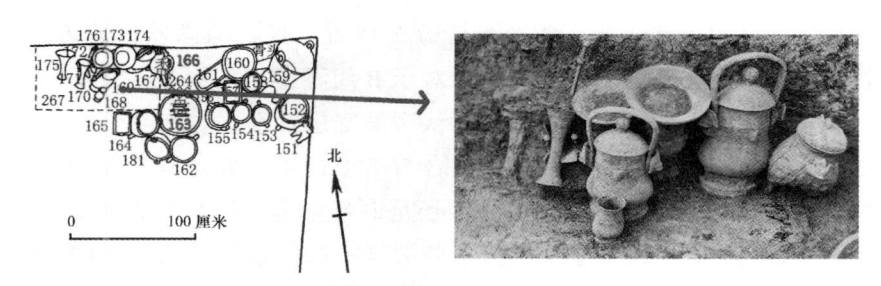

第二章　商周青铜酒器组合研究　　143

图 2-6-2　湖北随州叶家山 M28 酒器分布情况①

B 组墓葬中的铜盉与酒器群一并放置于漆案、铜禁之上的现象，是学术界把铜盉视为酒器的核心证据。但是，这一证据并非没有问题。比如，叶家山 M28 中的铜盉（166 号）虽然被放置于漆案上，但它与放置于食器群中的铜盘（163 号）有着密切的关联（图 2-6-2、图 2-6-3）：盉有铭文"曾侯谏作宝彝"，盘也有铭文"曾侯谏作宝彝"，二者同铭；盉的颈部饰牛纹，盘的腹部也饰牛纹，二者纹饰一致。这种铭文相同、纹饰一致的盘、盉无疑是一组典型的盘盉配对组合，其中的盉只能归为水器，而非发掘简报所认定的酒器。类似的例子还有河南平顶山北滍村 M84②，此墓盘、盉分离，盘在墓室西南角，盉与酒器爵一起放在墓室东北角，但盘、盉皆有铭文"作兽宫彝永宝"，明显为一组器物，故其中的盉也只能

图 2-6-3　叶家山 M28 所出盘盉组合

---

①　彩图来自湖北省博物馆、湖北省文物考古研究所、随州市博物馆编《随州叶家山：西周早期曾国墓地》，文物出版社 2013 年版，第 76 页。
②　河南省文物考古研究所、平顶山市文物管理委员会：《平顶山应国墓地八十四号墓发掘简报》，《文物》1998 年第 9 期。

用为水器。这两个例子中的盉、盘皆分开放置，且盉与酒器群放置一起，但其中的盉都是明确的水器。可见，对于 B 组墓葬中的铜盉，并不能因为盘、盉分离，或盉位于酒器群中，而认为盉就是酒器。

简单分析了西周铜盉的考古学组合与出土情境，盉与酒器群的关联无疑是极为密切的，无论是 A 组墓葬，还是 B 组墓葬，盉与酒器群都能形成空间上的组合关系。正如上文所分析的那样，即使盉与酒器有空间上的组合关系，也不能证明盉就是酒器。这里面的逻辑在于：若单单因为盉与酒器群放置在一起，就认定盉为酒器，那么 A 组墓葬中也与酒器群放置在一起的盉是否也是酒器呢？但 A 组墓葬中的盉明明又与盘形成明确的组合关系，自然不能被归为酒器。同样的道理，B 组墓葬中的铜盉也不能一定归为酒器，上文的叶家山 M28、平顶山 M84 都能证明这一点。因此，即使从空间位置分析角度，本书也赞同铜盉功用的水器说。西周中期麰盉（《集成》9442）自名"顋（沫）盉"，沫有洗面之义，也能证明盉为水器。

二　西周早中期墓葬中水器与酒器群的功用关联

上述研究最重要的意义在于，确定了墓葬中水器盉（有时也包含盘）与酒器群在空间位置上的密切关联，这一点无论对 A 组墓葬，还是 B 组墓葬，都是如此。换句话说，西周早中期墓葬中存在水器与酒器群的空间组合关系。问题是，为何西周早中期贵族墓葬中的水器会与酒器群形成如此稳固的空间组合关系呢？即二者是否有功用上的关联？要回答这一点，需要先考察与水器盉组合的酒器主要是哪些器类。

B 组墓葬中的被放置在漆案、铜禁上的酒器群颇值得探索。这些漆案、铜禁之上的酒器种类如下：

叶家山 M28 漆案：卣、尊、觯、爵、觚及之上棒形器；

叶家山 M111 漆案：卣、尊、觯、爵、觚；

竹园沟 M13 漆案：卣、尊、觯、爵、觚，还有附件棒形器、玉柄形器；

石鼓山 M3 铜禁：卣、方彝、觯、斗。

上述材料排除出现频率较低的方彝，卣、尊、觯、爵、觚、斗就成为最常与铜盉组合的酒器种类。这一点在 A 组墓葬中也能得到印证。A 组墓葬中的酒器往往聚集在一起，其器类主要包含卣、尊、觯、爵、觚、壶、罍、斗，值得注意的是壶、罍往往与盘、盉相距较远，位于酒器群的边缘。这暗示，A 组墓葬中与盉、盘联系最密切的酒器依旧是卣、尊、觯、爵、觚、斗。可见，西周早中期墓葬中的铜盉并非与全部酒器形成密切的空间组合关系，而主要是与卣、尊、觯、爵、觚、斗所形成的酒器群形成固定的空间组合关系。

　　这一组合形式还见于早期文献。清华简《封许之命》是西周时期流传下来的文献，记载周成王命吕丁侯于许，赐吕丁彝器，其中有"虇（鑵）、钲、𢆷、勺、盘、监䀉"。"虇""钲"，根据最新出土的青铜器自名，可知分别是铜觯的古名、铜爵的别称。① "𢆷"，当读斤声，或认为即包山 2 号墓遣策中木器"祈"，李家浩先生考证"祈"乃"卺"，是包山楚墓中的"带流杯"②，然而这种"带流杯"在商周青铜器中没有原型，故"𢆷"应该不是遣策中的"祈"。笔者认为"𢆷"可能是铜器"䥢"。"𢆷"从斤声，斤的上古音是文部见声；"䥢"从巠声，巠的上古音是耕部见声。二者声母相同，韵部皆为阳声，上古音接近。古书中常见耕部字与文部字通用例③，故𢆷、䥢上古音接近，𢆷有可能假借为䥢。䥢，据裘锡圭先生考证，是提梁筒形器④，这种器物在商末周初较多出现，如上文所举竹园沟 M13 所出筒形卣，乃典型的酒器。若此，"鑵、钲、𢆷、勺"四器，即学术界所称觯、爵、筒形卣、斗四种酒器。"盘、监䀉"，自然与铜盘、铜䀉有关。西周铜器铭文中，常见盘、䀉连称，如宝鸡茹家庄 M1 所出盘、䀉有铭"𢎨伯自作盘䀉"、麦㚃盘有铭"麦㚃作䀉盘"（《集成》10085）、作公䀉有铭"作盘䀉"（《集成》9393）、周晋䀉、盘有铭"铸宝盘䀉"（《铭图》14793、30950）等，可知盘、䀉是一组水器组合。而且，作公䀉、周晋䀉两器虽自名为"䀉"，却是盉的形状⑤，故盘䀉组合应该是盘盉组合的延续。可知"盘、监䀉"是一组盘盉或盘䀉组合，其中的"监"有可能用为形容词，而非春秋时期才出现的水器鉴。《封许之命》赏赐彝器中，酒器群觯、爵、筒形卣、斗后紧跟水器群盘、䀉（盉），正与西周早

---

① 谢明文：《商周文字论集》，上海古籍出版社 2017 年版，第 298—308、344—353 页。
② 李家浩：《包山 266 号简所记木器研究》，载《著名中年语言学家自选集·李家浩卷》，安徽教育出版社 2002 年版，第 244—246 页。
③ 赵平安：《释清华简〈命训〉中的"耕"字》，《深圳大学学报》2015 年第 3 期。
④ 裘锡圭：《䥢与桱桯》，《文物》1987 年第 9 期。
⑤ 山西绛县横水倗国墓地 M2022 出土一件夌伯盉，却自名为"䀉"（山西省考古研究院、山西大学北方考古研究中心、运城市文物工作站、绛县文物局编著：《倗金集萃：山西绛县横水西周墓地出土青铜器》，上海古籍出版社 2021 年版，第 193—197 页），再次证明盉可以称为䀉。

中期墓葬中水器群与酒器群组合现象相一致，再次说明墓葬中的水器与酒器群的空间位置关系是有意识放置的结果。

鞠焕文先生早已论证过漆案或铜禁上的酒器群多与裸礼有关①，这一点在卣、尊、觯、爵、盉、斗几种酒器身上体现得最为明显。比如，爵有自名"王裸彝"（《铭图》8274），说明爵可以用于裸礼。盉有自名"作裸铜（同）"（《铭图》9855），不仅说明学术界所称为盉的青铜器的本名叫作"同"，且说明同是用于裸礼之器。万諆觯有铭"万諆乍兹彝。用宣禹尹人，配用𣪊，侃多友，其则此飙裸"（《集成》6515），明确提出了觯可用于裸礼。另外，觯有自名"作宝瓒𦉈"②，瓒是典型裸器（《周礼·春官·郁人》郑玄注："裸器，谓彝及舟与瓒。"），"瓒𦉈"意为与瓒相配使用的"𦉈"，其中"𦉈"是觯的古名，这也能够说明觯是裸器。尊、卣相配，河北元氏西张所出𢀖卣自名"兹小郁彝"（《集成》5428、5429，同出之尊铭残缺，文字相同），妇传尊自名"郁同"（《铭续》785），参考《周礼·春官·郁人》"凡祭祀、宾客之裸事，和郁鬯以实彝而陈之"，可知尊卣可能是裸礼所用郁鬯的盛器。③ 这些裸器集中出现于漆案、铜禁之上，自然最有可能如鞠焕文先生所言，模仿的是裸礼的全过程，共同为裸礼服务的。

若漆案或铜禁上的酒器群与裸礼有关的推论尚有道理，那么本文就能够回答上文提到的西周早中期贵族墓葬中的水器何以会与酒器群形成较为稳固的空间组合关系。《周礼·春官·郁人》："凡裸事，沃盥。"贾公彦疏："皆郁人沃以水盥手及洗瓒也。"明确记载行裸礼时需要以水盥手及洗瓒，这说明裸礼不能缺少水器。《尚书·顾命》记载了西周早期行裸礼的具体流程，其中有"太保受同，降，盥，以异同秉璋以酢"，是西周早期裸器需要盥洗的明证。《顾命》所说的"同"就是青铜盉，"同"与棒形器、柄形器的组合就是"瓒"，"太保受同，降，盥"与《郁人》贾疏所言"洗瓒"之事相符，证明《郁人》之说不虚。可见裸礼需要使用水器并

---

① 鞠焕文：《先秦裸祭用器新探》，载《西北早期区域史学术研讨会暨第十一届中国先秦史学会年会论文集》，三秦出版社2020年版。

② 湖北省文物考古研究所、随州市博物馆：《湖北随州叶家山西周墓地发掘简报》，《文物》2011年第11期。

③ 李学勤：《元氏铜器与西周的邢国》，《考古》1979年第1期。另，单育辰先生释𢀖卣中的"兹小彝妹（未）吹（裸）见（献）"为此小郁彝尚未用于裸礼上，献于神灵（《古文字研究》第30辑，中华书局2014年版），也说明卣（及其相配的尊）本是用于裸礼之器。

非《周礼》臆测,《周礼》所载有久远的历史渊源。需要强调的是,《郁人》与《顾命》用"盥"形容祼礼中发生的清洗事项,"盥"的古义是用水浇洗,如《左传·僖公二十三年》所说"奉匜沃盥",这说明盥必须使用到可以浇洗的水器。这就能够解释为何墓葬中的铜盉与酒器群形成固定的空间组合关系,因为其中的铜盉对应着"盥"的过程。也就是说,祼礼除了使用酒器,还需要使用能够浇水的水器盉,只有二者搭配使用,祼礼才能顺利完成。这才是铜盉与主要用于祼礼的酒器群形成固定的空间组合关系的礼仪背景。有时这一组合中也需要加入铜盘,铜盘的作用应该是盛放废水,但铜盘并非必需品,只要有盉就能完成"盥"的过程,故铜盘亦可以从这一"大组合"中去掉。

三 酒器群与水器群"大组合"溯源

西周早中期墓葬中的青铜盉与酒器群不仅有较为稳固的空间组合关系,且有较为密切的功用关联,二者都可以为祼礼服务,故本书认为它们可以形成一种超越单纯"酒器""水器"概念的"大组合"。这种"大组合"彰显出西周早中期墓葬中随葬品种类、摆放位置背后的礼仪观念,有助于学者复原这一时段的礼仪过程,颇为有趣。

水器与酒器群的"大组合"虽然最常见于西周早中期,但在更早的晚商时期并非不存在。殷墟四期晚段的西区 M1713 出土青铜礼器 17 件,分食器、酒器、水器三类,其中食器集中放置于南椁室东端,盘、盉与酒器群都放置于南椁室西侧,二者之间有明显的空间间隔(图 2-6-4,1)。[①] 年代更早的殷墟三期安阳郭家庄 M160 也出土大量青铜礼器,食器主要放置于椁室东侧,与乐器放置一起,另有少量食器放置于腰坑上方,酒器群与盘盉也放置于腰坑上方(图 2-6-4,2)。[②] 虽然郭家庄 M160 腰坑上方有少量食器,但主要放置酒器群与盘盉,显示出礼器群按功用分区的雏形。可见,在已经具有食器群、酒器群分区意识的殷墟西区 M1713、郭家庄 M160 中,盘盉都是明确与酒器群放置在一起的,可以认为此时的盘盉已经与酒器群形成了空间上的组合关系。

[①] 中国社会科学院考古研究所安阳工作队:《安阳殷墟西区一七一三号墓的发掘》,《考古》1986 年第 8 期。

[②] 中国社会科学院考古研究所安阳工作队:《安阳郭家庄 160 号墓》,《考古》1991 年第 5 期。

1. 殷墟西区 M1713

2. 郭家庄 M160

3. 刘家庄北地 M1046

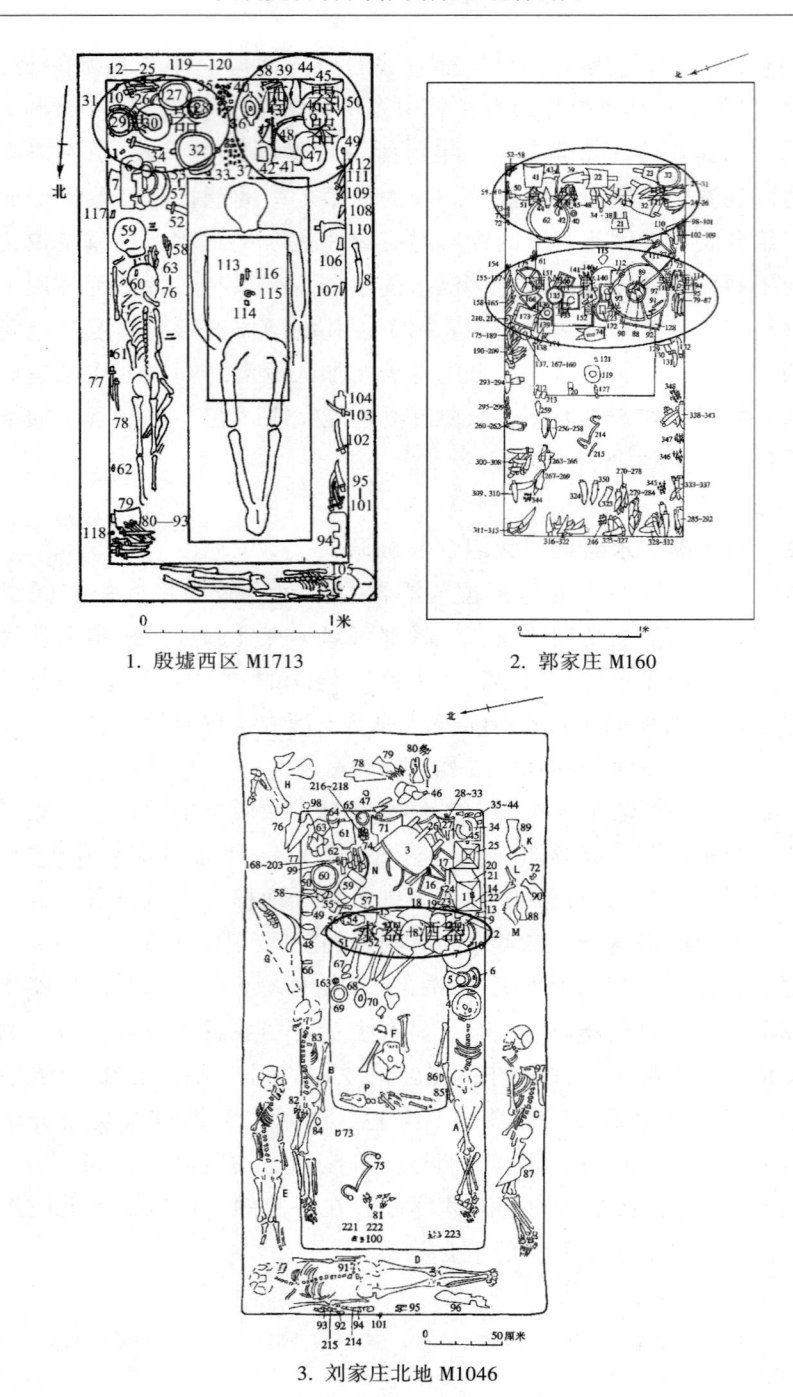

图 2-6-4 晚商时期随葬铜盉墓葬举例

除了殷墟西区 M1713、郭家庄 M160，殷墟晚期（三、四期）的大司空 M303[①]、刘家庄北地 M1046[②] 也都出土铜盉，且铜盉都与盘邻近（图 2-6-4，3），附近也都分布酒器，也显示出盘盉与酒器群的空间组合关系。当然，此二墓中的食器群与酒器群的分区现象并不太明显，所以其中的盘盉与酒器群的空间组合关系不如殷墟西区 M1713 与郭家庄 M160 两墓明显，这说明殷墟晚期的盘盉与酒器群的空间组合关系仍处于形成的雏形期。

上述殷墟晚期四墓中的铜盉都与铜盘接近，且与酒器群形成了空间组合关系，如果把其中的铜盉也视为水器，那么这四座墓葬的材料可以证明，水器群与酒器群的大组合能够追溯到殷墟晚期，这一组合形式并非周人独创。当然，就目前的材料来说，殷墟晚期的铜盉是否主要用为水器，尚缺乏系统材料论证这一点，但上述四墓中铜盉与铜盘位置邻近现象证明确实存在这种可能性，故殷墟晚期的酒器群与水器群的"大组合"之说并非毫无依据。

第七节　酒器组合与先秦祼礼复原

上文讨论商周酒器组合，包括酒器群与水器群的"大组合"，多与祼礼有关，则酒器组合与祼礼之关联，颇值关注。祼礼是先秦时期极为重要的一种礼仪活动。《礼记·祭统》云："夫祭有三重焉：献之属莫重于祼。"祼礼虽然重要，但对于祼礼的作用和行礼过程，先秦文献所载极为简略。因而，学术界对祼礼内涵颇有争议。早年的研究受限于出土材料的稀少，当时的学者们只能主要依据传世材料来研究，所以他们的讨论并不能真正解决祼礼问题。随着出土材料的增多，"祼"字的考释又成了一个难题，学者们对相关字形的释读往往不一致，或一字异体又有不同释读，使得学术界无法系统研究出土材料中的祼礼制度。贾连敏先生较早系统讨论了古文字中的"祼"字，全面论证了甲骨金文中的"祼"字字形，为古文字材料中的祼礼研究扫清了识字层面的难题。[③] 这样一来，我们就可以

[①] 中国社会科学院考古研究所安阳工作队：《殷墟大司空 M303 发掘报告》，《考古学报》2008 年第 3 期。

[②] 中国社会科学院考古研究所安阳工作队：《安阳殷墟刘家庄北 1046 号墓》，载《考古学集刊》第 15 集，文物出版社 2004 年版。

[③] 贾连敏：《古文字中的"祼"和"瓒"及相关问题》，《华夏考古》1998 年第 3 期。

系统利用出土文献与传世文献，及考古实物材料，来研究商周的祼礼。

笔者认为，从青铜酒器角度讨论祼礼，是商周青铜器组合研究的应有之义，也是从青铜礼器组合转向商周礼制的"桥梁"。因而，总结商周酒器组合的礼制意义，探讨酒器组合与祼礼的关系，就是一件很有必要的事情。

一 祼礼非灌地之礼

由于祼礼的重要性，汉代以后经学家极为关注祼礼内涵，对祼礼做了不少的解释。大体而言，经学家基本上都是从"灌"义上解释祼礼的。许慎《说文·示部》："祼，灌祭也。"《诗经·大雅·文王》"祼将于京"，毛传："祼，灌鬯也，周人尚臭。"《周礼·春官·大宗伯》"以肆献祼享先王"，郑玄注："祼之言灌，灌以郁鬯，谓始献尸求神时也。《郊特牲》曰：'魂气归于天，形魄归于地，故祭所以求诸阴阳之义也。殷人先求诸阳，周人先求诸阴。'灌是也。祭必先灌，乃后荐腥荐熟。"《国语·周语》"王祼鬯"，韦昭注："祼，灌也。"《尚书·洛诰》"王入太室祼"，孔颖达疏云："祼者，灌也。王以圭瓒酌郁鬯之酒以献尸，尸受祭而灌于地，因奠不饮谓之祼。"皆以"灌"训"祼"。

不过，对于《尚书·洛诰》"王宾，杀禋，咸格，王入太室祼"一句，王国维先生有不同观点，认为："先燔燎而后祼者，亦周初礼，《大宗伯》'以肆献祼享先王'，肆献在祼前，知既灌迎牲为后起之礼矣。"[1] 其后又在《与林浩卿博士论〈洛诰〉书》中指出："祼者古非专用于神，其用于神也，亦非专为降神之用……则祼之事，所以歆神，而不徒以降神明矣。"[2] 在《再与林博士论〈洛诰〉书》中则彻底否定了以"灌"训"祼"的做法："祼字形、声、义三者皆不必与灌同，则不必释为灌地降神之祭。"[3] 在王氏看来，《洛诰》中的禋祀才是降神之礼，禋是燎牲于柴使烟彻于上之义，先禋后祼，祼自然不会有降神之义，只能是歆神之礼。

仅就《洛诰》文本来看，王国维认为祼非灌地降神之义，是合适的。

---

[1] 王国维：《洛诰解》，载《观堂集林》，中华书局1959年版，第39页。此文初名《洛诰笺》，最初发表于《国学丛刊》，后收录《雪堂丛刊》，依旧以《洛诰笺》为名。王国维将此文收录于《观堂集林》时，始称《洛诰解》。

[2] 王国维：《与林浩卿博士论〈洛诰〉书》，载《观堂集林》，中华书局1959年版，第41—42页。

[3] 王国维：《再与林博士论〈洛诰〉书》，载《观堂集林》，中华书局1959年版，第49页。

不过，王国维并没有解决汉唐经学家何以用"灌"训"祼"的问题，因而他的观点也就不会产生很大影响，此后的学者多不相信王氏之说，而认为祼礼就是灌地降神之义。① 但是，当今的学术界也没有解释《洛诰》中先禋后祼的问题，而多是选择性相信了汉唐的经注，本身也没有太多说服力。因此，对于祼礼内涵，尚有可以讨论的余地。

实际上，汉唐经学家之所以用"灌"训"祼"，很可能是受了《礼记》的影响。我们在《礼记》中能够找到这种解释的渊源。在《礼记》一书中，灌礼是较为常见的礼仪，其灌礼所用物品，与《周礼》或其他书中祼礼所用器物，多有相似之处。为了更直观地认识到这种相似性，笔者将《礼记》"灌物"与先秦典籍中的"祼物"制成了表2-7-1：

表2-7-1 《礼记》"灌物"与先秦典籍中的"祼物"对比表

物品	《礼记》	《周礼》	其他
鬯酒	《礼器》：诸侯相朝，灌用郁鬯，无笾、豆之荐。 《郊特牲》：诸侯为宾，灌用郁鬯。	《郁人》：凡祭祀宾客之祼事，和郁鬯以实彝而陈之	《国语·周语》：郁人荐鬯，王祼鬯。
玉器	《郊特牲》：灌以圭璋，用玉气也。 《明堂位》：灌用玉瓒大圭。	《典瑞》：祼圭有瓒，以肆先王，以祼宾客	《考工记》：祼圭尺有二寸，有瓒，以祀庙。
彝器	《明堂位》：灌尊，夏后氏以鸡夷（彝），殷以斝，周以黄目	《司尊彝》：春祠夏禴，祼用鸡彝、鸟彝；秋尝冬烝，祼用斝彝、黄彝。	

据表2-7-1，灌礼用郁鬯，祼礼也用郁鬯；灌礼用圭瓒，祼礼也用圭瓒；灌礼用鸡彝、斝彝、黄彝，祼礼也用鸡彝、斝彝、黄彝。尤其是最后"彝器"一项，《明堂位》以夏、商、周朝代之不同，而用不同彝器；《司尊彝》以季节之不同，而用不同彝器。其分类标准虽不同，然彝器名称多相同，皆有鸡彝、斝彝、黄彝。这自然不会是偶然，它足以说明，在《礼记》语境下，灌礼就是祼礼。毛传、郑注训"祼"为"灌"，明显是受了《礼记》的影响（尤其是《郊特牲》一章），如毛传"周人尚臭"、

---

① 孙庆伟：《周代祼礼的新证据——介绍震旦艺术博物馆新藏的两件战国玉瓒》，《中原文物》2005年第1期；钱玄、钱兴奇：《三礼辞典》，凤凰出版社2014年版，第844—845页；李志刚：《论商周祭飨中的肆献祼礼》，《殷都学刊》2016年第3期；曹建墩：《先秦古礼探研》，社会科学文献出版社2018年版，第44—45页。

郑注"灌以鬯"皆来自《郊特牲》文本。

上述《礼记》灌礼用物系统与《周礼》祼礼用物系统极为相似，但问题在于，《周礼》中的部分祼礼用物同时见于其他先秦典籍，而《礼记》中的灌礼系统却只见于自身（先秦其他典籍中无"灌用"之例）。比如，《周礼》"祼圭有瓒"还见于西周金文，如毛公鼎"祼圭瓒"一词，足见《周礼》祼礼用物系统有着极为悠久的渊源。相对于祼礼用物系统的悠久性，在《礼记》大量记载灌礼之外，先秦文献对灌礼的记载并不多，仅《论语》有"禘自既灌而往者，吾不欲观之矣"一句，也没有涉及灌礼用物。这表明，《礼记》灌礼用物系统很可能是对《周礼》祼礼用物系统的模仿，即《周礼》中的祼礼系统在前，《礼记》中的灌礼系统在后。

当然，若《礼记》只是如实模仿《周礼》，那么这种模仿还可以用假借来解释，即《礼记》系统特意用"祼"的假借字（灌）来替代正字。不过，《礼记》中的灌礼系统明显是一种发挥与创造，并不能用来解释更早的祼礼。灌礼系统不同于祼礼系统，可以举三个方面的证据来说明。第一，用物的不完全相同，最典型的是彝器的分类标准不同，所用玉器也似是而非。第二，仪式步骤的不同，《周礼·大宗伯》"以肆、献、祼享先王"，郑玄注"肆者，进所解牲体，谓荐孰时也；献，献醴，谓荐血腥也"，牺牲在前，祼祭在后；《郊特牲》"既灌，然后迎牲，致阴气也"，灌礼在前，牺牲在后。第三，《礼记·投壶》有"赐灌"的环节，祼礼则较为隆重，不见投壶礼。这些差异说明，《礼记》的灌礼系统本于早期的祼礼系统，但又有自己的发挥，二者并不能等同。这就决定了，不能用《礼记》中的灌礼材料，来解释更早的祼礼仪式。

若上述分析可信，那么汉代经学家用"灌"来解释"祼"，就存在明显的问题。"祼"是正字，即使"灌"可表示"祼"，也是通假的缘故。"灌"有灌地、浇灌的意思，这是"祼"字所没有的。历代释祼，多以灌地之义论之，此义在《礼记·郊特牲》"周人尚臭，灌用鬯臭……臭，阴达于渊泉"之句中已有显现，灌地方可使得香气通达于地下，求形魄于阴。不过，这种说法并无多少道理。甲骨金文中的"祼"字写作鬱、鬱形[1]，象祼器盛鬯酒

---

[1] "祼"字之释，参考黄盛璋《穆世标准器——鲜盘的发现及其相关问题》，载《徐中舒先生九十寿辰纪念文集》，巴蜀书社1990年版，第26—31页；贾连敏：《古文字中的"祼"和"瓒"及其相关问题》，《华夏考古》1998年第3期。

后，人用手举其飨神之形，与表示灌地的"灌"字无涉。王国维以祼为歆神之事，与甲骨金文中的祼字字形相符，可从。经学家们既训祼为灌，又相信"殷人先求诸阳，周人先求诸阴"，然周人求诸阴，用灌地之法，可使"臭"达于渊泉，但商人求诸阳，则灌地之义明显不通。这正显示出训祼为灌地之义的矛盾之处。

甲骨金文没有"灌"字，《诗经》《尚书》《易经》也无表示祭礼的"灌"字，表示祭礼的"灌"字最早见于《论语》。《论语》："子曰：'禘自既灌而往者，吾不欲观之矣。'"这里的"灌"是禘祭的一个环节。《论语》之后，《礼记》开始大量书写灌礼，或也是受了《论语》的影响。不过，由于《论语》材料的孤例，包含在禘祭中的灌礼究竟与年代更早的祼祭之礼是否有关系，则是目前无法探究的问题。

总之，就目前的材料来看，用"灌"训"祼"，将"祼礼"理解为"灌礼"，应该是有问题的。"祼礼"是不能理解为灌地降神之礼的。当然，这又产生了一个新的问题，"祼礼"究竟是一种什么样的礼？王国维据《礼记·祭统》"君执圭瓒祼尸"，认为"祼之义，自当取祼尸之说"。① 不过，祭祀用尸未必是个很古老的传统，可能是西周时期才出现的习俗，商代并无祭祀用尸的确凿证据。② 用祼尸之说解释祼礼，也与祼礼的悠久历史不符。因此，对于祼礼制度，尚需要一个新的解释体系。幸运的是，相较于王国维时代，今天的考古发现极为丰富，有助于我们从考古实物角度探讨祼礼的内涵，复原祼礼的仪式过程。这是本书讨论殷周祼礼用器制度的根本目的。

二 祼器的确定与组合形式

祼礼必有相应的礼器，确定祼器种类，就成了讨论祼礼用器制度的前提。《周礼·春官》记载了一些祼礼用器，如《典瑞》："祼圭有瓒，以肆先王，以祼宾客。"《司尊彝》"祼用鸡彝、鸟彝，皆有舟……祼用斝彝、黄彝，皆有舟。"《小宗伯》："辨六彝之名物，以待果将。"郑注："六彝，鸡彝、鸟彝、斝彝、黄彝、虎彝、蜼彝。'果'读为'祼'。"另外，《考

---

① 王国维：《再与林博士论〈洛诰〉书》，载《观堂集林》，中华书局1959年版，第47—49页。

② 沈培：《关于古文字材料中所见古人祭祀用尸的考察》，载《古文字与古代史》（第三辑），台北"中央研究院"历史语言研究所2012年。

工记·玉人》谓："祼圭尺有二寸，有瓒，以祀庙。"这些文献中的祼器，唯祼用圭瓒可以与更早期文献关联，如西周早期荣簋"王休易厥臣父荣瓒、王祼贝百朋"（《集成》4121）、西周晚期毛公鼎"易汝秬鬯一卣，祼圭瓒宝"（《集成》2841）；其他各类彝器均不见于更早期文献。因此，单就传世文献来看，只有"圭瓒"确信为祼器。

关于"圭瓒"的形制，学术界已有较多研究，笔者在本章前两节也有详细讨论。从山西翼城大河口西周墓地一号墓所出燕侯有腔铜觚自名为"瓒"出发，笔者认为"瓒"就是西周早中期墓葬中常见的细腰觚与棒形器、柄形器所构成的组合物。所谓"圭瓒"，则是以圭为柄的瓒。由此出发，青铜觚自然可充当祼器。内史亳觚（《铭图》9855）有铭："成王赐内史亳豊祼，弗敢虡，作祼铜（同）。"再次证明觚（同）是祼礼用器。

除了觚，爵、尊、卣、觯等器类也均可从自名角度证明它们可充当祼器。先说爵。青铜觚既然可以充当祼器，则商周时期常与觚形成组合关系的爵①，似也没有理由不可充当祼器。王爵（《铭图》8274）有铭："王祼彝。"铭文记载了这件爵是王用于祼礼的彝器，确证爵属于祼器。

其次说尊、卣。商末西周早中期墓葬中的尊、卣往往是配对出现的②，因而尊、卣的功用必然有关联性。1978年河北元氏县西张村西周墓所出叔趯父尊、卣三器有铭"为女（汝）兹小郁彝"，又谓其功用为"兹小彝妹（未）吹（祼）见（献）"。③ 单育辰先生据郳公簸父铺"欱"字，读"吹"为"祼"，"兹小彝未祼献"是说这件存储郁鬯的彝器尚未用于祼礼、献于神灵的意思。④ 其说可从。可见青铜尊、卣皆可用于祼器。除了叔趯父尊、卣，妇传尊（《铭续》785）也自名"郁同尊彝"，其中的"郁"指郁鬯。可见，尊、卣作为祼器，很可能主要是盛郁鬯之用。

最后说觯。万諆觯（《集成》6515）有铭："其则此祼。"说明觯可用于祼礼，是祼器。湖北随州叶家山M27所出一件铜觯，其铭为："作宝

---

① 关于商周时期觚爵的组合方式，相关论述较多，可参考岳洪彬《论妇好墓随葬铜觚爵的配制及相关问题》，载《三代考古》（七），科学出版社2017年版。
② 王祁：《商周铜尊卣配对组合研究》，《考古》2019年第3期。
③ 河北省文物管理处：《河北元氏县西张村的西周遗址和墓葬》，《考古》1979年第1期。
④ 单育辰：《燮卣补释》，《古文字研究》（第30辑），中华书局2014年版。

瓒鑵。"① 青铜觯可自名为"鑵","鑵"是觯的古名。② "瓒"为祼礼用器,与"瓒"相配使用的"鑵"自然也是祼器。这再次证明觯可用于祼礼。

从上述带有自名材料出发,我们可以确定觚、爵、尊、卣、觯五种器类皆可用为祼器。有意思的是,在西周早期,这几种器类常常被集中放置于墓葬漆案或铜禁之上。湖北随州叶家山 M28③、M111④、陕西宝鸡竹园沟 M4、M7、M13⑤ 所出漆案(或称漆盘)、陕西宝鸡石鼓山 M3⑥ 所出铜禁,其上皆有此类酒器群,酒器种类如下:

卣、尊、觯、爵、铜觚、漆觚及之上铜、漆棒形器(叶家山 M28 漆案);

卣、尊、觯、爵、觚(叶家山 M111 漆案);

卣、尊、觯、爵、斗(竹园沟 M4 漆案);

卣、尊、觯,跌落到墓室的铜觚也可能本放置于漆案上(竹园沟 M7 漆案);

卣、尊、觯、爵、觚,还有附件棒形器、玉柄形器(竹园沟 M13 漆案);

卣、方彝、觯、斗(石鼓山 M3 铜禁)。

上述材料排除出现频率较低的方彝,卣、尊、觯、爵、觚、斗就成为漆案或铜禁之上最常见的酒器种类,本书称之为核心酒器群。鞠焕文早已论证过漆案或铜禁上的酒器群多与祼礼有关⑦,此正与觚、爵、尊、卣、觯等器的自名相符。

卢一、黄凤春两位先生介绍了叶家山墓地出土的漆器,提到 M65 中可能存在三件漆觚与一件漆案。⑧ 查叶家山 M65 发掘简报,可知这件漆案应

---

① 湖北省文物考古研究所、随州市博物馆:《湖北随州叶家山西周墓地发掘简报》,《文物》2011 年第 11 期。

② 谢明文:《商周文字论集》,上海古籍出版社 2017 年版,第 344—353 页。

③ 湖北省文物考古研究所、随州市博物馆:《湖北随州叶家山 M28 发掘报告》,《江汉考古》2013 年第 4 期。

④ 湖北省文物考古研究所、随州市博物馆:《湖北随州叶家山 M111 发掘简报》,《江汉考古》2020 年第 2 期。

⑤ 竹园沟诸墓材料,参见卢连成、胡智生著,宝鸡市博物馆编辑《宝鸡强国墓地》,文物出版社 1988 年版。

⑥ 石鼓山考古队:《陕西宝鸡石鼓山西周墓葬发掘简报》,《文物》2013 年第 2 期。

⑦ 鞠焕文:《先秦祼祭用器新探》,载《西北早期区域史学术研讨会暨第十一届中国先秦史学会年会论文集》,三秦出版社 2020 年版,第 121—132 页。

⑧ 卢一、黄凤春:《湖北随州叶家山西周墓地出土漆器整理与研究》,《江汉考古》2024 年第 1 期。

该就位于东二层台中间位置,其上分布酒器群尊、爵、觯、卣等,也是核心酒器群集中放置的较好案例。①

上述漆案或铜禁之上的核心酒器群往往按照线性的方式依次排列,这种排列方式还见于一些没有漆案或铜禁的墓葬,如北京房山琉璃河 M251、M253②、宝鸡竹园沟 M8③ 三墓中的酒器群皆如此分布。琉璃河 M251 铜礼器群位于北二层台之上,西侧为盘、盉,东侧为食器群,中间夹着一组酒器群,酒器种类有尊、卣、爵、觯。琉璃河 M253 铜礼器群也位于北二层台上,酒器群集中分布于二层台西侧,种类有爵、觯、尊、卣、铜壶和漆壶铜圈足。竹园沟 M8 铜礼器群皆放置于东二层台上,其中酒器群位于铜礼器群的北侧一端,种类有爵、觯、尊、卣。这几座墓葬中的酒器群的分布特征,及酒器的种类,再次证明西周早期的周人以爵、觯、尊、卣(琉璃河 M251、M253 没有出现觚)等器类为核心酒器群。

以上西周早期墓葬材料可以证明,当时的人们有意识将与祼礼有关的酒器放置在一起,形成较为稳固的酒器组合,反映出墓葬中的核心酒器群的空间位置关系是一种有意识地按祼礼安排的结果。与上述核心酒器群有关的器物主要有斗、棒形器、柄形器,这几种器物也常常与核心酒器群形成空间组合关系。斗的功用不用多谈,它是行祼礼时不可或缺的挹注器。棒形器与柄形器则都是瓒的组件,自然也属于祼礼用器。另外,这些祼器附近往往还有鸭首形器,鸭首形器似也与祼礼有关。

由上述墓葬材料可知,觚、爵、尊、卣、觯不仅可用为祼器,且它们在西周早期墓葬中常常形成组合关系,构成了墓葬中的核心酒器群。当然,这一核心酒器群及与其有关的组合,并非西周早期所独有的组合方式,它还有着更早的渊源。本章第四节已从殷墟明器墓详细讨论商周核心酒器群的形成过程,证明殷墟文化第四期时殷墟遗址的仿铜陶器礼墓和铜明器墓中都已形成了以觚、爵、尊、卣、斝、觯为基础的核心酒器群。这一核心酒器群与西周早期墓葬中的核心酒器群相比,仅有斝的差异,西周

---

① 湖北省文物考古研究所、随州市博物馆:《湖北随州叶家山 M65 发掘简报》,《江汉考古》2011 年第 3 期。

② 北京市文物研究所:《琉璃河西周燕国墓地:1973—1977》,文物出版社 1995 年版,第 31—37 页。

③ 卢连成、胡智生著,宝鸡市博物馆编辑:《宝鸡𢐗国墓地》,文物出版社 1988 年版,第 174—175 页。

早期的斝似乎已经退出了核心组合圈。可见，西周早期的觚、爵、尊、卣、觯核心酒器群很可能是在商末核心酒器群基础上发展与演变而来的。由此说明，祼器组合至少可以追溯到商末。

祼礼用器并非到了商末才出现的，只是商末时期才形成了西周早中期那种核心酒器群。仅以具体的祼器而言，目前已有线索将祼器追溯到新石器时代。就目前的考古发现而言，瓒的历史渊源要远早于晚商时期。据严志斌和王亚二位先生的研究，早在史前的良渚文化时期，漆木觚就与玉锥形器形成了较为稳固的组合，二里头文化和二里岗文化墓葬中也都有这种组合材料。①由此可见，瓒的历史至少可以追溯到史前的良渚文化时期。如果瓒在史前时期也是祼礼用器，那么祼器的历史也能追溯到史前时期。

三　祼器的使用方式

觚、爵、尊、卣、觯皆可用为祼器，且它们往往形成组合关系，构成核心酒器群（也包括斗），它们的功能都与祼礼关联。因而，探索它们的使用方式，同时就是复原祼礼仪式的关键所在。当然，目前的材料尚无法完全复原各类祼器的功用，但结合各器的组合、形制、铭文，我们依旧可以合理推测它们的使用方式。

先看青铜尊、卣的使用方式。尊、卣既然配对组合，它们必然配合使用，这点可从它们与郁鬯的关联来探索。《周礼·春官·郁人》："郁人掌祼器。凡祭祀宾客之祼事，和郁鬯以实彝而陈之。"据这一记载，祼礼需要用到郁鬯。上举叔趯父尊、卣既说尊、卣是"小郁彝"，又说它们可以"祼獻"，也说明郁鬯是祼礼用酒，而尊、卣可盛郁鬯。郁，经学家多认为是一种香草名，可用以和鬯，是为郁鬯。《周礼·春官·叙官》"郁人"，郑玄注："郁，郁金香草，宜以和鬯。"《周礼·春官·郁人》"和郁鬯"，郑玄注引郑司农云："郁，草名，十叶为贯，百二十贯为筑，以煮之镬中，停于祭前。郁为草，若兰。"郁除了为草名，由郁草酿成的汁液，也可称为郁。《说文》中的"郁"写作"鬱"，谓："芳艹也。十叶为贯，百廿贯筑以煮之为鬱。……一曰鬱鬯，百艹之华，远方鬱人所贡芳艹，合酿之以降神。"据许慎这段话，似郁汁也可称为郁，那么郁鬯也可以是郁汁和鬯酒混合后的产物。郁鬯既然是

---

① 严志斌：《漆觚、圆陶片与柄形器》，《中国国家博物馆馆刊》2020年第1期；王亚：《早商时期墓葬内出土"圆陶片"浅析》，《考古与文物》2020年第2期。

一种需要调配才能产生的酒，那么它必然不会长久储存不用，否则郁汁产生的香味就很容易散去不存。由此推测，郁鬯很可能是举行裸礼时现场调配的，因而《郁人》才说"凡祭祀、宾客之裸事，和郁鬯以实彝而陈之"，有裸事方"和郁鬯"。和郁需要鬯酒，鬯酒最可能储存在青铜卣中，卣有盖，密封性好，适合储酒。青铜尊敞口，不利于长期储酒，但其大口、粗体的特性比较适合调和郁鬯，推测调和的步骤是先将郁草或由郁草煮出的郁汁提前放置于尊内，再将铜卣中的鬯酒倒入尊内，就能产生出礼神用的郁鬯。

调好郁鬯后，郁鬯即可用于礼神。礼神需要用到瓒，瓒由瓒觚及柄形器、棒形器组成，瓒觚又可与爵形成固定的组合关系，如叶家山M28漆案上的一件漆觚、一件铜觚与两件铜爵的组合，组合关系极为明显。瓒有柄形器，柄形器可充当神主，如1991年安阳后岗M3出土的六件带有日名的柄形器，刘钊先生认为这六件有日名柄形器起着文献中"石主"的作用。[①] 殷墟甲骨文中有"其示瓒"[②]的记载，本章第一节业已说明，其中的"示"应该作神主讲，这也将瓒与神主联系在了一起。因而，瓒可象征着裸礼的对象——受祭的神灵。相应的，与瓒觚相配的爵，最可能充当将郁鬯献给神主之器。著名的鲁侯爵（《集成》9096）有铭："鲁侯作觞鬯觞。"[③] 铭文中第一个"觞"用作动词，表示盛酒饮人的意思（如《吕氏春秋·恃君览》"管仲觞桓公"例），正反映了爵有盛酒、敬酒的功用。据此可推测，郁鬯应该是经由铜爵，浇灌在瓒的柄形器上，象征着神灵享用了郁鬯。爵有长流，特别适合浇灌。而且，铜爵三足，可以加热温酒[④]，更容易激发出鬯酒的香气，礼神效果更好。当然，在行此礼前，尚需要用斗，将青铜尊中的郁鬯挹取至铜爵之内。

古人礼神之后，礼神的酒肉皆可食用，因而裸礼的酒也可饮用。饮用裸酒的器皿应该是觯。觯的古名是"鑵"，西周时期的觯有自名"饮鑵"（《铭图》10855）之例，说明觯是饮器。上海博物馆藏一件伯作姬饮壶盖，自名为"饮壶"（《集成》6456），是带盖小觯。[⑤] 这也能说明觯是饮器。可见，西周

---

① 刘钊：《安阳后岗殷墓所出"柄形饰"用途考》，《考古》1995年第7期。
② 黄天树主编：《甲骨拼合四集》，学苑出版社2016年版，第74—75页。
③ 从李春桃释，参考李春桃《从斗形爵的称谓谈到三足爵的命名》，载《中央研究院历史语言研究所集刊》2018年第89本第1分本。
④ 学术界多有以爵为温酒器的观点，如容庚《商周彝器通考》，上海人民出版社2008年版，第287页；朱凤瀚《中国青铜器综述》，上海古籍出版社2009年版，第157页。
⑤ 谢明文：《谈谈金文中宋人所谓"觯"的自名》，载《商周文字论集》，上海古籍出版社2017年版，第351页。

时期铜觯主要发挥着饮酒器的功用。因此，在祼器组合中的觯，很可能发挥着在祼礼即将结束之时，盛礼神之酒以饮用的作用。不过，用觯饮酒，所用之酒何来，这也是需要考虑的问题。从文献来看，郁鬯可以用于礼客，如《周礼·春官·郁人》所谓"凡祭祀宾客之祼事，和郁鬯，以实彝而陈之"，这意味着觯中之酒可以来自郁鬯。至于郁鬯的来源，又可分为两种情形。第一种情形，郁鬯来自瓒中，即铜爵将祼酒浇祭瓒后，瓒中之酒有可能会倾倒于觯中，用以饮酒。上举叶家山M27所出铜觯自名为"瓒罐"，"瓒"与"罐"并列，显示出功能上的关联性，正与祼礼后将瓒中祼酒倒入觯中之事相符。第二种情况，郁鬯来自尊中，即将尊内剩余的郁鬯直接挹取至铜觯之内，直接饮用。本章第三节曾讨论过尊卣可以与觯形成组合关系，说的其实就是这一现象。实际上，除了郁鬯，也存在直接饮用鬯酒的可能性，即把铜卣内未用于调和郁的鬯酒直接倒入觯内饮用。大河口M1所出两件青铜卣中，都放有青铜觯，暗示觯可以与卣配合使用。总之，目前尚不清楚这三种情况中，哪一种情况更为可信，但觯在祼礼中发挥着饮酒器的功用，当是无疑的。

可见，瓤、爵、尊、卣、觯、斗六种祼器，可以相互配合，完成一整套祭神祼礼。这一过程起于卣，经尊、爵、瓒瓤，终于觯。叶家山M28漆案上的酒器群按照卣、尊、爵、瓒瓤的顺序依次放置（图2-7-1），前

图2-7-1 叶家山M28漆案酒器群①

---

① 湖北省博物馆、湖北省文物考古研究所、随州市博物馆编：《随州叶家山：西周早期曾国墓地》，文物出版社2013年版，第76页。

方单独放置一件觯，正与上述祼器的使用顺序相符，说明笔者对祼器配合方式的推测并非臆测。

需要注意的是，祼礼用器不独包含酒器，也可能包含水器，这是因为祼礼过程中会使用到水器。《周礼·春官·郁人》："凡祼事，沃盥。"贾公彦疏："皆郁人沃以水盥手及洗瓒也。"可见祼礼时需要用水盥手及洗瓒，这说明祼礼不能缺少水器。本章第六节联系《尚书·顾命》"太保受同，降，盥，以异同秉璋以酢"，证明《郁人》之说不虚，祼礼时需要水器的配合是西周早期就已存在的古礼。因此，上述叶家山M28、M111、竹园沟M13、石鼓山M3、琉璃河M251、M253诸墓皆出土与核心酒器群形成明显空间组合关系的水器盉（有时水器盉是与盘放置在一起出现的），这就再次证明围绕核心酒器群的组合，多与祼礼有关。在更早的商末时期，也已经存在了酒器群与水器的"大组合"，如殷墟西区M1713①、山西闻喜酒务头墓地M1②皆出土这种"大组合"，反映祼礼使用水器的礼俗可追溯到商末时期。

可见，商周时期的祼礼不仅使用了觚、爵、尊、卣、觯、斗等酒器，还会使用到可盥手和盥祼器的水器盉、盘。从水器所放置的位置来看，盉一般放在酒器卣旁，如上举叶家山M28漆案上的盉就位于卣的一侧，这暗示在行祼礼之前需要先盥洗。古人祭祀神灵之时，要求"享祀丰絜"（《左传·僖公五年》）、"絜粢丰盛"（《左传·桓公六年》），祭品不仅要"丰"，还要"絜"。举行祼礼时，在调和郁鬯前需要有一个盥洗的过程③，正对应着祼礼要"絜"的需求。

四 余论

上述祼礼用器，核心的祼器为爵、瓒两类，一为献鬯酒之器，一为受鬯酒之器。献鬯酒者为人，受鬯酒者为神，暗示祼礼的核心在于歆神。甲骨金文中的"祼"字写作🍶、🍶形，明显是神歆鬯酒之义，此正与祼礼组合所反映出的祼仪相符。由此可知，王国维在《与林浩卿博士论〈洛诰〉

---

① 中国社会科学院考古研究所安阳工作队：《安阳殷墟西区一七一三号墓的发掘》，《考古》1986年第8期。

② 山西省考古研究院、运城市文物工作站、闻喜县文物局：《山西省闻喜县酒务头商代墓地发掘简报》，《中国国家博物馆馆刊》2022年第10期。

③ 清洗的对象，可以是祭祀者的手，也可以是祭器，甚至郁草也可清洗后再用。

书》一文中泛言祼礼的内涵在于歆神，是可信的。唯王国维后来所言祼礼起源于祼尸，则并没有多少依据，反而犯了他自己所批评的用晚期史料解读早期历史的毛病。

至于战国以后的文献何以专以灌礼解释祼礼，而不以献鬯歆神之说解释祼礼，则是有着较为复杂的原因。技术方面的原因在于祼、灌古音接近，可以通假，一些文献中的"祼""灌"互用，进而有了互训的基础。从更深层的角度来看，则与西周中晚期以后祼祭之礼的消亡，战国时人对祼祭之礼已不甚了解有关。

在东周文献中，祼礼有二。《周礼·春官·典瑞》："祼圭有瓒，以肆先王，以祼宾客。"《周礼·天官·小宰》："凡祭祀，赞王币爵之事，祼将之事。凡宾客，赞祼，凡受爵之事，凡受币之事。"一为祼祭之礼，一为祼飨之礼。从甲骨金文材料来看，商周时期的祼礼确实可以分为两类。比如：

> 辛亥，王在霯，降令曰：归祼于我多高。（盉卣，《集成》5396）
> 唯三月，王在成周，征珷祼自蒿，咸。（德方鼎，《集成》2661）
> 唯王初迁宅于成周，復禀武王豐祼自天，在四月丙戌，王诰宗小子于京室。（何尊，《集成》6014）
> （以上为祼祭材料）
> 唯正月既生霸乙未，王在周，周师光守宫，事（使）祼周师不婼。（守宫盘，《集成》10168）
> 王在莽京，禘于昭王。鲜蔑历，祼王，王赣祼玉三品、贝廿朋。（鲜簋，《集成》10166）
> 王南征，伐角、僪，唯还自征，在坯，噩侯驭方内壶于王，乃祼之，驭方侑王。王休宴，乃射。（噩侯驭方鼎，《集成》2810）
> （以上为祼飨材料）

上述祼祭材料和祼飨材料的差异，不仅体现在祼事对象上，还体现在"祼"字的字形上。上举三例祼祭材料中，"祼"字皆从"示"，写作 ⿰示果（盉卣）、⿰示果（德方鼎）、⿰示果（何尊）等形；三例祼飨材料中，"祼"字皆从"卩"（像人跪坐之形），写作 ⿰果卩（鲜簋）、⿰果卩（噩侯鼎）等形。大致而言，从"示"的"祼"字主要用于表示祼祭，从"卩"的"祼"字主要用于表示祼饗。①

有意思的是，从"示"的"祼"字主要见于晚商到西周早期阶段，从"卩"的"祼"字在西周早期后段出现，并持续存在于整个西周时期（表2-7-2）。这表明，在西周中期以后，祼礼主要以祼饗形式存在。

表2-7-2　　　　甲骨金文中两类"祼"字字形列表

"祼"字字形	从"示"	从"卩"
晚商	甲骨卜辞	
西周早期前段	德方鼎	
	何尊	
	盠卣	
	颐簋	
	内史亳同	
西周早期后段	我方鼎	不栺方鼎
	麃尊、卣	守宫盘
		伯簋
西周中期		鲜簋
西周晚期		噩侯驭方鼎
		毛公鼎

从"示"的"祼"字的消失，意味着西周早期以后的祼祭礼已有衰落的趋势。上举河北元氏县西张村出土的叔𧊒父尊、卣中的"兹小彝未祼獻"是祼祭之礼最晚的材料，其器垂腹明显，其年代可晚至西周中期前段。在此以后，金文祼祭之礼的材料，更为稀见。

祼祭之礼衰落于西周中期，尚有实物层面的证据。尊、卣、觚、爵、觯皆为祼礼用器，但这一核心酒器群究竟是祼祭用器，还是祼饗用器，尚可讨论。叔𧊒父尊、卣既然用于"祼獻"，尊卣组合自然是为祼祭献神而存在的。从字形上看，王爵"王祼彝"、内史亳觚"祼同"中的"祼"字皆作从"示"的字形，乃祼祭专用字形。这暗示，组合中的觚爵皆为祼祭

---

① 早有学者区分了两种"祼"字字形用法的差异，参见贾连敏《古文字中的"祼"和"瓒"及相关问题》，《华夏考古》1998年第3期。

之器。因此，上述酒器组合，似主要是用于祼祭，即它们作为组合群，主要是祼祭用器。

从西周墓葬考古发现来看，尊、卣、觚、爵、觯组合在西周早中期较为常见，几乎所有中高等级贵族墓葬中都有发现。然则，到了西周中期晚段以后，酒器群已经较为罕见，仅作为制作粗疏的明器出现于部分墓葬之中。这说明，用于祼祭之礼的酒器群的衰落，也在西周中期，与从文字材料层面考察祼祭之礼衰落时间基本一致。二者皆指向祼祭之礼是在西周中期衰落的事实。

根据祼祭字形与祼祭用器消失时段的一致性，我们可以大致得出这样的一个结论：由于祼祭之礼的消失，与祼祭之礼有关的酒器群，也逐渐退出了历史舞台。当然，祼祭的衰落，并非意味祼飨之礼也衰落了，西周早中期以后的祼飨之礼依旧存在。噩侯驭方鼎中的"祼"，自然可视为祼飨之礼。

祼祭之礼的衰落和消失，导致了东周时期的人们对这种祭礼较为陌生，东周人在解释和复原祼祭之礼时，自然可能要受到当时思想、习俗的影响。这大概就是战国秦汉以后的人们多用灌地降神之礼解释祼礼的原因吧。

附表2-1-1　　　　　　西周时期细腰铜觚统计表

序号	单位	年代	通高/厘米	重量/千克	觚内痕迹	与之配对	出处
1	山东滕州前掌大M120：13	西周早期	28				《滕州前掌大墓地》
2	山东滕州前掌大M120：22	西周早期	27.8				《滕州前掌大墓地》
3	陕西宝鸡竹园沟M13：7	西周早期	22.5	0.45		铜棒形器、玉柄形器	《宝鸡强国墓地》
4	陕西宝鸡竹园沟M7：327	西周早期	22.2	0.35			《宝鸡强国墓地》
5	陕西宝鸡竹园沟M7：328	西周早期	23	0.5			《宝鸡强国墓地》
6	湖北随州叶家山M28：170	西周早期	23.5	0.475		铜棒形器、玉柄形器[1]	《江汉考古》2013年第4期

---

[1] 叶家山M28细腰觚有两组，皆位于此柄形器附近，不知此柄形器具体与哪一组相配。

续表

序号	单位	年代	通高/厘米	重量/千克	瓿内痕迹	与之配对	出处
7	湖北随州叶家山 M107:11	西周早期	24.4	0.455			《江汉考古》2016年第3期
8	山西翼城大河口 M1:268	西周早期	22.2		内有木腔等	铜棒形器	《考古学报》2020年第2期
9	山西绛县横水 M3250:21	西周早期	22.4	0.52			《佣金集萃》
10	山西翼城大河口 M1017:90	西周中期	17（口略残）	0.455	内有铜腔、木腔	金质柄形器	《考古学报》2018年第1期
11	山西绛县横水 M1011:62	西周中期	22.9	0.445			《佣金集萃》
12	山西绛县横水 M2022:190	西周中期	23.4	0.46			《佣金集萃》
13	陕西庄白一号窖藏（76FZH1:85）	西周中期	25.2	0.6			《周原——庄白西周青铜器窖藏考古发掘报告》
14	陕西庄白一号窖藏（76FZH1:18）	西周中期	22.7	0.37			《周原——庄白西周青铜器窖藏考古发掘报告》
15	陕西庄白一号窖藏（76FZH1:83）	西周中期	22.7	0.6			《周原——庄白西周青铜器窖藏考古发掘报告》
16	陕西庄白一号窖藏（76FZH1:84）	西周中期	22.4	0.3	圈足内残留红色物质		《周原——庄白西周青铜器窖藏考古发掘报告》
17	陕西庄白一号窖藏（76FZH1:86）	西周中期	23.4	0.37			《周原——庄白西周青铜器窖藏考古发掘报告》
18	山西临汾天马—曲村 M6384:16	西周中期	25.8	0.505	中间有铜筒		《天马—曲村（1980—1989）》
19	陕西韩城梁带村 M27:1019	两周之际	25.5		器口内套一锥状铜器		《考古与文物》2007年第6期
20	洛阳瓿	西周早期	13.2		内有木筒、木塞、铜杵等		《铭图》9820
21	亚瓿	西周早期	22				《铭图》9831

附表2-6-1　西周早中期贵族墓葬中的铜盉出土情况简表

序号	墓葬	年代	礼器群是否按功能分区	盘、盉出土情况	盘盉空间位置关系	出处
1	山东滕州前掌大 M11	西周早期前段	√	盘1、盉1	A组	《滕州前掌大墓地》
2	北京房山琉璃河 M251	西周早期前段	√	盘1、盉1	A组	《琉璃河西周燕国墓地》
3	北京房山琉璃河 M253	西周早期前段	√	盘1、盉1	A组	《琉璃河西周燕国墓地》
4	湖北随州叶家山墓地 M65	西周早期后段	√	盘1、盉1	A组	《江汉考古》2011年第3期
5	湖北随州叶家山墓地 M27	西周早期后段	√	盘1、盉1	A组	《文物》2011年第11期
6	山东济阳刘台子 M6	西周早期后段	√	盘1、盉1	A组	《文物》1996年第12期
7	陕西长安花园庄 M17	西周中期前段	√	盘1、盉1	A组	《文物》1986年第1期
8	山西绛县横水墓地 M2158	西周中期前段	√	盘1、盉1	A组	《考古》2019年第1期
9	山西绛县横水墓地 M1011	西周中期后段，礼容器年代略早	√	盘1、盉1	A组	《考古学报》2022年第1期
10	山西天马—曲村 M6384	西周中期前段	√	盘1、盉1	A组	《天马—曲村（1980—1989）》
11	河南鹿邑长子口大墓	西周早期前段	√	盘1、盉1	B组	《鹿邑太清宫长子口墓》
12	陕西泾阳高家堡 M4	西周早期前段	√	盘1、盉1	B组	《高家堡戈国墓》
13	陕西宝鸡石鼓山 M3	西周早期前段	√	盘1、盉1	B组	《文物》2013年第2期
14	甘肃灵台白草坡 M2	西周早期前段	√	盘1、盉1	B组	《考古学报》1977年第2期
15	陕西宝鸡竹园沟 M13	西周早期后段	√	盘1、盉1	B组	《宝鸡㚄国墓地》
16	山西翼城大河口墓地 M1	西周早期后段	√	盘1、盉1	B组	《考古》2011年第7期
17	湖北随州叶家山墓地 M28	西周早期后段	√	盘1、盉1	B组	《江汉考古》2013年第4期
18	湖北随州叶家山墓地 M111	西周早期后段	√	盘1、盉1	B组	《江汉考古》2020年第2期
19	山西翼城大河口墓地 M1017	西周中期前段	√	盘1、盉1	B组	《考古学报》2018年第1期
20	河南平顶山北滍村 M84	恭王世	√	盘1、盉1	B组	《文物》1998年第9期

续表

序号	墓葬	年代	礼器群是否按功能分区	盘、盉出土情况	盘盉空间位置关系	出处
21	山东滕州前掌大 M120	西周早期前段	√	盉 1	B 组	《滕州前掌大墓地》
22	陕西扶风庄李 M9	西周早期后段	√	盉 1	B 组	《考古》2008 年第 12 期
23	山东滕州前掌大 M18	西周早期前段	√	盉 1	B 组	《滕州前掌大墓地》
24	山西绛县横水墓地 M2	西周中期前段	×	盘 1、盉 1		《文物》2006 年第 8 期
25	陕西扶风齐家村 M19	西周中期前段	×	盘 1、盉 1		《文物》1979 年第 11 期
26	陕西宝鸡茹家庄 M1	西周中期前段	×	盘 1、鋬 1		《宝鸡𢀖国墓地》
27	山西绛县横水 M2022	西周中期前段	×	盘 1、盉 1		《考古学报》2022 年第 2 期
28	河南洛阳中州路 M816	西周中期后段	只有食器+盉	盉 1		《洛阳中州路》
29	山西翼城大河口墓地 M2002	西周中期前段	只有食器+盘、盉	盘 1、鸟形盉 1		《考古学报》2018 年第 2 期

第三章　商周青铜铙组合研究

"铜铙"是指流行于晚商到西周中期的一种带柄合瓦形青铜击奏体鸣乐器，罗振玉依据《周官·地官·鼓人》注"铙如铃，无舌，有秉，执而鸣之"称这类带柄合瓦形青铜乐器为"铙"①，学术界一般沿用这一称呼。从考古学上的分类而言，"铙"可分为北方小铙和南方大铙，本章所要讨论的内容，主要是针对北方小铙而言的。若无说明，本书所说铜铙，多指北方小铙。

铜铙是年代最早的青铜钟类乐器，对商周礼乐文明有着重要影响，学术界因而对其有较多的关注。除了定名，学术界对铜铙的研究还涉及铜铙的起源、组合、与甬钟的源流关系、音律等方面，相关内容取得了很大成果。但我们也要看到，由于铜铙形制单一，铭文简单，学术界对铜铙的组合、使用方式等问题，尚有研究不足的地方。对此，笔者认为，我们有必要立足于铜铙的组合，对相关问题进行更为深入的讨论。

第一节　北方地区出土商周无环铙诸问题研究

据笔者统计，商周时期北方地区考古遗址至少已经发现83件铜铙（见附表3-1-1）②，主要分布于河南、山东、山西三省，陕西宝鸡地区也发现一件。这些铜铙的基本形制是似铃无舌而带柄，体部呈合瓦形，两侧角往往尖锐；口部多呈凹弧形，鼓部往往有方形凸起，以为受击点；管

---

① 罗振玉：《古器物识小录》，载《雪堂类稿·甲·笔记汇刊》（新世纪万有文库），辽宁教育出版社2003年版，第480—481页。
② 小铙主要出土于北方地区。北方地区之外，笔者仅见2002年安徽寿县苍陵城遗址出土一件（《安徽江淮地区商周青铜器》，文物出版社2014年版，第14页），在形制上与晚商时期常见的兽面纹铜铙一样。这件铜铙为南方地区孤例，出土背景不明，共存器物较少，可以不用讨论。

状柄中空，与体腔相通。铜铙往往成组出土，每组铜铙形制往往一致，大小相次。

商周北方地区铜铙可以依据柄部（或称"甬部"）特征分为两型：无环型、有环型。所谓"无环铙"，是指柄部没有半圆形环的一类铜铙，共出土79件，是铜铙的主流形态。无环铙的柄部较粗，作筒状形，上细下粗，末端往往加厚。本节主要讨论无环铙，下一节会专门讨论有环铙相关问题。需要说明的是，无环铙与有环铙的诸多问题是相通的，无环铙的名称、组合方式，同样适应于有环铙，在此类方面并不特别需要区分是否有环。

一 关于青铜铙的古名问题

学术界同样知道，"铙"未必就是铜铙的古名，故又有学者提出"钲"[①]或"铎"[②]是铜铙的古名，皆有不合理之处。李纯一先生认为铙本以竹木为之，甲骨文中"庸"字就是铜铙的古名。[③] 这一观点影响较大，学术界多相信此观点，但尚有可以补充的地方。在传世文献中，"庸"是一种大钟。《诗经·商颂·那》："庸鼓有斁，万舞有奕。"毛传："大钟曰庸。""庸"，又作"镛"，《说文·金部》《尔雅·释乐》皆训为"大钟"。《诗经·大雅·灵台》："虡业维枞，贲鼓维镛。"郑玄笺："贲鼓，大鼓也。镛，大钟也。"若依这一注释，"庸"是种体型较大的乐器，绝非北方铜铙所能比拟的。所以裘锡圭先生认为南方地区所出的大铙，才是甲骨金文及传世文献中的"庸"。[④] 然则，商周大铙只见于南方地区，而没有出现于北方地区，殷人应该不会在甲骨文中频繁记录这种非殷墟所有的器物。从"庸"可写作"镛"来看，这一乐器必然是金属制器物，是一种铜乐器，而非木、陶制乐器。这种铜制"庸"具有明显的时空特征：在时间上，从晚商时期使用到西周时期，此后基本不见；在地域上，流行于北方地区。就考古发现的商周金属乐器而言，仅铜铙符合"庸"的这一时空特

---

① 容庚：《商周彝器通考》，中华书局2012年版，第485—486页。
② 郭沫若：《两周金文辞大系图编·序说》，科学出版社2002年版，第69—70页。
③ 李纯一：《试释用、庸、甬并试论钟名之演变》，《考古》1964年第6期；《庸名探讨》，《音乐研究》1988年第1期。
④ 裘锡圭：《甲骨文中的几种乐器名称》，载《裘锡圭学术文集·甲骨文卷》，复旦大学出版社2012年版，第36—47页。

征。故笔者赞同李纯一先生的观点，认为甲骨金文常见之"庸"，就是本文所要讨论的铜铙，而非南方大铙。

如果认为"庸"是小铙，我们就需要解决汉代经学家为何训"庸"为大钟问题。对此，笔者认为，或是经学家错把"镛"当作了"鎛"的缘故。《尔雅·释乐》："大钟谓之镛。"郭璞注："《书》曰：'笙镛以间。'亦名'鎛'，音博。"三国时期经学家孙炎也有类似的注。"鎛"就是我们常说的青铜"镈"。《仪礼》中的"鎛"，《释文》中则写作"镈"。戴家祥先生很早之前就指出，在古文字中，"镛""鎛"及相关的异体字字形接近，传世典籍中"镛""鎛（镈）"不互见，认为典籍中的"镛"就是"鎛"之误变。① 戴说"镛""鎛"及相关的异体字因字形接近，而存在误释的可能性，应该是正确的，否则郭璞也不会认为"镛"就是"鎛"。但是，他又把典籍中的"镛"都视为"鎛"之误变，则明显与甲骨金文中早已存在的乐器"庸"不符。因此，笔者认为，很可能是汉代经学家看到"镛""鎛"字形的接近，且典籍中二者不共出，才认为二者可能是同一种乐器。若此，就可以解释经学家何以用大钟训"庸"的问题，因为在汉代经学家的著作中，"镈""鎛"都可以训为"大钟"。② 据此，笔者认为，汉代经学家训"庸"为大钟，不足为据。"庸"确应指北方地区出土之青铜小铙。

虽然铜铙的古名为"庸"，但由于学术界已经习惯称其为"铙"，称"庸"反而会引起定名上的混乱。故本书依旧沿用"铜铙"的名称。

二 无环铙出土情况与文化因素分析

目前，考古所见年代最早的无环铙，出自1976年安阳小屯5号墓，即著名的妇好墓，妇好墓出土五件铜铙，铜铙形制基本一致，钲面饰"回"字形凸弦纹，鼓部光素，柄内有朽木。③ 这五件铜铙可以分两组，一组的鼓内壁有"亚弜"铭文，两件；另一组无铭文，三件。最大一件铜铙通高14.4厘米、柄长5.7厘米，有"亚弜"铭文（图3-1-1，1）。妇好墓虽

---

① 戴家祥：《释甫》，载《戴家祥学术文集》，上海人民出版社2012年版，第246页。
② 《尔雅·释乐》注中，李巡、孙炎等人都训"镛（庸）"为大，然典籍中的"庸"字本无此训，有此训的是"甫"。这也可以视为汉代经学家混训二字的证据。
③ 中国社会科学院考古研究所编著：《殷墟妇好墓》，文物出版社1984年版，第100页。

然是殷墟二期墓葬，但该墓出土的亚弜大圆鼎可能要早到殷墟一期晚段①，亚弜铜铙年代或也在此时。

殷墟时期的铜铙多为无环型铜铙，钲部一般饰弦纹或兽面纹两种纹饰。弦纹铙是最早出现的铜铙形制，如妇好墓所出 5 件铙皆为弦纹铙。安阳郭家庄东南 M26、高楼庄 M8 所出弦纹铙虽稍微晚于妇好墓，但也都在殷墟二期范围内。② 殷墟二期以后，殷墟本地铜铙多为兽面纹铙，较少饰"回"字形弦纹。不过，殷墟之外的铜铙，如河南温县小南张出土的编铙、郑州博物馆征集的舌族铜铙③及山东惠民大郭出土铜铙，依旧饰弦纹铙，年代应该不会太晚。殷墟之外的这三处遗址，学术界一般认为是商文化遗址。

兽面纹铜铙最早见于殷墟文化第二期墓葬，如 1983 年安阳大司空 M663 所出铜铙。大司空 M663 为殷墟二期墓葬，出土 3 件铜铙，铜铙口内凹成弧形，平顶，口大于顶，钲部饰云角兽面纹，柄部中空，鼓内壁有铭文"古"字（图 3-1-1，2）。④ 在殷墟遗址，兽面纹铜铙自出现后，就迅速取代了弦纹铙，成为最主要的铜铙类型，殷墟三、四期墓葬中的铜铙，多饰兽面纹。兽面纹铜铙向外扩散时间较晚，目前只在商末的山东、山西两个地区有发现。在山东，商末的前掌大墓地、苏埠屯墓地和沂源东安村遗址都有出土。这些遗址一般被认为是晚商时期商文化在东土地区的分布点。在山西，闻喜酒务头墓地 M1 也出土了兽面纹铜铙，该墓地常见腰坑、殉狗，部分墓葬还有殉人，随葬典型殷墟组合器物，这些都证明酒务头墓地有着浓厚的商文化色彩。

综上，在殷墟时期，整个北方地区所出土的铜铙，无论是弦纹铙，还是兽面纹铙，皆出自商文化遗址之中。可见，殷墟时期的铜铙，具有典型的商文化因素。这一点已成为学术界的共识⑤，学术界早年称商代铜铙为"殷钟"，也反映了此种认识。

---

① 岳洪彬：《殷墟青铜礼器研究》，中国社会科学出版社 2006 年版，第 139 页。
② 高楼庄 M8 材料公布不全，且图片模糊，不利于精确断代，很多著作将此墓年代归为殷墟三期。就高楼庄公布的材料（《考古》1963 年第 4 期）来看，仅斝、壶二器年代最易确定，而二器都是典型的殷墟早期器物。因此，笔者认为此墓的年代应该是殷墟二期，而非殷墟三期。
③ 汪培梓：《郑州"舌"铭铜铙时代与性质浅析》，《中原文物》2016 年第 5 期。
④ 中国社会科学院考古研究所安阳工作队：《1983 年安阳大司空村东南的一座殷墓》，《考古》1988 年第 10 期。
⑤ 就最新的研究成果而言，常怀颖先生对殷周时期北方地区铜铙的文化属性有较为详细的分析，参考常怀颖《论商周之际铙钟随葬》，《江汉考古》2014 年第 1 期。

第三章　商周青铜铙组合研究　　171

1. 小屯 M5：839.1　　2. 大司空 M663：4　　3. 威海环翠 M1：4

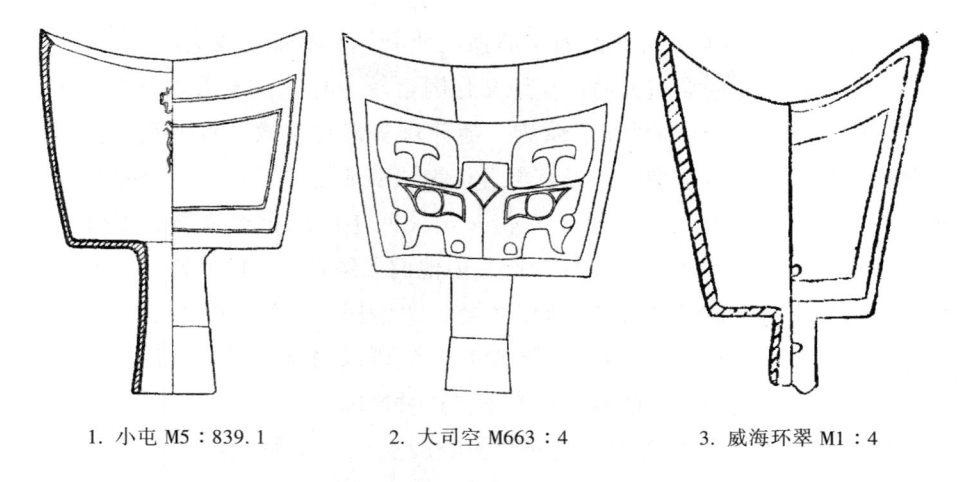

图 3-1-1　商周无环铙举例

到了西周时期，无环铙依旧时有出现，尤其流行于西周早期。比如，鹿邑长子口大墓、河南洛阳林校车马坑、宝鸡竹园沟 M13、翼城大河口 M1 等单位所出铜铙，皆为西周早期铜铙，其中长子口大墓出土 2 组兽面纹铜铙。年代最晚的无环铙见于 1997 年山东威海环翠一座被破坏的墓葬中。该墓被追回铜器中有铜铙 2 件，钲部饰"回"字形凸弦纹，外圈弦纹已经接近器口，柄部和钲面都有圆孔（图 3-1-1，3）。[1] 据报告，此墓年代为西周中期。朱凤瀚先生认为，墓葬年代为西周中、晚期之际。

西周时期出土铜铙的各遗迹单位的文化属性较之晚商时期更为复杂。除了威海环翠 M1 由于被破坏严重无法归类外，西周时期出土铜铙的遗址在文化属性上，或与殷遗民有关，或受殷系文化影响较大。鹿邑太清宫长子口大墓是典型的殷遗民墓葬，除了常见的腰坑、殉狗、殉人等殷文化要素，该墓还出土大量带有"长子口"铭文铜器，与安阳发现的花东 M54 "亚长"铭文属于同一族氏。洛阳林校车马坑位于瀍河，瀍河以东发现有大量的殷遗民墓，是殷遗民的生活区，林校附近还曾发现西周祭祀遗址[2]，包括多个人牲坑，显示出殷遗民的文化特色。可见，鹿邑长子口大墓和洛

---

[1] 郑同修、隋裕仁：《山东威海市发现周代墓葬》，《考古》1995 年第 1 期。此铜铙，与山东地区句鑃形制已经较为接近，有学者认为二者存在渊源关系（刘杨：《青铜句鑃起源探究》，《文物鉴定与鉴赏》2021 年第 23 期）。

[2] 周立、石艳艳：《洛阳西周早期大规模祭祀遗存的发掘》，《中国文物报》2011 年 6 月 17 日第 4 版。

阳林校车马坑内的铜铙可能都属于殷遗民所有，具有殷系文化特征。

　　出土两组编铙的翼城大河口墓地文化因素较为复杂，该墓地中有一些殷系文化的因素，如 M1 有腰坑、殉狗，随葬众多带有族徽或日名铜器。大河口墓地地处晋国始封范围，所以有学者认为该墓地是《左传·定公四年》所载分唐叔的"怀姓九宗"①。从《左传·定公四年》的记载来看，被分给晋国的"怀姓九宗"虽然不是子姓族氏，但他们无疑是商人的同盟军，是对抗周人而被周人打败的"战俘"，所以才会如"殷民六族""殷民七族"一样被分给新的封国。从这点来看，"怀姓九宗"可以归属于受殷文化强烈影响的族群。大河口墓地出土的铜铙未尝不是这种影响的余绪。

　　周人灭商后，殷系文化不仅继续影响殷遗民及臣服于周人的原商人盟友，还对周人及其盟友产生了重要影响，这点也体现在乐器的使用上。常怀颖先生曾指出，北方铜铙的器主以殷商贵族及殷遗民为多，未发现姬姓周人使用编列小铙。② 这一观点针对目前已发现的考古材料而言，大体是可以接受的。但是，若我们将考察视野扩展到文献材料，就会发现问题所在。在文献材料中，多处提到周人使用铜铙。比如：

　　　　王奏庸，大享一终，王拜手稽首。王定，奏其庸，大享三终。
　　　　　　　　　　　　　　　　　　　　　　　　《逸周书·世俘》
　　　　文王监在上，丕显王作眚（笙），丕肆王作庸。
　　　　　　　　　　　　　　　　　　　　　　天亡簋（《铭图》5303）
　　　　虡业维枞，贲鼓维镛。　　　　　　　　　《诗经·大雅·灵台》

此三份文献，都是可信的西周文献，前两篇文献的年代可早到周初。在这三份文献中，前两份文献中的"王"皆指周武王，是周武王使用"庸（铜铙）"的可信证据。第三份文献是周人歌颂文王之诗，说明周人在自己的意识中，并没有把"庸（铜铙）"视为殷文化所独有的乐器，否则这种乐器绝不会出现在歌颂文王的诗中。据这三份早期文献可知，姬姓周人可以使用铜铙。

---

　　① 田伟：《试论绛县横水、翼城大河口墓地的性质》，《中国国家博物馆刊》2012 年第 5 期。
　　② 常怀颖：《论商周之际铙钟随葬》，《江汉考古》2014 年第 1 期。

姬姓周人之所以曾使用过殷人的乐器，并非可惊讶之事，文献中给出了充足的理由。在可信的《今文尚书》中，《微子》一篇记载了微子与"父师"（《史记》作"太师"）、"少师"对话，结尾记载二师"不顾行遁"，即要从殷王朝出走。《微子》中的二师，历代学者都认为是乐官，即《汉书·律历志》所说的"乐官师瞽"之辈。对于二师所要奔走的地方，《史记·殷本纪》谓："殷之大（太）师、少师乃持其祭乐器奔周。"明确指出二师带着祭乐器归顺了周政权。殷人的乐官、乐器流亡于周，自然可以为姬姓周人使用殷人乐器提供合理的历史背景。

目前考古遗址尚没有发现典型姬姓贵族使用铜铙的材料，或与西周早期高等级姬姓贵族墓葬发现较少有关。湖北随州叶家山墓地虽然发现了不少西周早期高等级姬姓贵族墓葬，但叶家山墓地位于南方，南方地区多流行大铙，而非小型铜铙的分布区，故叶家山墓地没有发现铜铙实属正常。总之，我们有必要据文献所载，对未来北方地区姬姓贵族墓葬中出现铜铙之事抱有期望。

可见，西周时期使用铜铙的群体更为广泛，铜铙不仅仅见于殷遗民文化系统，非殷遗民文化系统的族群，也会使用铜铙。

三 编铙方位研究

关于铜铙的组合方式，学术界是有争议的。根据附表3－1－1可知，在保存较好的墓葬中，一墓中的铜铙多者可以5件或6件，少者可以3件，且以3件为多。那么，是究竟按照三件一组的惯例来认识铜铙组合呢，还是应该按照墓葬中铜铙的实际数量来认识铜铙的组合呢？学者们因此产生了不同的认识。一种观点认为，商周铜铙的组合，要以墓葬中的铙数为准，有多少件铜铙，就使用什么样的组合。另一种观点则认为，墓葬中若随葬超过3件的铜铙，就有可能是多组铜铙组合，每一种组合就是一组编铙。以著名的殷墟妇好墓为例，该墓出土5件铜铙，学术界或认为这5件铜铙为一组编铙[1]，或认为分属两组编铙[2]。王秀萍先生从铭文、大小、锈蚀程度等方面，系统论述妇好墓5件铜铙应分为两组，并认为商代编铙的

---

[1] 王子初：《残钟录》，上海音乐学院出版社2004年版，第306页；李纯一：《先秦音乐史》，人民音乐出版社2005年版，第55页；中国社会科学院考古研究所编著：《殷墟的发现与研究》，科学出版社1994年版，第300页。

[2] 朱凤瀚：《中国古代青铜器》，南开大学出版社1995年版，第234页。

基本组合规律为三件一组。① 常怀颖先生同样认为晚商编列小铙以三枚为列组基数。② 这些观点基本可信。妇好墓是高等级贵族墓葬，墓中的礼器未必仅有一套。比如，妇好墓出土53件铜觚、40件铜爵，这些铜觚、铜爵应该被视为多组组合，而不能认为是一组由53件铜觚、40件铜爵形成的组合模式。③ 参考妇好墓的多组成套觚爵，妇好墓五件铜铙可以按照形制、铭文分为两组，代表两组编铙，只是其中亚弜组铜铙由于某些原因，没有随葬齐备，仅随葬了三件铜铙中的两件。据此，笔者也赞同商周编铙为三件一组的基本组合模式。

在组合方面，除了学术界业已提到的三件一组的编铙组合外，尚有两个问题可以讨论：第一，编铙在使用时位置的问题；第二，编铙与其他乐器的组合问题。本节先讨论编铙在使用时位置的问题，本章第三节再讨论第二个问题。这里需要先说明，就是编铙可以与其他类型敲击乐器组合，如与磬组合、与鼓组合等。

在有铭铜铙中，有一些"中"字铭铙，如安阳郭家庄M160（图3-1-2,1）④、殷墟西区M699（图3-1-2,2）⑤各有三件柄部铭"中"字铜铙，台北"中央研究院"历史语言研究所与上海博物馆也各藏一件柄部铭"中"字铜铙（《集成》370、371）。对于这些"中"铭，学术界多认为它们是族徽铭文。⑥ 与"中"铭类似，部分传世铜铙还有"左""右"铭，如吉林大学历史系收藏一件亚覅铙，腔内有"亚覅"铭，柄部有"左"铭（《集成》403）。再如，《商周青铜器铭文暨图像集成》也著录一件亚覅铙，腔内有"亚覅□辛"四字，柄部有"又（右）"字（《铭图》15913）。这两件铜铙中的"左""右"铭文也皆在铙的柄部，不在铙的内壁。

---

① 王秀萍：《殷墟妇好墓铜铙组合方式新探》，《南京艺术学院学报》（音乐与表演版）2012年第3期。
② 常怀颖：《论商周之际铙钟随葬》，《江汉考古》2014年第1期。
③ 岳洪彬：《论妇好墓随葬铜觚爵的配制及相关问题》，载《三代考古》（七），科学出版社2017年版。
④ 中国社会科学院考古研究所编著：《安阳殷墟郭家庄商代墓葬：1982年—1992年考古发掘报告》，中国大百科全书出版社1998年版，第104页。
⑤ 中国社会科学院考古研究所安阳工作队：《1969—1977年殷墟西区墓葬发掘报告》，《考古学报》1979年第1期。
⑥ 中国社会科学院考古研究所编著：《安阳殷墟郭家庄商代墓葬：1982年—1992年考古发掘报告》，中国大百科全书出版社1998年版，第125页；谢明文：《商代金文研究》，中西书局2022年版，第53页。

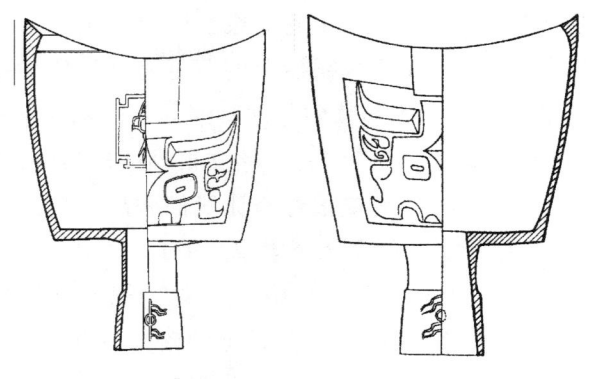

第三章　商周青铜钺组合研究　　175

1. 郭家庄 M160：41　　2. 殷墟西区 M699：4

图 3-1-2　殷墟所出中钺举例

铜钺有铭，且以族徽铭文为主，族徽铭文的位置多位于钺身，常见于腔内，钺柄虽也可铸族徽铭文，然并非普遍现象。比如，在殷墟墓葬所出铜钺中，除了上举两组"中"钺外，还有 7 组 20 件有铭铜钺，这些铭文基本上都是确凿无疑的族徽铭文，其中 6 组 17 件铭文皆铸在腔内，剩下 1 组铭文铸在壁外"台面"上，无一例铸在柄上。[①] 再如，《商周青铜器铭文暨图像集成》一书著录 74 件晚商和西周时期有铭铜钺（《铭图》15851—15924），排除 10 件待讨论的"左""中""右"铜钺，剩下 64 件铜钺中，族徽铭文在钺柄的仅 9 件，占比为 14%；族徽铭文在钺身的有 55 件，占比为 86%。这两组数据足证钺柄铸族徽铭文的现象并非主流。但是，铜钺的"左""中""右"铭文皆位于柄部，凡 6 组 10 件，这就与铜钺族徽铭文多位于钺身的规律相违背。如果铜钺的"左""中""右"铭文不表示位置，而是族徽，何以所有与方位有关的族徽铭文都会被铸造在柄部，而没有一例被铸在钺身呢？这明显与铜钺族徽铭文多铸在钺身的现象不符。

而且，殷墟西区 M699 所出铜钺、历史语言研究所与上海博物馆藏铜钺都仅有"中"铭，没有其他铭文，若"中"是族徽铭文，最应该被铸在

---

① 这些墓葬包括：妇好墓（《殷墟妇好墓》）、花东 M54（《安阳殷墟花园庄东地商代墓葬》）、53 大司空 M312（《考古学报》第 9 册）、58 大司空村 M51（《考古通讯》1958 年第 10 期）、83 大司空 M663（《考古》1988 年第 10 期）、04 大司空 M303（《安阳大司空——2004 年发掘报告》）、戚家庄 M269（《考古学报》1991 年第 3 期）。

鼓内壁，而不是柄部。郭家庄 M160 铜铙除了柄部"中"字外，其鼓内壁有"亚禀止"铭文，与 M160 其他铜器上的"亚禀止"族徽铭文一致，若将"中"也视为族徽铭文，则与墓中其他青铜器上的铭文无法对应。这就再次证明铜铙柄部的"左""中""右"铭文很难被视为族徽铭文。

这些"左""中""右"铜铙很容易让我们联想起传出安阳武官村西北冈 1001 号大墓的左、中、右盉（《集成》9315、9316、9317），研究者普遍认为墓葬中出现的这类"左""中""右"铜器与祭品摆放位置有关。① 实际上，不独"左""中""右"盉上的铭文与方位有关，甲骨文中也存在大量表示方位的"左""中""右"②，如：

乙未卜，□贞：立事于南，右从我，中从𭴄，左从曾。
　　　　　　　　　　　　《合集》5504（《合集》5512 同文）【宾出】
辛酉卜：又（侑）汇，弜殷在右立（位）。
　　　　　　　　　　　　　　　　　　《合集》27884【历无】
壬辰卜：子障宜，右、左惠庹用，中惠䥽用。
壬辰卜：子亦障宜，惠䥽，于左、右用。　　　　《花东》198

前一条卜辞中的"左""中""右"代表着位于此三个方向的军队，后两条卜辞中的"左""中""右"是祭品摆放的位置。这样看来，铜铙铭文"左""中""右"很可能也反映了编铙所处的位置。

《合集》31017：

庸壴（鼓）其罙熹壴（鼓）障。
弜障。

这里的"障"，与上举《花东》198"障宜"之"障"同义，都表示置放、陈设之义，陈设的方法就是要看什么方位合适。"庸"既然需要陈设，自然就要涉及左、中、右的方位，就如同《花东》198 中"障宜"一样。

---

① 岳洪彬：《殷墟青铜礼器研究》，中国社会科学出版社 2006 年版，第 271 页。
② 赵鹏：《谈谈殷墟甲骨文中的"左"、"中"、"右"》，载《甲骨文与殷商史》（新四辑），上海古籍出版社 2014 年版。

由于部分铜铙本身就铭有方位，对于这些铜铙而言，《合集》31017中的"䧅庸"极有可能是按此方位来摆设编铙的位置。

　　编铙存在多种形式的组合，既有与其他编铙的组合，也有与非铙乐器的组合。对于编铙与编铙的组合，如妇好墓、长子口大墓所出的两组编铙，这两组编铙组合使用时，很可能要分出左、右。上举两件亚䪌铜铙，皆为"亚䪌"族所有，它们形制相同，极有可能时代相近，暗示"亚䪌"族在一定时间内同时使用过左、右两套编铙。当"亚䪌"族使用左、右两套编铙一起演奏时，"左"铭的那一组编铙就应该放在左边使用，"右"铭的那一组编铙应该放在右边使用。

　　不过，如果"中"铭铜铙也表示其在几组编铙组合时的位置关系，就意味着商周时期尚有三组编铙组合使用的方式。这固然存在着可能性，但目前尚没有在商周墓葬中发现三组铜铙共出的例子，三组编铙组合缺乏实物证据。对此，我们需要注意到，商代"左""中""右"的位置关系，并不限定于同类或同形事物，不同的事物依旧可以构成"左""中""右"的位置关系，如上举《花东》198 所载鹰、斞就不相同。再如，《合集》1064"……伐不三人，以中宜宰"，辞虽残，然人牲之外，中间奉之宰牲的意思极为明确，这是人牲与宰牲组成位置关系。铜铙既然可以与其他类型乐器组合使用，那么铜铙柄部的"左""中""右"铭文，未尝不是表示其与其他类型乐器组合使用时的位置关系。其中，"中"铭铜铙意味着此组编铙位于乐器组合的中间位置。

　　总之，铜铙柄部的"左""中""右"铭文应该是表示方位的文字，非族徽铭文，"左""中""右"方位符合铜铙的多层次组合关系。

四　无环铙装架方式复原

　　在了解商周铜铙组合情况后，我们自然需要对无环铙使用方法进行简单探讨。学术界过去认为铜铙主要是手持乐器，如罗振玉认为铙柄中空便于续木执持[①]，陈梦家先生直接称其为"执钟"[②]，这点确实适合柄部较细的铜铙。比如，鹿邑长子口大墓 1 组铜铙（编号为 149、152、153）柄部

---

　　① 罗振玉：《古器物识小录》，载《雪堂类稿·甲·笔记汇刊》（新世纪万有文库），辽宁教育出版社 2003 年版，第 480—481 页。

　　② 陈梦家：《中国铜器综述》，中华书局 2019 年版，第 157 页。

较细，发掘报告认为无法装木柄，只能手持。这种细柄铜铙确实可以被称为"执钟"。

不过，对于绝大多数无环铙而言，似是植木使用。在附表3-1-1中，不少无环铙的柄部都残留朽木痕迹，意味着多数铜铙都是插入木柄使用的。有学者认为插入木柄的原因是便于手持，但粗柄类铜铙柄长一般在6—8厘米（以编铙中最大一件为例），不用插木就可以一握，这暗示粗柄类铜铙插木的原因很可能不是为了手持。而且，手持铜铙，铜铙容易晃动，敲击时很容易音色不准。故此，笔者认为，铜铙的主流使用方式，应非手持。

关于铜铙的使用方法，甲骨金文有"置庸"一词：

……其置用（庸）于丁……　　　　　　《合集》1989【宾出】

□□［卜］，出贞：其置新用（庸）。九月。

《合集》25901【出一】

其置庸壴，于既卯。　　　　　《合集》30693【无名组】

己酉，戍铃尊宜于召，置庸，啻九律，啻赏贝十朋。万刻用宓丁宗彝，在九月，唯王十祀叠日。五佳来束。万刻方彝（《集成》9894）

与"置庸"类似，甲骨文还有"置鞀"（《合集》22543）、"置壴（鼓）"（《合集》32419、34478）等辞，皆是建置乐器的意思。"置"字，甲骨文中一般写作"𥃲""𥃳"形，可隶定为"𥃱"，裘锡圭先生认为此字象征以两手置物于器架，其中"冂"旁就是器架之形。[①]

"置庸"，就是把铜铙安置于铙架上。河南鹿邑长子口大墓东椁室以出土乐器、兵器为主，椁室中部有一南北向的灰痕，外涂朱砂，长约1.5米，宽0.06米，6个铜铙散乱分布在灰痕附近，发掘报告认为此灰痕当为铙架木痕。[②] 这是铜铙植架的考古学证据。问题是，铜铙是如何装置于铙架上的呢？笔者认为，这一问题的解决，尚需要从多个角度来讨论。

首先，商周的铜铙多是按照三件一组的编铙组合使用，三件铜铙的形制相似，大小递减，铜铙的摆放位置，很可能是以其体型为依据的。长子

---

① 裘锡圭：《甲骨文中的几种乐器名称》，载《裘锡圭学术文集·甲骨文卷》，复旦大学出版社2012年版，第36—47页。
② 河南省文物考古研究所、周口市文化局编：《鹿邑太清宫长子口墓》，中州古籍出版社2000年版，第20页。

口大墓出土的一组编铙（编号为152、153、149），按大、中、小体型一字南北向排开，正与铙架的灰痕方向一致，说明铜铙安置于铙架时，确实是按体型编列的。这与两周时期编钟、编磬的编列方式是一致的，当无可疑。其次，岳洪彬先生已经指出，殷墟青铜器纹饰是有方向性的，青铜器的摆放位置必须符合其方向性，而铙上纹饰的方向决定了铙柄向下、铙口向上的摆放方式。① 最后，《诗经》曾对铙架做过简单描述。上举《诗经·大雅·灵台》有"虡业维枞，贲鼓维镛"之句，毛传曰："植者曰虡，横者曰栒。业，大版也。枞，崇牙也。"可见"虡业维枞"是描述鼓和铙的架子形状，这一架子的形状主要有立柱"虡"、横梁"栒"（《释名》谓"簨"）、横梁上的装饰之物"业"与"枞"等。

据上述三点，笔者复原了铙架，及编铙装于架上的情形，如图3-1-3所示。铙架的底座参考了屯西大墓与侯家庄HPKM1217中的十字形架座。

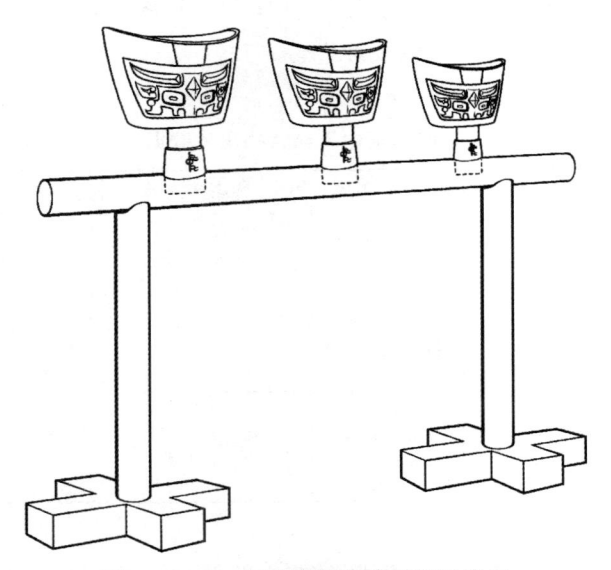

图3-1-3　铜铙安置方式复原示意图

图3-1-3所展示的铜铙安置方式，还有古文字材料可以参考。上文所引"置庸"的古文字材料中，万刻方彝中的"置"字写作"𤴑"，与一般的"置"字略有差异，其特点是器架之上有分叉的"丫"形，正与铙架

---

① 岳洪彬：《殷墟青铜器纹饰的方向性研究》，《考古》2002年第4期。

之上的三铙对应，暗示"𠭯"形的"置"字有可能是置放铜铙的专用字形。《合集》25371有辞，"来早王其㪔丁，汎，𦈢（置）新……"，"𦈢"也是类似于"𠭯"的字形。参考《合集》1989"其置用于丁……"、《合集》25901"其置新用"等，可以推测《合集》25371后面所残的辞很可能就是"用（庸）"。若此，则"𦈢"可以进一步说明，甲骨文中部分"置庸"之"置"字字形，象铜铙置架之形。

除了甲骨金文中"置"字的字形，金文族徽也可以提供一定的线索。上举《集成》6761"𩰫"铭铜觚，"𩰫"字之上的"ⲨⲨⲨ"部固然可能是单纯的装饰物品，但也可能是安置于鼓架之上的乐器。类似材料还有《集成》1137著录的一件鼎铭，写作"𩰫"，器架上的三件器物无疑与"𩰫"字中"ⲨⲨⲨ"形所表示的器物相同。这类器物可以与鼓连用，且三件一组，应该就是编铙。

可见，无论是考古材料，还是从甲骨金文及族徽铭文材料，都足以支持笔者作出的铜铙装置方式的复原图。

表 3-1-1　　　　　　　三座大墓中乐器架的尺寸数据

	架梁长度	立柱间距离	立柱高度	其他	出处
鹿邑长子口大墓	1.5 米（铙架）				《鹿邑太清宫长子口墓》
屯西大墓		1.2—1.3 米（推测为铙架）		此墓磬架立柱高度在 1 米以上，立柱间距离约为 1 米	《考古》2009年第 9 期
侯家庄HPKM1217	第一组①: 2.26 米第二组: 2.25 米	第一组：1.2—1.3 米第二组：约 1.3 米	第一组：1.3 米第二组：1.3 米		《侯家庄第六本·1217 号大墓》

针对图 3-1-3 所作的复原图，笔者认为尚需要对铙架尺寸作简单说明。目前，能说明铙架尺寸的数据，主要有三组（表 3-1-1）。据表 3-1-1，可推知铙架梁（即文献中的"簨"）长度在 1.5—2.2 米，这

---

① 由于发掘报告认为侯家庄 M1217 西墓道仅有鼓、磬两种乐器，故发掘报告仅给出鼓架、磬架两组数据，第一组乃发掘报告中鼓架数据；第二组乃发掘报告中磬架数据。又由于此墓中的乐器与乐器架分开放置，故无法将乐器与乐器架精确对应，只能把所有乐器架数据列出，作为讨论铙架的参考数据。

一长度要略长于两立柱（即文献中的"虡"）间的距离，这是因为架梁两端一般都要超出立柱部分。立柱的高度代表了铙架的高度，从表3-1-1来看，铙架的高度约为1.3米，这与屯西大墓磬架高度一致。当铜铙装于铙架之上时，还需要加上铜铙本身的高度。据附表3-1-1，铜铙的高度一般不会超过25厘米，则装上铜铙后的铙架与铜铙的高度在1.6米左右。这正是一个站立之人敲击铜铙的适合高度。据此，笔者认为，表3-1-1中的数据，能够代表商周时期铙架的一般尺寸。

第二节 北方地区出土商周有环铙研究

上一节已经证明，无环铙是商周时期铜铙的主流形制，不仅出土数量较多，且分布范围较广，流行时间也长。甲骨金文及传世文献中表示铜铙的"庸"，应该基本都是指这种无环铙。过去，学术界所讨论的商周北方地区小铙，也多指这种无环铙。除了无环铙，商周时期北方地区还曾存在过一种柄部有环的小铙，这种铙的存在，对我们认识周代甬钟的起源，极有意义。不过，学术界目前对有环铙是否存在，尚有争议。比如，对于山西翼城大河口墓地M1所出的一组有环铙的定名，学术界多认为应该归为甬钟之列，就体现出学术界对有环铙认识不够清晰。是以，本节将主要论证有环铙是北方铜铙中较为重要的一种类型，并据此对甬钟起源问题作简单的讨论。

一 有环铙的定名

所谓"有环铙"，是指铙柄装饰了一个或两个半圆形环，环或直接装饰在铙柄上，或装饰在铙柄的凸棱上。目前，较无争议的有环铙数量稀少，笔者仅收集到三件样品，既有出土品，也有传世品。

考古遗址所出有环铙仅见于陕西宝鸡竹园沟M13，该墓出土一件兽面纹铙（M13:9），口内凹成弧形，平顶，柄部中空与顶相连，柄的中间有一半圆环（图3-2-1，1）。[①] 这一件"非典型"铜铙，学术界对其命名并无争议。此铙的年代不会晚于西周早期，半圆形环直接装饰在柄上，自然可命名为有环铙。

---

① 卢连成、胡智生著，宝鸡市博物馆编辑：《宝鸡㳽国墓地》，文物出版社1988年版，第49—50页。

传世的有环铙有两件。上海博物馆藏一件亚寰铙（《铭图》15891），钲面饰云角兽面纹，口内凹成弧形，口沿内部有"亚寰"铭文，柄部有一凸棱，棱两侧饰一对半圆形环（图3-2-1，2）。亚寰铙非出土品，其纹饰及铭文都具有殷墟时期特征，乃典型的殷墟时期铜铙，这一点也较少有争议。这件亚寰铙柄部有环，应该归为有环铙行列。

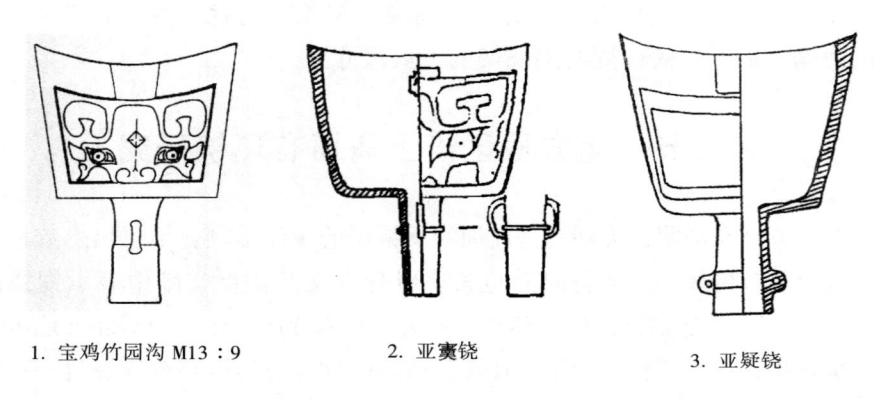

1. 宝鸡竹园沟 M13∶9　　2. 亚寰铙　　3. 亚疑铙

图3-2-1　商周有环铙举例

亚寰铙并非年代最早的有环铙。吉林大学藏亚疑铙（《铭图》15887），扁筒形器身，钲面饰"回"字形弦纹，正鼓部有台面，柄部两侧有一对半环形纽（图3-2-1，3）。就目前的殷墟考古发现而言，如亚疑铙般的纹饰，主要见于殷墟二期墓葬，本章第一节所举之妇好墓、郭家庄M26、高楼庄M8皆出土相似纹饰铜铙。除了殷墟二期常见"回"字纹铜铙，西周时期也出土"回"字纹铜铙，如河南洛阳林校车马坑出土的3件"回"字纹铜铙、山东威海环翠出土的2件"回"字纹铜铙，但这两组铜铙都有较为明显的晚期特征。因此，亚疑铙的年代，很可能要早到殷墟二期，为年代最早的有环铙。

竹园沟M13所出铜铙、亚寰铙、亚疑铙三器虽然都有环，然学术界对三器的命名基本没有争议。因此，铜铙有环并非不可思议之事。而且，这三器的年代既有晚商时期，也有西周早期，可见有环铙长期存在，并非一时之物。有环铙之所以没有被学术界重视，应该与此类铙数量稀少有关。数量稀少，尤其是考古发掘品较少，并不是否定有环铙存在的依据。

二　大河口M1所出有环铙

上述三件有环铙的命名，学术界争议不大，争议较大的地方在于山西

第三章　商周青铜铙组合研究　　183

翼城大河口 M1 所出的一组铜铙。山西翼城大河口 M1 出土两组铜铙，除了一组无环铙，还有三件一组饰"口"字形凸弦纹的有环铙，鼓部较窄，无台面，柄部粗短，中间有棱，棱上有半圆形环（图 3-2-2）。① 关于这组铜铙的定名，有必要详细讨论。

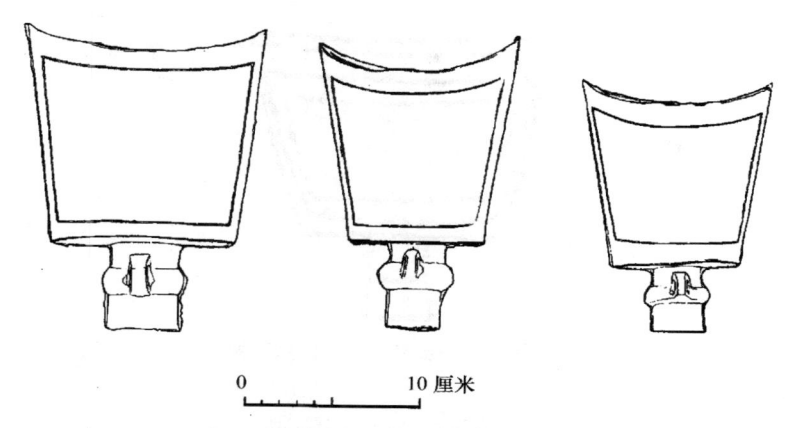

图 3-2-2　翼城大河口 M1 出土的编铙（M1：19、23、20）

发掘简报与研究者多把大河口 M1 所出有环铙命名为"甬钟"，故此这组编铙就可以被称为"编钟"。② 之所以称为"甬钟"，大约是因为此套编铙的柄部有棱、环的缘故，这一棱、环很容易与甬钟的旋、干对应起来。而且，此套乐器正鼓面的"台"也已经消失，与主流的铜铙形制已有所不同。

不过，就目前的材料来看，大河口 M1 所出编铙不能称为"甬钟"。关于柄部的棱与环的问题，从上文所举的亚疑有环铙和亚㚄有环铙来看，我们除非认为亚疑有环铙和亚㚄有环铙应该被定名为甬钟，否则就可知道棱与环，也就是旋与干，并非甬钟独有的特征。另外，现藏广州博物馆传出自安阳殷墟的子离铙（《铭图》15884），其柄部也有一道箍棱，类似于甬钟的旋，再次证明铜铙也可以有类似于旋的部位。

---

① 山西省考古研究院、临汾市文物局、翼城县文物旅游局联合考古队、山西大学北方考古研究中心：《山西翼城大河口西周墓地一号墓发掘》，《考古学报》2020 年第 2 期。
② 毛悦、谢尧亭：《钟钲相鸣：大河口西周墓地 M1 青铜乐器及其意义》，《大众考古》2018 年第 1 期；方建军：《音乐考古学研究》，中央音乐学院出版社 2019 年版，第 74 页；山西省考古研究院、临汾市文物局、翼城县文物旅游局联合考古队、山西大学北方考古研究中心：《山西翼城大河口西周墓地一号墓发掘》，《考古学报》2020 年第 2 期。

关于正鼓部"台面"消失一事，前文已略有论述，这是西周时期"回"字纹铜铙的一般特征。比如，上文所举洛阳林校车马坑、山东威海环翠铜铙，正鼓部也都无"台面"（图3-2-3）。可见，无敲击的"台面"，并不是判定是否为铜铙的决定性标志。

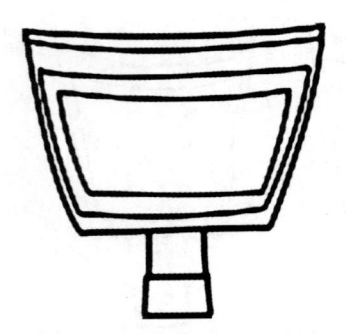

图3-2-3 洛阳林校西周车马坑所出铜铙（据《洛阳林校西周车马坑》图一三摹）

大河口M1有环铙之所以不能被称为甬钟，还因为其形制与甬钟形制差异较大。首先，从形制上看，大河口M1有环铙的主体部分，更接近铙，而非甬钟，不具备甬钟所具有的钟枚特征，柄部也较一般的甬钟甬部更短。其次，从尺寸上看，大河口M1所出三件有环铙，最大一件通高18.1厘米，最小一件通高14.8厘米，与附表3-1-1所举的铜铙尺寸相比，完全是典型铙的尺寸，而与体型硕大的编钟完全不同。最后，从组合上说，西周早中期的编钟虽然也常见三件一组，但基本都是拼凑出来的[①]，这与大河口M1三件一组的有环铙完全不同。

据此，笔者认为大河口M1所出三件有环铙，应该归为铙类，而不是甬钟。确定这一点后，我们可以对商周有环铙作一个总结：有环铙虽非铜铙的主流形式，但此类器型自殷墟二期业已存在，并延续使用至西周中期晚段，有环铙并非受西周时期甬钟影响才兴起的新器型，更非铜铙向甬钟转变过程中的中间产物。至于有环铙的使用方式，由于环的存在，有环铙自然不适合手持。有环铙柄部的半圆环可以接绳索，以悬挂于器架。不过，这些有环铙也可能非悬挂使用，而是如无环铙一般置架使用，铙被长时间击打，柄部会松动，置环穿绳可以起着加固的作用。

[①] 王友华：《西周甬钟编列的"拼合现象"——兼析甬钟的来源》，《中国音乐》2015年第1期。

三 有环铙与甬钟的起源

了解有环铙的存在，对我们认识西周甬钟的起源，颇有帮助。西周甬钟的起源，一直都是学术界关注的重点。大体言之，学术界对甬钟起源的认识，可分为三种观点。其一，认为甬钟是由北方小铙演变而来，此说俗称甬钟起源的"北来说"。[1] 其二，认为甬钟是由南方大铙演变而来，此说俗称甬钟起源的"南来说"。[2] 其三，认为甬钟是由北方小铙和南方大铙融合而成，此说俗称甬钟起源的"融合说"或"折中说"。[3] 就目前的考古发现而言，"南来说"更具优势，"北来说"相对缺乏系统材料的支持。这可以从形制与组合两个角度来讨论。

从形制上说，甬钟体型较大，较为笨重，其外形无疑与南方大铙有更多的关联性，而与北方小铙相差甚多。西周早中期的甬钟，一般在30—40厘米，庄白一号窖藏所出西周中期后段的瘐钟，甚至高达60—70厘米[4]，而北方小铙的高度一般在10—20厘米，尚不见有达到30厘米的例子。可见，甬钟与北方小铙的体型相差巨大。相反，南方大铙则一般体型硕大，甬钟和南方大铙在体型上具有一致性。

从组合上说，甬钟与南方大铙也有关联。西周昭穆时期的甬钟多三件共出，如陕西宝鸡竹园沟BZM7[5]、茹家庄BRM1[6]、山西北赵晋侯墓

---

[1] 容庚：《商周彝器通考》，中华书局2012年版，第490页；李纯一：《关于殷钟的研究》，《考古学报》1957年第3期；马承源：《商周青铜双音钟》，《考古学报》1981年第1期；方建军：《陕西出土西周和春秋时期甬钟的初步考察》，《交响（西安音乐学院学报）》1989年第3期；方建军：《西周早期甬钟及甬钟起源探讨》，《考古与文物》1992年第1期。

[2] 高至喜：《中国南方出土商周铜铙概论》，载《湖南考古辑刊》第2辑，岳麓书社1984年版；殷玮璋、曹淑琴：《长江流域早期甬钟的形态学分析》，《文物与考古论文集》，文物出版社1986年版，第261—270页；高西省：《西周早期甬钟比较研究》，《文博》1995年第1期；彭适凡：《赣江流域出土商周铜铙和甬钟概述》，《南方文物》1998年第1期；王子初：《中国音乐考古学》，福建教育出版社2003年版，第145页。

[3] 李纯一：《中国上古出土乐器综论》，文物出版社1996年版，第186页；陈荃有：《悬钟的发生及双音钟的厘定》，《交响（西安音乐学院学报）》2000年第4期；王清雷：《西周乐悬制度的音乐考古学研究》，文物出版社2007年版，第81页。

[4] 宝鸡市周原博物馆编著：《周原——庄白西周青铜器窖藏考古发掘报告》，科学出版社2016年版，第71页。

[5] 卢连成、胡智生著，宝鸡市博物馆编辑：《宝鸡强国墓地》，文物出版社1988年版，第96—97页。

[6] 卢连成、胡智生著，宝鸡市博物馆编辑：《宝鸡强国墓地》，文物出版社1988年版，第281—282页。

地 M9①、陕西长安普渡村长甶墓②、翼城大河口 M1017③ 等，皆是如此。据此，学术界多认为早期甬钟以三件为编，形成年代最早的编钟组合。有学者进一步将三件成编与北方小铙三件成套相比较，认为早期编钟继承了北方编铙的编制制度。④ 从三件一组的角度来看，这一观点有其合理性，说明北方小铙确实对甬钟组合有过影响。但是，我们也要看到，南方大铙也有三件同出的现象，如江西新干大洋洲商代大墓就曾出土三件大铙。⑤ 因此，单从三件一组来看，西周的甬钟，未必就一定没有参考过南方大铙的组合方式。

　　王友华先生曾指出，西周早中期甬钟虽然常常三件一组，但其实是"2+1"的拼凑组合，即其中两件大小、形制基本一致，而与另一件明显不同。⑥ 比如，宝鸡竹园沟 BZM7 最为典型，其所出的三件甬钟，编号分别为10 号、11 号、12 号，11 号和 12 号两件甬钟形制一致，大小相次，10 号甬钟虽比 11 号、12 号两件甬钟更小，但形制并不相同，不仅篆间无纹饰，钲部周围也没有乳刺（图 3-2-4），与 11 号、12 号两件甬钟纹饰差异较大。这种"2+1"的拼凑组合，显示出西周早中期甬钟可能存在大、小两个层次的组合方式：大组合自然是以墓葬中所出的全部甬钟为组合的方式，这种组合方式不考虑甬钟的纹饰差异；而小组合则是以形制一致的那两件甬钟，为基本的组合方式，强调的是甬钟本身的形制、纹饰特征。

　　这种大、小两个层次的组合，为最近公布的湖北随州叶家山 M111 进一步证实。叶家山 M111 出土 4 件甬钟，可分两组：截锥状枚甬钟，2 件（M111：7 与 M111：11），形制相同，大小相次；乳钉状枚甬钟，2 件（M111：8 与 M111：13），形制相同，大小相次（图 3-2-5）。⑦ 叶家山 M111 为西周早期晚段墓葬，年代与宝鸡竹园沟 BZM7 相当，是出土甬钟墓葬中年代较早的一座，这说明早期甬钟未必三件一组，还存在四件一组

---

① 北京大学考古学系、山西省考古研究所：《天马—曲村遗址北赵晋侯墓地第二次发掘》，《文物》1994 年 1 期。
② 陕西省文物管理委员会：《长安普渡村西周墓的发掘》，《考古学报》1957 年第 1 期。
③ 山西省考古研究所、临汾市文物局、翼城县文物旅游局联合考古队、山西大学北方考古研究中心：《山西翼城大河口西周墓地 1017 号墓发掘》，《考古学报》2018 年第 1 期。
④ 常怀颖：《论商周之际铙钟随葬》，《江汉考古》2014 年第 1 期。
⑤ 江西省文物考古研究所等：《新干商代大墓》，文物出版社 1997 年版，第 80 页。
⑥ 王友华：《西周甬钟编列的"拼合现象"——兼析甬钟的来源》，《中国音乐》2015 年第 1 期。
⑦ 湖北省文物考古研究所、随州市博物馆：《湖北随州叶家山 M111 发掘简报》，《江汉考古》2020 年第 2 期。

第三章　商周青铜铙组合研究　187

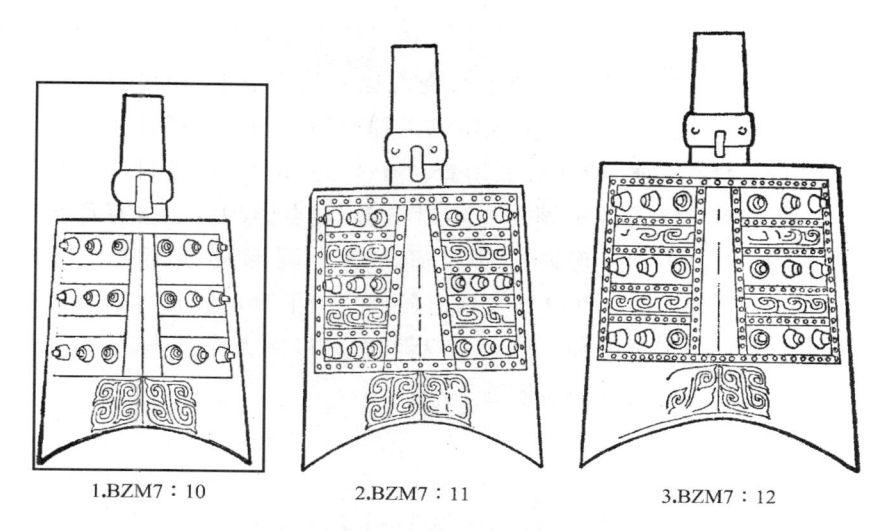

1.BZM7∶10　　2.BZM7∶11　　3.BZM7∶12

图 3-2-4　宝鸡竹园沟 BZM7 所出三件甬钟

的组合方式。更为重要的是，叶家山 M111 四件一组的"大组合"，依旧是以两件一组的"小组合"为基础。这说明，无论是三件一组，还是四件一组，其组合中的基础组合，都是两件一组的"小组合"。

M111∶7　　M111∶11　　M111∶8　　M111∶13
　　　1　　　　　　　　　　2

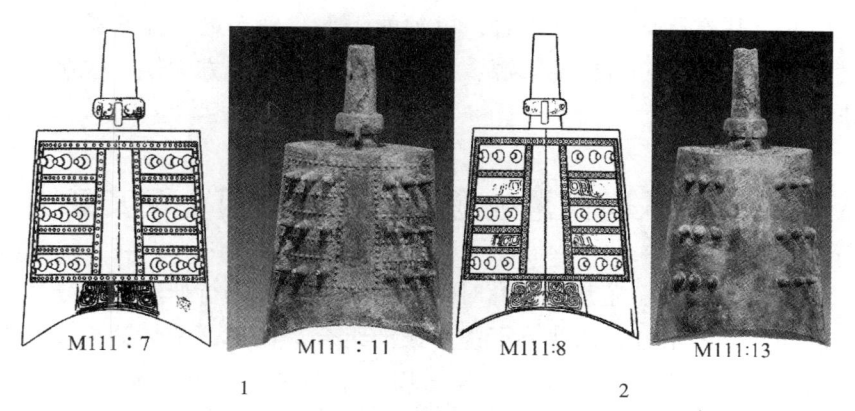

图 3-2-5　叶家山 M111 出土的两组甬钟

西周甬钟的"拼合现象"，证明西周早期三件一组的编钟，自有渊源，而非完全来自小铙的编列方式。可见，无论是形制特点，还是组合特点，甬钟都不大可能起源于北方铜铙，所以笔者更倾向于学术界提出的甬钟起源于南方大铙的观点。

但是，甬钟主要起源于南方大铙，并不意味着北方小铙对甬钟的起源没有影响。这是因为，甬钟起源于大铙说也有其明显的不足之处。比如，甬钟的甬部都有旋、有干，南方大铙的甬部虽然有旋，但尚没有发现干的存在。因此，"南来说"至少无法解释"干"的来源。陈荃有先生早已指出，甬钟的干，可能来源于铜铙的环。① 这一观点颇为合理。有环铙产生于殷墟二期，起初半圆形环较小，但之后半圆形环逐渐变大、变粗（图3-2-6），到西周时期已经发展出显著的"干"的特征。这样一个从"环"到"干"的演变序列，已经较为明显。将南方大铙与有环铙相结合，自然很容易产生甬钟的新形制。

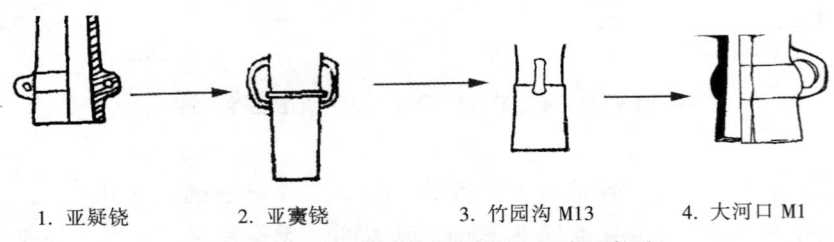

1. 亚疑铙　2. 亚寰铙　3. 竹园沟 M13　4. 大河口 M1

图3-2-6　有环铙柄部半圆形环的发展轨迹

因此，从有铙环的角度来看，甬钟的干部，确实最可能来源于有环铙的环部。也就是说，甬钟的起源，并非仅仅演变自南方大铙，也吸收了北方小铙的部分特征。

第三节　从晚商鼍鼓遗存论铙、鼓组合及其意义

在对商周时期（尤其是晚商时期）青铜铙组合进行研究时，学术界主要关注铙和磬的组合，而忽略了铙和鼓的组合。比如，常怀颖先生认为殷墓中的乐器组合方式有鼓+磬、磬+埙、小铙+磬、磬+埙+小铙四种，并认为不同阶层的人群随葬不同规格的乐器，如商王与其他人的区别，可能在于磬与鼓，而不在小铙。② 这一观点有其合理的地方，即注意到了乐

---

① 陈荃有：《悬钟的发生及双音钟的厘定》，《交响（西安音乐学院学报）》2000年第4期。
② 常怀颖：《殷墟随葬乐器补议》，《音乐研究》2018年第5期；常怀颖：《考古学视野中的古代中国乐制和乐礼起源》，载林大雄主编《礼观乐史——人文视野下的中华礼乐文明》，清华大学出版社2021年版。

器组合的等级性，但没有注意到铙与鼓的组合。之所以如此，一方面是因为北方地区晚商及周初时期高等级墓葬被盗较为严重，无法提供完整的组合形态；另一方面则是因为商周的鼓多为漆木器，北方地区漆木器保存不易，未必很容易被发现。不过，幸运的是，晚商时期流行一种由鳄鱼皮制作而成的鼍鼓，鼍鼓身上的鳄鱼骨板不易腐烂，在考古发掘中较易被辨识，因而受到学界的关注。[①] 目前尚不见学者系统梳理晚商时期鳄鱼骨板的发现情况，而这一情况对于我们论证晚商时期的铙、鼓组合，有着重要学术意义。本节主要讨论晚商鼍鼓的考古发现，及其所反映的铙、鼓组合，并探究这一组合对先秦乐制研究的重要意义。

一 晚商时期鼍鼓的考古发现

晚商时期的鼍鼓遗存主要发现于河南安阳殷墟、山西灵石旌介、闻喜酒务头、山东滕州前掌大几处遗址，各遗址鼍鼓材料多寡不一。下面分别介绍。

（一）殷墟遗址

殷墟遗址保存最好的鼍鼓遗存出自侯家庄HPKM1217西墓道，为一啤酒桶形鼓，长68厘米，腰部直径68厘米，鼓面直径60厘米；鼓身饰相对的兽面纹，兽面纹周边点缀蚌贝（图3-3-1，1）；鼓面则由动物皮制作，皮上粘有小"麻龟片饰"（图3-3-1，2）。[②] 这种"麻龟片饰"在殷墟宫殿宗庙区曾有发现，发掘者谓其形制为"麻龟板上有印痕像蜜蜂的窝，又像人脸上的麻子，所以叫它麻龟"。[③] 对于这种"麻龟片"的性质，学术界过去没有清晰的认识，直到70年代山东王因遗址也出土较多此类骨板，经周本雄先生鉴定，始确定过去被称为"麻龟片"的遗物，就是鳄鱼骨板。[④] 周本雄先生据此较早指出由鳄鱼皮制作的皮鼓就是文献中的"鼍鼓"，HPKM1217所出鼍鼓是难得的保存较为完好的鼍鼓实物遗存。

[①] 关于鼍鼓的性质，可参考王子初《鼍鼓论》，《中央音乐学院学报》1986年第3期；陈国庆《鼍鼓源流考》，《中原文物》1991年第2期。关于从鳄鱼骨板遗存中识别鼍鼓，可参考罗运兵《灵鼍史影：华北先秦鳄骨遗存解析》，载《中国考古学会第十五次年会论文集（2012）》，文物出版社2013年版；徐紫瑾《试论史前黄河流域随葬鳄鱼骨板现象》，《江汉考古》2021年第1期；高江涛《黄河流域龙山时代的鳄鱼骨板探析》，《东方考古》第17集，科学出版社2021年版。

[②] 梁思永、高去寻：《侯家庄第六本·1217号大墓》，台北"中央研究院"历史语言研究所，1968年，第25—27页。

[③] 石璋如：《第七次殷墟发掘：E区工作报告》，《安阳发掘报告》第4期，1933年。

[④] 周本雄：《山东兖州王因新石器时代遗址中的扬子鳄遗骸》，《考古学报》1982年第2期。

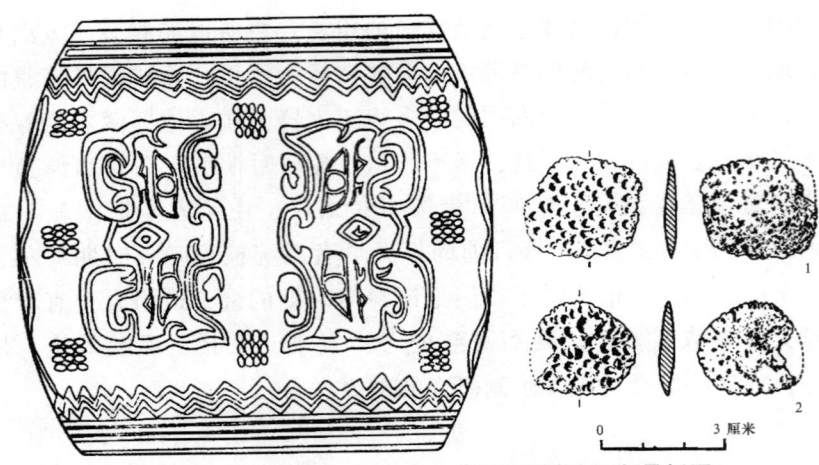

图 3-3-1　侯家庄 HPKM1217 所出鼍鼓及鳄鱼骨板图

殷墟遗址另一个保存相对较好的鼍鼓实物来自小屯西地 M1，该墓是一座"中"字形大墓，被盗严重，鼍鼓出自北二层台东北角填土中，被盗洞破坏近半，其余保存良好，鼓面上保留一些鳄鱼骨板，基本可窥商鼓之一斑。[①]

除了这两件性质明确的鼍鼓遗存，殷墟墓葬还曾报道过不少与鼍鼓有关的鳄鱼骨板遗存，如表 3-3-1 所列：

表 3-3-1　　　　　　　殷墟六座出土鳄鱼骨板墓葬统计表

墓号	墓葬性质	描述	数量	出处
1933 后冈大墓	双墓道	"麻龟"	70 片	《六同别录》
西北冈 1083 号墓	陪葬坑	"麻龟片"	数片	《殷墟出土物选粹》
1953 大司空 M312	竖穴土坑墓	"麻龟"	35 片	《考古学报》1955 年第 9 册
1971 后冈 M47	单墓道	鳄鱼骨板	两堆	《殷墟出土骨角牙蚌器》
1980 大司空 M576	双墓道	鳄鱼骨板	一堆	
2004 大司空 M303	竖穴土坑墓	鳄鱼骨板	1 片	《安阳大司空——2004 年发掘报告》

表 3-3-1 中前三座墓葬所出"麻龟"或"麻龟片"，都是指鳄鱼骨板未被识别前的名称。1971 后冈 M47 所出鳄鱼骨板，在最初的报告中被描述

---

① 中国社会科学院考古研究所安阳工作队：《河南安阳市殷墟小屯西地商代大墓发掘简报》，《考古》2009 年第 9 期。

为"鲟鱼鳞板",在《殷墟出土骨角牙蚌器》一书中被确定为鳄鱼骨板。①

表 3-3-1 诸墓中的鳄鱼骨板是否全部皆为鼍鼓遗存？考虑到自新石器时代鼍鼓遗存主要见于大型墓葬（如陶寺大墓、尹家城 M15）的规律,上举侯家庄 HPKM1217、屯西 M1 也都是带墓道的大墓②,则 1933 后冈大墓、1971 后冈 M47、1980 大司空 M576 三座带墓道大墓自然也有资格出土鼍鼓,这暗示三墓中的鳄鱼骨板很可能都是鼍鼓的遗留。而且,关于 1971 后冈 M47 所出鳄鱼骨板,简报称其中一堆骨板的出土状况为:"东南角上有兽面状的木雕印痕以及一堆用鲟鱼鳞板组成的饰物等。"③ 说明鳄鱼骨板装饰在一件木器之上,此木器还装饰了兽面纹,这正与侯家庄 HPKM1217 所出装饰兽面纹的鼍鼓大体相似。1980 大司空 M576 所出鳄鱼骨板上面有涂朱现象,这应该是鼍鼓鼓面涂漆导致的,HPKM1217 所出鼍鼓鼓面上也有这种朱红色的漆。这些现象都进一步证明殷墟大墓所出鳄鱼骨板为鼍鼓遗存。除了三座大墓,西北冈 1083 号墓所出鳄鱼骨板也应该是鼍鼓遗存。该墓是王陵区的陪葬坑,这类祭祀坑是为商王陵服务的,因而坑中的器物可视为商王所有物,这就从等级上确定了墓中的鳄鱼骨板可能为鼍鼓遗存。而且,西北冈祭祀坑中的器物往往有功能上的关联,最典型的材料是 1083 号墓附近的 1380、1382、1435 诸墓,诸墓中的器物很可能皆与商王沐浴有关。④ 1083 号墓除了出土鳄鱼骨板,还出土铜铙四件,铜铙也是乐器,这进一步证明墓中的鳄鱼骨板代表着鼍鼓。1953 大司空 M312 是竖穴土坑墓,没有墓道,无法从等级上判断该墓的鳄鱼骨板是否为鼍鼓遗存。不过,高江涛先生曾据史前鼍鼓遗存指出,鳄鱼骨板数量多寡也是鼍鼓的标准之一,骨板较多则很可能是鼍鼓。⑤ 大司空 M312 所出鳄鱼骨板数量并不少,则其为鼍鼓遗存的可能性也很大。因而,此墓中的鳄鱼骨板可暂定为鼍鼓遗存。2004 大司空 M303 中的鳄鱼骨板出自填土,这与屯西 M1 中的鼍鼓出自填土现象接近,唯大司空 M303 鳄鱼骨板仅出土 1 片,数量太少,且骨板尺寸较大,因而不能判断此片骨板是否对应着鼍鼓。

---

① 何毓灵、李志鹏主编：《殷墟出土骨角牙蚌器》，社会科学文献出版社 2018 年版，第 167 页。
② 常怀颖先生业已指出殷墟带墓道大墓可出土鼍鼓，参看常怀颖《殷墟随葬乐器补议》，《音乐研究》2018 年第 5 期。
③ 中国科学院考古研究所安阳发掘队：《1971 年安阳后冈发掘简报》，《考古》1972 年第 3 期。
④ 丁瑞茂：《商王的盥洗用具及使用方式》，《美成在久》2021 年第 6 期。
⑤ 高江涛：《黄河流域龙山时代的鳄鱼骨板探析》，《东方考古》第 17 集，科学出版社 2021 年版。

以上，仅就殷墟遗址而言，我们至少可以确定七座墓随葬鼍鼓，还有一墓不确定是否随葬鼍鼓。

(二) 山西两处墓地

晚商时期山西地区有两处墓地发现过鼍鼓遗存，分别出自闻喜酒务头墓地和灵石旌介墓地。

酒务头墓地是一处晚商时期商文化墓地，发现多座带墓道大墓，其中M1为"甲"字形大墓，保存较好，出土5件铜觚、6件铜爵，墓葬等级较高。① M1椁室外西北、东南二层台上各残存一处类似鼍鼓的痕迹，表面镶嵌有鳄鱼骨板若干，骨板磨圆，较薄，表面附着朱砂。

旌介墓地为著名的"丙"族墓地，其中M1虽不是带墓道大墓，但出土4件铜觚10件铜爵，墓主人生前级别必然不会很低。M1墓圹东北角出土1件鼍鼓，鼓面直径30厘米，表面布满鳄鱼骨板，并有红色漆痕（图3-3-2）。② 这件鼍鼓体型要小于侯家庄HPKM1217所出鼍鼓体型。

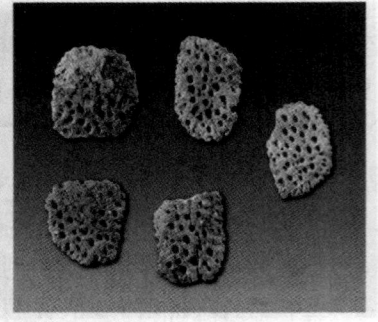

图3-3-2 旌介M1所出鼍鼓及鳄鱼骨板遗存

(三) 前掌大墓地

山东滕州前掌大墓地是一处晚商到西周早期墓地，也出土过较多鳄鱼骨板（如表3-3-2），出土鳄鱼骨板的墓葬皆被盗掘。关于这些鳄鱼骨板的性质，发掘报告曾指出M206"有的漆器上显出多枚鳄鱼骨板，是否为'鼍

---

① 山西省考古研究院等：《山西省闻喜县酒务头商代墓葬发掘简报》，《中国国家博物馆馆刊》2022年第10期。
② 山西省考古研究所：《灵石旌介商墓》，科学出版社2006年版，第92页。

'鼓'类遗物，当引为重视"[1]，业已注意到墓地中的鳄鱼骨板可能为鼍鼓。除了 M206，M213 椁室西南角留有鳄鱼骨板与红漆绘成的兽面纹残漆片，说明此鳄鱼骨板也是漆器之上的装饰品，其为鼍鼓的可能性也很大。在这些随葬鳄鱼骨板的墓葬中，往往也发现了嵌蚌漆牌饰。据洪石先生研究，山东滕州前掌大墓地出土的"嵌蚌漆牌饰"很可能就是木制嵌蚌漆鼍鼓的残存部分。[2] 此可以进一步证明前掌大诸墓中的鳄鱼骨板很可能是鼍鼓遗存。

表 3-3-2   前掌大墓地随葬鳄鱼骨板墓统计表

墓号	墓葬性质	鳄鱼骨板（片）	嵌蚌漆牌饰	时代
BM4	双墓道	27	有	晚商
M201	双墓道	有	有	西周早期
M203	单墓道	3	有	西周早期
M206	单墓道	2	有	西周早期
M219	单墓道	1		西周早期
M210	竖穴土坑	有	有	未知
M213	竖穴土坑	2		晚商

表 3-3-2 诸墓之中，M201 所出鳄鱼骨板较为特殊，发掘报告描述其出土状态为："墓室四角各存留有一片厚约 1.0—5.0 厘米的灰烬，其中夹杂有蚌泡、鳄鱼骨板，蚌泡更烧成灰黑色，这四角灰烬应是当时埋葬过程中的祭祀遗存。"有学者据此认为此墓中的鳄鱼骨板非鼍鼓遗存。[3] 实际上，这种推测不够准确。埋葬过程中的祭祀活动未必不会焚烧鼍鼓，若此墓是将鼍鼓焚烧后埋入墓中，也未尝不可。灰烬中除了鳄鱼骨板，还有蚌泡，蚌泡也是鼍鼓常见的装饰物品，侯家庄 HPKM1217 所出鼍鼓就装饰了蚌饰。可见，M201 所出鳄鱼骨板也有可能是鼍鼓遗存。

总之，就目前的材料来看，前掌大墓地至少有七座墓葬出土过鼍鼓，有的墓葬是带墓道的大墓，有的墓葬是等级略高的竖穴土坑墓。其中，属

---

[1] 中国社会科学院考古研究所：《滕州前掌大墓地》，文物出版社 2005 年版，第 72 页。

[2] 洪石：《鼍鼓逢逢：滕州前掌大墓地出土"嵌蚌漆牌饰"辨析》，《考古》2014 年第 10 期。

[3] 罗运兵：《灵鼍史影：华北先秦鳄骨遗存解析》，载《中国考古学会第十五次年会论文集（2012）》，文物出版社 2013 年版。

于晚商时期的墓葬为 BM4、M213。

二　晚商时期鼍鼓组合形式

晚商时期乐器种类繁多，如铜铙、铜铃、鼍鼓、石磬、埙，以及没有考古实物但见于文献材料的笙、笛等，有的乐器还可以组合使用，这一点已有学者做过详细研究。① 不过，乐器组合要依据乐器功能和出土位置确定，并非所有乐器都可组合使用。比如，埙一般出土于棺内，而鼓一般出土于棺外，出土位置不同，它们很难被视为组合乐器。因而，对于出土位置往往接近，且皆为敲击类乐器的铙、鼓、磬而言，此三种乐器就存在着组合的可能性。

就晚商的考古发现而言，随葬鼍鼓的墓葬，同时既可以随葬石磬，也可以随葬铜铙。相关材料见表 3-3-3：

表 3-3-3　　　　　　　晚商鼍鼓墓随葬敲击类乐器情况表

墓号	墓葬性质	鼍鼓	磬	铙	墓葬状况
殷墟侯家庄 HPKM1217	四墓道	√	√		被盗
殷墟小屯西地 M1	双墓道	√	√		被盗
滕州前掌大 BM4	双墓道	√	√		被盗
1971 殷墟后冈 M47	单墓道	√	√		被盗
闻喜酒务头 M1	单墓道	√		√	完好
殷墟西北冈 1083 号墓	祭祀坑	√		√	不清楚
滕州前掌大 M213	竖穴土坑	√		√	被盗
1953 殷墟大司空 M312	竖穴土坑	√			被盗
2004 殷墟大司空 M303	竖穴土坑	存疑		√	完好

从表 3-3-3 中可见随葬鼍鼓的墓葬，常常也会随葬其他种类乐器。就出土位置而言，这些墓葬中的鼍鼓与同墓中的磬、铙很可能是组合关系。首先看鼍鼓与磬的组合。侯家庄 HPKM1217 所出鼍鼓、磬皆出自西墓道，二器位置很近，有着极为明显的组合关系。屯西 M1 的鼍鼓出土自北二层台东北角填土中，发掘报告认为北二层台西北角有一鼓架与之相配，这件鼓架不远处的西二层台就放置一石磬和磬架，磬架和鼓架的位置接近，鼍鼓、磬有着极为明显的组合关系。1971 后冈 M47 没有公布随葬

---

① 常怀颖：《殷墟随葬乐器补议》，《音乐研究》2018 年第 5 期。

物位置图，据发掘简报描述，磬与鳄鱼骨板皆位于二层台上，其中两堆鳄鱼骨板一在东南角，一在西北角，磬位于东北角，似也可构成组合关系。这些材料可证鼍鼓与磬有较为明显的组合关系。

其次看鼓与铙的组合。西北冈1083号墓是一处祭祀坑，墓中主要有铙和鳄鱼骨板（也就是鼍鼓），二者的组合关系极为明显。酒务头M1所出鼍鼓有两处，其中一处（M1：7+9）与墓中的铜铙（M1：10—12）皆在墓圹北段，具有明显的位置关联。此二墓材料可证鼍鼓与铙也可以有组合关系。

对于鼍鼓的组合，学界据临汾陶寺大墓、殷墟侯家庄HPKM1217等墓葬中鼍鼓和石磬共存现象，业已指出鼍鼓可以与石磬组合。① 因而，学术界过去提到鼍鼓组合，往往是指鼍鼓与石磬的组合，尚没有学者指出鼍鼓可与铜铙组合。表3-3-3中的鼍鼓与铜铙的共存关系，无疑从实物角度证明鼍鼓可以与铜铙组合。对于这一组合，我们尚需要从考古之外的文字和文献材料加以论证。在甲骨文材料中，"壴"字主要用来表示乐器鼓，也包含本文所讨论的鼍鼓。至于铜铙，本章第一节业已论证，铜铙的古名应该是甲骨文中的"庸"。据此，下面的甲骨文和传世文献记载了鼓、铙的固定组合：

其置庸壴（鼓），于既卯。　　　　　　《合集》30693【无名组】
庸壴（鼓）其眔熹壴（鼓）障。
弜障。　　　　　　　　　　　　　　　《合集》31017【无名组】
虡业维枞，贲鼓维镛。於论鼓钟，於乐辟廱。
於论鼓钟，於乐辟廱。鼍鼓逢逢，矇瞍奏公。《诗经·大雅·灵台》
庸鼓有斁，万舞有奕。　　　　　　　　　《诗经·商颂·那》

上述材料中的"庸（铜铙）""鼓"连用，甚至形成"庸鼓"的习用语，足以从文献角度证明铜铙也可以与鼓组合使用。裘锡圭先生指出，甲骨文及传世文献中的"庸鼓"很可能专指一种与庸配合使用的鼓。② 此说可从。需要说明的是，根据《灵台》文本语境，先说安置"贲鼓"和"镛"，后说演奏"鼓

---

① 苏秉琦：《晋文化研究问题》，载《晋文化研究座谈会纪要》，山西人民出版社1986年版；洪石：《鼍鼓逢逢：滕州前掌大墓地出土"嵌蚌漆牌饰"辨析》，《考古》2014年第10期；常怀颖：《殷墟随葬乐器补议》，《音乐研究》2018年第5期。

② 裘锡圭：《甲骨文中的几种乐器名称》，见《裘锡圭学术文集·甲骨文卷》，复旦大学出版社2012年版。

钟",最后提到鼓的声音("鼉鼓逢逢"),诗中的"贲鼓""鼓""鼉鼓"明显"三位一体",在诗中所指相同。① 这说明"庸鼓"中的"鼓"可以是鼉鼓。

从表3-3-3诸墓情况来看,除了存疑的大司空M303,似鼉鼓是分别与磬、铙组合。这其实存在一个误区,即表3-3-3中的墓葬多数被盗,我们还要考虑部分乐器,尤其是青铜材质乐器被盗掘的可能性。比如,前掌大M213仅出土1件铜铙,而晚商墓葬中的铜铙常常3件成套②,则此墓应该另有2铙被盗。实际上,就晚商时期青铜铙的发现而言,青铜铙主要见于中高等级贵族墓葬,保存较好的高等级贵族墓葬一般都要随葬铜铙,如青州苏埠屯M8、闻喜酒务头M1、妇好墓、花东M54、郭家庄M160、大司空M303等墓皆随葬铜铙,说明铜铙很可能是商系高等级贵族墓葬的"标配"。则表3-3-3中那些带有墓道的大墓,很可能原本多应随葬铜铙,只是铜铙较易被盗掘,不复存在。③

我们能从一些被盗严重的大墓之中,寻找出编铙与漆木鼓、石磬的组合线索来。第一个线索来自小屯西地商代大墓。屯西大墓是殷墟晚期的双墓道大墓,出土了不少与音乐考古有关的遗迹现象。④ 该墓的西二层台、西南角、西北角发现五个十字形木架(图3-3-3),其中正西部两个十字形架座(D3、D4)中间有一石磬(编号为14),石磬竖立嵌进二层台内,发掘者认为这件石磬为悬磬,两侧的十字形架座为悬磬磬架的底座。在北二层台东北角填土内有一鼉鼓,应该对应着北二层台西端的十字形架座(D5)。⑤ 西南角尚有两个十字形架座(D1、D2),发掘

---

① 李纯一:《中国上古出土乐器综论》,文物出版社1996年版,第4页。
② 王秀萍:《殷墟妇好墓铜铙组合方式新探》,《南京艺术学院学报》(音乐与表演版)2012年第3期;常怀颖:《论商周之际铙钟随葬》,《江汉考古》2014年第1期。
③ 就目前的考古发现而言,晚商时期带有墓葬的墓葬往往级别较高,随葬的青铜礼器也很多,然也有例外,如殷墟王裕口南地M94是一处单墓道墓葬,墓室面积较小,仅10平方米,随葬的青铜礼器也不是很多,觚爵鼎尊各1件(《考古》2012年第12期)。对于这类墓葬,即使带有墓道,也不能视为大墓。
④ 中国社会科学院考古研究所安阳工作队:《河南安阳市殷墟小屯西地商代大墓发掘简报》,《考古》2009年第9期。
⑤ 关于此鼉鼓与北二层台西端的十字形架座的对应关系,或为一对一的关系,即一根立柱立于座架之上,鼉鼓贯于立柱之上,形成了与东周时期建鼓相似的装鼓方式。《礼记·明堂位》曰:"夏后氏之足鼓,殷楹鼓,周悬鼓。"郑玄注:"楹,谓之柱,贯中上出也。"郑玄所注的"楹鼓",就是这样的装鼓方式。不过,由于屯西大墓被盗较为严重,也不排除北二层台上本还有另一个十字形架座,只是因墓葬被破坏掉了。若是如此,则存在一鼉鼓对应两个十字形架座的对应关系,鼉鼓就要以悬鼓的方式存在。

报告认为它们也是磬架。然该墓仅发现一件石磬，不应该有两副磬架。而且，该墓除了北二层台的那一件鼍鼓，也没有发现其他木质乐器。故笔者推测，西南角的两个十字形架座，很可能本来安置青铜乐器。据屯西大墓的体量，此墓规模极大，这种规模的大墓一般都要随葬铜铙，但墓葬被盗严重，铜铙很可能已经被盗走。据这一推测，则西南角的两个十字形架座，很可能就是被盗走铜铙的铙架底座。若这一推测可信，则屯西大墓中的乐器组合应该为铙、鼓、磬的组合。

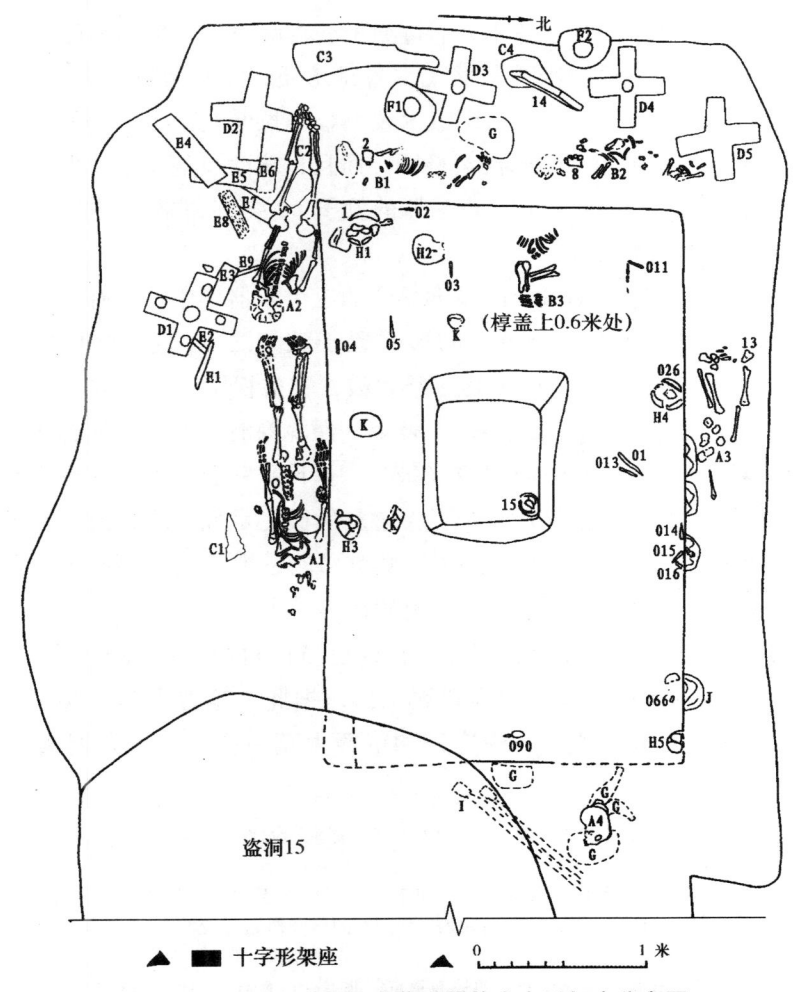

图 3-3-3 小屯西地大墓乐器的十字形架座分布图

第二个线索来自侯家庄 HPKM1217，该墓是四条墓道的大墓，学术界一般认为是商王大墓。该墓西墓道出土漆木鼓 1、石磬 1，及多组乐器架子相关遗存，乐器与乐器架分开放置。① 值得注意的是，西墓道仅出现鼓、磬两种乐器，也仅出土四个十字形架座，却有三件横梁、六件木柱。按照一个乐器架是由两个十字形架座、两根立柱及一根架梁组成的一般规律，据横梁、木柱的数量，侯家庄 HPKM1217 西墓道应该存在三个乐器架。发掘报告认为西墓道本应该还有两个十字形架座，只是由于盗洞的破坏不复存在。三个乐器架如何与漆木鼓和石磬对应呢？发掘报告认为其中一个乐器架与石磬对应，两个乐器架与漆木鼓对应，漆木鼓通过绳子悬在两个乐器架的下面。② 不过，这一推测存在逻辑问题，因为乐器架本身是木质，除非架子本身极其笨重，或者架子有办法固定在地上，否则漆木鼓很容易拉倒这两个乐器架。这种装鼓方式，反而不如单用一个乐器架稳固。而且，从商周各类乐器架的发现情况来看，也没有两个乐器架拉一件乐器的例子。故这一推测在逻辑与材料两个方面都无法得到支持。

笔者认为，侯家庄 HPKM1217 西墓道的三个乐器架中，应有一个乐器架对应着漆木鼓，此漆木鼓以悬鼓的形式置于鼓架之下。悬鼓的起源甚早，《诗经·周颂·有瞽》有"应田县（悬）鼓，鞉磬柷圉"的诗句，可见悬鼓在西周时期业已存在。《集成》6761 著录一件晚商时期铜瓬，瓬铭为"䚯"，其中的"𰯲"部与甲骨文中的"壴（鼓）"字下部完全一致，应该像木鼓悬挂于器架下的形象。《礼记·明堂位》："夏后氏之足鼓，殷楹鼓，周悬鼓。"强行把"楹鼓"归殷，"悬鼓"归周，则有可能是把战国时期存在的几种装鼓方式，演变为时代的差异，并非历史的真实。③

除了悬鼓所对应的一个鼓架外，石磬也可以对应一个磬架，那么多余的一个乐器架，自然最可能对应青铜乐器。据此，笔者推测，侯家庄 HPKM1217 西墓道的乐器组合，也应该如屯西大墓一样，三个乐器架对应三

---

① 梁思永、高去寻：《侯家庄第六本·1217 号大墓》，台北"中央研究院"历史语言研究所，1968 年，第 25 页。
② 除了发掘者，学术界也多如此认为，如李纯一《中国上古出土乐器综论》，文物出版社 1996 年版，第 4 页；方建军：《侯家庄——1217 号大墓的磬和鼓》，《交响（西安音乐学院学报）》1988 年第 2 期。
③ "楹鼓"就是建鼓，东周时期依旧较为常见，非殷代所独有。《明堂位》认为"悬鼓"是周代独有的装鼓方式，但《淮南子·氾论训》有"禹之时，以五音听治，悬钟鼓磬铎"的传说，说明也有传世文献认为"悬鼓"并非仅属于周文化传统。故此，《明堂位》之分，未必可信。

种乐器，第三种乐器很可能是业已被盗的编铙。

由于屯西大墓与侯家庄 HPKM1217 大墓被盗严重，没有青铜铙的出土，故上述铙、鼓、磬三种乐器的组合方式仅是笔者的推测。但这一推测是有依据的，除了上述墓葬中乐器遗迹自身的依据，还有以下两方面的依据：第一，高等级大墓多出土铜铙的事实；第二，商王常常庸（铜铙）、鼓（鼍鼓）齐鸣的事实。可见，晚商贵族墓葬中除了鼓、磬组合及鼓、铙组合外，还可能存在鼓、磬、铙组合。从文献角度来看，《诗经·商颂·那》的演奏场景中除了"庸鼓"，还有"依我磬声"，这也为商人曾使用过鼓、磬、铙组合提供了佐证。①

总之，从晚商墓葬材料出发，结合甲骨文、《诗经》等材料，可知鼍鼓很可能存在三种组合方式：鼍鼓与石磬组合，鼍鼓与铜铙组合，鼍鼓与石磬、铜铙组合。第三种组合尚不见实物证据，有逻辑推测的成分，但这种推测是合理的，也有文献材料支持，因而理应受到重视。

三　葬铙墓所见敲击乐器组合的等级

在确定铙可以与鼓组合后，我们就能够厘清商周葬铙墓中的敲击乐器组合形式，它们分别为：单独的编铙组合，编铙与磬的组合，编铙与鼍鼓的组合，编铙与石磬、鼍鼓的组合，凡四种形式。不同组合形式墓葬的等级并不相同。以鼍鼓与铙的组合为例，从表 3-3-3 中可以看出，出土鼍鼓与铙组合的墓葬等级并非很高，即使竖穴土坑墓也可出土，如前掌大 M213、大司空 M312 二墓；而出土鼍鼓与磬组合的墓葬，则往往等级很高，多为带墓道大墓，且很可能墓中本就随葬铜铙。这说明，鼍鼓的不同组合形式的等级并不相同，鼍鼓与磬组合（很可能也代表着鼍鼓、磬、铙的组合）墓的等级可能要高于鼍鼓与铙组合墓。

为了更好地说明铜铙的四种组合形式的等级高低，笔者统计了殷墟遗址及与殷文化关系密切的青州苏埠屯 M8、闻喜酒务头 M1 诸墓，制成了晚商时期葬铙墓出土敲击乐器组合模式一览表，如表 3-3-4 所示。

---

① 学术界或认为《商颂》的写作年代为春秋时期，然《那》提到的"庸鼓""万舞"皆具有晚商时期的时代特色，则《那》中所载似可以考虑有较为古老的渊源。因而，此诗可以用来说明晚商时期的鼓、磬、铙组合。

表 3-3-4　　　　　　　晚商葬铙墓出土敲击乐器组合模式表

编号	单位	等级	组合模式	出处
1	安阳侯家庄 HP-KM1217	商王大墓	磬、鼓，及很可能存在的铙	《侯家庄第六本·1217号大墓》
2	安阳小屯西地 M1	双墓道大墓	磬、鼓，及很可能存在的铙	《考古》2009年第9期
3	闻喜酒务头 M1	单墓道，5觚6爵	编铙、鼍鼓	《中国国家博物馆馆刊》2022年第10期
4	滕州前掌大 M213	竖穴土坑墓，被盗	铜铙、鼍鼓	《滕州前掌大墓地》
5	安阳大司空 M312	竖穴土坑墓，被盗	铜铙、鼍鼓	《考古学报》1955年第9册
6	青州苏埠屯 M8	单墓道，2觚4爵	编铙、石磬	《海岱考古》（一）
7	安阳妇好墓	竖穴土坑墓，王妇墓	编铙（两套铙）、磬	《殷墟妇好墓》
8	安阳花东 M54	竖穴土坑墓，9套觚爵	编铙、磬	《安阳殷墟花园庄东地商代墓葬》
9	安阳郭家庄 M160	竖穴土坑墓，10觚10角	编铙、磬	《安阳郭家庄商代墓葬》
10	安阳大司空 M303	竖穴土坑墓，6觚、10爵	编铙	《安阳大司空——2004年发掘报告》
11	安阳戚家庄 M269	竖穴土坑墓，3觚2爵	编铙	《考古学报》1991年第3期
12	安阳郭家庄东南 M26	竖穴土坑墓，2套觚爵	编铙	《考古》1998年第10期
13	1958安阳大司空村 M51	竖穴土坑墓，2套觚爵	编铙	《考古通讯》1958年第10期
14	1983安阳大司空 M663	竖穴土坑墓，2套觚爵	编铙	《考古》1988年第10期
15	安阳高楼庄 M8	竖穴土坑墓，2觚1爵	编铙	《考古》1963年第4期

据表3-3-4可知，晚商时期的葬铙墓往往有一定等级，且铙的组合模式与墓葬等级有一定的对应关系。首先，晚商时期葬铙墓本身就是等级的象征，葬铙墓一般要随葬两套青铜觚爵，目前尚不见一套青铜觚爵葬铙墓的例子。其次，铙、磬组合等级更高。殷墟遗址中可随葬铜铙与石磬组合的墓葬，往往是随葬九套青铜觚爵以上的高等级贵族墓葬，墓主人往往

是大族族长，地位极高。再次，铙、鼓组合既见于带墓道的墓葬，也见于竖穴土坑墓，且由于竖穴土坑墓常常被盗，无法准确判断墓葬等级，因而铙、鼓组合的等级不好确定。最后，铙、磬、鼓组合等级最高。在殷墟遗址，铙、磬、鼓组合仅见于商王大墓与双墓道大墓。总之，就目前的材料来看，晚商的敲击乐器组合大体存在着这样的等级层次：编铙、磬、鼓组合＞编铙、磬组合＞编铙组合。

上述分析说明，编铙本身就是标识墓葬等级的乐器，随着编铙与其他乐器形成越来越复杂的组合关系，墓葬的等级就越来越高。由此，编铙及其组合能够与墓主人的级别建立起对应关系，意味着商代的乐器制度已经较为成熟，乐器不仅仅是演奏音乐的工具，还是明贵贱、别等级的标识物。当然，从表 3-3-4 也可看出，编铙的四种组合模式之间的等级差异只是相对的、粗疏的，四条墓道的商王大墓与两条墓道的王室贵族墓葬可以随葬相同的组合模式，带墓道墓葬与竖穴土坑墓也可随葬相同的组合模式，皆说明晚商的乐器组合与墓葬等级之间的关联仅是初步的，而非精细化的结果。

值得注意的是，由于编铙存在多种层次的组合模式，因而编铙柄部的"左""中""右"铭文也可能指示编铙在各类组合中的位置。这一点在本章第一节中业已论述，这里不再赘言。

四 铙、鼓组合的重要意义

众所周知，无论是考古发现，还是文献记载，皆证明钟鼓组合是先秦乐制的核心。《论语·阳货》谓："子曰：'礼云礼云，玉帛云乎哉？乐云乐云，钟鼓云乎哉？'"以"钟鼓"来代称"乐"，是东周人们的普遍认识。可见，只有钟鼓组合的形成，才是先秦乐制走向成熟的基础。那么，钟鼓组合是什么时期形成的？这是一个值得深入讨论的问题。

就考古发现而言，编钟、编磬、建鼓组合是东周墓葬较为常见的组合，目前所见年代最早的钟、鼓、磬组合见于两周之际的陕西韩城梁带村 M27。梁带村 M27 是墓地规格最高的墓葬，有南北两条墓道，出土七鼎六簋的鼎簋组合，墓主人当为一代芮公（或即 M26 仲姜铭文中的"桓公"）。[1] 该墓出土

---

[1] 陕西省考古研究院、渭南市文物保护考古研究所、韩城市文物旅游局编著：《梁带村芮国墓地——2005、2006 年度发掘报告》，文物出版社 2020 年版，第 374 页。

大量乐器，包括编钟（编钟钩）、钲、淳于、石磬、建鼓五种。其中，编钟有 8 件（M27：949、950、1025—1030），钲 1 件（M27：399），淳于 1 件（M27：398），石磬 10 件（M27：1041—1050），建鼓 2 件（M27：947、948），这些乐器主要放置于椁室东北角和北侧（图 3－3－4）。编钟、石磬、建鼓放置在一起，可视为钟、鼓、磬的组合。

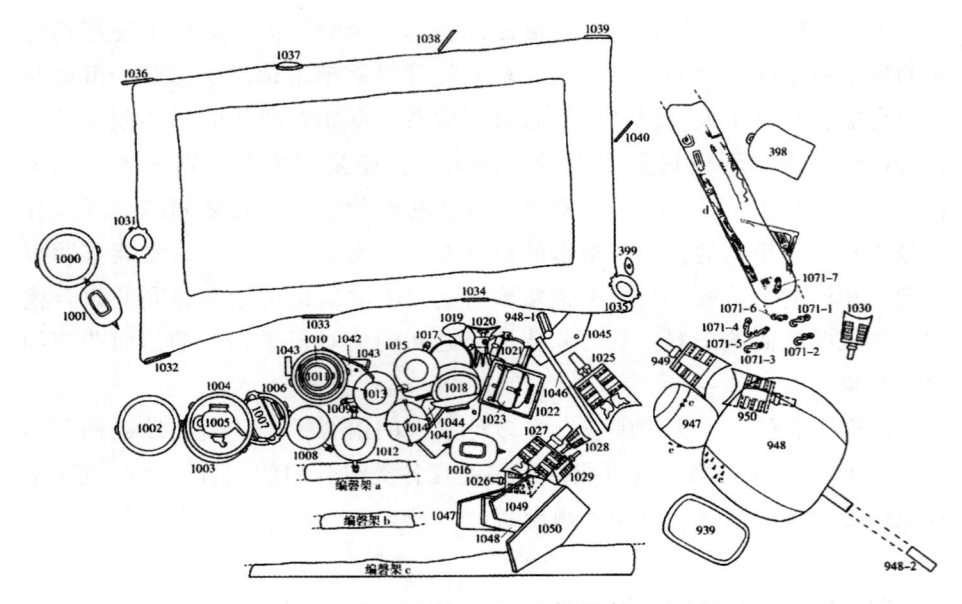

图 3－3－4　梁带村 M27 出土乐器分布图

在晚商与东周之间的西周时期，目前尚不见报道确定无疑的鼓遗存。曾有报道镐京遗址出土 12 块鳄鱼骨板，然鳄鱼骨板出自灰坑，不能判断是否为鼍鼓。① 不过，西周金文及可信的传世文献中常见西周时期使用鼓的记载，如上文所举《诗经·大雅·灵台》一诗，旧多认为是记述文王游乐生活之诗，其中就描述了钟鼓之乐，是周人用鼓的证据。因此，西周时期应该也存在钟鼓组合。

当然，由于西周是甬钟起源的时期，而东周考古材料及传世文献中的钟鼓之乐往往是甬钟和鼓的组合，这是否意味着钟鼓之乐的源头就只能追

---

① 《镐京遗址首次出土鳄鱼骨板》，《中国社会科学报》2017 年 1 月 13 日第 1 版。

溯到西周时期？这就涉及甬钟来源问题。本章第二节对此业已略作讨论，目前关于西周甬钟起源，有"南方大铙说"和"北方小铙说"两种观点。"南来说"有其合理的地方。甬钟与南方大铙的关系，主要在于南方大铙发展到西周早期时，已出现有枚、有篆带的形式，在形制上体现了明显的过渡性。但是，甬钟的甬部都有旋、有干，南方大铙的甬部虽然有旋，却尚没有发现干的存在。因此，"南来说"至少无法解释"干"的来源。相对的，也有学者指出，甬钟的干，可能来源于铜铙的环。[①] 本章第二节对有环铙的讨论，也支持此种观点。可见，甬钟在其起源过程中，很可能同时融合了南方大铙与北方小铙的部分要素。这意味着，我们至少可以把北方小铙视为甬钟的渊源之一。

从文献角度来看，铜铙被称为"庸（镛）"，而镛一直被归为"钟"类。《诗经·大雅·灵台》"贲鼓维镛"，郑玄笺："贲鼓，大鼓也。镛，大钟也。"《诗经·商颂·那》"庸鼓有斁，万舞有奕"，毛传："大钟曰庸。"《说文·金部》："大钟谓之镛。"《尔雅·释乐》："大钟谓之镛。"据《灵台》所言，前面讲"贲鼓维镛"，后面讲"於论鼓钟"，"贲鼓"对应着"鼓"，"镛"对应着"钟"，可见《灵台》确实将"镛"视为钟类乐器的。历代注疏家以钟训镛，大体可信（但训为大钟，则不可信，当为小钟）。这就再一次证明，北方小铙与西周的甬钟，有着密切的关联。

既然铙是甬钟的渊源之一，且一直被归为钟类乐器，那么晚商时期的铙与鼍鼓的组合，自然可以被视为西周甬钟与鼓组合的前身。这样，我们就能把钟鼓组合的历史追溯到晚商时期，或至少是把钟鼓组合的前身追溯到了晚商时期。由此，先秦时期极为重要的钟鼓之乐的传统，至迟在晚商时期已有苗头。晚商在先秦乐制形成中的地位，应被重视。

---

① 陈荃有：《悬钟的发生及双音钟的厘定》，《交响（西安音乐学院学报）》2000年第4期。

附表3-1-1 北方地区出土商周铜绕统计表

（单位：厘米）

类型	出土单位	分期	数量	大（通高/柄长）	中（通高/柄长）	小（通高/柄长/柄径）	铭文	其他	出处
	殷墟妇好墓	殷墟二期	5	14.4/5.7	11.5/4.3		鋬内壁"亚弓"	柄内有朽木	《殷墟妇好墓》
	安阳郭家庄东南M26	殷墟二期	3	11.7/4.8 21.6/	9.8/3.6 17.4/	7.7/3.4			《考古》1998年第10期 《考古》1963年第4期
	安阳高楼庄M8	殷墟二期	3	16.5/5.8	11.2/4.5	15/			《文物》1975年第2期
	温县小南张	殷墟三期	3	20.5/5.5	17/4.5	14.5/4			《考古》1974年第3期
	山东惠民大郭村	商末	1（被破坏）						《文物》1999年第3期
	洛阳林校西周车马坑	西周早期	3	21/4（柄径）	19.8/3.5	17.5/3.1（柄径）		柄内残存朽木	《考古》1995年第1期
	威海环翠M1	西周中期	2（被破坏）	12.6/	12.6/				《考古通讯》1958年第10期
无鋬型	1958安阳大司空M51	殷墟三四期之交	3	22.5/8.5	20.7.3	17/7	鋬内壁"己"		《考古》1988年第10期
	1983安阳大司空M663	殷墟二期	3	17.5/	14.8/	12.5/	鋬内壁"古"		《安阳殷墟花园庄东地商代墓葬》
	安阳花东M54	殷墟二期	3	17.6/6.2	14.4/5.3	12.3/4.9	鋬内壁"亚长"		
	安阳戚家庄M269	殷墟二期	3	18.4/6.3	13.7/4.5	11.9/4.1	外壁兽面纹上部"妥"		《考古学报》1991年第3期
	安阳郭家庄M160	殷墟三期	3	24.6/8.4	20.6/6.8	17.2/6.2	鋬内壁"亚襄止"，甫"中"	柄内有朽木	《安阳郭家庄商代墓葬》
	安阳大司空M303	殷墟四期	3	20.3/7.4	17.6/6.6	14.8/5.8	鋬内壁"马尾"		《安阳大司空》
	1953安阳大司空M312	殷墟四期	3	18.6/	15.8/	13.9/	🖼		《考古学报》1955年第9册
	安阳殷墟西区M699	殷墟四期	3	21/	18/	14.3/	甫"中"		《考古学报》1979年第1期

第三章　商周青铜铙组合研究

续表

类型	出土单位	分期	数量	大（通高/柄长）	中（通高/柄长）	小（通高/柄长）	铭文	其他	出处
无环型	安阳西北岗1083号墓	晚商	4	17.9/	15.1/	12.7/			《武丁与妇好》
	沂源东安村	商末	3	12.4/					《先秦乐器铜铙研究》
	滕州前掌大M213	商末	1（被盗）	20/7.5					《滕州前掌大墓地》
	滕州前掌大M222	商末	1（被盗）	17.7/6.1					《滕州前掌大墓地》
	青州苏埠屯M8	商末	3	21/7	17.5/6.1	15/5.3			《海岱考古》（一）
	闻喜酒务头墓地M1	商末周初	3						《中国国家博物馆刊》2022年第10期
	闻喜酒务头墓地M4	商末周初	3						
	滕州前掌大M206	商末周初	2（被盗）	20.8/7.8	15.2/5.6			柄内残有朽木	《滕州前掌大墓地》
	鹿邑长子口墓	商末周初	3	24.5/8.4	19.5/6.3	15.2/5.4			《鹿邑太清宫长子口墓》
	大河口墓地M1	西周早期之中交	3	19/8	17.6/7.2	16.4/7.1			《考古学报》2020年第2期
	安阳殷墟西区M765	晚商	3	20.8/6	18.6/5.6	15.8/5			《中国音乐文物大系·河南卷》
	安阳大司空M288	晚商	3	18.7/7.2	14.5/5.4	12/4.6			《中国音乐文物大系·河南卷》
	宝鸡竹园沟M13	西周早期	1	17.8/7	15.9/6.2	13.5/5.2			《宝鸡𢑛国墓地》
有环型	大河口墓地M1	西周早期之中交	3	19.5/8					
				18.1/5.1	17.6/5.2	14.8/4			《考古学报》2020年第2期

第四章 从青铜礼器组合论商周礼制的"变"与"常"

本书第一章到第三章,主要讨论了商周青铜食器、酒器、乐器组合的延续与变化,以及青铜礼器所反映出的礼制情形。本章则是在前几章内容的基础上,尝试从宏观层面,对商周青铜礼器组合变化的原因进行探索,重点是在商周社会思想变动的大背景下,讨论青铜礼器组合变化所反映的商周礼制的"变"与"常"。

毫无疑问,在商周青铜礼器组合的历时性变化之中,我们既能看到变革的成分,也看到延续的成分。学术界所称"商周礼制变革"主要针对青铜礼器组合中变革部分而言的,但我们也不能忽略延续的部分。对此,本章所说的商周礼制的"变"与"常",不仅强调了商周礼制中的"变革"的因素,也强调商周礼制中的"延续"和"传承"的因素。对于后者,可以"周承商制"①来概括。

"商周礼制的变与常"是一个内涵极其丰富的命题,它不仅仅是物质的演化,还有物质背后的礼仪活动、社会习俗的演化,但后者留下的材料太少,少量的早期文献和金文材料也不足以系统考察商周礼仪活动、社会习俗的变动。因此,"商周礼制的变与常"主要依据物质文化的演进进行研究。单就物质文化层面而言,商周礼制也包罗万象,它不仅与青铜器有关,也与玉器、陶器、石器等各类物质遗存有关,还与墓葬、居址等遗迹有关。但是,青铜器的独特优势,在于青铜器常常有铭文,铭文本身就是一种信息。因此,从青铜礼器层面,讨论商周礼制的演进②,所能得到的

---

① "周承商制"之说见于《册府元龟·列国君部·总序》。"周承商制",学者或写作"周承殷制",如刘源《周承殷制的新证据及其启示》,《历史研究》2016年第2期。

② "演进"要比"变革"更为中性,"演进"既可以包括"变革",也可以包含"传承",因而本书尽量使用"商周礼制演进"一词。

信息，要远比其他材质遗物多得多。但是，青铜礼器的变化，往往是长时段的，我们只有将青铜礼器放在更大的时空框架，才能辨识出背后的礼制变动。因此，虽然从青铜礼器角度研究商周礼制的成果已然较多，但相关研究多作静态的研究，而没有梳理清楚商周礼制变革的历时性变化。更何况相关研究多集中在商周礼制变革领域，而较少强调商周礼制演进中的"周承商制"因素。因而，如何从青铜礼器组合及其他青铜礼器文化因素的变化出发，讨论商周礼制的"变"与"常"，依旧是一个需要考察的问题。本章主要解决这一问题。

本章第一节讨论商周青铜礼器诸因素的历时性变化，此节既是对前三章的总结，也是升华；第二节探索商周之际的社会思想的变动，以此作为理解商周礼制演进的思想背景；第三节具体讨论青铜礼器组合变化所反映的商周礼制的"变"与"常"。

第一节 商周青铜礼器的历时性变化

商周青铜礼器文化因素较多，既有器型和组合的因素，也有铭文的因素，还有纹饰的因素，这些文化因素在商周时期都有较大的变动。组合是其中最核心的文化因素，因为组合往往与功能有关，而功能又与礼制密切关联。但其他文化因素也不能被忽视。本节主要讨论商周青铜礼器诸因素的历时性变化，即把商周青铜礼器诸文化因素视为一种动态的演进过程，而不是视为一种静止的结果。如果将商周青铜礼器诸因素的历时性变化视为商周礼制演进的重要表现形式，那么我们还可以通过商周青铜礼器诸因素的历时性变化总结出商周礼制演进的阶段性。

一 西周早中期铜礼器组合的诸特征及溯源

西周早中期的青铜礼器，可分为食器、酒器、水器、乐器四大种类，它们在器型、纹饰、铭文、位置上，形成了大大小小不同层面的组合关系。根据本书前三章的讨论，我们可知最值得关注的组合特征主要有三项：第一，核心酒器群的存在；第二，按功能分置礼器群；第三，食器群组合特征尚不固定。下面分别论之。

1. 核心酒器群的存在

在酒器群方面，形成了核心酒器群。所谓核心酒器群，是指由觚、爵、觯、尊、卣、斗及其配件（如铜鸭首形器、棒形器、柄形器等）所构成的酒器组合。这一组合的呈现，在部分出土漆案、铜禁的墓葬（如宝鸡石鼓山 M3、宝鸡竹园沟 M4、M7、M13、随州叶家山 M28、M111 等墓）中表现得最为明显，案、禁之上的酒器主要有觚、爵、觯、尊、卣、斗及其配件。1999 年，张光裕先生公布一组否叔器，有尊 1、卣 1、觚 2、爵 2、觯 1，为同一坑所出，年代为西周早期后段。① 此组否叔器铭文关联，乃确凿无疑的酒器组合，为核心酒器的存在提供了新材料。

这种以觚、爵、觯、尊、卣为核心的酒器群，并非仅见于西周早中期，在更早的殷墟晚期，也常见这种组合。比如，在殷墟末期的仿铜陶礼器墓与铜明器墓中，觚、爵、尊、卣、斝、觯也是较为常见的组合群，其中觚爵等量组合，尊卣也形成了较为稳固的组合关系。唯殷墟末期的斝，在西周早中期退出了核心酒器群；殷墟末期觯的重要性相对较低，而西周早中期的觯则更为重要，处于核心酒器群的中心地位。可见，自殷末到西周早中期，核心酒器群既有传承，也有变化，传承是主要的，变化是次要的。

这些器类除了形成核心酒器群外，它们彼此之间还有组合关系。最为显著的组合关系，就是尊卣配对关系，觚爵或爵觯组合关系，细腰觚与棒形器、柄形器的组合关系。这三种组合关系，本书业已讨论较多，不再赘言。

值得关注的地方是，核心酒器群的存在，意味着不同组合的酒器，共同形成了一个更大范围的组合，即觚、爵、觯、尊、卣、斗的核心酒器群组合。这一大组合，与祼礼关系密切，是为了行祼礼而聚集在一起的组合模式。其中，青铜卣主要起着盛酒器的作用，用于盛放鬯酒。青铜尊则是盛郁草（或郁汁）以调和郁鬯的器皿。将青铜卣中的鬯酒挹取出来，放在青铜尊中，与郁草或郁汁混合，形成郁鬯。调好的郁鬯被挹取到青铜爵中，青铜爵有加热的功能，使得郁鬯更为浓郁，便于礼神。礼神时，将青铜爵中的郁鬯，倾倒在瓒（觚与玉棒形器、玉柄形器的组合器）的示主之上，象征着以郁鬯歆神。祼礼余酒，则可以倒入觯中，在歆神结束后饮用。这一过程，还要用到青铜斗，青铜斗发挥着挹取的作用。

若将核心酒器群背后所关联的礼仪活动——祼祭之礼——作为我们考察的对象，那么我们会发现，相关礼仪的历史可追溯到史前时期。祼礼是一种

---

① 张光裕：《西周遗器新识——否叔尊铭之启示》，载《中央研究院历史语言研究所集刊》1999 年第 70 本第 3 分本。

十分古老的祭神之礼，早在良渚文化时期，就有与此有关的线索。良渚文化的漆觚是学术界关注的热点，不少墓葬中的漆觚与玉锥形器配套使用，这一组合一直延续使用到西周早中期墓葬。① 据山西翼城大河口M1所出有自名为"瓒"的燕侯觚，笔者认为这一组合就是甲骨金文和传世文献中的"瓒"，乃祼祭用器。祼祭用器能够追溯到良渚文化时期，意味着祼祭之礼至少在史前时期业已存在。从良渚文化时期到西周时期，祼祭之礼至少存在了数千年，它的影响极为广泛，夏人、商人、周人都接受过这种祭礼。

2. 按功能分置礼器群

在西周早中期部分出土漆案的墓葬中，漆案上除了酒器，还有青铜盉，比如叶家山M28与叶家山M111皆是如此。叶家山M28所出铜盉，与同墓所出铜盘，铭文相同，纹饰风格一致，形成了一组盘盉配对组合关系。这显示出，与酒器群共存的铜盉，实际上起着水器的作用，反映出西周早中期酒器群与水器群的"大组合"关系。

相对于酒器群与水器群的紧密联系，西周早中期的食器群则与酒、水二器群相对疏远，在墓葬中可以分开放置。这一点在叶家山M111中表现得最为明显，该墓的青铜礼容器主要放置于北二层台上，食器群位于二层台的中部，酒器群（+水器群）位于二层台的东侧，酒器群（+水器群）与食器群之间有较大的空白地带。叶家山M111还有一个极为重要的特征，就是乐器群也是单独放置的（图4-1-1）。叶家山M111出土铜甬钟4件、镈钟1件，皆分布于西二层台上，而其他礼容器群则分布于北二层台上，显示出显著的食器、酒器（+水器）、乐器的分置特征。

对于大部分西周早中期贵族墓葬而言，由于墓葬空间的不足，乐器群多是与食器或酒器混合放置的，如宝鸡竹园沟M7、茹家庄M1、绛县横水M1001等墓，皆是如此。当然，叶家山M111墓葬中的乐器群单独放置的现象，也非孤例。在周初的鹿邑长子口大墓中，6件铜铙（2组）和1件大石磬被放置于东椁室，食器群主要被放置于北椁室，酒器群则主要被放置于北椁室西端（少量）和西椁室北端（大量），西椁室南端主要放置乐器骨排箫。这显示，长子口大墓已经存在食器、酒器、乐器按功能分开放置的现象，叶家山M111不过是在此基础上发展得更为规整而已。

---

① 方向明：《好川和良渚文化的漆觚、棍状物与玉锥形器》，《华夏文明》2018年第3期；严志斌：《漆觚、圆陶片与柄形器》，《中国国家博物馆馆刊》2020年第1期。

图 4-1-1　叶家山 M111 礼器群分布图①

这种青铜礼容器按功能分开放置的现象，也非仅见于西周早中期，晚商时期业已发展出一些线索，如著名的殷墟西区 M1713，就是典型的食器群与酒器群（+水器群）分开放置的案例。殷墟末期不少墓葬已经显示出这种食器群、酒器群各自汇集的迹象，但它们的这类现象远没有西周早中期墓葬那么明显。至于乐器群的单独放置现象，侯家庄 1217 号大墓表现得最为明显，大石磬与漆木鼓（可能还包含铜铙）组合被放置于西墓道中，与其他礼容器分开放置。

3. 食器群组合特征尚不固定

关于西周早中期贵族墓葬中的食器群，还有这样三个值得注意的特点。第一，存在以兽面纹大圆鼎为中心的食器分布特征，兽面纹大圆鼎在食器群中处于一个极为显眼的位置。第二，流行大小相同的列鼎制（本书称之为第一类列鼎），列鼎的鼎数一般为偶数，也有少量 5 鼎制列鼎；偶见大小相次的列鼎制，以茹家庄 M1 甲室的 5 件儿鼎最为典型。第三，流

---

① 湖北省博物馆、湖北省文物考古研究所、随州市博物馆编：《随州叶家山：西周早期曾国墓地》，文物出版社 2013 年版，第 112 页。

行大小相同的列簋制，且存在列簋分置现象，列簋的最高簋数当为4，而非墓葬中常见的2簋制列簋。值得注意的是，食器群中不同器类之间的组合关系，往往没有酒器群中的器类明显，这暗示西周早中期墓葬中的食器组合关系尚没有定型。

这种大小相同的列鼎制和列簋制可以追溯到晚商时期，最早如著名的殷墟妇好墓，就至少出土8组列鼎、1组列簋，可见大小相同的列鼎制和列簋制是典型的殷系文化特征。除了列鼎制、列簋制，西周早中期的兽面纹大圆鼎的使用方式，也可以追溯到殷墟时期。殷墟高等级贵族墓葬中常见这类兽面纹大圆鼎，被放置于墓葬的中心位置，墓葬等级越高，鼎的体型越大，且这种鼎从不成对出土。与核心酒器群仅能追溯到殷末不同，西周早中期食器群组合的诸特征，多可追溯到殷墟早期。

综上，西周早中期贵族墓葬中的礼容器组合的诸特征，多可以追溯到晚商时期，或可以追溯到殷墟末期，或能够追溯到殷墟早期。无论早晚，皆可以证明，西周早中期的青铜器礼俗，在很大程度上是由殷代发展而来的，是"殷礼"的延续。

二 青铜器组合演进的阶段性

在西周时期，有一个显著的由"殷礼"向"周礼"转变的过程，它表现在青铜器组合方面，就是核心酒器群的消失、核心食器群的形成、水器群的独立、编钟制度的成熟。下面分别论之。

1. 核心酒器群的消失

核心酒器群的消失，当在西周中期之时，但它的具体消失时间，尚需要我们做一番简单梳理。自殷末产生的核心酒器群，在西周中期前段依旧盛行，这一点在宝鸡茹家庄M1，周原齐家村M19，长安花园村M17，绛县横水M2158、M2531，翼城大河口M1017等墓中表现得极为明显。这些墓葬的绝对年代，各发掘报告多认为是穆王前后。可见，至少在穆王时期，核心酒器群依旧存在。

在西周中期前段向后段过渡的恭懿时期，部分贵族墓葬中的器物组合较为复杂，有的墓葬中依旧保留核心酒器群，有的墓葬中的核心酒器群已经有了消失的痕迹。比如，平顶山应国墓地M84是西周中期早段偏晚阶段墓葬，出土青铜礼容器10件，其中酒器有尊1、卣1、爵1、觯1，核心酒器群依旧存在。绛县横水M2出土瓠1、爵1、尊1、卣1等酒器，酒器已经不多，但核心酒器群依旧存在。① 横水 M2 的年代要略晚于横水 M2158、M2531 等墓，可能已经进入恭王纪年。与横水 M2 年代大体相当的横水 M1 则表现出新的特征，该墓出土青铜礼乐器 25 件，其中酒器仅提梁壶 1、贯耳壶 1、觯 1，酒器群已经不完整，正处于消失的阶段。除了横水 M1、M2，大河口 M2002 也是西周中期前段偏晚阶段墓葬，其年代也已经进入恭王纪年，该墓出土青铜礼器主要有鼎 3、鬲 2、甗 1、簋 3、盘 1、鸟形盉 1 等，为食器和水器的组合，不存在酒器。② 可见，在西周中期前段的偏晚阶段，部分贵族墓葬中的核心酒器群，已经有了退出青铜礼器组合的征兆。

到了西周中期后段，这种现象就更为明显了，这里以 1981 年扶风强家村 M1 为例，该墓规模较大，年代为西周中期后段。强家 M1 出土青铜礼容器 18 件，分别为圆鼎 4、鬲 4、簋 5、甗 1、盘 1、盉 1、壶 2，除了铜壶为酒器外，不再出现任何一种核心酒器群中的器类。③ 强家村 M1 所出礼容器数量较多，却没有出现核心酒器群中的器类，足以证明核心酒器群在此时业已退出了主流组合。此后，部分贵族墓葬虽然依旧会出现觚、爵、尊、卣等酒器，然而主要是以明器形式存在，其内涵与意义，已经无法与西周早中期的核心酒器群相比。

可见，核心酒器群在西周中期前段的偏晚阶段已经有了消失的迹象，在西周中期后段彻底从墓葬礼器组合群中退出。当然，核心酒器群的消失，及青铜酒器在西周后期的式微，并不意味着此后时期人们不再饮酒，从东周礼书来看，东周的人们依旧有着较多的饮酒需求。东周的酒器既有延续此前时期的，也有后期创造的；既有青铜酒器，更多见漆木酒器。即使如此，西周中晚期青铜酒器群的式微，依旧是一个极为明显的信号，说明周人对酒和酒器的态度，有某些变化。

2. 核心食器群的形成

所谓"核心食器群"，主要指鼎簋配对组合。本书第一章重点讨论了这种列鼎列簋相配现象的出现过程，读者可参阅。大体而言，在第一类列

---

① 山西省考古研究所、运城市文物工作站、绛县文化局：《山西绛县横水西周墓发掘简报》，《文物》2006 年第 8 期。横水 M2 材料也见于此简报。

② 山西省考古研究所、临汾市文物局、翼城县文物旅游局联合考古队、山西大学北方考古研究中心、中国人民大学出土文献与中国古代文明研究协同创新中心：《山西翼城大河口西周墓地 2002 号墓发掘》，《考古学报》2018 年第 2 期。

③ 周原扶风文管所：《陕西扶风强家一号西周墓》，《文博》1987 年第 4 期。

鼎（大小相同列鼎制）流行的西周早中期（可晚到西周中期后段），第一类列鼎与列簋并没有相配的迹象，它们相互独立出现于食器群中。与之相对，在两周之际高等级贵族墓葬中，常见奇数鼎搭配偶数簋的组合模式，奇数鼎的形制相同，大小不等，即本书所称第二类列鼎。第二类列鼎的源头可以追溯到晚商时期的西土地区，在西周早期及中期前段都有发现，但主要分布于广义的西土地区，列鼎形制也偏向于西土风格。第二类列鼎的成熟及普及，还要到西周中期后段，如著名的散伯车父列鼎。至于列簋与第二类列鼎相配组合模式的成熟与普及，则要晚到西周晚期后段，如晋侯墓地 M62、M31 两墓中的列鼎列簋组合。

可见，西周中晚期食器群的改变，也具有历时性特点：第一类列鼎在西周中期后段逐渐退出历史舞台，为第二类列鼎所取代；第二类列鼎与列簋制在西周晚期才逐渐发展出列鼎列簋配对组合的模式。在这一种组合模式中，列簋的源头至少可以追溯到殷墟遗址，具备殷文化特色，可知这一组合模式并不完全传承自西土地区。这说明，所谓周文化的列鼎列簋制，只是周人自然选择的结果，而被选择和改造的对象，并不必然排除殷文化中吻合周人宗教思想的文化因素。

3. 水器群的独立

在西周早中期的贵族墓葬中，水器群往往不是独立存在的，而是与核心酒器群一起，构筑酒器群 + 水器群的"大组合"模式。这一"大组合"模式，在核心酒器群逐渐走向衰落的西周中晚期，自然也要被破坏，水器群开始走向独立。比如，大河口 M2002 虽然没有出土酒器，但出土了盘、盉；横水 M1 仅铜斝是核心酒器群中的器类，却也出土盘 2、盉 2。到了西周中期后段的强家 M1，也出土盘盉。这说明，即使在核心酒器群消失后，盘盉作为水器组合，依旧可以存在于西周中期墓葬中。

盘盉组合在西周晚期依旧存在，不过盉的形制已经发生了较大变化，由分档盉向扁体盉发展，盉的明器化现象也较为严重。与此同时，盘匜组合兴起，逐渐取代盘盉组合。[1] 相对于细流束颈的盉类，由于匜的流更宽，口更大，可快速盛水、倒水，因而在日常沃盥生活中更具优势。当水器群走向独立后，为了发挥水器应有的作用，盘匜组合取代盘盉组合，自然是一件理所当然的事情。

---

[1] 王冬冬：《西周青铜盘盉匜水器组合变迁研究》，《江汉考古》2020 年第 4 期。

4. 编钟制度的成熟

编钟制度的成熟，是商周礼制演进中的另一个重要特征。在殷代，青铜乐器主要以铜铙为核心，铜铙三件一组，常见于中高等级贵族墓葬之中。铜铙在西周早中期依旧存在，但出现于贵族墓葬中的频率已经不如殷墓那么高。到了西周早期后段，甬钟开始出现，如叶家山 M111、竹园沟 M7，皆有出土。此时的甬钟依旧较为稀少，且在组合上以两件为一套，然后与另一件（如竹园沟 M7）或两件（如叶家山 M111）形成三件或四件的组合模式。到了西周中期，甬钟出现的频率明显增高，不少中高等级贵族墓葬中都随葬甬钟，如宝鸡茹家庄 M1、长安普渡村长由墓、翼城大河口 M1017 皆出土三件，北赵晋侯墓地 M9 出土四件。除了三件一组、四件一组，西周中期还发展出五件一组（横水 M1、M2）的组合模式。组合形式多变，意味着编钟制度的不成熟。西周中期后段的编钟已经有了规范化的迹象，八件一组编钟可能已经出现，如庄白一号窖藏所出一组六件痶钟，中有缺失，推测完整组合形式应为八件。① 《礼记·春官·小胥》"凡悬钟磬，半为堵，全为肆"，郑玄注："钟磬者，编悬之，二八十六枚而在一虡，谓之堵。钟一堵，磬一堵，为之肆。""二八"为两组各八件甬钟，正与痶钟对应。这种规范化的八件一组编钟制度，在西周晚期到两周之际更为常见，属于编钟的成熟表现。② 可见，从甬钟的出现，到编钟制度的成熟，几乎经历了整个西周时期。

三 商周青铜礼器其他文化因素的变化

除了青铜礼器组合方面的显著变化，商周礼制变革在青铜器领域还有一些表现，如学术界业已讨论较多的青铜器纹饰变化（由写实或幻想的动物纹饰向几何纹饰的转变）、日名与族徽的消失等。这里分别讨论。

1. 青铜器纹饰变化

商周青铜器上的纹饰，以兽面纹最具特色（图 4-1-2, 1），这种纹饰可以拆解为多个部位，不同部位或来自写实动物纹饰，或来自幻想动物纹饰。总之，学术界一般认为商周兽面纹是动物纹饰的一种。

---

① 宝鸡市周原博物馆编著：《周原——庄白西周青铜器窖藏考古发掘报告》，科学出版社 2016 年版，第 85 页。

② 侯卫东：《略论周代铜甬钟的组合与演变》，载《三代考古》（七），科学出版社 2017 年版。

兽面纹的起源较为久远，它不仅见于商代青铜器，还见于更早时期的铜、石、玉器之上。比如，二里头文化时期的兽面纹铜牌饰（图4-1-2，2）、石峁遗址兽面纹石雕（图4-1-2，3）之上的纹饰，皆是这种兽面纹可信的早期形态。后石家河文化中流行的"神面纹"（图4-1-2，4）、良渚文化玉器上的"神面纹"（图4-1-2，5），乃至更早的高庙文化白陶器上的"獠牙神面纹"（图4-1-2，6），似都与商周兽面纹有渊源关系。这些材料说明，兽面纹有着长达数千年的形成与演进史。

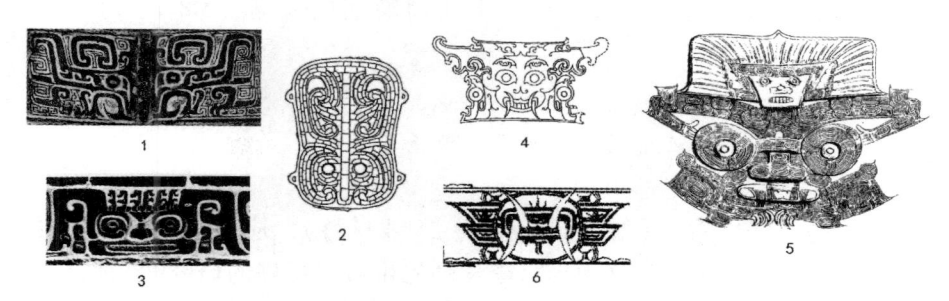

1. 殷墟刘家庄北地M793∶41（《考古》2022.8）　2. 二里头M4∶5（《考古》1984.1）
3. 石峁皇城台大台基11号石雕（《考古》2020.7）　4. 孙家岗M149∶2（《考古》2020.6）
5. 反山M12∶98（《反山》62页）　6. 高庙T1015⑧∶16（《文物》2000.4）

图4-1-2　商周兽面纹及其渊源图

直到西周中期前段，兽面纹依旧较为常见，是不少器类的主体纹饰，如大河口M1017、横水M2158、M2531等墓都有饰兽面纹的青铜容器。不过，这一时期的兽面纹已经开始衰落，墓中青铜容器的主体纹饰向鸟纹转变，鸟纹的数量远比兽面纹多。此后，兽面纹基本不见于青铜容器上。① 可见兽面纹的衰落，应该是商周礼制变革的重要表现之一。

2. 周系贵族使用日名现象及日名的衰落

日名和族徽是殷文化的重要特征，学术界有"周人不用日名""周人不用族徽"之说。② 这一点在文献上也有记载。《礼记·曲礼上》："名子

---

① 陈公柔、张长寿：《殷周青铜容器上兽面纹的断代研究》，《考古学报》1990年第2期。
② 张懋镕：《周人不用日名说》，《历史研究》1993年第5期；张懋镕：《再论"周人不用日名说"》，《文博》2009年第3期；张懋镕、王静：《周人不用族徽、日名说的考古学意义——从随州叶家山西周曾国墓地谈起》，《四川文物》2014年第4期；《三论"周人不用日名说"》，《古文献整理与研究》（第一辑），中华书局2015年版；《周人不用族徽、日名说的考古学证明》，《青铜器与金文》（第一辑），上海古籍出版社2017年版。

者不以国，不以日月，不以隐疾，不以山川。"孔颖达疏："不以日月者，不以甲乙丙丁为名。"但是，在西周早中期，由于殷文化的影响，部分周系贵族（主要指姬姓周人及其核心盟友）也有使用日名的现象。这一现象，对我们理解商周礼制演进，也颇有帮助。

姬姓周人及其盟友使用日名的例子并不鲜见，本书按照族氏情况，分别论之。

（1）周天子

河南平顶山应国墓地八号墓出土西周晚期应公鼎（M8：33）[①]，其铭曰：

应公作尊彝簠鼎，珷帝日丁。子子孙孙永宝。

应国是"武之穆"（《左传·僖公二十四年》），应公是应国的国君，是周武王的后代。关于铭文内容，李学勤先生做了很好的研究[②]，他认为："簠鼎"是对"尊彝"的进一步解释，应该指鼎的专名；"珷帝"是周武王的庙主，"日丁"是周武王日名庙号，这一构造与甲骨文中的"文武帝乙"全然相同；"珷帝日丁"放在"应公作尊彝簠鼎"之后，是说明鼎用来祭祀的对象。这些观点都有相关铭文作为参考，可以遵从。

应公可以祭祀周武王，属于诸侯祖天子之例。[③] 这种情况下，周武王的日名不大可能由应国国君确立，而应该由周武王或其后的周天子确定，并在姬姓诸侯国内得到承认。可见，"珷帝日丁"是周天子使用日名的明确证据。

（2）周公家族——凡氏

传出洛阳的西周早期沈子它簋盖（《集成》4330）有铭：

它曰：拜稽首，敢敄邵告：朕吾考令乃鵩沈子乍䵼于周公宗，陟二公，不敢不䵼。休凡公克成妥吾考，以于显显受令……沈子肇戟狃賈

[①] 河南省文物考古研究所、平顶山市文物管理局：《河南平顶山应国墓地八号墓发掘简报》，《华夏考古》2007年第1期。

[②] 李学勤：《新出应公鼎释读》，载《通向文明之路》，商务印书馆2010年版，第146—149页。

[③] 陈絜：《应公鼎铭与周代宗法》，《南开学报》（哲学社会科学版）2008年第6期。

音，作兹簋，用飤乡己公，用㯺多公。

铭文中的"沈子"，学术界考证为文献中表示幼子的成语"冲子"，非沈国之"子"。① "凡公"，旧释为"同公"，董珊先生根据王子杨关于"同"（左右两笔对称）、"凡"（左右两笔不对称）二字区分的研究成果改释为"凡公"②，即《左传·僖公二十四年》"凡、蒋、邢、茅、胙、祭"之凡。从铭文上看，它及其父"吾考"应该是凡国的宗族③，所以才可以祭祀于周公宗。它制作这件宝簋，其目的是"用飤乡己公，用㯺多公"，"己公""多公"无疑是它的先公。铭文中的"己公"独立于"多公"，表明它极其重视"己公"，这一"己公"的身份虽不能考（不会是它的父亲，否则应该据前称"吾考"），但无疑是凡国历史中极为重要人物，或某一辈凡公，说明姬姓凡国有使用日名作庙号的例子。

《商周青铜器铭文暨图像集成续编》著录一件西周早期癸鼎（《铭续》133），其铭曰：

癸作厥考凡公宝馈彝。

"凡公"或即它簋中的"凡公"，"癸"为"凡公"之子，也可证明姬姓凡国使用过日名。

（3）周公家族——祭氏

约西周中期的濑姬簋（《集成》3978）有铭：

濑（溓）姬作父辛尊簋，用作乃后御孙子。其万年永宝。

西周早期金文中有"濑公"铭文，见厚趠方鼎（《集成》2730）、𤔲鼎

---

① 董珊：《释它簋铭"沈子"和〈逸周书·皇门〉的"沈人"》，《出土文献》（第二辑），中西书局2011年版；蒋玉斌、周忠兵：《据清华简释读西周金文一例——说"沈子"、"沈孙"》，《出土文献》（第二辑），中西书局2011年版。

② 董珊：《它簋盖铭文新释——西周凡国铜器的重新发现》，《出土文献与古文字研究》（第六辑），上海古籍出版社2015年版。唐兰先生最早根据铭文内容，认为铭文中的"同"即凡字，疑周公后裔，参考唐兰《西周青铜器铭文分代史征》，中华书局1986年版，第318页。

③ 董珊认为是新任凡公，杨坤认为是凡国小宗，参考杨坤《沈子它簋铭文与西周宗法》，《出土文献》（第十四辑），中西书局2019年版。

(《集成》2740、2741)、司鼎(《集成》2659)等器，李学勤先生考释为"祭公"①。祭氏，乃"周公之胤"(《左传·僖公二十四年》)，所以铭文中的"潇姬"应该指潇氏宗族女子。潇姬称她的父亲为"父辛"②，可见姬姓祭国也有使用日名的例子。

(4) 召公家族

清末，山东梁山出土多件属于召公家族铜器，其中部分铜器使用了日名。如害鼎记载害在匽(燕)国受到匽侯的赏赐，因此"扬侯休，用作召伯父辛宝尊彝，万年子子孙孙宝，光用大保"(《集成》2749)。同出的伯害盉(《集成》9430)，也有"伯害作召伯父辛宝尊彝"铭文。除此之外，"召伯父辛"铭文还见于伯穌鼎(《集成》2407)、穌爵(《集成》9089)。

《史记·燕召公世家》："召公奭与周同姓，姓姬氏。"《集解》："谯周曰：'周之支族，食邑于召，谓之召公。'"《白虎通》《帝王世纪》《论衡·气寿》皆言召公是文王庶子。从更早的文献来看，《逸周书·作洛》谓"周公、召公内弭父兄，外抚诸侯"，《逸周书·祭公》说"我亦维有若文祖周公，暨列祖召公"，周公、召公并列，可证兄弟之说自有依据。

北京房山琉璃河遗址是西周早期燕国首都，1193号大墓所出克罍、克盉记载王命太保(召公)之子克"侯于匽(燕)"③，再次证明燕国出自召公。匽侯簋(《集成》3614)有铭"匽侯作姬䍦尊彝"，从金文材料证明了包括匽侯在内的召公家族为姬姓。

匽侯克之后有匽侯旨，匽侯旨鼎(《集成》2269)有铭："匽侯旨作父辛尊。"对比梁山诸器，这一"父辛"应该就是"召伯父辛"。最近，山西翼城大河口M1也出土多件匽侯旨器，包括两件"旨作父辛罍"爵(M1：267、275)④。这几则材料说明，"召伯父辛"的称谓在召氏小宗家族⑤中也得到承认，匽侯制作召伯父辛彝器，与应公制作珷帝日丁彝器

---

① 李学勤：《释郭店简祭公之顾命》，《文物》1998年第7期。

② 《尔雅·释亲》："妇称夫之父曰舅，称夫之母曰姑。"可见，"父辛"很可能不是潇姬夫之父。

③ 中国社会科学院考古研究所、北京市文物研究所：《北京琉璃河1193号大墓发掘简报》，《考古》1990年第1期。

④ 山西省考古研究院、临汾市文物局、翼城县文物旅游局联合考古队、山西大学北方考古研究中心：《山西翼城大河口西周墓地一号墓发掘》，《考古学报》2020年第2期。

⑤ 关于召公家族大宗、小宗问题，杨坤先生有很好的研究，他认为召公家族留在畿内的召氏为大宗，类似的还有本书探讨的南宫家族，参考杨坤《长子就封与庶子就封：西周早期高等级宗族分宗模式探析》，《青铜器与金文》(第三辑)，上海古籍出版社2012年版。

相似。

从铭文结构上看,"父辛"是召伯日名,而不是匽伯或匽侯日名。这一"召伯",或认为是召公本人①,或认为是召公之子,颇有争议。考虑到匽氏来自召公,而不是召公之子,匽侯旨不大可能多次制作祭祀已与匽氏血缘疏远的召公之子的彝器,"父辛"更可能是召公本人。而且,《诗经·召南·甘棠》有"召伯",《史记·燕召公世家》谓百姓思召公之政歌咏之,证召公亦可称召伯。故此,"召伯父辛"最可能是召公日名。

以上"召伯父辛"铭文的意义,不仅证明姬姓召公家族可以使用日名,更能证明召公日名得到当时社会的普遍承认,而不仅限于召氏本宗。

洛阳北窑 M347 出土西周早期叔造尊(《铭图 11736》)有铭:"叔造作召公宗宝尊彝,父乙。"叔造既然属于召公宗族族众,那么他无疑也是姬姓,"父乙"是叔造之父的日名,也是姬姓召氏宗族使用日名的例子。

可见,召氏家族自召公以来,多有使用日名者。

(5) 南宫家族

两周曾国是最近几十年考古的热点,出土大量文字资料,其中湖北随州叶家山 M111 所出"(曾侯)犺作烈考南公宝彝"簋②,以及随州文峰塔 M1 出土曾侯與编钟"伯适上庸,左右文武,达殷之命,抚定天下,王遣命南公,营宅汭土,君此淮夷"③,证明曾国是南宫家族分支④。关于曾国的族属,随州季氏梁墓出土的两件春秋时期季怡戈,季怡是曾的宗族,又自称"周王孙",李学勤先生早已指出曾国是周的宗支。⑤ 随州文峰塔 M1 所出另一件曾侯與编钟有铭"余稷之玄孙"⑥,也能证明曾国为姬姓。

西周早期甾觯(《集成》6504)有铭:"甾作父己宝尊彝。南宫。"作器者甾来自南宫家族,为"父己"作器,是姬姓南宫家族使用日名证据。

---

① 陈梦家:《西周铜器断代》,中华书局 2004 年版,第 96 页;朱凤瀚:《房山琉璃河出土之克器与西周早期的召公家族》,载《远望集:陕西省考古研究所华诞四十周年纪念文集》,陕西人民美术出版社 1998 年版,第 303—308 页。

② 湖北省文物考古研究所、随州市博物馆:《湖北随州叶家山 M111 发掘简报》,《江汉考古》2020 年第 2 期。

③ 李学勤:《曾侯䑂(與)编钟铭文前半释读》,《江汉考古》2014 年第 4 期。

④ 黄凤春、胡刚:《再说西周金文中的"南公"——二论叶家山西周曾国墓地的族属》,《江汉考古》2014 年第 5 期;李学勤:《试说南公与南宫氏》,《出土文献》(第六辑),中西书局 2015 年版。

⑤ 李学勤:《论汉淮间的春秋青铜器》,《文物》1980 年第 1 期。

⑥ 凡国栋:《曾侯與编钟铭文柬释》,《江汉考古》2014 年第 4 期。

随州叶家山 M111 出土一件大方鼎（M111∶85），其铭为："曾侯作父乙宝尊彝。"其中"父乙"当是"烈考南公"日名。关于西周"南公"，学术界颇有争议，根据大盂鼎（《集成》2837）"嗣祖南公"、南宫乎钟（《集成》181）"皇祖南公"，可知南公与周公、召公一样，是南宫氏在畿内的世职。如此，"父乙"是南宫氏南公的日名，而不是前代曾侯日名。这就进一步证明姬姓南宫家族使用日名。

曾国出自南宫家族，受南宫家族使用日名的影响，曾国国君也有使用日名的例子。著名的随州擂鼓墩 M1 墓主人曾侯乙①、随州文峰塔曾国墓地 M18 墓主人曾侯丙②，皆是姬姓曾侯使用日名的例子。可见，南宫家族及其分支曾氏有着悠久的使用日名的传统。

(6) 虞氏

1954 年，江苏丹徒县烟墩山出土西周早期的宜侯夨簋③（《集成》4320），其铭为：

> 唯四月，辰在丁未，〔王〕省珷王、成王伐商图，徣省东域图。王立于宜，入土，南乡。王令虞侯夨曰：迁侯于宜……宜侯夨扬王休，作虞公父丁尊彝。

关于铭文中"虞"，唐兰先生指出与文献中的姬姓虞国有关④，李学勤先生认为虞、吴相同，虞就是姬姓吴国⑤。从宜侯夨簋出土于江苏丹徒，丹徒春秋时属吴国，可知唐、李二位先生所论较有依据。《左传·僖公五年》："大伯、虞仲，大王之昭也，大伯不从，是以不嗣。"《史记·吴太伯世家》："吴太伯，太伯弟仲雍，皆周太王之子，而王季历之兄也。"虞国无疑是周太王之后。"虞公父丁"，唐兰先生认为是仲雍（虞仲）后代周章之弟虞仲，李学勤先生认为是周章。无论是谁，都可证姬姓虞国曾使用日名。

---

① 湖北省博物馆编：《曾侯乙墓》，文物出版社 1989 年版，第 459 页。
② 湖北省文物考古研究所、随州市博物馆：《湖北随州市文峰塔东周墓地》，《考古》2014 年第 7 期。
③ 江苏省文物管理委员会：《江苏丹徒县烟墩山出土的古代青铜器》，《文物》1955 年第 5 期。
④ 唐兰：《宜侯夨簋考释》，《考古学报》1956 年第 2 期。
⑤ 李学勤：《宜侯夨簋与吴国》，《文物》1985 年第 7 期。

第四章　从青铜礼器组合论商周礼制的"变"与"常"　　221

（7）荣氏家族

《史记·周本纪》："成王既伐东夷，息慎来贺，王赐荣伯作贿息慎之命。"《集解》引马融语曰："荣伯，周同姓，畿内诸侯，为卿大夫也。"《国语·晋语四》："重之以周、邵、毕、荣。"韦昭注："周，周文公。邵，邵康公。毕，毕公。荣，荣公。"周、邵、毕皆是姬姓，荣氏自然也应该是姬姓，这一点也能从春秋时期齐荣姬盘（《集成》10147）上得到证明。①

西周早期荣氏青铜器铭文有：

王作荣仲宫……用作父丁䵼彝，史。　　　　　　（荣仲方鼎②）
荣子作父戊。　　　　　　　　　　　　　（荣子盉，《集成》9390）
荣子旅作父戊宝尊彝，其孙子永宝。　　　（荣子旅鼎，《集成》2503）
荣子旅作祖乙宝彝，子孙永宝。　　　　　（荣子旅甗，《集成》930）

荣氏先辈有"父丁""父戊""祖乙"者，皆是姬姓荣氏使用日名的证据。

（8）单氏家族

《国语·周语中》记载单襄公（又称单子）之言："今虽朝也不才，有分族于周。"韦昭注："朝，单子之名也。有分族，王之族亲也。"《春秋·庄公元年》："单伯送王姬。"杜预注："天子嫁女于诸侯，使同姓诸侯主之。"《世本》也将单氏列为"王之近族"。可见，单氏为姬姓。

西周早期单异尊（《集成》5905）有铭：

单异作父癸宝尊彝。

"单异"即单氏名异者，其父为"父癸"，是姬姓单氏使用日名的例子。

（9）姜姓齐氏

周人伐商，有许多盟友为其助力，其中以姜姓最为重要。③ 作为姬姓的传统盟友，姜姓的齐国无疑地位显要。《国语·周语中》谓："齐、许、

---

① 韩巍：《西周金文世族研究》，博士学位论文，北京大学，2007年，第105—106页。
② 李学勤：《试论新发现的甗方鼎和荣仲方鼎》，《文物》2005年第9期。
③ 傅斯年：《姜嫄》，《中央研究院历史语言研究所集刊》1930年第2本第1分本。

申、吕由大姜。"齐在诸姜封国中为第一位。《左传·襄公十四年》记载周灵王赐齐侯命："昔伯舅大公，右我先王，股肱周室，师保万民，世胙大师，以表东海。王室之不坏，繄伯舅是赖。"这段话是齐姜与周室联盟的最好写照。

关于齐国世系，《礼记·檀弓上》疏引《世本》："大公望生丁公伋，伋生乙公得，得生廆公慈母，慈母生哀公不臣。"《史记·齐太公世家》："盖太公之卒百有余年，子丁公吕伋立，丁公卒，子乙公得立。乙公卒，子癸公慈母立，癸公卒，子哀公不辰立。"《左传·襄公二十五年》记载齐国崔杼"出自丁"，杜预注："齐丁公，崔杼之祖。"可见，齐国早期国君多有使用日名者，齐国后代对此有较为清晰的历史记忆。

山东高青陈庄西周早期遗址M18出土多件"丰"铭文①：

丰启作厥祖甲齐公宝尊彝。

丰启作祖甲宝尊彝。

丰启作文祖齐公尊彝。

丰启作厥祖齐公尊彝。

"丰"为作器者的氏或名，"启"或认为是作器者名，或读训为初、始的"肇"，"祖甲齐公"无疑是齐国的先公，只有姜太公能与之对应。② 可见，齐国的最初四君皆使用日名。

西周早中期齐爵（《集成》8345）有铭："齐，祖辛。"齐单独出现，应是氏名，这也是齐国宗室使用日名的例子。

上述周系贵族使用日名例子较多，且主要集中于西周早中期，齐国前四公的下限也不会晚于西周中期后段（一般认为齐哀公当周夷王时），可见周系贵族集中使用日名的现象不会晚于西周中期。周系贵族之使用日名，是受了殷文化的影响，这种现象的消失，则意味着"殷礼"业已走向

---

① 山东省文物考古研究所：《山东高青县陈庄西周遗址》，《考古》2010年第8期；山东省文物考古研究所：《山东高青县陈庄西周遗存发掘简报》，《考古》2011年第2期；中国社会科学院考古研究所、山东省文物考古研究院编：《山东高青陈庄遗址出土青铜器的保护修复》，故宫出版社2019年版，第141—148页。

② 李学勤：《论高青陈庄器铭"文祖甲齐公"》，《东岳论丛》2010年第10期；李零：《读陈庄遗址出土的青铜器铭文》，《海岱考古》（第四辑），科学出版社2011年版。

了衰落。

日名在西周中期的衰落具有普遍性，不独姬姓周人不再使用日名，殷遗民也很少使用日名。在西周晚期的青铜器铭文中，我们较少再看到日名材料。与此同时，另一项殷文化典型特征——族徽铭文，也是在西周中期以后逐渐衰落，在西周晚期也极少出现。日名和族徽的衰落，能够直观反映殷文化影响力的迅速衰弱，殷文化此时不再能够对主流文化产生较大影响力，或意味着殷文化业已为主流的周文化所征服、同化。

四 商周礼制演进的阶段性

商周礼制演进内涵丰富，其在青铜礼器层面的表现，既有青铜器本身（器类、组合、纹饰）的变化，也有铭文方面（如日名、族徽）的变化。这一变化如此宽泛，自然不是一时突变而成，它经历了较长的时间。学术界过去认为商周礼制变革发生在商周之际，或发生在西周中期，都仅是就其核心变化而言的，而没有考虑到礼制演进的历时性和阶段性。

笔者认为，通过商周青铜礼器诸因素的历时性变化，我们可以总结出商周礼制演进的三个阶段。

第一阶段，西周早期到西周中期前段的偏早阶段，是礼制演进的初始阶段，许多"周礼"典型文化因素，如甬钟、大小相次的列鼎制（还包括册命制度），业已出现，但既不普遍，也不成熟。而且，此一阶段，也是周人大量吸收和沿用"殷礼"的阶段，无论是"殷礼"中的食礼器，还是"殷礼"中的酒礼器，乃至"殷礼"中的乐器，周人此阶段都在使用。因此，此阶段给人以周人不论"良莠"，秉持着"拿来主义"的原则，只要不是特别不符合周人习俗的事情（如人祭），周人都在尝试。之所以如此，应该与先周文化的落后，而商文化的高度发达有关，商人在"知识"（如史官制度、手工业技术）和"礼制"（如对礼器的使用）层面，都要远比周人发达。周人接受了商文化中的一系列先进要素，就是一件理所当然的事情。

第二阶段，西周中期前段的偏晚阶段到西周中期后段，是礼制演进的剧烈阶段，一方面是"殷礼"典型文化因素的衰落，如核心酒器群、兽面纹、日名、族徽的消失；另一方面则是"周礼"典型文化因素的普遍出现，如大小相次的列鼎制在这一阶段已经较为普遍。此一阶段，周人经过前期的实验，对"殷礼"有了选择，继承了一部分，改造了一部分，抵制了一部分。继承和改造的主要是"殷礼"中的食礼器部分,抵制的主要是"殷礼"中的酒礼器部分。而且,周人还从其他地区找到了一些新的文化要素,将其与"殷礼"中的相关要素融合,形成了新的可以表达自身文化特点的礼制,如编钟制度。

第三阶段,西周晚期到两周之际,是礼制演进的完成阶段,"周礼"在青铜器层面已经有了较为成熟的表现方式,如列鼎列簋相配制的形成、编钟制度的成熟,周人已经有了区别于殷礼的系统的礼乐制度。此时,"殷礼"的诸多要素,或已经衰落,或经过改造,完全转变为"周礼"。当然,商周礼制演进的完成,并不意味着周人的青铜器用器制度不会再有新的变化,东周时期的青铜器用器制度不仅有新的变化,且有各地区多元化发展的趋势。但是,东周时期青铜器用器制度依旧是在"周礼"范围内的变化,属于"微调",重食重鼎的传统并没有改变。

以上,周人对"殷礼"的接受和改造,是阶段性的,而非一蹴而就的。如果非要给出一个礼制演进的节点,那么西周中期晚段自然是较为合适的,因为此时期的变动最为明显,只是我们也不能忽略之前的第一阶段和之后的第三阶段。

上述商周礼制演进的三个阶段,很好地说明了"周礼"和"殷礼"的关系:"周礼"是在对"殷礼"的继承和改造的基础上,并融合了周边文化的部分特色,而逐渐形成的。因而,"周礼"一定与"殷礼"既有区别,也有关联。这样的认识,比单纯强调商周礼制的"变革"要更为全面。

第二节 商周社会思想的变化

不用讳言,在商周之际的社会演进之中,"变革"的色彩引人注目,因而"商周礼制变革"的概念才会被不断提及,并被学者们不断阐释。在学术界对商周礼制变革的研究中,有一种观点值得我们注意。李峰先生反对"礼制变革"的提法,认为"礼制变革"即使发生过,也仅是更加广泛的社会政治转变中的一个小的组成部分。[1] 韩巍先生同意这种观点,并将

---

[1] 李峰:《西周的政体:中国早期的官僚制度和国家》,吴敏娜、胡晓军、许景昭等译,生活·读书·新知三联书店2010年版,第41页。

政治、经济体制的变革也拉入进来，认为这一变革是"世族政治"的产物。① 这种从政治经济层面认识西周中晚期的社会变革，对我们把握商周变革的深度与广度无疑是有帮助的。

虽然商周礼制变革的终极原因，还要回归到生产力的进步上，但在最根本的原因之上，我们还应该关注直接的原因。这一直接的原因，自然要涉及与"礼制"有关的思想层面，也就是商周社会思想的变化。此方面研究成果较多，且多认识到商周思想层面的最大变化就是人们逐渐脱离了对鬼神之事的依赖，而越来越关注人间事。② 本节对此并无新论，但尚可以讨论周代"德"观念的产生及其对商周思想变化的影响，以及由此而产生的由"礼"来节制的严密等级制度，这将是讨论商周礼制演进的重要切入点。

一　西周天命观与"德"的产生

商周两代，在思想层面，常常遇到的一个问题，就是政权何以能够存在。在这一点上，商人和周人都有所谓的"天命观"③，来寻求政权的合理性。不过，二代对待天命的态度，却有所不同。当商末，周人崛起于西土，周文王战胜黎国之后，已经有了明显向东进取的势头，商的统治秩序摇摇欲坠。商的大臣们也已经感受到这种危机的急迫感，结果商纣王还自信地认为"我生不有命在天"（《尚书·西伯戡黎》，疑问句，表示纣王的王位是由上天所命，不会动摇），认为天命是不变的，上天不会抛弃商人。这一思想的背后，是商人对鬼神观念的笃信，将人事托付于鬼神，不厌其烦地向神灵求告，祈祷神灵指引，并依照神灵的指示行事。殷墟甲骨文中浓郁的宗教崇信色彩，就是这一思想的真实写照。在甲骨文中，商人所祭

---

① 韩巍：《由新出青铜器再论"恭王年长说"》，载《青铜器与周史论丛》，上海古籍出版社2022年版，第85—88页。
② 郭沫若：《先秦天道观之进展》，载《郭沫若全集历史编·青铜时代》，人民出版社1982年版；侯外庐、赵纪彬、杜国庠：《中国思想通史》（第一卷），人民出版社2011年版，第64—86页；任继愈主编：《中国哲学发展史》（第一册），人民出版社1983年版，第78—115页。
③ 学术界普遍认为，"天"的信仰仅在周代出现，商代是没有"天"信仰的。但是，这里面可能存在两个方面的问题。第一，说商代不存在"天"信仰，主要的依据是殷墟甲骨文，而甲骨文中并非完全不存在天信仰材料，如商末"天邑商"卜辞就可能与天信仰有关。因而，殷末是否有"天信仰"，尚是一个有待讨论的问题。详见王祁《商人天信仰研究》，《史学月刊》2025年第2期。第二，周代的天、帝信仰具有"同一性"，"天"与"帝"在表示天命的时候并不特别区分。商代是有"帝命"的，若以周代的语言来看，商人的"帝命"就是"天命"。从这一点上说，商人有"天命观"，至少在表述上是可行的，只要我们记得它主要表示"帝命观"即可。

祀的神灵主要有天神、自然神、祖先神三大类①，天神以上帝为核心，建立起了"帝廷"，有"帝臣"，如《合集》14226 中的"帝使风"；自然神主要来自土、方、河、岳等自然现象或自然事物的神化；祖先神则主要是商人自己的先公先王，以及一些重要的先臣。无论是天神、自然神，还是与商人关系密切的祖先神，皆表现出较为原始的自然崇拜的神秘性，神灵们喜怒无常，虽然可以庇佑商人，但也常常为祸商人，商人只能诚惶诚恐地匍匐在神灵的权威之下，不敢有丝毫的不敬和反抗。商王常常将自身所遇到的不好事情，如生病、自然灾祸、战争归结为神灵的降灾，因而需要祭祀神灵，祈祷神灵结束灾祸，重新降下福祉。殷卜辞常见"王事"一词，它一方面指商王之事，另一方面也指国家的大事，"王事"的成功与否，全要从占卜中寻找迹象，听凭神灵的决断。在这里，我们丝毫看不到商人对神灵的理性思维，只能看到商人对神灵的盲目信仰，原始宗教思维在商人这里表现得极为明显。因而，任继愈先生称商人的宗教思想是"置鬼神于首位而贬抑人事"②，当为不刊之论。

到了周代，周人提出了不尽相同的天命观，即"天命靡常"（《诗经·大雅·文王》）的观念。《尚书·大诰》"天棐忱，尔时罔敢易法"、《尚书·康诰》"天畏棐忱，民情大可见……惟命不于常"、《尚书·君奭》"天命不易""天不可信"，郭沫若先生指出这几句话与《文王》中的"天命靡常"是一样的意思，强调天命的不可依赖。③ 所谓"天命靡常"，并非上天的意志不可捉摸，也不是说周人的天神观念如商人那般盲目迷信，而"只是表明在周人的心目中，天神作为政治和道德的立法者，它的意旨有着确定的内容，如果统治者不顺从天意而胡作非为，就不可能指望得到天神的保佑"④。也就是说，周人开始理性看待天命和鬼神。

天命既然能够时常转移，不可过度信赖，那么周人必须寻求保持天命的办法，这一办法自然要从周人何以受命之中寻求，具体表现为文王何以受命的命题。周人认为，文王之所以能够受命，是因为文王有"德"，文王之德与受命之间有着明确的关联，如：

---

① 或认为自然神中可区分出较纯粹的自然神和带有祖先属性的自然神，参考朱凤瀚《商周时期的天神崇拜》，《中国社会科学》1993 年第 4 期。
② 任继愈主编：《中国哲学发展史》（第一册），人民出版社 1983 年版，第 96 页。
③ 郭沫若：《先秦天道观之进展》，载《青铜时代》，人民出版社 1954 年版，第 19—20 页。
④ 任继愈主编：《中国哲学发展史》（第一册），人民出版社 1983 年版，第 94—95 页。

第四章　从青铜礼器组合论商周礼制的"变"与"常"　　227

  我道惟宁（文）王德延，天不庸释于文王受命……在昔上帝割申劝宁（文）王之德，其集大命于厥躬，惟文王尚克修和我有夏。（《尚书·君奭》）
  丕显考文王，克明德慎罚，不敢侮鳏寡，庸庸，祇祇，威威，显民。用肇造我区夏，越我一二邦。（《尚书·康诰》）
  惟我周王灵承于旅，克堪用德，惟典神天，天惟式教我用休，简畀殷命，尹尔多方。（《尚书·多方》）
  文王卑服，即康功田功。徽柔懿恭，怀保小民，惠鲜鳏寡。自朝至于日中昃，不遑暇食，用咸和万民。文王不敢盘于游田，以庶邦惟正之供。文王受命惟中身，厥享国五十年。（《尚书·无逸》）
  无念尔祖，聿修厥德。永言配命，自求多福。殷之未丧师，克配上帝。宜鉴于殷，骏命不易！（《诗经·大雅·文王》）
  维天之命，於穆不已。於乎不显，文王之德之纯。假以溢我，我其收之。骏惠我文王，曾孙笃之。（《诗经·周颂·维天之命》）
  曰古文王，初䥽龢于政，上帝降懿德大屏，匍有上下，会受万邦。（史墙盘，《集成》10175；㝬钟有此相似记载，见《集成》251）
  丕显文武，皇天引厌厥德，配我有周，膺受大命。（毛公鼎，《集成》2841）

  上述西周文献，皆可证明文王受命与文王之德间的因果关联。要维持天命，周人自然要"秉文（王）之德"（《诗经·周颂·清庙》），也就是"骏惠我文王，曾孙笃之"。周人为此发明了"孝"字，用于表示继承祖先之德的行为，此即《诗经·大雅·卷阿》"有孝有德"之内涵。[1]
  关于上引"德"的内涵，过去多认为是美德、品行之义，近来的研究则提出了周初的"德"当训为"得"。[2] 不过，从"修厥德"来看，"德"似乎不能单纯地等同于"得"，它应该可以被理解为符合天命的规则、秩序或行为，如《康诰》中"不敢侮鳏寡"，《无逸》中"怀保小民""知稼

---

  [1]　侯外庐、赵纪彬、杜国庠：《中国思想通史》（第一卷），人民出版社2011年版，第83—84页。
  [2]　晁福林：《先秦时期"德"观念的起源及其发展》，《中国社会科学》2005年第4期；罗新慧：《周代天命观念的发展与嬗变》，《历史研究》2012年第5期。

穑之艰难"等具体行为，都可归为"明德"范畴。《尚书·多方》提出"保享于民"与天命之关系，《孟子·万章上》引《尚书·泰誓》佚文"天视自我民视，天听自我民听"，皆说明对民事的关心，属于"德"之范畴。刘源先生指出，西周中期后段出现的"帅型祖先之德"铭文，指遵循、效法祖先之政治品行与作为。① 当可遵从。正是因为"德"在西周已经具备了品行等内涵，需要修习，故金文中的"德"才能够从"心"，此古人所说"欲修其身者先正其心"（《礼记·大学》）也。因此，修心明德，继承文、武之德，就成了周人保持天命的前提。对此，王国维先生谓："是殷周之兴亡，乃有德与无德之兴亡，故克殷之后，尤兢兢以德治为务。"② 可谓确论。

当然，在西周早中期的时候，"周王朝拥有大量商遗民"，周人的思想虽然已经显示出与商人不同之处，毕竟距商不远，在社会的各个层面皆深受商人影响（如《逸周书·世俘》记载周文王曾"修商人典"），这使得周人的宗教思想也不能完全脱离"尊神""事神"的观念。比如，刘源先生早已指出，周公庙"宁风"卜甲反映周王朝对殷代祭礼有所继承。③ 再如，关于"德"字，西周金文中有从"心"和不从"心"两种写法，前者是周人创造出的新字体，表示正心修德之义；后者来源自殷卜辞"值"字，明显受了殷人思想观念的影响。不从"心"的"德"字，仅见于西周早期和中期前段，如历鼎（《集成》2614，西周早期前段）"肇对元德"、麦方尊（《集成》6015，西周早期后段）"终用寍德"、辛鼎（《集成》2660，西周中期前段）"厥家雍德"，其中的"德"字皆不从心。这暗示，正心修德之义在西周早中期时，并没有彻底固定下来；殷人依靠神灵，而非自"心"的品行，在当时依旧有相当的影响力。所以周公才说自己"能事鬼神"（《尚书·金縢》）。据此，我们可以认为，在西周早中期的时候，周人并没有彻底摆脱殷人的宗教鬼神思想。甚至，到了春秋时期，依旧有"吾享祀丰絜，神必据我"（《左传·僖公五年》）的思想，这与商末纣王"我生不有命在天"何其相似，说明依赖鬼神、迷信鬼神的思想，一直就没有彻底消失于社会层面，而又以西周早中期为甚。但是，毕竟周初已经

---

① 刘源：《从甲骨文、金文材料看西周贵族社会的"德"》，《南方文物》2017年第4期。
② 王国维：《殷周制度论》，载《观堂集林》，中华书局1959年版，第479页。
③ 刘源：《周承殷制的新证据及其启示》，《历史研究》2016年第2期。

流行了德治的观念,这种观念使得周人在宗教思想上最终走向了与殷人不甚相同的道路。

二 "德"与"神事""人事"① 之关联

对于上述天命观及背后的宗教思想之差异,《礼记·表记》总结以"殷人尊神,率民以事神,先鬼而后礼……周人尊礼尚施,事鬼敬神而远之,近人而忠焉",近于事实。这点在《尚书》周初诸诰中已经表现得十分充分。比如,《康诰》"克明德慎罚,不敢侮鳏寡"、《无逸》"君子所其无逸"、《立政》"其勿误于庶狱"等,皆显示出周人"近人而忠焉"的倾向。到了春秋时期,周人重"人事"而轻"神事"的思想更为明显,如《左传·桓公六年》"夫民,神之主也,是以圣王先成民而后致力于神"、《左传·昭公十八年》"天道远,人道迩"之谓。

周人开始远鬼神之事而修人间之德的做法,必然会体现在他们的礼神思想之中。下面所引早期文献,可显示出周人已经有了将"德"与祭祀相关联的思想:

> 弗惟德馨香祀,登闻于天,诞惟民怨,庶群自酒,腥闻在上。故天降丧于殷,罔爱于殷,惟逸。(《尚书·酒诰》)
> 上帝监民,罔有馨香德,刑发闻惟腥。(《尚书·吕刑》)
> 臣闻之,鬼神非人实亲,惟德是依。故《周书》曰:"皇天无亲,惟德是辅。"又曰:"黍稷非馨,明德惟馨。"又曰:"民不易物,惟德繄物。"(《左传·僖公五年》)

上述文献显示,西周时期(《左传》所引《周书》,很可能要早到西周时期)部分周人产生了"鬼神非人实亲,惟德是依"的思想,认为只有有"德"之人,其所祭祀的物品才挥发着"馨香",为鬼神所享用。而无"德"、丧"德"之人,其所供奉的祭品则有着腥味,为鬼神所不喜,因此失去了鬼神的关照。在这种"惟德是依"思想之下,周人自然要减弱对

---

① "神事""人事"之分,借用郑玄之语。唐写本《论语注》所存郑玄"禘自既灌而往,吾不欲观之矣"章注:"既,已也。禘祭之礼,自血腥始,至于尸灌而神事讫。不欲观之者,尸灌已后人事耳,非礼之盛(甚)。"(王素:《唐写本〈论语〉郑氏注及其研究》,文物出版社1991年版,第20页)

鬼神的祭祀，而绝不会如殷人那般，事无巨细，皆求告神灵。

　　周人对祭祀的改造，主要体现在两个层面。第一个层面，就是祭祀不如殷代频繁。殷代甲骨文中的祭祀活动，可谓无事不祭，无时不祭。到了周代，祭祀频率大大降低。《礼记·祭义》："祭不欲数，数则烦，烦则不敬。祭不欲疏，疏则怠，怠则忘。是故君子合诸天道：春禘秋尝。"祭祀不能太少，但也不能太频繁，君子祭祀要合乎天道，依时令的变化而举行祭祀，此即文献中所说的四时之祭。这种在特定时间举行特定祭祀，就是学术界所说的"常祀"。"常祀"以四时之祭为代表。《诗经·小雅·天保》"禴祠烝尝"，毛传："春曰祠，夏曰禴，秋曰尝，冬曰烝。"当然，这种四时之祭在西周时期并没有成型，西周金文中也没有依据四时变换而举行不同祭礼的证据，但《诗经》中的"烝尝"多举行于农业丰收之后的祭祖活动中（如《楚茨》《信南山》《丰年》等诗），确属事实。这一事实显示，周人已有将祭祀制度化的倾向。祭祀的制度化，鬼神只能在特定的时间享受人间食物，意味着鬼神在神与人的关系之中，不再占据主导性地位，而处于从属地位。第二个层面，就是祭品的变化。曹建墩先生指出，"周人在祭品使用上，形成了具有周礼特色的祭品制度，呈现'俭约主义'的尚俭风习"，表现为：废除用人牲祭祀、祭品使用数量大为缩减、祭品使用较为质朴。[①]《礼记·坊记》引《周易》"东邻杀牛，不如西邻之禴祭"，郑玄注："东邻谓纣国中也，西邻谓文王国中也。……喻奢而慢，不如俭而敬也。《春秋传》曰'黍稷非馨明德惟馨'，信矣。"从目前的金文材料来看，周人祭祀时，在祭品的规模上，远远低于商人，确实有"东邻杀牛，不如西邻之禴祭"之叹。祭品的变化，也可以说明，周人对鬼神态度，已经不如殷人那般迷信。

　　由于"德"包含了一系列符合天命的政治品行或行为规范，那么它就在一定程度上脱离了对鬼神观念的依赖，从而使得周人将目光由天国鬼神转向人间民众。比如，在周初诸诰中，成王和周公反复强调夏商之鉴，要求周的统治者要"怀保小民"，以避免失去天命。再如，在《尚书·康诰》中，"王"就教诲卫康叔："敬哉，天畏棐忱，民情大可见，小人难保。往尽乃心，无康好逸豫，乃其乂民。"要求卫康叔要勤于政事，认真治理百姓。此正是周人"德治"中"民本"思想的渊源。也就是说，正是因为周人"天

[①] 曹建墩：《周代祭品观念》，《天中学刊》2008年第6期。

命靡常"思想的产生,及基于这种天命观的道德观的形成,周人将更多精力放在了人事之上,而非神事之上,周代的人文主义由此而兴起。①

那么,周人是如何构建起自己的"人事"观念呢?这就涉及了"礼"。在东周的文献中,人们普遍认为"德""礼"有极为密切的关联:"德"是"礼"之核,"礼"是"德"之表。《论语·为政》:"道之以政,齐之以刑,民免而无耻;道之以德,齐之以礼,有耻且格。"《礼记·曲礼上》:"道德仁义,非礼不成。"仅有"德"是不行的,"德"既是一种行为规范,也是一种个人的品行,它只有借助外在的"礼",才能实现。《礼记·大传》谓:"上治祖祢,尊尊也;下治子孙,亲亲也;旁治昆弟,合族以食;序以昭缪(穆),别之以礼义,人道竭矣。"尊尊、亲亲都是"礼义"的范畴,只有实现了这些具体的礼节,才能竭尽"人道(道德)"的基本要求。这些论述说明,"礼"是古人规范人事的重要举措。

"礼"不仅可以规范"人事",还能节制"神事"。《论语·为政》:"生,事之以礼;死,葬之以礼,祭之以礼。"孔子支持按照"礼"举行的祭祀活动,要用"礼"去敬神。从文献来看,周人也很重视对鬼神的祭祀之事,如《左传·成公十三年》所载"国之大事,在祀与戎",就说明周人把祭祀之事视为国家大事。但是,若我们细究"国之大事,在祀与戎"的原始语境,我们会发现周人对"神事"的重视,带有明显的礼仪成分,而非思想上的迷信鬼神。据《左传·成公十三年》所载,刘康公、成肃公作为周天子代表参与晋国主导伐秦前的祭祀活动,此时却发生了成肃公"受脤于社不敬"之事,刘康公对此批评道:

> 吾闻之,民受天地之中以生,所谓命也。是以有动作礼义威仪之则,以定命也。能者养以之福,不能者败以取祸。是故君子勤礼,小人尽力,勤礼莫如致敬,尽力莫如敦笃。敬在养神,笃在守业。国之大事,在祀与戎,祀有执膰,戎有受脤,神之大节也。

---

① 商代是否已经发展出"德"的思想,这是有争议的。甲骨文中有"徝"字,与周初不从心的"德"字写法一样,是周代"德"字的古文,然"徝"在甲骨文中并不用"德"义。《尚书·盘庚》虽说是记载殷代史实的文献,其中也有不少的"德"字,但《盘庚》经过后世裁剪之处较多,其中的"德"字在多大程度保持原义,尚不可知。侯外庐先生曾指出:"殷代诸王的名称,没有道德字义的意识生产。"[侯外庐、赵纪彬、杜国庠:《中国思想通史》(第一卷),人民出版社2011年版,第57页]可知商代即使已经有了"德"字,也未必会将"德"与"天命"相关联。

这段话以"命"为领，强调"礼"是"定命""养福"的根本，只有"勤礼致敬"，才能"笃在守业"。因而，所谓"国之大事，在祀与戎"，实际上强调的并不是对鬼神的尊崇或迷信，而是对"礼"的尊崇，"祀"与"戎"只是"勤礼致敬"的主要场景。《礼记·礼运》谓："夫礼之初，始诸饮食。其燔黍捭豚，汙尊而抔饮，蕢桴而土鼓，犹若可以致其敬于鬼神。"正说明周人业已把祭祀鬼神之事规范为"礼"的范畴。

《左传·文公二年》还记载当年秋八月在太庙祭祖，夏父弗忌"跻僖公"，提升僖公享祭次序，使之先食，并解释这种做法的原因是："吾见新鬼大，故鬼小。先大后小，顺也。跻圣贤，明也。明、顺，礼也。"然则，君子对此提出非议：

> 君子以为失礼。礼无不顺。祀，国之大事也，而逆之，可谓礼乎？子虽齐圣，不先父食久矣。故禹不先鲧，汤不先契，文、武不先不窋。宋祖帝乙，郑祖厉王，犹上祖也。是以《鲁颂》曰："春秋匪解，享祀不忒，皇皇后帝，皇祖后稷。"君子曰礼，谓其后稷亲而先帝也。《诗》曰："问我诸姑，遂及伯姊。"君子曰礼，谓其姊亲而先姑也。

先父后子，乃祭祀的天然顺序，不能逆之，逆之就是"逆祀"，就是"失礼"。"跻僖公"明面上讲的是"神事"，实际上整个事件都贯穿着"礼"，最终讲的还是"人事"。

更具体的，周人"敬天法祖"，天地大神毕竟距离周人更为遥远，普通人一般不会祭祀天地（《礼记·曲礼下》"天子祭天地"，天地与政权的关系更为密切），更重视对祖先的祭祀。西周青铜器的制作目的，往往是祭祀祖先（祖、考），以求得祖先庇佑，较少有为祭祀天神上帝而作器的例子。对于这种祖先崇拜的内核，《国语·楚语》"观射父论祀牲"一章有着极为精彩的论述：

> 日月会于龙𤽂，土气含收，天明昌作，百嘉备舍，群神频行。国于是乎蒸尝，家于是乎尝祀，百姓夫妇择其令辰，奉其牺牲，敬其粢盛，洁其粪除，慎其采服，𥛱其酒醴，帅其子姓，从其时享，虔其宗

祝，道其顺辞，以昭祀其先祖，肃肃济济，如或临之。于是乎合其州乡朋友婚姻，比尔兄弟亲戚。于是乎弭其百苛，殄其谗慝，合其嘉好，结其亲昵，亿其上下，以申固其姓。

据这段话，可知古人每到年尾，农事已毕，新年未至，于是国和家都要举行祭祀，祭祀的对象为"先祖"，祭祀的目的是"合其州乡朋友婚姻，比尔兄弟亲戚""合其嘉好，结其亲昵，亿其上下，以申固其姓"，睦宗合族之义极为明显。西周中期的伯狱簋记载伯狱制作祭祀文考的彝器，其目的中有"欲兹百姓无不穸临逢鲁"，即希望先祖也可庇佑"百姓"得福。①这正可与观射父所论"申固其姓"对读。可见，周人祭祖并非盲目地相信祖先能完全支配子孙的福祸（这是商人的想法），而是认为可以通过祭祀祖先，达到团结宗族、申固其姓的目的，祭祖明显是为"人"服务的。因而，周人的"敬天法祖"不能完全归为"神事"范畴，它更近乎"人事"。

可见，周人虽然依旧很重视鬼神之事，但他们明显已经摆脱了近乎蛮不讲理的"我生不有命在天"的态度，而将"礼"引入祭祀活动之中，由"礼"来规范和约束鬼神之事，展现出祭祀目的业已由取悦鬼神向团结人事转变。《周礼·春官·大宗伯》："以脤膰之礼，亲兄弟之国。"即反映出周代祭祀之礼是通过祭祀，达到礼敬神灵，亲和诸侯的目的。

总之，在周人的思想中，"德"虽然与鬼神之事并不排斥，但"德"明显具有先人事而后鬼神的内涵，对"神事"的疏远和礼敬，和对"人事"的亲近，是"德"一体两面的重要特征。其中，与"德"相匹配的治理手段就是"礼"，"礼"是"德"施展于"人事"的外在表现。

三 "礼"与周代等级制

有了"德"和"礼"，周人才有了建设国家的一系列政治制度，其中尤以宗法制和分封制为核心，此王国维先生所谓"周之制度典礼实皆为道德而设……周之制度典礼，乃道德之器械"②。

---

① 裘锡圭：《狱簋铭补释》，载《裘锡圭学术文集·金文及其他古文字卷》，复旦大学出版社2012年版，第185页。
② 王国维：《殷周制度论》，载《观堂集林》，中华书局1959年版，第477页。

所谓宗法制，实际上就是在一个宗族内部建立起以宗主为首领，以嫡庶远近决定地位高低的组织管理方式。与宗法制相配的是分封制，即周天子分封同姓、异姓为诸侯，代天子管理封国内部事务。此时，各封国又与周天子形成了宗法关系，周天子是天下大宗，天下皆要奉周天子为尊。可见，周人由宗法制和分封制建立起了以周天子为顶点，按诸侯、卿大夫、士、庶人依次递减的统治秩序。此《左传·桓公二年》所谓"天子建国，诸侯立家，卿置侧室，大夫有贰宗，士有隶子弟，庶人工商各有分亲，皆有等衰"的内涵。

周人维护其等级制度，除了刑罚，还有"礼"，"礼"在周代的政治建设中尤其重要。周人讲宗法，宗法的核心是"尊尊"与"亲亲"，二者被称为"人道之大者也"（《礼记·丧服小记》）。《礼记·中庸》谓："亲亲之杀，尊贤之等，礼所生也。""杀"有等差之义，按血缘之远近而有待遇上的差别，由此形成的"礼"也是有等差的。人们常说的"礼所以别贵贱""礼者别贵贱序尊卑者也"，就是"尊尊"与"亲亲"的必然之义。至于分封制之中，也有以"礼"定等级的传统。分封制有同姓、异姓之别，按照与周天子关系的远近，诸侯国也要讲究"亲亲之杀，尊贤之等"。《左传·隐公十一年》记载滕侯、薛侯来朝，滕侯与薛侯争夺尊位，鲁公乃使羽父请于薛侯曰：

> 君与滕君，辱在寡人。周谚有之曰：山有木，工则度之。宾有礼，主则择之。周之宗盟，异姓为后，寡人若朝于薛，不敢与诸任齿。君若辱贶寡人，则愿以滕君为请。

"周之宗盟，异姓为后"，分封制也要按照同姓、异姓的血缘远近来确立贵贱。可见，就周人宗法制和分封制所显示出的等级特征来看，"礼"无疑是维护等级制的有力武器。

在周人看来，"礼"最大的特征就是强调人与人的等级差异。《礼记·曲礼上》："夫礼者，所以定亲疏，决嫌疑，别异同，明是非也。"《礼记·哀公问》："非礼无以节事天地之神也，非礼无以辨君臣、上下、长幼之位也，非礼无以别男女、父子、兄弟之亲，昏姻、疏数之交也。"《荀子·荣辱》："故先王案为之制礼义以分之，使有贵贱之等，长幼之差，知愚能不能之分，皆使人载其事，而各得其宜。然后使悫禄多少厚薄之称，是夫群居和一之道也。"可见，礼的功能就在于等亲疏、别贵贱、分上下，在于确定人与人之间的等级关系。周人提倡礼，维护的是礼背后的等级秩序，等级秩序井然，则万民方能"各得其宜"。对此，《管子·五辅》有段话说得极为明白：

> 曰：民知义矣，而未知礼，然后饰八经以导之礼。所谓八经者何？曰：上下有义，贵贱有分，长幼有等，贫富有度。凡此八者，礼之经也。故上下无义则乱，贵贱无分则争，长幼无等则倍，贫富无度则失。上下乱，贵贱争，长幼倍，贫富失，而国不乱者，未之尝闻也。是故圣王饬此八礼以导其民。八者各得其义，则为人君者，中正而无私；为人臣者，忠信而不党；为人父者，慈惠以教；为人子者，孝悌以肃；为人兄者，宽裕以诲；为人弟者，比顺以敬；为人夫者，敦懞以固；为人妻者，劝勉以贞。夫然，则下不倍上，臣不杀君，贱不逾贵，少不陵长，远不间亲，新不间旧，小不加大，淫不破义。凡此八者，礼之经也。夫人必知礼然后恭敬，恭敬然后尊让，尊让然后少长贵贱不相逾越，少长贵贱不相逾越，故乱不生而患不作。故曰：礼不可不谨也。

"礼"有"八经"，分别为上、下、贵、贱、长、幼、贫、富，此八者皆为先天的等级差异，维护这"八经"的高低等级，就是"礼"的根本任务，"八经"不乱，则"乱不生而患不作"。《左传·桓公二年》谓自天子至于庶人"皆有等衰，是以民服事其上，而下无觊觎"，也是这个意思。

等级差异主要体现在"名位"之上，所谓"名位不同，礼亦异数"（《左传·庄公十八年》）。东周文献规定了不同名位的贵族使用不同等级的礼。在祭祀之时，不同等级的贵族要使用不同的祭品，如《礼记·曲礼下》："天子以牺牛，诸侯以肥牛，大夫以索牛，士以羊豕。"祭祀的地点也不相同，如《大戴礼记·礼三本》："郊止天子，社止诸侯，道及士大夫，所以别尊卑。"祭祀的对象也不同，如《礼记·曲礼下》："天子祭天地，祭四方，祭山川，祭五祀，岁徧。诸侯方祀，祭山川，祭五祀，岁徧。大夫祭五祀，岁徧。士祭其先。"除了祭祀，古人的冠、婚、丧、朝、聘、乡饮、乡射诸礼，皆在行礼之时强调贵贱等差。乃至于，连死亡都有不同的名号，如《礼记·曲礼下》："天子死曰崩，诸侯死曰薨，大夫死曰卒，士曰不禄，庶人曰死。"可以说，从生到死再到祭，无不要以"名位"为依据，履行不同形式的"礼"，"礼"无处不在。

"名位"与"礼"不匹配时，就是"非礼"，"非礼"是要受到谴责的。《论语·八佾》："孔子谓季氏，'八佾舞于庭，是可忍也，孰不可忍也'。"季氏的"名位"是卿，按照礼俗，只能用"四佾"，却使用了天子才可以拥有的"八佾"，引起了孔子的强烈不满。这是一起典型的"非礼"事件。上举《左传·庄公十八年》"名位不同，礼亦异数"，实际上是针对一次"非礼"事件而发的：

> 十八年春，虢公、晋侯朝王，王飨醴，命之宥，皆赐玉五瑴，马三匹。非礼也。王命诸侯，名位不同，礼亦异数，不以礼假人。

虢公、晋侯虽然都是诸侯，但他们二人"名位"并不相同，一为"公"爵，一为"侯"爵，周天子却待他们以同样的"礼"，赏赐了同样的器物，因而被指责"非礼"。《左传》"非礼"一词凡53见，多是因"名位"与"礼"不匹配所致。此可见"礼"的主要功能就是规范名位等级。

周代的礼有一个极大的特点，就是通过数量、大小来规范等级，以至于达到了极其烦琐的地步。孔子反对季氏"非礼"，强调"八佾"为天子所有，就是周代通过礼器数量规范名位的案例之一。《周礼·春官·典命》谓：

> 典命掌诸侯之五仪，诸臣之五等之命。上公九命为伯，其国家、宫室、车旗、衣服、礼仪，皆以九为节。侯伯七命，其国家、宫室、车旗、衣服、礼仪，皆以七为节。子男五命，其国家、宫室、车旗、衣服、礼仪，皆以五为节。王之三公八命，其卿六命，其大夫四命，及其出封，皆加一等，其国家、宫室、车旗、衣服、礼仪，亦如之。

"命"其实就是"名位"，不同的"命"就是不同的"名位"，要有不同"礼节"，建国规模、宫室尺寸、车旗大小、衣服样式皆要按"名"的大小建造。以瑞玉为例，《考工记》谓："玉人之事，镇圭尺有二寸，天子守之；命圭九寸，谓之桓圭，公守之；命圭七寸，谓之信圭，侯守之；命圭七寸，谓之躬圭，伯守之。"天子用十二寸，公用九寸，侯伯用七寸，此即"命数"在制器中的具体应用。

对于周代等级制度的繁缛，有学者感慨："中国古代礼仪制度的复杂程度及其对民众生活的影响之深，在其它文明中少见。"① 这一认识是可信的，此正反映出周人对"人事"的专注与用心。

当然，周人有"礼"，商人岂能无"礼"？"礼"字从示从豊，"豊"为其初文，著名的大豊簋（《集成》4261）实际上就是大礼簋。《说文》谓豊"行礼之器也，从豆，象形"，非是，其所从之豆形实乃"鼓"之初文。② "豊"在甲骨文中业已存在，一般写作"豐"，从玨从壴，作乐器讲。③ 这说明甲骨文中业已有了"礼"字。④ 因此，商代是有自己的"礼"。从考古发现来看，晚商贵族墓葬常常随葬青铜觚爵，觚爵相配，觚爵套数与墓葬等级基本成正比。这暗示，商人不仅有自己的"礼"，且还将"礼"与等级挂上钩。但是，我们目前所能接触到的商代材料，只能证明商人的礼较为粗疏，远没有形成周代那种事无巨细的按照等级严格区分的礼制。一个最典型的例子，就是商王武丁的配偶妇好，作为一名女性竟然可以领军打仗，学术界往往称妇好为"女将军"或"女将领"⑤，这在礼制森严的周代是不可想象的。因而，商周社会思想的变动，反映在礼制层面，并非商周有无"礼"的问题，而是有没有等级森严、详细周密的礼制问题。

第三节 商周礼制在铜礼器层面的"变"与"常"

商周时期有一个从"神事"到"人事"的社会思想变动，其标志性变化主要体现在两个方面。第一，商人重鬼神，因而对鬼神之事投入极大，常常以取悦鬼神为第一要务；周人虽然也重鬼神，但更重人文，因而对鬼

---

① 杨华：《中国古代礼仪制度的几个特征》，《武汉大学学报》（人文科学版）2015年第1期。
② 林沄：《豊丰辨》，载《林沄学术文集》，中国大百科全书出版社1998年版，第4—5页。
③ 裘锡圭：《甲骨文中的几种乐器名称》，载《裘锡圭学术文集·甲骨文卷》，复旦大学出版社2012年版，第41—42页；裘锡圭：《大豊（礼）簋铭新释》，《中华文史论丛》2023年第2期。
④ 王国维：《释礼》，载《观堂集林》，中华书局1959年版，第290—291页。
⑤ 朱乃诚：《甲骨文与随葬品中的商代王后妇好 王后·母亲·女将？》，《大众考古》2016年第5期。

神之事是用"礼"节之，最终将鬼神之事纳入"人事"系统。第二，商人虽然有自己的礼制，但较为粗疏，没有周代那般事无巨细，等级制度也不如周代那么森严。笔者认为，这两个方面的变动，是商周青铜礼器组合变化的直接动力，也是学术界所称的"礼制变革"的直接动力。

不过，商周青铜礼器组合演进之中也有"传承"，如果仅盯着"变革"的部分，我们是很难准确把握商周礼制演进的基本内涵。当然，如果仅强调"传承"与"周承商制"，又会忽略商周之际的巨大社会思想变化。因而，商周礼制在铜礼器层面既有"变"（变革），也有"常"（延续），二者结合，才能准确理解商周礼制的前进历程。

一 与"人事"有关的礼器组合的建构

孔子说"器以藏礼"，"唯名与器，不可以假人"（《左传·成公二年》），又谓："礼云礼云，玉帛云乎哉？乐云乐云，钟鼓云乎哉？"（《论语·阳货》）礼与器建立起密切的关联，礼为器之本，器为礼之表。礼器的建设，重在与使用者名位相符，孔子批评季氏"八佾舞于庭"，就是因为季氏这样的做法与其名位不符。名实相符，就成了西周礼制一个重要特点。

具体到青铜礼器层面，周人礼制第一个重要特征，就是代表贵族等级的列鼎列簋制及乐悬制度的建立和流行。在晚商时期，觚爵组合的套数可以用来表示贵族等级，觚爵套数越多，贵族等级越高。不过，此时觚爵套数，尚不能完全与等级对应起来。比如，古人认为"天有十日，人有十等"（《左传·昭公七年》），十等之中仅王、公、大夫、士为贵族，其他为平民和奴隶。在晚商时期的殷墟遗址中，青铜觚爵套数却可从一套到十套之多。[①] 青铜觚爵一般只见于贵族墓葬之中，这意味着仅就贵族而言，殷墟就有十等贵族。实际上，由于十套觚爵也仅是等级较高的贵族墓葬中的随葬品，如殷墟郭家庄 M160 就出土十套觚、角（与十套觚爵同），殷墟高于郭家庄 M160 等级的墓葬尚不知有多少。这意味着，如果仅用觚爵套数来界定等级，殷墟贵族就能区分出远超十种的等级，这无疑是很难让人置信的。合理的解释是，觚爵套数固然可以标识墓葬等级，但二者的对应是粗疏的，套数的多寡并不

---

① 关于殷墓中觚爵套数的问题，不仅要看墓葬中觚爵的实际数量，还要考虑觚爵的形制和铭文。从这一点看，目前觚爵的最高套数为十，参考岳洪彬《论妇好墓随葬铜觚爵的配制及相关问题》，载《三代考古》（七），科学出版社 2017 年版。

能完全真实地反映出贵族等级的高低。比如，商周之际的鹿邑长子口墓是双墓道大墓，墓室面积远大于郭家庄 M160，却仅随葬八套觚爵，但很少有学者会认为长子口大墓的等级低于郭家庄 M160。也就是说，商人已经用他们常用的酒器来表达使用者的等级，但"器"与"名位"的对应关系尚不严密，也就没有建立起完全按照"命数"来使用礼器的礼制。

到了西周，由于对裸祭之礼的消极态度，及借鉴殷人酗酒亡国的教训，觚爵这类酒器无疑不适合作为标识周人等级的礼器。取代觚爵，列鼎列簋制与钟磬乐悬制度，就成了标识贵族等级的较好礼器，周人转而建设列鼎列簋制和乐悬制的等级差异。关于列鼎列簋制与贵族等级的具体对应关系，学术界多有争议，迄今无定论。不过，无论是考古材料，还是文献材料皆可以证明周人业已建立起使用形制相同、大小不等的列鼎，和与之相配的列簋来标识贵族等级的制度。从文献材料来看，《春秋公羊传·桓公二年》何休注"礼祭，天子九鼎，诸侯七，卿大夫五，元士三也"，明确记载了自天子至于士用鼎数量的多寡。《孟子·梁惠王下》："前以士，后以大夫；前以三鼎，而后以五鼎。"正与何休注中的大夫五、元士三相合。《周礼·天官·膳夫》："王日一举，鼎十有二，物皆有俎。"郑玄注："鼎十有二，牢鼎九，陪鼎三。"牢鼎就是盛牢之鼎，也就是升鼎、正鼎、列鼎，牢鼎九，与何休注"天子九鼎"同。从考古材料来看，西周中期业已形成了较为稳固的列鼎，并在西周晚期与列簋形成"奇数" + "偶数"的配合模式，在贵族墓葬中起到标识等级的作用。比如，河南三门峡虢国墓地 M2001 是一代虢国国君之墓，出土虢季列鼎七件、虢季列簋六件，七鼎、六簋的配置与墓主人国君身份相符。[①] 再如，陕西韩城梁带村 M27 为"中"字形大墓，出土七件列鼎六件列簋，七鼎、六簋的配置与 M27 为一代芮国国君的身份相符。[②] 可见，文献与考古两个方面，都说明周人业已建立起与名位相关联的列鼎列簋制，且在实际礼仪活动中基本遵循这一礼俗。

这一标识贵族等级的礼器制度，也体现在乐器层面。《礼记·乐记》："乐也者，情之不可变者也；礼也者，理之不可易者也。乐统同，礼辨异。

[①] 河南省文物研究所、三门峡市文物工作队：《三门峡上村岭虢国墓地 M2001 发掘简报》，《华夏考古》1992 年第 3 期。

[②] 陕西省考古研究院、渭南市文物保护考古研究所、韩城市文物旅游局：《陕西韩城梁带村遗址 M27 发掘简报》，《考古与文物》2007 年第 6 期。

礼乐之说，管乎人情矣。"孔颖达疏："乐主和同，则远近皆合；礼主恭敬，则贵贱有序。"这段文字强调乐器的"合同"作用，给人以只有礼器可以辨贵贱的影响。这是不对的。《礼记·乐记》："使亲疏、贵贱、长幼、男女之理皆形见于乐。"强调贵贱等级也可体现在乐中，"乐"无疑属于广义"礼"的范畴。所以《吕氏春秋·孟夏》才有"乃命乐师习合礼乐"的记载。至于乐与贵族等级的对应关系，《周礼·春官·小胥》指出：

> 正乐县之位，王宫县，诸侯轩县，卿大夫判县，士特县。（郑玄注：乐县，谓钟磬之属县于笋虡者。郑司农云："宫县四面县，轩县去其一面，判县又去其一面，特县又去其一面。四面象宫室四面有墙，故谓之宫县。轩县三面，其形曲，故《春秋传》曰'请曲县繁缨以朝'，诸侯礼也。故曰惟器与名不可以假人。"玄谓轩县去南面，辟王也。判县左右之合，又空北面。特县县于东方，或于阶间而已。）

说明乐器的不同组合及数量，也可用来标识贵贱等级。战国初期曾侯乙墓中室的编钟摆列两面，编磬摆列一面，正符合《周礼》"诸侯轩县"之说①，证明了《周礼》所载以乐悬别贵贱的真实性。陕西澄城刘家洼M2可能为春秋早期一代芮公之墓，墓中出土编磬一架，编甬钟两架，可以摆成三面的轩悬之制，也与墓主人身份相符。②这也是乐悬别贵贱的实例之一。总之，周人不独使用列鼎列簋制标识等级，也用乐悬标识等级。

商周乐器的变化，除了乐悬制度的完善，还体现在乐器种类的变化，即由商的小铙变为周的甬钟。这一变化除了因为甬钟更容易表达乐悬的"明贵贱、辨等列"作用，还有其他原因。与晚商的编铙相比，编钟体型更大，音列更全，声音洪亮（自古有"洪钟"之说），更适合于大型宴会。从周代甬钟铭文来看，常见"以乐其身，以宴大夫，以饎诸士人，至于万年"（郘公牼钟，《集成》149—152）、"以恤其祭祀盟祀，以乐大夫，以宴士庶子"（郘公华钟，《集成》245）、"我以乐考、嫡祖、大夫、宾客"（越王者旨于赐钟，《集成》144）等强调通过奏乐以宴宾客，达到团

---

① 李纯一：《曾侯乙墓编钟的编次和乐悬》，《音乐研究》1985年第2期。
② 王清雷、孙战伟、张玲玲等：《对澄城刘家洼墓地出土乐器的几点初步认识》，《中国音乐》2019年第4期。

结亲友的目的。此即《乐记》"乐统同"之谓也,乐有和合宗族亲友之义。《国语·周语下》:"乐从和,和从平,声以和乐,律以平声……于是乎气无滞阴,亦无散阳,阴阳序次,风雨时至,嘉生繁祉,人民和利,物备而乐成。"也是说乐可以使社会和谐。当周人为了述祖先之德、结同姓之好而举行大型宴会时,编钟无疑比编铙更符合增加宴会氛围的需求,这是编钟取代编铙的另一个重要原因。

总之,周人对青铜食器和乐器的改造,主要是为了从"器"的角度建立一个等级明确、宗族亲睦、政通人和的礼仪社会,这无疑属于"人事"的范畴。《礼记·表记》所说的"周人尊礼尚施,事鬼敬神而远之,近人而忠焉",就是周人改造食器和乐器的最直接动力。

二 与"神事"相关文化因素的衰落

周人与商人在宗教思想上最大的差异,主要体现在对待鬼神的态度上,商人迷信鬼神,诸事决于鬼神;周人事鬼神以礼,将"神事"转向"人事"。因为有这种思想上的变化,周人在礼制上就逐渐走向朴素的祭祀道路,所谓"东邻杀牛,不如西邻之禴祭"(《周易》),就强调了周人在祭祀领域的"俭敬"之风。那些不符合此风气的礼俗,自然要逐渐退出历史舞台。

具体到青铜礼器层面,周人礼制第二个重要特征,就是核心酒器群的消失。关于西周酒器群衰落的原因,不少学者归咎于周人对酒的态度与商人不同,周人鉴于商人"荒腆于酒"(《尚书·酒诰》)以致亡国的教训,乃宣扬"无彝酒"的禁酒命令。但是,《酒诰》也谓"饮惟祀,德将无醉",说明祭祀时依旧允许被饮酒。《诗经·大雅·旱麓》:"清酒既载,骍牡既备。以享以祀,以介景福。"就是祭祀饮酒的明证。另一个被允许饮酒的场合是宴会。从后世的实践来看,周人在宴饮时常常有酒的出现,如《诗经·小雅·鹿鸣》"我有旨酒,以燕乐嘉宾之心"、《诗经·大雅·韩奕》"显父饯之,清酒百壶"等。宴会到高潮之时,宾客们也常常饮酒大醉,《诗经·小雅·宾之初筵》"凡此饮酒,或醉或否""彼醉不臧,不醉反耻",就反映出周的贵族不仅常常饮酒,且常有醉酒的经历。可见,现实生活中的周人并没有完全遵循"无彝酒"的要求。既然有饮酒的需求,周人自然就要有酒器,那么晚商时期的酒器就有延续下去的必要性。现实却正好与之相反,到了西周中期以后,曾经流行于晚商时期的酒器群逐渐从历史舞台中退去,不复盛况。

既然周初的"禁酒令"不应该是导致诸如觚、爵、尊、卣、觯等酒器群衰落的唯一原因，那么我们就要考虑周人在祭祀领域走向"俭敬"道路的因素。本书第二章业已证明自商末时期形成的核心酒器群主要是为裸祭之礼服务的，它们很可能主要起着祭祀礼器的作用，而非实用器。对此，笔者还可以通过晚商时期居址极少出土陶质酒器的现实来说明晚商青铜酒器群的功用。在晚商时期，殷墟墓葬固然常常出土陶觚、陶爵两类陶质酒器，但包括殷墟在内的各遗址的居址中却罕见陶觚、陶爵和陶斝等陶质酒器。[1] 据1994年出版的《殷墟的发现与研究》一书，20世纪90年代之前殷墟居址仅出土过极少量的陶觯、斝，而基本不见陶觚、爵。[2] 除了早年的材料，最近二十多年殷墟遗址公布的重要居址材料也可作为殷墟居址缺少陶质觚爵的证据。2004年出版的《安阳小屯》一书，介绍遗址内出土的可复原日用陶器360余件，以鬲、簋、罍、尊等器为主，酒器中不见觚、爵、斝、觯。[3] 2014年出版的《安阳大司空——2004年发掘报告》一书，介绍了遗址内出土的可复原日用陶器513件，以鬲、簋、罐为主，酒器中也不见觚、爵、斝、觯。[4] 2020年出版的《安阳郭家湾新村》一书，介绍遗址内可复原的日用陶器92件，以鬲、簋为主，酒器中仅见各1件的爵、觯，且年代属于殷墟文化第一期早段（也就是学术界所说的中商时期）。[5] 可见，殷墟遗址晚商时期居址内基本不见陶质觚、爵、斝、觯等酒器。这一现象只能说明，晚商时期墓葬中常见的陶觚、陶爵等酒器都是带有礼器性质的专门用于丧葬活动的器物，它们在日常生活中不会被使用。同样的，只见于墓葬之中的以觚爵为核心的青铜酒器群，自然主要也是为祭祀神灵而存在的祭器。晚商青铜酒器常见祖先日名，如最新公布的大司空M646所出觚、爵、尊上皆有"乘以父庚宗尊"[6]，就是乘为父庚宗庙制作祭祀用器的意思，也能说明这些酒器群具有祭祀祖先神灵的功用。

---

[1] 王祁：《商代陶质酒器组合的研究》，《南方文物》2016年第4期。
[2] 中国社会科学院考古研究所编著：《殷墟的发现与研究》，科学出版社1994年版，第198—199页。
[3] 中国社会科学院考古研究所编著：《安阳小屯》，世界图书出版公司2004年版，第87页。
[4] 中国社会科学院考古研究所编著：《安阳大司空——2004年发掘报告》，文物出版社2014年版，第118页。
[5] 中国社会科学院考古研究所、安阳市文物考古研究所编著：《安阳郭家湾新村》，科学出版社2020年版，第71页。
[6] 中国社会科学院考古研究所安阳工作队：《河南安阳市殷墟大司空东南地M646》，《考古》2023年第1期。

核心酒器群并非实用性的饮酒器，而是为了祼祭之礼而存在的，它们往往制作精美，祭祀仪式复杂，不符合周人简洁朴素的祭祀理念。因此，祼祭之礼及其所用之酒器群被淘汰，是必然的事情。而且，祼祭礼所用的核心酒器群主要是一套尊、卣、觚、爵、觯，无法体现使用者的身份，不能通过数量表达身份等级，这也不符合周人用"器"表达"名位"的需求。也就是说，无论是核心酒器群更偏重"神事"，还是其不利于改造以服务于周人的"人事"，都是其走向衰落的重要原因。

至于祼飨之礼，由于可以用于宴享，可以团结宾客，有着现实的政治作用，故能够得到保留。祼飨之礼属于宴饮礼，是现实生活中的饮酒活动，与祭祀活动不同，所用的酒具也不同。从楚地考古发现来看，东周时期依旧有较多数量的漆木酒器，如多种形制的勺形器、杯形器、耳杯等，皆可用于饮酒活动。祼飨之礼是否可以借漆木酒器而延续下去，犹未可知，但其不使用青铜核心酒器群，则是可以确定之事。

在青铜礼器层面，周人礼制第三个重要特征，就是纹饰层面的变化，诸如写实动物纹饰、幻想动物纹饰的消失，取而代之以几何纹饰。这也与商周宗教思想变化有关。《左传·宣公三年》：

> 昔夏之方有德也，远方图物，贡金九牧，铸鼎象物，百物而为之备，使民知神、奸。故民入川泽、山林，不逢不若。螭魅罔两，莫能逢之。用能协于上下，以承天休。

夏人制作青铜鼎，主要是为了"象物"，即在鼎上刻画出百物之形，使得人们可以免受鬼神百物的侵害。据此，拥有数千年历史渊源的兽面纹饰，有着明显的宗教神秘思想在其中。[1] 有不少学者认为，兽面纹与商人的神灵（上帝、自然神、祖先神等）思想关系密切，可能源于商人心目中的神灵形象。[2] 这一观点未必准确，但亦可反映出晚商青铜礼器上面的动物纹

---

[1] 对此，张光直先生提出的解释影响力颇大，他认为商到西周早期的动物纹饰，是萨满巫师用于通灵的动物伙伴或坐骑，参见张光直《美术、神话与祭祀》，郭净译，生活·读书·新知三联书店2013年版，第53—60页。

[2] ［日］林巳奈夫：《神与兽的纹样学——中国古代诸神》，常耀华等译，生活·读书·新知三联书店2016年版，第37—51页；谢耀亭：《从青铜器纹饰看商周文化剧变——商周青铜器纹饰变化再探》，《兰州学刊》2009年第9期。

饰所蕴含的神秘的宗教色彩。当社会层面的思想逐渐转移到以人事为主的时候，这种纹饰题材，自然就没有了存在的必要。尤其是，如果这种兽面纹真是蕴含了超越祖先神之外的，诸如天帝信仰因素在其中的话，那么这种纹饰自然更应该被周文化所排斥。因为在讲究等级的周文化中，普通贵族只能祭祀自己的祖先，甚至只能祭祀分支宗族所出之先祖，如《左传·文公二年》所言"宋祖帝乙，郑祖厉王"。如果兽面纹在宗教思想层面象征着使用者不仅仅可以信仰先祖，还可以信仰先祖之外的自然大神，这无疑有违周人所建立的祭祀礼制。总之，以兽面纹为核心的各类动物纹饰所蕴含的丰富的"神事"色彩，应该是它们在西周中期以后不再兴盛的根本原因。

在青铜礼器层面，周人礼制第四个重要特征，就是日名的衰落。日名是殷文化的重要特征，学术界对日名产生的原因多有讨论，张富祥先生曾详细列举出具有代表性观点的七种学说①，这尚且不包括他自己提出的新说。虽然日名产生的原因尚无定论，不过，有一点是可以确认的，那就是王国维先生所提出的"殷之祭先，率以其所名之日祭之，祭名甲者用甲日，祭名乙者用乙日，此卜辞之通例也"②。以此观之，日名之产生，与商人之祭神观念，有密切之关联。到了西周时期，日名制虽然依旧存在，但它与周人的宗法制明显不符，故必然有其消亡之时。《白虎通·姓名》：

> 称号所以有四，何？法四时用事先后，长幼兄弟之象也，故以时长幼号曰伯、仲、叔、季也……适长称伯，伯禽是也。庶长称孟，以鲁大夫孟氏是也。

"适长"即嫡长子。周人宗法制重在区分长幼嫡庶，所以有伯、仲、叔、季之称；同属于长子，嫡子称伯，庶子称孟。宗法制已经在人名称谓上有所表现。日名则无此区分，凡称"父甲""父乙"者，即父辈之甲、乙者皆可被包含，无嫡庶、远近之别，更无法体现出"尊尊"之义。而且，周人重人事，也没有必要将人名与祭祀之日相关联。因此，待到周王朝稳定下来的西周中期，日名就逐渐退出了历史舞台。

---

① 张富祥：《商王名号与上古日名制研究》，《历史研究》2005年第2期。
② 王国维：《殷卜辞中所见先公先王考》，载《观堂集林》，中华书局1959年版，第424页。

三 "礼制变革"与"周承商制"

商周礼制的演进，分为"变革"与"传承"两部分内容，前者对应着学术界所强调的"礼制变革"，后者对应着学术界所强调的"周承商制"（或"周承殷制"）。本节所讨论的商周青铜礼器诸文化因素的演进，无不蕴含了这两个方面的内容。

先谈"礼制变革"部分。周相对于商，在青铜礼器层面最大的变化主要体现在四个方面：在食器方面，列鼎列簋制的建立，及列鼎列簋制与等级制度的匹配，使得列鼎列簋制蕴含有显著的可以表达"礼"的内涵；在酒器方面，裸祭之礼及用于裸祭的核心酒器群的衰落，完全改变了商代重酒的传统；在乐器方面，编钟取代了编铙，乐悬制度的等级化和成熟化，使得"乐"不仅可以"和同"，且可"明礼"；在青铜礼器纹饰层面，主要表现为动物纹饰的衰落，及几何纹饰的流行。

上述商周礼制变革诸特征的缘由，归根到底，一言以蔽之，就是从"神事"到"人事"转变。青铜礼器是礼制的重要物化形式，礼制思想的转变，反映在青铜礼器层面，就是与"人事"有关的青铜器及其相关特征的兴盛，而与"神事"有关的青铜器及其相关特征的衰落。具体而言，一方面，由于有意识弱化"神事"的作用，流传数千年的裸祭之礼开始衰落，与裸礼有关的核心酒器群不复存在；动物类纹饰，尤其是兽面纹带有明显的宗教意识在其中，也不符合周人的人文色彩，因而也逐渐走向了衰落。另一方面，由于"人事"的核心是维护宗法制和分封制，周人采用了构建等级制度的方式，实现这一核心目的，这反映在"器"的层面，就是对标识等级的礼器群的推崇，如列鼎列簋制、乐悬制的产生和完善。

当然，本书还讨论与青铜器铭文有关的一些变化，如族徽和日名的衰落，及表示排行和等级的伯、仲、叔、季名号的流行。除此之外，西周中期以后流行的册命铭文，实际上也是青铜礼器层面的一大重要改动。册命铭文的核心是周天子对臣子的"命"，是确定上下等级和臣服关系的一种仪式。所以册命结束后，被册命之人往往要"对扬天子休"，感谢天子的"命"和"赐"，显示臣子的忠诚。《左传》常见天子命诸侯（如《庄公十八年》"王命诸侯"、《僖公二十八年》"册命晋侯"诸事），也有诸侯命大夫（如《昭公四年》"鲁侯命服"之事），皆本于西周中期以后的册命之制。册命的核心既然是确定臣服关系，自然是周人建构等级制度的一种措施[①]，它的产生，也可归为周人建构"人事"的一种努力。

总之，学术界所称的"商周礼制变革"，是商周思想变化，尤其是周人从"神事"向"人事"转变的直接结果。需要强调的是，这一从"神事"向"人事"转变并非一蹴而就的，而是有着历时性的变化。周相对于殷，在宗教思想层面有一个巨大的转变，这一转变可能一开始主要集中于周人自身层面，也可能是优秀的政治家（如文王、武王、周公等）的提倡，周人在周初业已表现出远鬼神、敬人事的思想特质。但是，由于复杂的政治形势，及现实的治理殷遗民的需要，周人还不能彻底改变自殷代以来的迷信鬼神的思想，甚至还要在一定程度上接受殷人的礼神思想。周人对祼祭礼的使用（如《洛诰》"王宾，杀，禋，咸格，王入太室，祼"），无疑就是周承殷制的一个反映。待到西周中期后段，由于周人对"德"的普及[②]，以及周王朝内部政治的稳固，周人自然会逐渐改易不符合事鬼敬神而远之理念的祭祀方式。

上述思想变化的历时性，反映在商周礼制变革层面，就是变革的"渐变"特征。就整个西周时期而言，西周早期业已产生了许多"新"的文化因素，如以鼎、簋为核心的食器群比重的增加，酒器群比重的下降，甬钟的出现，册命制度的萌芽，这也是"商周礼制变革"的萌芽阶段。到了西周中期，大小相次的列鼎制的产生和流行，酒器群的衰落，铜铙的消失及甬钟的大量出现，日名的衰落和册命制度的流行，都是"新"的文化因素真正普及开来的标志，也是"商周礼制变革"的发生阶段。到了西周晚期，列鼎和列簋相配使用，编钟和乐悬制度的完善，酒器群、日名等文化因素的彻底退场，则是"商周礼制变革"的完善和成熟阶段。因而，基于商周青铜礼器诸文化因素变化的"商周礼制变革"，是一种"渐变"的变革模式，它有着萌芽、发生、成熟的阶段性特征。可以说，"历时性"是

[①] 有学者指出册命中的服饰赏赐，与被命者的爵位等级密切相关，即可见册命所蕴含的等级内涵，参考黄盛璋《西周铜器中服饰赏赐与职官及册命制度关系》，《传统文化与现代化》1997年第1期。

[②] 关于"德"的普及，有一个例子可以说明，周人试图将"德"的思想，推广到非周人族群。在西周早期，"德"的思想主要存在于周人群体，这在《尚书》诸诰中体现得较为明显，周初铭文中用为品行的"德"字也主要出现周人作器之中，不见确属于殷遗民之器出现用为品行的"德"字。而到西周中期，史墙盘、癲钟等殷遗民作器中也出现了用为品行的"德"字。据此，可以推测到西周中期的时候，"德"的观念，已经得到了普及。

商周礼制变革重要特征之一,这是本书关于商周礼制变革的一个基本认识。

再谈"周承商制"部分。过去,学术界在讨论商周青铜礼器演进时,多强调的是青铜礼器诸文化要素的变化,而较少涉及周代青铜礼器文化对商代青铜礼器文化的延续问题。实际上,若不局限于青铜礼文化,周文化在多个方面延续了商文化中的部分因素。这一点,已有不少学者讨论过。徐中舒先生强调,商周二代文化种种方面"全趋于一致",周完全承袭了商的文化。① 张光直先生认为三代文化在衣食住行、葬俗、卜法、陶器铜器等方面相似,三代文化大同而小异,夏商周纵然不是同一种民族,至少是同一类民族。② 刘源先生据应公鼎铭文、黄组征人方卜辞、周公庙遗址宁风卜辞等甲骨文、金文材料,指出周王朝建立之初,在政体、祀典、名号制度等方面,很大程度上继承殷商旧制;周人克商后,任用大批曾服务于殷王朝的史官,史官家族对殷周文化制度的延续有深远影响。③

仅就青铜礼器而言,周的青铜文化对商的青铜文化的延续,也较为明显。周人重食器,周人建构了以列鼎列簋制为核心的食器文化,而鼎、簋两种青铜器类早在商代就极为流行,是贵族墓葬中不可或缺的器类。青铜鼎起源于二里头文化时期④,兴盛于商代,并在商代发展出明确的标识仪礼的兽面纹大圆鼎。此类大圆鼎一般用作炊器,体形硕大,单件出土,在墓葬中的位置较为醒目,具有标识墓葬等级的作用。西周时期的高等级贵族墓葬沿用这种兽面纹大圆鼎标识等级,虽然部分墓葬中的兽面纹大圆鼎可以有两件,但兽面纹大圆鼎所具有的位置独特性并没有改变,依旧处于墓葬中的"中心"位置。这类兽面纹大圆鼎进一步发展,似乎就是东周时期"镬鼎"的前身。以此观之,周人使用大型"镬鼎"的传统,当起源于商代。

---

① 徐中舒:《殷周文化之蠡测》,《中央研究院历史语言研究所集刊》1931年第2本第3分本。
② 张光直:《夏商周三代都制与三代文化异同》,载《中国青铜时代》,生活·读书·新知三联书店2013年版,第69页。
③ 刘源:《周承殷制的新证据及其启示》,《历史研究》2016年第2期。
④ 二里头文化遗址发现1件铜鼎(中国社会科学院考古研究所二里头工作队:《河南偃师二里头遗址发现新的铜器》,《考古》1991年第12期),且铜鼎年代为二里头文化第四期,已进入商代纪年。

除了大圆鼎所显示出的延续性外，周人列鼎列簋制中的列簋制也是传承自商。青铜簋最早见于早商时期，晚商时期殷墟遗址中高等级贵族墓葬就发展出偶数成对的列簋，诸如妇好墓、大司空 M303 都随葬大小、形制、纹饰、铭文一致的对簋，这种对簋属于列簋范畴。到了西周早中期，列簋更为普遍，且由对簋发展出四簋制列簋，显示出周文化对商代列簋的继承和发展。到了西周中期后段与西周晚期，从四簋制列簋发展为八簋制列簋，奇数列鼎和偶数列簋开始相配，列鼎列簋制正式形成。可见，仅就列簋而言，周人对列簋制虽有较大发展，并赋予列簋制以新的等级内涵，但周人的列簋制毕竟有传承自商的成分。

周人重食器，商人重酒器，这并不意味着周人不使用酒器。实际上，商周礼制变革虽然使得青铜核心酒器群走向了衰落，但依旧有不少的酒器器类在周代延续使用。最典型的酒器是青铜壶和青铜罍。青铜壶是两周时期最为常见的盛酒器，无论是早期的《诗经》，还是晚期的三礼，都记录了很多用壶盛酒的场面，墓葬中也常常发现成对的圆壶（或称"醴壶"①）或方壶。这种体形较大的青铜壶是由晚商时期青铜壶传承而来的，且晚商时期也有成对青铜壶，如妇好墓所出的著名的妇好扁圆对壶，说明晚商时期业已存在使用对壶的礼俗。周代的青铜罍无疑也是从商代延续下来的酒器，且西周时期成对的青铜罍也能追溯到晚商时期，妇好墓就出土了成对的妇好方罍。西周以后，青铜罍逐渐走向衰落，青铜罐开始流行，青铜罐虽是一种新器型，但青铜罐衍生自罍②，依旧可视为青铜罍的延续。可见，在周人所持续使用的青铜壶、青铜罍中，都蕴含了商文化色彩。

在乐器方面，周人虽然建构了自己的乐悬制度，但周人的乐制并非无中生有，而是延续了商人乐制的部分特征。周人乐制以钟、鼓、磬为中心，高等级贵族墓葬往往同时随葬铜钟、木鼓、石磬三种乐器，其中铜钟与木鼓又是组合的核心，因而古人常常以"钟鼓"来比喻乐器。甬钟虽然起源于西周时期，且与南方大铙关系密切，但晚商的编铙也是甬钟的渊源之一。而且，晚商时期业已形成了编铙与鼍鼓的组合，这一组合可以视为

---

① 冯峰：《说"醴壶"》，载《古代文明》（第 10 卷），上海古籍出版社 2016 年版。
② 朱凤瀚：《中国青铜器综论》，上海古籍出版社 2009 年版，第 216 页；张懋镕：《试论中国古代青铜器器类之间的关系》，载《古文字与青铜器论集》（第二辑），科学出版社 2006 年版，第 133—141 页。

周代钟鼓组合的前身。至于周人常见的钟、鼓、磬三种敲击乐器的组合，在晚商时期的一些高等级大墓（如商王大墓和部分王室贵族大墓）之中，也有一些线索，侯家庄 HPKM1217 和小屯西地 M1 都应该出土这三类乐器，显示出晚商时期业已形成了钟类乐器（铙）、鼓类乐器（鼍鼓）和磬三种乐器的组合形式。可见，周人的乐制是在商人乐制基础上改造而成的，二者并非截然的不同，变化之中保有传承的因素。

在纹饰方面，虽然周人流行几何纹饰，商代常见的兽面纹在周代走向了衰落，但周人也使用了一些由商代纹饰变异过来的纹饰元素。最典型的例子是窃曲纹。窃曲纹是流行于西周中晚期至春秋早期的主要青铜器纹饰类型之一，在形态上由具有动物属性的目纹和上下卷曲的几何纹构成。对于这种纹饰的起源，王世民、陈公柔、张长寿三位先生认为是从动物形象变化而来，具体来说，就是从侧视的夔龙纹或鸟纹演进而来。[1] 朱凤瀚先生认为窃曲纹卷曲的条状当取形于夔纹、顾龙纹之身躯，但其构造、布局还借鉴了兽面纹的构形手法。[2] 彭裕商先生认为窃曲纹是兽面纹和所谓鼻龙纹的变形。[3] 张德良先生认为窃曲纹是由比较确定的几种羽纹和目纹按照一定构成方式组合而成，它既不是从兽面纹发展而来，也不是从鸟纹、龙纹发展而来，但并不否定窃曲纹是动物纹的简省和变形。[4] 可见，学者们对窃曲纹的来源颇有争议，但又都同意窃曲纹来源于动物纹饰，只是对究竟来源于具体哪种动物纹饰，有不同的看法。因而，即使动物纹饰衰落，由动物纹饰变体而成的窃曲纹依旧在周代发挥着重要影响。这是青铜器纹饰领域的"周承商制"。

综上，"商周礼制革命"并不意味着周人的青铜礼器文化就不存在着"周承商制"，无论是青铜食器、青铜酒器、青铜乐器，还是青铜纹饰，乃至册命制度[5]，皆显示着周人变革后的青铜器文化依旧深受此前商文化的影响，周人吸收和改进了商的青铜文化的部分元素，从而为己所用。青铜礼器诸文化因素的延续性，反映的是周的礼制对商的礼制的延续，是"周

---

[1] 王世民、陈公柔、张长寿：《西周青铜器分期断代研究》，文物出版社1999年版，第190页。
[2] 朱凤瀚：《中国青铜器综论》，上海古籍出版社2009年版，第579页。
[3] 彭裕商：《西周青铜器窃曲纹研究》，《考古学报》2002年第4期。
[4] 张德良：《青铜器窃曲纹的来源及分型》，《文物》2009年第4期。
[5] 对此，刘源先生有新的研究，参见刘源《商末至西周早期赐贝研究——兼论册命制度的历史渊源》，《历史研究》2022年第5期。

承商制"在物质层面的表现，这就再次证明商、周二族文化上的关联性。对此，孔子的名言"周因于殷礼，所损益，可知也"（《论语·为政》）、"周监于二代，郁郁乎文哉"（《论语·八佾》），强调周对商的延续部分，实乃不刊之论。

第五章　商周礼制演进与早期中华文明

商周礼制变革显示出从"神事"向"人事"的转变，实际上反映的是整个早期中华文明阶段的一个重要的变化特征，是中华文明在走向成熟过程中剥离原始文化因素的必然要经历的一个过程。在这一个过程之中，既有"文明变革"，也有"文明延续"，前者反映出中华文明所具有的突出的创新性，后者反映出中华文明所具有的突出的连续性。本章主要从文明史视域揭示商周礼制演进的学术意义。

所谓"早期中华文明"，是指中华文明的早期阶段，它的上限是文明起源阶段，它的下限或可截至早商，因商以后就是有可信文献的历史时期；但也可截至两周，因此后的历史进入"帝制"时期（最高统治者称"皇帝"的时期）。本书所称的"早期中华文明"时期，大体相当于文明起源时期到东周时期，约三千年的时间。在这漫长的三千年的时间内，早期中华文明一方面有着突出的连续性，另一方面也有着突出的创新性，因而早期中华文明也有着"常"与"变"。商周礼制演进所表现出的"常"与"变"，仅是早期中华文明突出特性的一个延续。

第一节　中华文明的连续性与"周承商制"

就目前学术界对早期中华文明特征的研究进展而言，学者们多强调中华文明的连续性。早在 20 世纪七八十年代，在由以"中原为中心"的文明叙述模式向中华文明多元一体的文明叙述模式的转变中，就有不少学者强调史前时期业已形成了的历史时期中国的文化基础。比如，严文明先生指出，"由于中国史前文化已形成一种重瓣花朵式的向心结构，进入文明时期以后，很自然地发展为以华夏族为主体，同周围许多民族、部族或部落保持不同程度关系的政治格局，奠定了以汉族为主体的、统一的多民族国家的基石"①。显示出自史前到历史时期中华文化的一脉相承。这一观点经过学者的不断阐释②，并不断由新发现的考古材料所证明，最终证明了中华文明所具有的突出的"连续性"③。

上述中华文明的连续性，无疑是"周承商制"的大背景，但如何将这一大背景落实到青铜器层面，尚需要经过详细论述。本节从中华文明的连续性视角，讨论自史前时期业已形成的周人礼制的一些文化因素。

一 早期中华文明的前进道路

学术界普遍认为，史前时期业已形成了三代以后的中华文明的基础④，但不同地区对中华文明的贡献是不同的。正如严文明先生所强调的那样，中国史前文化发展具有多元性和不平衡性等特点，中国史前文化存在一种"重瓣花朵式的结构"⑤。花心自然更为重要一些，而中原地区就是"重瓣花朵"的花心。

受地理因素的限制，史前中国的考古学文化谱系表现出较为明显的区域性特点，以中原地区文化核心，周边至少分布了七大文化区：东方的海岱文化区，西方的甘青文化区，北方的陕北文化区，南方的江汉文化区，东南的环太湖文化区，东北的辽西文化区，西南的巴蜀文化区。⑥ 除此之外，更远地区也有自身的考古学文化特征，但一方面发掘材料尚不是很充足，另一方面则是社会文明化程度不高，因而学术界在讨论早期中华文明

---

① 严文明：《中国史前文化的统一性与多样性》，《文物》1987年第3期。
② 赵辉：《以中原为中心的历史趋势的形成》，《文物》2000年第1期；赵辉：《中国的史前基础——再论以中原为中心的历史趋势》，《文物》2006年第8期。
③ 刘庆柱：《中华文明五千年不断裂特点的考古学阐释》，《中国社会科学》2019年第12期；霍巍：《何以五千年：论中华文明的肇始及其连续性特征》，《江汉论坛》2024年第2期；王震中：《中华文明起源、形成、发展与"突出的连续性"特性》，《信阳师范学院学报》（哲学社会科学版）2023年第6期；方辉：《中华文明起源与发展的连续性及其文化基因》，《中国社会科学》2023年第8期。
④ 赵辉：《中国的史前基础》，《文物》2006年第8期。
⑤ 严文明：《中国史前文化的统一性与多样性》，《文物》1987年第3期。
⑥ 关于中国史前文化区的研究，可参考苏秉琦、殷玮璋《关于考古学文化的区系类型问题》，《文物》1981年第5期；严文明《中国史前文化的统一性与多样性》，《文物》1987年第3期；张光直《中国相互作用圈与文明的形成》，载《庆祝苏秉琦考古五十五年论文集》，文物出版社1989年版；戴向明《中国史前社会的阶段性变化及早期国家的形成》，《考古学报》2020年第3期。

第五章 商周礼制演进与早期中华文明

演进过程时,一般较少涉及。这八大文化区,各有不尽相同的演进轨迹,但彼此之间又有较为紧密的联系。环太湖文化区、辽西文化区、江汉文化区、海岱文化区最先开启文明化进程,并一度处于领先地位;中原文化区紧跟其后,最终在龙山时代结束后形成了以中原地区为中心的多元一体的文明格局。

早在马家浜文化晚期,长江下游的环太湖地区业已开启了文明化进程。江苏张家港东山村遗址M101是马家浜文化晚期的一座较高等级的墓葬,出土有陶器、玉器和石器33件(套),其中陶器11件(套),玉器21件,石器1件。[1] 东山村遗址马家浜文化时期墓葬随葬品一般不多,多随葬两三件器物,与M101的规模和随葬品数量形成了鲜明对比,显示出环太湖地区已经开始社会分化。到了崧泽文化时期,东山村遗址墓葬的分化更为严重,小型墓葬和大型墓葬分区布局,说明凌驾于普通民众之上的特权阶层业已形成。[2] 其中,M90随葬器物65件(套),包括5件大型石钺、1件大型石锛、19件玉器和大型陶器,是东山村遗址崧泽文化时期规格最高的墓葬,发掘者称墓主人为"王"。[3] 当然,东山村遗址缺乏大型聚落证据,也缺乏诸如城址、大型宫殿建筑等国家标志性遗迹,很难说此时进入国家阶段。但是,东山村遗址至少可以证明,崧泽文化时期的环太湖地区已经有了较大的贫富差距,遗址内部不仅分化出不同的阶层,且遗址和遗址之间大约也有不平等的关系。比较东山村遗址与其他崧泽文化遗址,如上海青浦县的崧泽遗址,即可知道东山村遗址的聚落等级要高于其他崧泽文化遗址的等级,因而才能出现崧泽文化时期高等级贵族墓葬。

到了良渚文化时期,环太湖及周边地区形成了以良渚古城遗址为中心的、包含多个中心聚落的考古学文化。关于良渚古城遗址的性质,不少学者

---

[1] 张家港博物馆、南京博物院:《江苏张家港东山村遗址M101发掘报告》,《东南文化》2013年第3期。

[2] 南京博物院、张家港市文广局、张家港博物馆:《江苏张家港市东山村新石器时代遗址》,《考古》2010年第8期;南京博物院、张家港市文物管理委员会、张家港博物馆:《张家港东山村新石器时代遗址发掘报告》,《考古学报》2015年第1期。

[3] 南京博物院、张家港市文管办、张家港博物馆:《江苏张家港市东山村遗址崧泽文化墓葬M90发掘简报》,《考古》2015年第3期;张弛、陈星灿、邓振华编:《区域、社会与中国文明起源》,科学出版社2019年版,第343页。

已经论证它是中国史前时期可被确认的年代最早的早期国家。① 这一认识确实很有道理。就目前的材料而言，良渚文化兴起于 5300 年前，在距今 5000 年的时期进入兴盛时期，形成了包括水坝、古城墙、莫角山宫殿、反山、瑶山贵族墓地、瑶山祭坛等一系列标志性遗址，外郭面积 800 万平方米，城墙面积有 300 万平方米，规模之宏大，是目前所见中国史前时期最为复杂的大型聚落。这一系列大型建筑设施，无疑反映出良渚人已经具备了较为发达的公共管理系统和较高的组织管理水平，意味着当时业已有了标识国家诞生的官僚体系。就社会分化的程度而言，良渚古城遗址延续了自崧泽文化以来的不同阶层人群分开埋葬的习俗，位于城内的反山墓地和位于城外东北方向的瑶山墓地是两处等级最高的墓地，埋有多座大型墓葬，如瑶山 M7、M10、M11、反山 M12、M16、M17、M20、M23，皆墓室面积较大；其他墓地则往往缺乏如此高等级贵族墓葬，如庙前、文家山、卞家山等墓地则以中小型墓葬为主。② 上述墓地之中，大墓常常随葬数百件器物，如反山 M12 出土器物 658 件，包括具有"琮王""钺王"之称的大型玉琮、玉钺，还有嵌玉漆器等礼器；小墓则往往仅随葬数件器物，甚至部分墓葬无随葬品。在良渚古城及其附近的遗址群中，越是等级高的墓葬，数量越少；越是等级低的墓葬，数量越多。这些现象充分说明，良渚古城遗址业已建立起金字塔形的社会等级体系，位于塔顶的权贵人士可以拥有超过底层人士数百倍的财富。这种金字塔形的等级分布，进一步说明良渚古城业已进入国家阶段。

当然，在整个良渚文化分布区域内，尚有上海青浦福泉山、江苏武进寺墩等规格较高的次级中心聚落遗址③，它们与良渚古城的关系尚不明确，因而很难考察整个良渚文化区的社会性质。但是，可以确定的是，随着良渚文化的衰落，环太湖地区的文明化进程被迫中断，直到周代才兴起了新的文明形态——吴越文化。

---

① 王震中：《中国古代国家的起源与王权的形成》，中国社会科学出版社 2013 年版，第 351—353 页；赵辉：《良渚的国家形态》，《中国文化遗产》2017 年第 3 期；刘斌等：《良渚：神王之国》，《中国文化遗产》2017 年第 3 期；张学海：《论莫角山良渚文化古国》，载《张学海考古文集》，文物出版社 2020 年版。

② 浙江省文物考古研究所编：《瑶山》，文物出版社 2003 年版；《反山》，文物出版社 2005 年版；《庙前》，文物出版社 2005 年版；《文家山》，文物出版社 2011 年版；《卞家山》，文物出版社 2014 年版。

③ 上海市文物管理委员会：《福泉山》，文物出版社 2000 年版；上海博物馆：《上海福泉山遗址吴家场墓地 2010 年发掘简报》，《考古》2015 年第 10 期；南京博物院：《1982 年江苏常州武进寺墩遗址的发掘》，《考古》1984 年第 2 期。

辽西文化区的文明化进程也开始得很早。早在兴隆洼文化时期，此地区就发现了制作精美的玉器。[①] 到红山文化时期，尤其是距今5500年以后的红山文化晚期，该地区发展出规模宏大的牛河梁遗址群。[②] 牛河梁遗址群至少包含了20多个地点，形成了"庙、坛、冢"的聚落布局特征。牛河梁第一地点为整个遗址群的中心，发现了多室建筑基址，有彩绘壁画、多件女性泥塑造像、陶器等遗存，尤其是一件玉睛泥塑人面像引人注意，学术界称建筑基址为"女神庙"。女神庙两侧分布着大大小小的积石冢，如第二地点发现了"五冢一坛"的建筑群，五座积石冢围绕一座圆形祭坛分布，其中1号冢发现墓葬20多座，随葬品最多的一座M21出土玉器20多件。这些积石冢中的玉器主要是一些环、镯、璧、箍形器、勾云形器、龙形器等，一般体形较小，缺乏表征权力的大型玉礼器。因而，牛河梁遗址群显示出较为明显的宗教祭祀的迹象，缺乏基于贫富分化而产生的森严社会等级证据。这也使得该地区一直没有独立发展出较为明确的国家形态。

江汉地区文明化进程起始于大溪文化时期，澧县城头山城址的出现预示着长江中游地区城墙化的开始。[③] 到了屈家岭文化时期，城河城址旁的王家塝墓地发现了规格较高的大型墓葬，墓室面积可达10平方米以上，使用体量巨大的棺木，随葬精美的玉钺、石钺、漆器、象牙器、大量磨光黑陶器和猪下颌骨等遗物，证明了屈家岭文化时期较高的社会分化程度。[④] 在屈家岭—石家河文化时期，江汉地区文明化进程有了一个显著的提升，石家河遗址群开始兴起，出现了面积达120万平方米的石家河城址和面积达8平方千米的以城址为中心的石家河遗址群。[⑤] 近年，有报道石家河城址在内城、城壕之外，还有外郭城，总面积超过300万

[①] 辽宁省文物考古研究所：《辽宁阜新县查海遗址1987—1990年三次发掘》，《文物》1994年第11期；中国社会科学院考古研究所内蒙古工作队：《内蒙古敖汉旗兴隆洼聚落遗址1992年发掘简报》，《考古》1997年第1期。

[②] 辽宁省文物考古研究所编著：《牛河梁红山文化遗址发掘报告：1983—2003年度》，文物出版社2012年版。关于红山文化的分期，笔者参考了刘国祥《红山文化研究》，科学出版社2016年版。

[③] 湖南省文物考古研究所：《澧县城头山——新石器时代遗址发掘报告》，文物出版社2007年版。

[④] 中国社会科学院考古研究所、湖北省文物考古研究所、荆门市博物馆、沙洋县文物管理所：《湖北沙洋县城河新石器时代遗址王家塝墓地》，《考古》2019年第7期。

[⑤] 石家河考古队：《石家河遗址群调查报告》，《南方民族考古》第五辑，四川科学技术出版社1993年版。

平方米。① 在石家河遗址，谭家岭有较大型建筑台基残迹，邓家湾、肖家屋脊是墓葬区，三房湾是手工业制陶作坊区，印信台遗址是祭祀场所，严家山遗址是石器加工场所，各功能区格局有序。② 这说明，石家河城址已经形成了较为复杂的社会系统。单从石家河庞大的城址及其附近的遗址群来看，石家河遗址群无疑已经具备了早期国家的一些重要特征，如较高水平的社会组织管理水平，但该遗址尚缺乏引人瞩目的大型宫殿建筑和"王墓"级别大型墓葬，高规格墓葬较多随葬陶器而非制作精美的玉器。如果这不是因为考古发现偶然性导致的，那么这种现象只能归结为江汉地区文明化进程有其自身的特点，即石家河城址重视世俗社会的管理，并使用陶器建立起政治威望，而没有建立起以玉礼器为表征的礼仪秩序。因而，即使石家河城址代表着当时的江汉地区业已产生了国家形态，这种国家形态应该是低水平的，是初步的，与同时期的良渚古国相比尚有一定的差距。

到了后石家河文化时期，石家河遗址群走向了衰落，江汉地区文明化进程被逆转。但是，此时的肖家屋脊、谭家岭等遗址发现了一些随葬着精美玉器的瓮棺葬，玉器的精美程度、制作工艺在整个龙山时代都处于领先水平。③ 这些玉器的出现，说明江汉文化区在其衰落的时期，依旧维系着一定的文明程度。

海岱文化区的文明化进程始于大汶口文化时期，此时海岱地区有了较为明显的聚落内部和聚落之间的分化证据。④ 在泰安大汶口遗址，大汶口文化早期偏晚阶段墓葬已经有了较为明显的分化证据，此时的M2005墓室面积为8平方米，随葬器物104件，而小墓不仅墓室面积较

---

① 湖北省文物考古研究院、北京大学考古文博学院、天门市博物馆：《天门石家河城址及水利系统的考古收获》，《江汉考古》2023年第1期。

② 湖北省荆州博物馆等编著：《肖家屋脊》，文物出版社1999年版；湖北省文物考古研究所、北京大学考古学系、湖北省荆州博物馆等编著：《邓家湾》，文物出版社2003年版；湖北省荆州博物馆等编著：《谭家岭》，文物出版社2011年版；湖北省文物考古研究所、北京大学考古文博学院、天门市博物馆：《湖北天门市石家河遗址2014—2016年的勘探与发掘》，《考古》2017年第7期；湖北省文物考古研究所、北京大学考古文博学院、天门市博物馆：《湖北天门市石家河古城三房湾遗址2016年发掘简报》，《考古》2018年第9期；湖北省文物考古研究所、北京大学考古文博学院、天门市博物馆：《湖北天门市石家河古城严家山遗址2016年发掘简报》，《考古》2018年第9期。

③ 湖北省荆州博物馆等编著：《肖家屋脊》，文物出版社1999年版；湖北省文物考古研究所、北京大学考古文博学院、天门市博物馆：《湖北天门市石家河遗址2014—2016年的勘探与发掘》，《考古》2017年第7期。

④ 王芬：《墓地空间结构与社会关系的关联性思考——以大汶口文化时期墓地为例》，《东方考古》第9集，科学出版社2012年版。

小，随葬品也很少。① 到了大汶口文化中晚期，大汶口遗址内部分化加剧，出现了规格极高的 M10 大墓，该墓墓室面积在 13 平方米以上，随葬大量陶器，并随葬有鳄鱼骨板、象牙雕筒、象牙梳、石斧等标识身份的贵重物品，陶器中不乏白陶、黑陶、彩陶等精品。同一时期的大汶口遗址还有中小等级墓葬，其中小型墓葬墓坑面积才 1 平方米多，仅随葬数件到十多件器物。② 这是大汶口文化时期聚落内部出现不同等级人群的明显标志。在大汶口文化分布区，除了大汶口遗址，还存在多个中心聚落遗址，如邹县野店遗址③、莒县陵阳河遗址④、新沂花厅遗址⑤等，也都发现了大型墓葬及丰富的随葬品。陵阳河遗址周边密集分布着 40 余处大汶口文化晚期遗址，形成了以陵阳河遗址为中心的三级聚落等级结构。⑥ 这充分说明，大汶口文化不仅有着较为复杂的聚落分化现象，聚落之间也有明显的主从关系。⑦ 近年发现的章丘焦家遗址、滕州岗上遗址也是如此，大型墓葬不仅随葬数以百计的陶器，还有许多制作精美的玉器和大型玉钺，墓葬也常见棺椁葬具，甚至出现重椁一棺墓。⑧ 焦家和岗上都发现了大汶口文化时期的城址，预示着海岱地区城址化的开始。值得注意的是，焦家遗址周边也有一些小型聚落⑨，也是大汶口文化时期聚落分级的证据。凡此，皆说明大汶口文化时期的海岱地区有着较为显著的社会分化现象，大汶口人广泛使用包括大型玉器在内的礼器，暗示此时的社会初步礼制化。

---

① 山东省文物考古研究所编：《大汶口续集：大汶口遗址第二、三次发掘报告》，科学出版社 1997 年版，第 121—123、200—201 页。
② 山东省文物管理处、济南市博物馆编：《大汶口》，文物出版社 1974 年版。
③ 山东省博物馆、山东省文物考古研究所：《邹县野店》，文物出版社 1985 年版。
④ 山东省文物考古研究所、山东省博物馆、莒县文管所：《山东莒县陵阳河大汶口文化墓葬发掘简报》，《史前研究》1987 年第 3 期。
⑤ 南京博物院编著：《花厅》，文物出版社 2003 年版。
⑥ 栾丰实：《日照地区大汶口、龙山文化聚落形态之研究》，载《栾丰实考古文集》，文物出版社 2017 年版，第 746—748 页。
⑦ 栾丰实：《海岱地区的史前聚落演变与早期文明》，载《栾丰实考古文集》，文物出版社 2017 年版，第 675 页。
⑧ 山东大学考古学与博物馆学系、济南市章丘区城子崖遗址博物馆：《济南市章丘区焦家新石器时代遗址》，《考古》2018 年第 7 期；《济南市章丘区焦家遗址 2016—2017 年聚落调查与发掘简报》，《考古》2019 年第 12 期；《济南市章丘区焦家遗址 2016—2017 年大型墓葬发掘简报》，《考古》2019 年第 12 期；山东省文物考古研究院、上海大学文学院历史系、滕州市文化和旅游局：《山东滕州市岗上遗址南区大汶口文化墓地》，《考古》2023 年第 5 期。
⑨ 山东省文物考古研究所：《章丘城子崖周边区域考古调查报告（第一阶段）》，《海岱考古》第六辑，科学出版社 2013 年版。

到了龙山文化时期，海岱地区的城址数量不断增加，中心聚落的规模也在变大。① 在鲁东南地区，两城镇和尧王城规模宏大，尤其是尧王城遗址，据报道城址面积近四百万平方米。② 这种规模的城址，可以称得上是国家形态的直接体现。鲁东南沿海地区聚落考古材料显示，以两城镇遗址为中心，已经产生了四级结构的聚落形态，学者或认为此时已经进入早期国家阶段。③ 不过，两城镇与尧王城都没有发现与城址规模相配的大型贵族墓葬和宫殿类建筑，因而对其性质的探讨尚需要更多的考古材料。除了城址，海岱龙山文化还存在大型墓葬，临朐西朱封遗址所出三座大墓④就颇引人注意，意味着龙山文化延续了大汶口文化的丧葬习俗，继续使用大量陶器和制作精美玉器展现墓主人身份。或许由于考古工作的不足，目前海岱龙山文化大型城址和大型墓葬并不见于同一个遗址之内，这不利于探索海岱龙山文化社会发展水平。就目前海岱龙山文化的考古现状而言，此一时期确实已经有了产生早期国家的一些线索，但尚需要更有力的证据。

　　龙山文化以后，海岱地区进入岳石文化时期，岳石文化缺少表征较高程度文明的大型墓葬、高等级建筑等材料，因而是一个相对衰落的时期。岳石文化以后，海岱地区逐渐融入中原的商周文化圈。

　　中原地区在仰韶时代，尤其是在庙底沟文化时期，曾发展出灿烂的彩陶文明，一度成为整个史前文化的中心区。诸如灵宝西坡遗址的大房子和高等级墓葬⑤，华县泉护村遗址的高等级墓葬⑥，显示出这一时期的中原地

---

① 张学海：《试论山东地区的龙山文化城》，《文物》1996年第12期。
② 中美日照地区联合考古队：《鲁东南沿海地区系统考古调查报告》，文物出版社2012年版；梁中合：《尧王城：鲁东南史前城址新模式》，《中国社会科学报》2016年12月22日第5版。
③ 栾丰实：《海岱地区的史前聚落演变与早期文明》，载《栾丰实考古文集》，文物出版社2017年版，第698页。
④ 中国社会科学院考古研究所、山东省文物考古研究院、山东临朐山旺古生物化石博物馆：《临朐西朱封》，文物出版社2018年版。
⑤ 河南省文物考古研究所、中国社会科学院考古研究所河南一队、三门峡市文物考古研究所、灵宝市文物保护管理所、荆山黄帝陵管理所：《河南灵宝西坡遗址105号仰韶文化房址》，《文物》2003年第8期；中国社会科学院考古研究所河南一队、河南省文物考古研究所、三门峡市文物考古研究所、灵宝市文物保护管理所、荆山黄帝陵管理所：《河南灵宝市西坡遗址发现一座仰韶文化中期特大房址》，《考古》2005年第3期；《河南灵宝市西坡遗址庙底沟类型两座大型房址的发掘》，《考古》2015年第5期；中国社会科学院考古研究所、河南省文物考古研究所编著：《灵宝西坡墓地》，文物出版社2010年版。
⑥ 北京大学考古学系著，中国社会科学院考古研究所编：《华县泉护村》，科学出版社2003年版。

区业已开启了文明化进程，社会的贫富分化和等级分化已经开始。有学者称此一时期业已形成了文化上的"早期中国"。① 但是，无论是大型墓葬，还是大型建筑，它们在整个史前时期并不突出，尤其是大型墓葬随葬品数量并不很多，说明此时的庙底沟文化的聚落规模和社会分化程度也不会很高。到了仰韶文化晚期，中原地区文化面貌开始区域化，部分地区持续发展，如郑州地区发现了仰韶晚期的西山城址②和双槐树遗址面积达5000多平方米的大型夯土建筑群基址③。仰韶文化结束后，中原地区进入庙底沟二期文化时期，各地区陷入相对低迷的时期，缺乏大型聚落遗址和高等级贵族墓葬、建筑基址。到了距今4300年的中原龙山时代，中原各地相继发展出具有自身特色的考古学文化，如晋南地区的陶寺文化、关中地区的客省庄二期文化，中原腹地的王湾三期文化，豫西晋南的三里桥文化，豫北冀南的后冈二期文化，豫东的王油坊文化（或称造律台文化），统称"中原龙山文化"。④ 在晋南的陶寺文化分布区，产生了著名的陶寺国家。

陶寺遗址的年代在距今4300—1900年前，可分早、中、晚三期，其中早、中二期较为关键，是公认的具有王都气象的时期。所谓"王都气象"，是指陶寺遗址早、中期有巨大的城址、宫殿建筑、手工业作坊区、天文建筑、青铜器遗存、文字材料等，及新石器时代北方地区规格最高的大墓。⑤ 大墓中出土了鼍鼓和石磬等大型乐器，说明陶寺遗址业已发展出较高水平的礼乐文明。因此，在陶寺遗址被发现之时，学术界就将其视为探索早期国家的重要对象。早期观点认为，陶寺遗址可能是夏代都城。但是，陶寺遗址繁荣于早、中期，而早中期的年代要早于文献中的夏代，故这种观点逐渐被尧都说或尧舜之都说所代替。⑥ 陶寺尧都说与陶唐氏居于晋南地区的古史传说一致，因而笔者赞同此说。可见，陶寺遗址已经进入

---

① 韩建业：《庙底沟时代与"早期中国"》，《考古》2012年第3期；韩建业：《略论文化上"早期中国"的起源、形成和发展》，《江汉考古》2015年第3期。
② 国家文物局考古领队培训班：《郑州西山仰韶时代城址的发掘》，《文物》1999年第7期。
③ 郑州市文物考古研究院：《河南巩义市双槐树新石器时代遗址》，《考古》2021年第7期。
④ 王震中：《略论"中原龙山文化"的统一性与多样性》，载《中国原始文化论集》，文物出版社1989年版，第153—174页。
⑤ 中国社会科学院考古研究所、山西省临汾市文物局编著：《襄汾陶寺》，文物出版社2015年版；何努：《陶寺：中国文明核心形成的起点》，上海古籍出版社2022年版。
⑥ 李民：《尧舜时代与陶寺遗址》，《史前研究》1985年第4期；王震中：《陶寺与尧都：中国早期国家的典型》，《南方文物》2015年第3期；何驽、高江涛：《薪火相传探尧都——陶寺遗址发掘与研究四十年历史述略》，《南方文物》2018年第4期。

了早期国家的发展阶段，应该是没有问题的。

龙山文化结束后，中原腹地崛起了二里头文化，二里头文化很快覆盖了晋南、陕西东部、河南大部地区，在一个很大范围内展现了较为相似的文化面貌。二里头文化内涵丰富，其中心遗址——二里头遗址——所展现的一系列高度发达的文明特征，如大型宫殿基址、高规格墓葬、青铜礼容器、铸铜作坊、绿松石作坊，及最早的"网格式"城市布局，皆开启了三代文明的先河。[①] 二里头遗址所在的伊洛河流域是著名的"有夏之居"，它的年代又恰好在夏代纪年范围，因而学术界多认为二里头遗址是夏代都城。也就是从这个时期开始，中国进入了不间断的王朝时期。

除了上述诸文化区，史前文明化进程还发生在陕北、甘青、巴蜀等地区，如石峁遗址巨大的城址和丰富的文化内涵，甘青地区齐家文化领先的青铜文化，巴蜀地区宝墩文化的城址等，相关文化对中原地区也有一定的影响。但是，这些地区毕竟距离中原地区略远，无论是考古学材料，还是文献材料，皆证明它们的影响力不如其他几个文化区。因而下文仅在论述相关影响时提及这几个文化区，此处不再过多讨论。

二 中华文明所具有的突出的连续性

上述早期中华文明历史发展进程表明，至迟二里头文化时期，中国境内业已形成了较为明确的以中原腹地为中心的，以其他地区为重要参与对象的多元一体的文明格局。在此之前的龙山时代，中原地区虽然已经产生了陶寺国家，但此时的北方地区还有石峁国家，东方地区还可能存在业已达到国家阶段的遗址，陶寺国家并没有表现出"一枝独秀"的态势。至于更早时期，良渚文化、大汶口文化、屈家岭—石家河文化都有着高规格的聚落、墓葬，良渚文化甚至发展出规模宏大的国家遗址，这都是中原地区比不上的。因而，以中原为中心的多元一体的文明格局，应当是在二里头文化时期才真正形成的，此时周边地区过去曾发达的考古学文化多已衰落，无法产生可与二里头文化相抗衡的新的文明形态。二里头文化以后，二里岗文化、殷墟文化、周文化、秦汉文化一脉相承，华夏文明的影响力逐渐扩张，并逐次将黄河上游、长江流域纳入华夏文明范围，统一的多民

---

① 许宏：《最早的中国》，科学出版社2009年版；赵海涛：《二里头都邑聚落形态新识》，《考古》2020年第8期。

族的国家不仅在政治上长期维系着一统的格局，在文化上也长期如此。

二里头文化形成于中原腹地，但并不意味着它的文明因素仅局限于中原地区。实际上，二里头文化是在中原地区与其他地区相互作用之中，中原腹地吸收了四方先进文化因素，兼容并蓄地发展出了带有自身特点，同时包含各地区文化要素的新的文明形态。其中，源于史前时期的诸多文化因素，经由二里头文化，延续到商周时期，是证明中华文明连续性的较好材料，尤其值得关注。

二里头遗址最突出的特性，就在于它坐落于天下之中的伊洛河流域，此处既是著名的"有夏之居"，也是天下的"土中"。《史记·周本纪》谓周公营造洛邑："此天下之中，四方入贡道里均。"西周早期的何尊（《集成》6014）称之为"中域"①，即天下之中区域的意思。从二里头到西周洛邑，夏周二族秉持着择中建都的理念。实际上，夏周之间的商代也是如此，甲骨文中商人自称"中商"，清华简《尹诰》中商人自称"亳中邑"，其中的"中"字意味着商都居天下之中的意思，这里的"中"虽然带有着政治中心，而非地理之中的意味，但无疑也是王都居中理念的体现。经夏商周的锤炼，天子居中就成了一种牢固的华夏族文化的表征之一。《荀子·大略》："王者必居天下之中。"《吕氏春秋·慎势》："古之王者，择天下之中而立国。"此后历代中央王朝选定首都之时，都遵循"王者必居天下之中"的观念，概莫能免，因而刘庆柱先生强调王朝都城求中理念是中华五千年不断裂文明思想的物化形式。②

居中择都的观念有着较早的渊源。所谓求中之说，实际上反映的以都城为中心的天下五域的地理观念，这种观念在夏商周王国时期颇为流行，王邦所在为天下"中域"，四方为天下"四域"③。在更早的史前时期，文献记载有一个尧舜禹时期，这一时期不仅产生了国家，还产生了邦国联盟，尧舜禹先后成为这一联盟的"盟主"。后人一般承认"盟主"为"天子"（《左传》《孟子》等书皆言尧舜为"天子"），"盟主"所在

---

① 或释为"中国"，不确，当为"中域"，参考李学勤《论新出现的一片征人方卜辞》，《殷都学刊》2005年第1期；谢明文《"或"字补说》，载《出土文献研究》（15辑），中西书局2016年版。

② 刘庆柱：《中华文明五千年不断裂特点的考古学阐释》，《中国社会科学》2019年第12期。

③ 王祁：《商周天下观念与"大一统"思想的产生》，《中国社会科学》2024年第11期。

邦国虽非夏商周那般的王邦，但依旧具有一定的中心性，在"万邦"之中处于政治中心的地位。这一中心性的地位，业已具备产生"中域"的历史条件。① 清华简《保训》记载舜曾"求中"，即确定居于天下之中的都城。② 从考古材料来看，陶寺遗址就出土过专为"求中"而设的遗物。陶寺中期大墓ⅡM22出土一件漆木杆，被漆成黑绿相间的色段加以粉红色带分隔③，类似的漆木杆在陶寺早年发掘的墓葬中也有发现④。对于这两件漆木杆的性质，学者认为可能是圭表日影测量仪器系统中的圭尺，这种工具不仅可以测日影，还可以测地中，即《周礼·地官·大司徒》所谓"凡建邦国，以土圭土其地而制其域"⑤。陶寺有测地中的圭尺，正反映了此一时期业已有了择中建都的理念。《淮南子·地形训》谓"正中冀州曰中土"，或就是尧舜时期地中理念在文献中的残痕。可见，夏商周及其以后时期的天子择中建都的理念，至少在史前时期就已经出现了，二里头遗址产生于地理上的"土中"，是这一理念的必然结果。

都城择中而立，都城之中的宫殿也要择中而建，此《吕氏春秋·慎势》中所说的"择国之中而立宫，择宫之中而立庙"。二里头遗址有中国最早的城市网格化的布局特征，宫城正处于网格的中心。⑥ 此即"择国之中而立宫"的典范。这种宫殿区要建立在城市中心的考古实例，在更早的史前时期已有发现，较典型的材料是新发现的甘肃庆阳南佐遗址。南佐遗址是仰韶文化晚期的大型都邑性聚落，遗址核心区由"九台"及两重环壕围合而成，总面积约30万平方米。⑦ "九台"形成"U"字形布局，"U

---

① 苏秉琦先生认为尧舜时代出现了最初的"中国"概念，参考苏秉琦《中国文明起源新探》，生活·读书·新知三联书店1999年版，第161页。
② 冯时：《〈保训〉故事与地中之变迁》，《考古学报》2015年第2期。
③ 中国社会科学院考古研究所山西队、山西省考古研究所、临汾市文物局：《陶寺城址发现陶寺文化中期墓葬》，《考古》2003年第9期。
④ 中国社会科学院考古研究所、山西省临汾市文物局编著：《襄汾陶寺：1978—1985年发掘报告》，文物出版社2015年版，第665页。
⑤ 何驽：《山西襄汾陶寺城址中期王级大墓ⅡM22出土漆杆"圭尺"功能试探》，《自然科学史研究》2009年第3期；何驽：《陶寺圭尺"中"与"中国"概念由来新探》，《三代考古》（四），科学出版社2011年版；冯时：《文明以止：上古的天文、思想与制度》，中国社会科学出版社2018年版，第94—125页。
⑥ 赵海涛：《二里头都邑聚落形态新识》，《考古》2020年第8期。
⑦ 甘肃省文物考古研究所等：《甘肃庆阳市南佐新石器时代遗址》，《考古》2023年第7期；韩建业、张小宁、李小龙：《南佐遗址初识——黄土高原地区早期国家的出现》，《文物》2024年第1期。

字形中轴线北部位置是所谓的"宫城"遗址,"宫城"就是一个平面为长方形的大院落,东西宽约55米、南北长约67米,面积近3700平方米。南佐宫城择中而居,具有清晰的中轴对称格局,开启后世"择国之中而立宫"的先河,说明此理念早在史前时期就已产生。

除了建都和建宫理念的连续性,在礼制和礼器方面,二里头文化及其以后的历史时期也在一定程度上继承了史前时期的礼制和礼器。在这一方面,玉器是代表。

据陈雪香师统计,二里头遗址出土玉器种类有绿松石饰、玉柄形器、玉钺、玉璋、玉刀、玉圭、玉戚璧、玉戈、兽面铜牌、玉管、玉铲、玉镯、玉尖状器、月牙形玉器、玉板和玉铃舌等16种。[①] 其中,大型礼玉器主要有玉钺、玉璋、玉刀、玉圭等,另外二里头遗址也曾发现玉琮残件。[②] 玉钺,或石钺是史前时期极为普遍的器物,在各个文化区都有发现,但以黄河下游的海岱地区和长江下游的环太湖地区最为兴盛,并最终发展出二里头文化及其以后时期的玉石钺和铜钺。[③] 玉璋,就是学术界所称的牙璋,最早产生于海岱地区大汶口文化晚期[④],并传播到中原和陕北地区,巩义花地嘴遗址[⑤]和神木石峁遗址[⑥]皆出土牙璋。玉刀,尤其是那种多孔的大型玉刀,在史前时期也较为普遍,如焦家遗址大汶口文化墓葬就有出土,并在海岱龙山文化中较多出现,在陕北和晋南地区也有发现。[⑦] 玉圭或石圭,最早见于大汶口文化,河南永城王庄遗址大汶口墓葬ⅣM3出土成组石圭[⑧],显示出石圭的礼制化倾向。玉琮,是良渚文化代表性器物,并很快就向黄河流域扩散。[⑨] 除了这些大型玉礼器,二里头文化及此后的商周文

---

① 陈雪香:《二里头遗址墓葬出土玉器探析》,《中原文物》2003年第3期。

② 中国科学院考古研究所洛阳发掘队:《河南偃师二里头遗址发掘简报》,《考古》1965年第5期。

③ 傅宪国:《试论中国新石器时代的石钺》,《考古》1985年第9期。

④ 邓聪、栾丰实、王强:《东亚最早的牙璋——山东龙山式牙璋初论》,载《玉润东方——大汶口—龙山·良渚玉器文化展》,文物出版社2014年版;李伯谦:《再识牙璋》,《华夏文明》2017年第2期;栾丰实:《再论海岱地区的史前牙璋》,《中原文物》2020年第4期。

⑤ 郑州市文物考古研究所、北京大学考古文博学院:《河南巩义市花地嘴遗址"新砦期"遗存》,《考古》2005年第6期。

⑥ 王炜林、孙周勇:《石峁玉器的年代及相关问题》,《考古与文物》2011年第4期。

⑦ 栾丰实:《试论陕北和晋南的龙山时代玉器——以石峁、碧村和陶寺为例》,《中原文物》2021年第2期。

⑧ 朱光华等:《河南永城王庄遗址》,《中国文物报》2024年2月2日第7版。

⑨ 刘斌:《良渚文化玉琮初探》,《文物》1990年第2期。

化时期常见的玉璧、玉璜等器物，也都在史前时期广泛存在。

这些玉器，有一些在后来的历史长河中逐渐衰落，如牙璋、多孔大玉刀；或向青铜器转换，如玉钺。但是，它们的影响并没有消失，而是成为礼书中"六器""六瑞"的主要来源。《周礼·春官·大宗伯》："以玉作六器，以礼天地四方：以苍璧礼天，以黄琮礼地，以青圭礼东方，以赤璋礼南方，以白琥礼西方，以玄璜礼北方。"同书还记载："以玉作六瑞，以等邦国：王执镇圭，公执桓圭，侯执信圭，伯执躬圭，子执谷璧，男执蒲璧。"璧、琮、圭、璋、璜等礼玉，明显与上述自良渚、大汶口文化时期就较为流行的各类玉器有关，它们构成了古代中国礼玉文化的核心，并延续使用到各个历史时期。此后历朝历代，无不从"六器""六瑞"角度规范等级、建立礼制。可见，玉礼器的产生、流传、延续，是能够佐证中华文明连续性的重要实物证据。

三 中华文明的连续性与"周承商制"

以上，在早期中华文明形成过程中，中原地区吸收各地区先进因素，逐渐成为中华文明的中心，并发展出了灿烂的夏商周青铜文明。在这一过程中，文化因素的传承和延续展现出中华文明的连续发展和一脉相承的重要特征。这一中华文明的连续性同时体现在与食礼器和乐礼器有关的遗存之上，并最终在商周礼制演进中表现出了"周承商制"的文化特点。

在食礼器方面，最主要的连续性，莫过于对鼎的使用，及与鼎有关的文化内涵的延续上。《逸周书·克殷》："乃命南宫百达、史佚迁九鼎、三巫。"《左传·桓公二年》："武王克商，迁九鼎于洛邑。"《史记·周本纪》："成王在丰，使召公复营洛邑，如武王之意。周公复卜申视，卒营筑，居九鼎焉。""九鼎"业已成为国家政权的象征，因而《左传·宣公三年》记载楚庄王"问鼎之大小、轻重焉"，问鼎天下、定鼎中原由此而来。刘庆柱先生认为，"青铜鼎"是佐证中华五千年不断裂文明中最为重要的礼器之代表。[①] 当可信从。

从考古学角度来看，青铜鼎最早见于二里头遗址，而二里头文化一般被认为是夏文化，这很容易让人联想到《左传·宣公三年》所载的

[①] 刘庆柱：《中华文明五千年不断裂特点的考古学阐释》，《中国社会科学》2019年第12期。

"昔夏之方有德也，远方图物，贡金九牧，铸鼎象物"。不过，铜鼎只是陶鼎在青铜时代的延续，并非鼎类器物的起源，鼎有着极为久远的文化渊源。早在裴李岗文化时期，中原地区就产生了盆形、罐形和钵形鼎[①]，开启了陶鼎的演进历程。随后，陶鼎向黄河下游和长江流域扩散，逐渐成为史前时期黄河、长江流域最富特色的陶器器型之一。[②] 在这样一个演进的过程中，中原地区和海岱地区一直都是陶鼎发展的核心区域，陶鼎形制成熟，演进序列完整，证明鼎文化长期稳固地在黄河中下游地区繁荣发展。

史前的陶鼎是炊器，上层人士常常通过陶鼎数量，在以展现财富为主旨的宴会上显示实力，并在墓中随葬较多数量的陶鼎。比如，在大汶口文化晚期，焦家遗址不少大中型墓葬中就随葬多件陶鼎，M57、M127 中的陶鼎都有 9 件。[③] 在龙山文化时期，西朱封 M1、M203 中都出土多件陶盖鼎，M1 出土 3 件，M203 出土 5 件。[④] 说明陶鼎在大汶口文化和龙山文化时期是彰显财富的重要器类之一，等级高的墓葬可以成批出土。有意思的是，这几座墓葬中的陶鼎，在形制上也有一定的规律，即存在偶数成对的现象，墓中常见两件陶鼎在形制、大小、装饰方面较为接近的现象。这暗示史前时期的鼎文化已开始朝着仪礼化发展。

可见，夏商周三代延续使用的青铜鼎，不仅在形制上继承了史前时期的陶鼎，且在礼仪文化上也有继承。尤其是，无论是史前时期陶鼎以数量多寡表示财富，还是夏商周时期铜鼎以数量表示等级，在内涵上都一脉相承。因此，青铜鼎方面的"周承商制"，不过是更长时段鼎文化延续性的一个表现。

在乐礼器方面，中华文明的连续性则突出体现在对鼓和磬的使用和组合。这种鼓、磬的组合在商周时期较为常见，并与当时流行的青铜乐器——铙或钟——组合，形成了鼓、钟（或铙）、磬的组合形式，成为此

[①] 王兴堂、蒋晓春、黄秋莺：《裴李岗文化陶鼎的类型学分析——兼谈陶鼎的渊源》，《中原文物》2009 年第 2 期。也有学者认为所谓"钵形鼎"，就是三足钵，不能归为鼎类。

[②] 韩建业：《简论中国新石器时代陶鼎的发展演变》，《考古》2015 年第 1 期。

[③] 山东大学考古学与博物馆学系、济南市章丘区城子崖遗址博物馆：《济南市章丘区焦家新石器时代遗址》，《考古》2018 年第 7 期；《济南市章丘区焦家遗址 2016—2017 年大型墓葬发掘简报》，《考古》2019 年第 12 期。

[④] 中国社会科学院考古研究所、山东省文物考古研究院、山东临朐山旺古生物化石博物馆：《临朐西朱封》，文物出版社 2018 年版。

后中国乐礼器的核心组合模式。鼓,主要是鼍鼓,是史前时期就已存在的乐器。早在大汶口文化时期,有不少墓葬随葬了鳄鱼骨板,如大汶口墓地 M10 出土两堆鳄鱼骨板,有 84 枚;最近报道的山东滕州岗上遗址,也在大汶口文化墓葬中发现了鳄鱼骨板。① 目前,可确信为鼍鼓遗存的鳄鱼骨板,主要见于尹家城 M15、陶寺 M3016、M3015、M3002、M3072、M3073 诸墓,这些墓葬中的鳄鱼骨板附近都有成堆的小圆锥体,是固定鳄鱼皮成鼓的工具。② 从随葬鳄鱼骨板习俗的产生和流传而言,似海岱地区应该是鼍鼓的起源地,大汶口文化和海岱龙山文化大型墓葬中多有随葬鳄鱼骨板的现象,其年代要早于其他地区随葬鳄鱼骨板墓葬年代。《尚书·尧典》记载舜命令夔典乐,有学者据《山海经·大荒东经》所载黄帝得夔"以其皮为鼓,橛以雷兽之骨,声闻五百里,以威天下",认为夔皮可以制鼓,夔鼓就是鼍鼓。③ 那么,典乐的"夔"就可以理解为专门制作、使用鼍鼓之人,当然也可能是鼍鼓的人化。值得注意的是,《孟子·离娄下》记载"舜生于诸冯,迁于负夏,卒于鸣条,东夷之人也",说明舜是东夷人④,舜以夔典乐,正与海岱地区最早产生鼍鼓之事相符。

相对于鼍鼓,石磬材料更为丰富,这应是因为石磬更容易保存下来的缘故。石磬起源于龙山文化时期的山西地区,陶寺遗址 M3002、M3015、M3016、M3072 诸墓皆有出土,并在夏代和商代扩散至整个黄河流域,成为北方地区重要乐器种类。⑤ 当石磬和鼍鼓都出现在陶寺遗址的时候,陶寺遗址就呈现出鼍鼓和石磬的乐器组合模式,M3002、M3015、M3016、M3072 诸墓皆同出石磬和鼍鼓。何驽先生指出,陶寺早期王墓中的鼍鼓、石磬组合,是陶寺遗址礼乐制度的重要内涵之一。⑥ 这一乐器组合延续到商代,就是西北冈王陵大墓中的鼍鼓和石磬组合,

---

① 山东省文物管理处、济南市博物馆编:《大汶口》,文物出版社 1974 年版,第 23 页;孙丛丛:《山东滕州岗上遗址:海岱地区最大的大汶口文化城址》,《中国文化报》2022 年 6 月 16 日第 8 版。
② 徐紫瑾:《试论史前黄河流域随葬鳄鱼骨板现象》,《江汉考古》2021 年第 1 期;高江涛:《黄河流域龙山时代的鳄鱼骨板探析》,《东方考古》第 17 集,科学出版社 2021 年版。
③ 王子初:《鼍鼓论》,《中央音乐学院学报》1986 年第 3 期。
④ 王震中:《夷夏互化融合说》,《中国社会科学》2022 年第 1 期。
⑤ 刘松涛:《早期石磬的形制及起源研究》,《中原文物》2023 年第 3 期;段迪、方辉:《史前至商代石磬研究》,《中原文物》2023 年第 6 期。
⑥ 何驽:《制度文明:陶寺文化对中国文明的贡献》,《南方文物》2020 年第 3 期。

也是小屯西地大墓中的鼍鼓和石磬组合；延续到周代，则表现为漆木鼓（多以建鼓为主，楚地还流行一种特殊的悬鼓）与石磬的组合。当然，商周时期的礼乐器组合还增加了铙或钟，周代的鼓也多非鼍鼓形式，磬则由特磬逐渐向编磬转变，但鼓磬组合的基本内涵并没有改变，反映出自史前到商周时期礼乐器的延续性。

总之，本书第四章所讨论的"周承商制"，其主要的两个方面，即周人对商人食礼器和乐礼器的延续和继承，实际上是远自史前时期就已存在的中华文明的远古"基因"。"周承商制"，在本质上是说周人继承的多为古已有之的文明基因。对此，孔子所说的"周监于二代"，周人所因和所监的非止于二代，也包括二代之前的时代，尤其是以黄河中下游为中心的史前文明时期。当然，"周承商制"所反映出的中华文明的连续性，并非一成不变的连续性，而是在创新基础上的延续，是一种"损益"。因而，无论是周人所延续的鼎文化，还是乐文化，最终都会被周人改造成适合周文化特色的"周礼"。

第二节 文明之变与商周"礼制变革"

李伯谦先生在《中国古代文明演进的两种模式——红山、良渚、仰韶大墓玉器观察随想》一文中提出了中国古代文明演进的神权国家模式和王权国家模式，认为红山文化古国是以神权为主的模式，良渚文化古国是神权、军权、王权相结合的以神权为主的模式，仰韶文化古国是王权与军权相结合而以王权为主的模式。[1] 之后，李先生还补充，大汶口文化走向文明的模式是军权—王权模式，而不是神权模式。[2] 由此，在李先生所建构的中国古代文明演进的两种模式中，黄河中下游地区走的是王权与军权相结合，以王权为主的模式；西辽河流域和长江下游地区走的是以神权为主的模式。这一认识有其合理性，尤其是对于判断不同地区文明内涵差异，颇有帮助。但是，中原地区走王权模式，并不意味着中原文明不存在神权的要素，或仅存在对祖先的祭祀和崇拜。张光直先生指出史前的中国各地

---

[1] 李伯谦：《中国古代文明演进的两种模式——红山、良渚、仰韶大墓随葬玉器观察随想》，《文物》2009年第3期。

[2] 李伯谦：《从焦家遗址看大汶口文化的社会性质与文明模式》，《华夏文明》2017年第8期。

区考古学文化存在"相互作用"的现象①，李新伟先生则认为公元前3500年以后中国地区间交流互动进入新的阶段，形成了社会上层远距离交流网②。地区间的交流，必然带来文明模式的互动和交融，黄河中下游地区不可能不接受周边地区的神权文化因素的影响。对此，赵辉先生认为，中原地区的社会权力带有务实的或世俗的色彩，但"宗教在巩固权力地位上的世俗作用是有目共睹的，而迅速树立权威，正是中原龙山社会的迫切需要"。③ 王震中师则强调，中国早期王权的权力来源和组成都是军权、神权和族权三者的合一。④ 这意味着在本书讨论的以中原地区为中心的黄河中下游地区，在其早期文明阶段，也可能存在着较为明显的宗教色彩。有意思的是，周代以后，黄河中下游地区逐渐走向"以民为本""敬鬼神而远之"的人文社会，"人事"成为国家治理中的核心，"神事"的重要性不断降低。由此而言，早期中华文明有一个从"神事"向"人事"的文明变革，本书第四章讨论的商周"礼制变革"就是这一文明变革的具体表现。本节旨在讨论早期中华文明的文明变革，及其与商周"礼制变革"的关联。

一　中原文明中的宗教色彩

在早期文明发展和演进的过程中，中原地区一方面表现出较为突出的世俗权力特征，如许多学者强调的那样，中原地区早在仰韶文化时期就通过建设宗族墓地、公共性的大房子来表达社会结构特点，墓葬中多见日用陶器，而不是充满宗教色彩的玉礼器；另一方面也有着不容忽视的宗教色彩。

早在距今8000年的时期，河南舞阳贾湖遗址多座墓葬出土了骨笛、龟甲等遗存，不少墓葬中同出骨笛和龟甲，显示出特殊的文化寓意。⑤ 发掘者认为，贾湖遗址所出骨笛、龟甲是巫师作法仪式中所用的法器，

---

① 张光直：《中国相互作用圈与文明的形成》，载《庆祝苏秉琦考古五十五年论文集》，文物出版社1989年版，第1—23页。
② 李新伟：《中国史前社会上层远距离交流网的形成》，《文物》2015年第4期。
③ 赵辉：《中国的史前基础——再论以中原为中心的历史趋势》，《文物》2006年第8期。
④ 王震中：《中国王权的诞生——兼论王权与夏商西周复合制国家结构之关系》，《中国社会科学》2016年第6期。
⑤ 河南省文物研究所：《河南舞阳贾湖新石器时代遗址第二至六次发掘简报》，《文物》1989年第1期；张居中：《舞阳贾湖遗址出土的龟甲和骨笛》，《华夏考古》1991年第2期。

第五章 商周礼制演进与早期中华文明

具有原始宗教的特点。① 这一观点具有一定的合理性，因为贾湖遗址所出龟甲具有特殊性：龟甲钻孔，背甲和腹甲扣合，其中多有不同颜色的石子。此类龟甲还见于大汶口文化墓葬，如大汶口遗址、刘林遗址、大墩子遗址墓葬中都发现了龟甲，龟甲也有穿孔、内盛小石子的情况，大溪、圩墩等长江流域史前文化遗址中也有发现，学者称其为史前的"龟灵"崇拜。②《礼记·礼运》："何谓四灵？麟、凤、龟、龙谓之四灵。"龟被认为是有灵性的动物，是沟通人神的工具，因而古人常用龟占卜吉凶。龟甲中的小石子，在殷墟的晚商墓葬中较为常见，宋镇豪先生认为是殷代民间流行的一种"变宜的小石子数占风俗"③，冯时先生认为是基于方色理论的上古星占传统④。殷墟王裕口南地 M94 的墓主人出自贞人家族，学术界多认为此墓是贞人墓，而此墓恰好出土了 30 多块四色小石子，足证殷墓中的小石子乃贞卜之工具。⑤ 可见，龟甲、小石子都是与占卜有关的宗教用具，它俩组合使用，说明早在 8000 年前的贾湖遗址，中原地区的人们就有使用龟甲、小石子进行宗教活动的传统。此后，中原地区使用龟甲器的传统依旧延续，如下王岗遗址、龙岗寺遗址的多座墓葬中都出土过龟甲。⑥

在随后的仰韶文化时期，中原地区最为显著的与宗教关系密切的材料，是河南濮阳西水坡遗址所出的龙、虎遗存。西水坡 M45 墓内有 4 人，除了墓主人，尚有 3 个殉人，殉人呈"品"字形围绕墓主人分布，墓主人两侧分别是蚌塑的龙、虎图案。⑦ 除了这组龙虎图案，西水坡还有两组图案，其一为龙、虎、鹿图案；其二为人骑龙和虎图案。⑧ 冯时先生认为这

---

① 河南省文物考古研究所编著：《舞阳贾湖》，科学出版社 1999 年版。此书下卷有专门的一章"原始宗教"讨论这一问题。
② 高广仁、邵望平：《中国史前时代的龟灵与犬牲》，载《中国考古学研究——夏鼐先生考古五十年纪念论文集》，文物出版社 1986 年版。
③ 宋镇豪：《夏商社会生活史》，中国社会科学出版社 2005 年版，第 868—869 页。
④ 冯时：《自然之色与哲学之色——中国传统方色理论起源研究》，《考古学报》2016 年第 4 期。
⑤ 刘一曼：《试论殷墟商代贞人墓》，《考古》2018 年第 3 期。
⑥ 河南省文物研究所、长江流域规划办公室考古队河南分队：《淅川下王岗》，文物出版社 1989 年版；陕西省考古研究所：《龙岗寺：新石器时期发掘报告》，文物出版社 1990 年版。
⑦ 濮阳市文物管理委员会、濮阳市博物馆、濮阳市文物工作队：《河南濮阳西水坡遗址发掘简报》，《文物》1988 年第 3 期。
⑧ 濮阳西水坡遗址考古队：《1988 年河南濮阳西水坡遗址发掘简报》，《考古》1989 年第 12 期。

些图案象征着古天文星象①，张光直先生认为代表道家文献中的龙、虎、鹿三蹻②，李学勤先生认为龙、虎图形象征死者魂升天上，人骑龙图形则表示其升天的过程③。总之，学术界多认为西水坡的龙虎图案是一类蕴含着丰富宗教内涵的遗存，且表明中国人对龙的崇拜源远流长。

西水坡墓地中出现了人殉，这是另一类与宗教有关的重要遗存。这种人殉，乃至以人为牲的现象，在史前时期已经较为普遍。最典型的材料来自陕西神木石峁遗址，该遗址发现规模宏大的城墙遗迹，城墙内有多处人头骨坑，如外瓮城城墙外侧 K1 坑内有人头骨 24 个，门道入口处 K2 也有人头骨 24 个，这两处集中发现的人头骨可能与城墙修建时的奠基或祭祀活动有关。④ 近年陕西靖边五庄果墚遗址特殊灰坑 AH1 出土人骨 22 例，与动物遗骸放置在一起，有学者指出 AH1 灰坑应为祭祀坑，灰坑中的死者可能为氏族内部经过专门挑选用于献祭地母的人牲。⑤ 这种人祭现象，不独见于陕北地区，还见于中原腹地，黄展岳先生认为河南龙山文化建筑基址中常见的奠基葬可能就是举行某种祭祀仪式时所使用的牺牲。⑥ 比如，安阳后冈遗址 15 座房址中埋置童牲 27 人，兽坑 1 个。⑦ 有学者认为这种"奠基"是人们在建造一些建筑的过程中，为奠定建筑物的基础而举行的某种祭祀仪式，其不仅包括为生者奠基，还应包括为死者奠基。⑧ 总之，中原地区广泛存在的奠基葬，也是当时人们具有宗教思想的实证材料。此后商代的人祭现象更为兴盛，如墓中大量用人牲、殷墟宫殿宗庙区大量的奠基坑，都应该与自史前时期就存在的人祭传统有较为密切的关系。

---

① 冯时：《河南濮阳西水坡 45 号墓的天文学研究》，《文物》1990 年第 3 期。
② 张光直：《濮阳三蹻与中国古代美术上的人兽母题》，《文物》1988 年第 11 期。
③ 李学勤：《西水坡"龙虎墓"与四象的起源》，《中国社会科学院研究生院学报》1988 年第 5 期。
④ 陕西省考古研究院、榆林市文物考古勘探工作队、神木县文体局：《陕西神木县石峁遗址》，《考古》2013 年第 7 期。
⑤ 陕西省考古研究院：《陕西靖边五庄果墚遗址发掘简报》，《考古与文物》2011 年第 6 期；周金姓、陈靓：《从陕西靖边五庄果墚遗址特殊灰坑葬窥见人牲献祭仪式》，《草原文物》2023 年第 2 期。
⑥ 黄展岳：《中国史前期人牲人殉遗存的考察》，《文物》1987 年第 11 期。
⑦ 中国社会科学院考古研究所安阳工作队：《1979 年安阳后冈遗址发掘报告》，《考古学报》1985 年第 1 期。
⑧ 贺俊：《关于史前夏商时期奠基遗存的几个问题》，《中国国家博物馆馆刊》2018 年第 10 期。

第五章　商周礼制演进与早期中华文明

　　玉器与"礼"字的起源关系密切。《说文·示部》谓礼的本义是"所以事神致福也",而"礼"字的初文是"豊/豐"字,字从玉,故王国维认为"盛玉以奉神人之器"就是礼的本义。[①]郭大顺先生据《越绝书》"玉亦神物"及《说文》"靈,巫也,以玉事神",指出"古人一直是把玉器作为通神工具来看待的"。[②]这些观点是可信的,玉器,尤其是礼玉器,最初应该就是礼神的工具。这一点在著名的红山文化和良渚文化、凌家滩文化中表现得最为明显,学术界业已讨论很多,此处不再赘言。

　　对于中原地区而言,仰韶文化时期的西坡墓地也随葬一些玉器,但主要是玉石钺,且器型较为厚重,实用特征较为明显,不似宗教用玉。不过,到了龙山文化时期,中原地区的一些重要遗址,及其附近的陕北地区,都有较为明确地使用玉礼器的证据。比如,临汾陶寺遗址和芮城清凉寺遗址出土瘦长体的玉钺、双孔大玉刀、玉璧、玉圭、玉牙璧、玉琮[③],皆当为礼玉器。关于这类礼玉器的作用,陕北地区的石峁遗址、芦山峁遗址有一些提示,其城墙和房址墙体发现了埋玉现象,所埋之玉就是体型较大的礼玉器,如玉钺、玉牙璧等;还在一些祭祀坑中发现过大型礼玉器,如芦山峁遗址祭祀坑中的大玉刀。[④]众所周知,陶寺文化与石峁文化具有密切的关联性,石峁玉器表明陶寺的玉礼器也可能有相似的文化功能。因而,我们可以认为龙山文化时期的北方地区所用玉器已经具备了祭祀用玉的特点。关于陶寺和石峁所出玉圭,栾丰实先生认为很可能是受海岱地区玉圭文化的影响[⑤],这一点为最新发现的商丘王庄遗址大汶口文化成组石圭所证明,海岱系文化确实是玉石圭的起源地。在山东龙山文化遗址中,

---

[①] 王国维:《释礼》,载《观堂集林》,中华书局1959年版,第290—291页。
[②] 郭大顺:《从"唯玉为礼"到"以玉比德"——再谈红山文化的"唯玉为葬"》,载《玉魂国魄——中国古代玉器与传统文化学术讨论会文集》,北京燕山出版社2002年版。
[③] 栾丰实:《试论陕北和晋南的龙山时代玉器——以石峁、碧村和陶寺为例》,《中原文物》2021年第2期。
[④] 陕西省考古研究院、榆林市文物考古勘探工作队、神木县文体局:《陕西神木县石峁遗址》,《考古》2013年第7期;陕西省考古研究院、榆林市文物考古勘探工作队、神木县石峁遗址管理处:《陕西神木县石峁城址皇城台地点》,《考古》2017年第7期;陕西省考古研究院、西北大学文化遗产学院、延安市文物研究所、延安大学历史学院:《陕西延安市芦山峁新石器时代遗址》,《考古》2019年第7期。
[⑤] 栾丰实:《试论陕北和晋南的龙山时代玉器——以石峁、碧村和陶寺为例》,《中原文物》2021年第2期。

两城镇遗址就曾采集到带有神面纹的制作精美的玉圭①，这类神面纹具有明显的神秘色彩，意味着山东龙山文化的玉圭应该是礼器工具之一。陶寺和石峁所出玉圭既然受到山东地区的影响，自然也可能囊括了相似的文化内涵。这再次强化了龙山文化时期北方地区所出玉礼器可用于礼神的推测。这种玉礼器用于祭祀的现象持续到商代，如著名的殷墟花东 M54 出土很多制作精美的玉器，其中一些体型较大玉礼器，如圭、环或璧、戚等，多经过次生变化，推测可能受过火烧、加热处理②，这很容易让人想到祭祀燎玉现象。

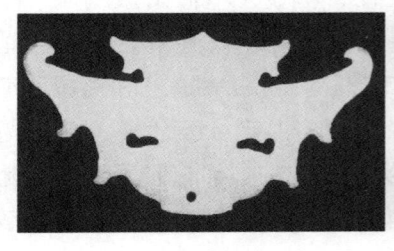

1. 陶寺 M22∶135　　2. 陶寺 M22∶131　　3. 淮阳平粮台遗址

图 5-2-1　中原地区出土的后石家河文化风格玉礼器

除了上述玉礼器，中原地区在龙山文化及其以后时期还吸收了周边地区一些具有明显的宗教色彩的玉器。比如，陶寺遗址 2002ⅡM22 出土的两件造型一致的"玉兽面"（图 5-2-1，1）和 6 件 3 组的"璜形玉佩"（图 5-2-1，2）③，淮阳平粮台遗址出土一件残断的镂空玉饰（图 5-2-1，3）④，皆应源自或仿自后石家河文化玉器⑤，而后者具有明显的宗教寓意。除了这些片雕玉器，中原地区自龙山文化时期就常见后石家河文化风

---

① 刘敦愿：《记两城镇遗址发现的两件石器》，《考古》1972 年第 4 期。
② 中国社会科学院考古研究所编著：《安阳殷墟花园庄东地商代墓葬》，科学出版社 2007 年版，第 367—376 页。
③ 中国社会科学院考古研究所、山西队山西省考古研究所、临汾市文物局：《陶寺城址发现陶寺文化中期墓葬》，《考古》2003 年第 9 期。
④ 北京大学考古文博学院、河南省文物考古研究院、周口市文物考古所、淮阳区平粮台古城遗址博物馆：《河南周口市淮阳平粮台遗址龙山文化遗存的发掘》，《考古》2022 年第 1 期。图片来自《人民日报》2020 年 5 月 5 日第 8 版。
⑤ 秦岭：《龙山文化玉器和龙山时代》，《考古学研究》（十五），文物出版社 2022 年版。

第五章 商周礼制演进与早期中华文明　　273

格的立鹰形器，如禹州瓦店遗址①、二里头遗址②、淮阳冯唐村商墓③、安阳殷墟遗址④都有出土（图5-2-2），也是与宗教思想有关的遗物。

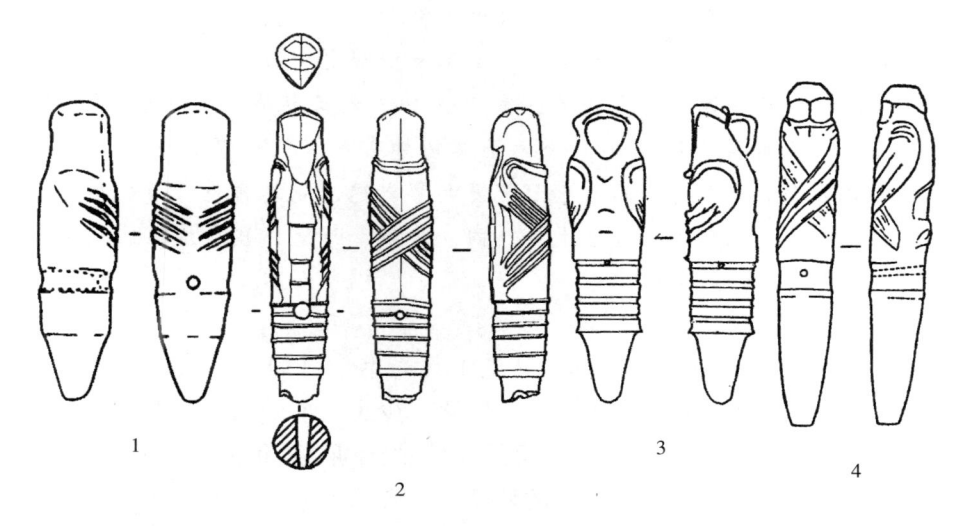

1. 禹州瓦店ⅣT4W1∶4　2. 二里头2002ⅤM3∶13　3. 淮阳冯唐村商墓　4. 小屯 M5∶942

图5-2-2　中原地区出土的立鹰形器举例

总之，就考古材料而言，中原地区自史前时期就有着较为丰富的与宗教思想有关的遗存遗迹，显示出中原地区有着广泛存在的神权基础。

二　从"巫王合一"到"王权独尊"的文明变革

上述考古现象，反映出中华文明在其起源阶段存在着"巫王合一"的文化特征，这一特征在良渚、红山、凌家滩等玉器发达地区最为明显，但在包括中原地区在内的黄河中下游地区也非不存在。

从文献材料来看，以中原地区为中心的早期中华文明也有一个充斥着鬼神信仰、巫术至上的发展阶段。《国语·楚语》：

---

①　河南省文物考古研究所编著：《禹州瓦店》，世界图书出版公司2004年版，第108—109页。
②　中国社会科学院考古研究所编著：《二里头：1999—2006》，文物出版社2014年版，第1004—1005页。
③　淮阳县博物馆：《河南淮阳县出土一批晚商文物》，《文物》1989年第3期。
④　石璋如：《小屯·殷墟墓葬之五·丙组墓葬》，台北"中央研究院"历史语言研究所1980年，第97页；中国社会科学院考古研究所编著：《殷墟妇好墓》，文物出版社1984年版，第191—192页。

> 古者民神不杂。民之精爽不携贰者，而又能齐肃衷正，其智能上下比义，其圣能光远宣朗，其明能光照之，其聪能听彻之，如是则明神降之，在男曰觋，在女曰巫。……及少皞之衰也，九黎乱德，民神杂糅，不可方物。夫人作享，家为巫史，无有要质。……颛顼受之，乃命南正重司天以属神，命火正黎司地以属民，使复旧常，无相侵渎，是谓绝地天通。其后，三苗复九黎之德，尧复育重、黎之后，不忘旧者，使复典之。以至于夏、商，故重、黎氏世叙天地，而别其分主者也。

这是著名的"绝地天通"故事，又见于《尚书·吕刑》。在这段记载中，观射父将古代的思想状况分为了三个阶段：少昊之前的民神不杂阶段，少昊以后的民神杂糅阶段，颛顼以后的"绝地天通"、重回民神不杂阶段。也就是说，从少昊到颛顼，社会的秩序有一个从人人（应该是以家族为单位）皆可自为巫史、有祭祀权，到巫史专业化的变化，这一变化反映出王权对巫术解释权或祭天权力的垄断。[①] 重、黎为"南正""火正"，及其后代为夏商周"官守"，皆属于国家的官正，可知"绝地天通"以后的民神不杂，实指国家赋予觋巫职官，将宗教解释权收归国家所有，沟通天帝鬼神就成了"王"的特权。

从文献来看，早期的五帝时期和夏代初期都是一个充满鬼神信仰和鬼神之事的时期，部落首领、早期的王大多具有神迹和神性，因而往往也是巫师或巫王。[②] 关于黄帝，《左传·昭公十七年》谓"黄帝氏以云纪"，《韩非子·十过》谓"昔者黄帝合鬼神于泰山之上，驾象车而六蛟龙，毕方并辖，蚩尤居前，风伯进扫，雨师洒道，虎狼在前，鬼神在后，腾蛇伏地，凤皇覆上，大合鬼神"，马王堆《十六经·立命》谓黄帝的形象为"方四面……是以能为天下宗"，黄帝既然能够命令鬼神，以云纪，则黄帝的形象中包含了巫师的身份。关于颛顼，前已言之，有"绝地天通"的神迹。关于尧舜，《尚书·尧典》（也包含今本《舜典》）谓尧"乃命羲和，

[①] 关于"绝地天通"对早期权力进程的影响，参见张光直《美术、神话与祭祀》，郭净译，生活·读书·新知三联书店2013年版，第36—37页；王震中：《中国古代国家的起源与王权的形成》，中国社会科学出版社2013年版，第281—282页。

[②] 李禹阶：《中国文明起源中的巫及其角色演变》，《中国社会科学》2020年第6期。

钦若昊天,历象日月星辰,敬授民时",谓舜"肆类于上帝,禋于六宗,望于山川,遍于群神",也是充满着巫术色彩。关于禹,西周中期豳公盨(《铭图》5677)谓其"天命禹敷土,堕山,濬川",禹在这里充满了神性,因而《史记·夏本纪》记载禹为"为山川神主"。关于启,《太平御览》卷九二九引《归藏·郑母经》云"昔夏后启上乘飞龙,以登于天",《山海经·大荒西经》记载夏后启"上三嫔于天,得九辩与九歌以下",说明夏后启登天之说曾广为流传,启也有巫师的身份。

宗教权的王权化后,王很可能就是最大巫师,学术界称王是"群巫之长"[①],巫师在早期的政治生活中依旧起着非常重要的作用。以商代为例,《尚书·君奭》谓"在太戊时……巫咸乂王家,在祖乙时则有若巫贤",《史记·殷本纪》也说太戊时有巫咸,祖乙时有巫贤,巫咸、巫贤以"巫"为氏,其身份很可能本就是巫师。至于成汤时期的名臣伊尹,《君奭》谓伊尹"格于皇天",似也是能够沟通上天的神人。清华简《赤鸠之集汤之屋》记载伊尹曾前往夏都,自称"天巫",暗示伊尹很可能也曾有巫师的身份,此正与《君奭》所载伊尹"格于皇天"相符。可见,在商代,巫师可为大臣,大臣可为巫师,大臣、巫师往往重合,足以说明商廷中政事与巫事的二重属性。因此,商代甲骨文中常常贞卜"王事",祈祷神灵保佑"王事",此"王事"既是商王之事,也是王朝大事,还是需要神灵许可的巫事,正说明政事与巫事尚没有完全分离。

文献中还有汤祷故事,如《墨子·兼爱下》"(成汤)不惮以身为牺牲,以祠说于上天鬼神",《吕氏春秋·顺民》"(成汤)于是翦其发,䘒其手,以身为牺牲,用祈福于上帝",指商汤曾为了求雨,自为牺牲,以祈福于上天。笔者曾指出,汤祷故事正反映出商人王权中固有的神权色彩,必要的时候以巫师为牲,祈祷农业丰收。[②]这说明商王确实曾是商王廷中群巫的首领。

商王朝既然弥漫着巫术迷信色彩,则甲骨文中商王事必问神,杀牲以赇神,及王陵区大规模的人祭遗存,就是很容易理解之事。商人需要向神灵献上大量祭品,以换取神灵相应的庇佑,祭品越丰富,神灵越喜悦,此

---

① 陈梦家:《商代的神话与巫术》,载《陈梦家学术论文集》,中华书局2016年版,第91—92页。

② 王祁:《晚商农业及其生产组织研究》,中国社会科学出版社2019年版,第187—190页。

《左传·僖公五年》所谓"吾享祀丰絜，神必据我"。商人延续史前时期的传统，不独以牲畜、谷物为祭品，还将人包含在祭品之内，因而大量使用人牲。

巫术盛行，使用人牲，还反映出当时人们对"民意"的不重视，因而缺乏"民本"思想。一个较为显著的例子，可以反映出商王依赖"神意"，而非依赖"民意"来决定朝政大事。清华简《傅说之命》（一）记载着失仲（可能是"佚仲"）生了两个儿子，占卜是否要杀死其中一个儿子，占卜的结果是"勿杀是吉"，但失仲违卜，最终还是杀了一个儿子，武丁因此派傅说讨伐失仲，灭了其国。这则故事充满了神秘色彩，武丁灭失仲之国的原因，并不是因为后世文献中常见的"民意"，而是因为失仲违卜，忤逆了"神意"。《傅说之命》（一）文辞古朴，多有可与殷墟甲骨文对读的地方，因而此篇即使有个别词语经过周代修正，但整体上可视为商代文献。① 在《傅说之命》（一）中，我们丝毫看不到"民意"的色彩，无论是武丁获得傅说，还是派傅说讨伐失仲，都紧密地和"天""帝"有关，足见商人重"神意"，而轻"民意"的做法。

上述崇巫思想的产生，必然有其经济基础上的缘由。从史前到夏商时期，社会生产力固然在不断进步，并突出体现在农业逐渐成为社会生产领域最重要的部门，但农业进步缓慢，农业生产工具依旧是蚌、石、木等材质，不见金属工具的普遍使用。而且，小麦虽然已传入中原王朝，但史前到夏商遗址中的小麦出土数量和出土概率都很低，因而所起到的作用并不明显。狩猎采集依旧是当时社会的重要补充经济来源。② 这一不发达的早期经济状况，反映出史前到夏商时期经济基础的薄弱，决定了当时的农业生产活动对气候状况有着较大的依赖，并表现为旱涝对农业收成有较大的影响。在生产力低下的时候，人们对自然现象产生原因不够了解，无法做出科学的解答，因而常常将自然现象归结为上天的旨意。比如，上举汤祷故事，就是这一现象的集中体现。故此，为确保丰收，古人就期望借助某种手段，以预测气候状况背后的"天意"。这种手段就是巫术，晚商甲骨文中大量存在针对"雨"和"受年"的贞卜，正反映出商王借助巫术以获

---

① 李学勤：《论清华简〈说命〉中的卜辞》，载《华夏文化论坛》（第八辑），吉林文史出版社 2012 年版。

② 有学者指出，直到秦汉时期，狩猎采集在整个社会经济中，都有较为重要的作用，参见侯旭东《渔采狩猎与秦汉北方民众生计》，《历史研究》2010 年第 5 期。

取丰收的愿望。因而，巫术的盛行，就是古人面临其不发达生产力时最直观的表现。

总之，虽然史前到夏商时期文献材料不足，但我们依旧可以感受到，这一早期中华文明的文明特征，具有基于不发达的农业经济基础的"神事"色彩，社会思想之中充斥着巫术迷信，重视宗族，排斥异族，尚没有意识到"民意""民本"的价值。这一文明特征，可以用"巫王合一"来概述，与周秦汉时期"王权独尊"的文明特征，有较大差异。

两周以后，黄河中下游地区的农业取得了长足的进步，如小麦在农作物组合中地位的显著提升，多品种农作物搭配的农业格局真正形成，使得农业抵御灾害的能力也得以提升；东周时期既是农业生产工具由石、木质向铁质转变的时期，还是牛耕普及的时期，生产工具的"质变"，增强"深耕易耨"的能力，大大提升了农业生产力。由于生产力的提升，个体家庭经营农业生产、创造较多剩余财富成为可能，社会的组织结构逐渐向地缘组织取代血缘组织的方向发展，使得农业生产由集体经济向小农经济转变。这不仅奠定了秦汉以后农业经济的基本模式，也是秦汉统一国家出现的物质基础。

农业的不断进步，和生产的发展，促使了周秦汉大一统的政治文明格局。所谓"普天之下，莫非王土"，是指王朝之内的土地，皆为天子所有，天子把土地授给各个阶层，各个阶层只有土地的使用权，而无土地私有权。土地的集中，必然要导致政治上的大一统。统治者为了维系政治上的大一统，又需要关注民生，发展民生，持续重农兴农，这就塑造了民本思想。所谓"衣食者民之本，稼穑者民之务也，二者修，则国富而民安也"（《盐铁论·力耕》），说的是老百姓的根本在于衣和食，实现丰衣足食的途径在于耕种收割，以民为本就是要确保农业生产的有序进行，确保老百姓五谷丰登。

以民为本，而老百姓又是居族而居，聚族而葬，这就要求统治者鼓励和发展宗族之内的互帮互助精神，以节约社会的管理成本。由于宗族组织具有相对的封闭性，宗族内的事务多由族长依据习俗、习惯来决断，这些习俗和习惯就是古代的"礼"。礼的作用是"明贵贱，定等级"，确保社会秩序的稳固长存。老百姓春耕秋收，"仓廪实则知礼节"，自然就会遵守统治阶层所定下的礼法。这也塑造了中华民族讲规矩、守礼法的文化传统。正是基于这一文化传统，古代中国才能产生"明德慎刑"的礼法观念。可以说，农耕文明的稳定性，决定了古代中国盛行德治、礼治思想，这种思想直到今天依旧有一定的借鉴意义。

上述以农耕文明为核心的系列中华传统文明要素，是两周秦汉时期才真正确立起来的，其实质上是突出了"人"或"民"的重要性和价值。因此，上述建立在小农经济基础上的大一统格局、民本思想、明德重礼等特征，可以说是周秦汉的文明特征。这些文明中缺乏对神权和宗教的过分依赖，所谓"夫民，神之主也，是以圣王先成民而后致力于神"（《左传·桓公六年》）、"鬼神非人实亲，惟德是依"（《左传·僖公五年》）、"皇天无亲，惟德是辅"（《左传·僖公五年》引《周书》），强调的都是基于民本的德政的重要性，那些沉迷于鬼神之事而忽略了民生的君王，往往是大臣和士人批评的对象。当然，统治者固然需要祭祀天帝祖先，并为此演化出四时天地之祭，但这些祭祀往往是为了证明自身政权的来源与合法性，是一种形式化、程序化的仪式，统治者并不以虚妄的鬼神之事来统治和糊弄老百姓。由此而言，此时的王权仅仅依靠基于民生的国家治理就能维系下去，而不必采用宗教方式统治老百姓。甚至，王权在很多时候还要排斥神权，如佛教传入中国以后，在佛教兴盛的时候，往往也会发生王权灭佛之事，就是王权排斥，而非融合神权的例证。因此，周秦汉及其以后的王权，是一种剥离巫术色彩的"王权独尊"的状态。

总之，在早期中华文明前进道路上，早期中华文明有一个不断剥离宗教巫术色彩，走向务实世俗社会的进程。这一进程可以概括为从"巫王合一"到"王权独尊"的文明变革，其核心就是中国早期国家越来越重视"人事"的同时，逐渐褪去了"神事"色彩。

三 文明变革视野下的商周礼制变革

正如本书第四章所言，商周礼制变革中衰落的那些文化要素，很多都是自史前时期就已存在的，且与宗教巫术思想密切相关的内容。这里，我们可以举两个与本文主题密切相关的例子，来说明商周礼制变革是早期中华文明变革的一个阶段。

本书所讨论的祼祭和祼器，是与鬼神之事密切相关的祭祀活动和祭祀用器，它的起源，可追溯到史前的良渚文化时期。良渚文化贵族墓葬常见漆木觚，漆木觚附近有锥形器、漆木嵌玉棍状物、玉片等饰件，如下家山、高城墩、小青龙等遗址和墓葬中都有发现，稍后的好川墓地中也有较多发现。方向明先生较早地提出这些器物属于漆木觚的配件①,严志斌先生则指出这套器物是祼礼用器②,本书则把这套组合称为"瓒"。这类器物组合的再次出现,是二里头文化时期,如二里头遗址、大甸子遗址都有发现。③ 此后郑州商城、偃师商城、殷墟就更为常见瓒的组合④,西周早期也是如此。值得注意的是,在商末周初,由于核心酒器群的形成,祼祭之礼不仅使用到了漆木觚和铜觚,还使用了围绕瓒的尊、卣、爵、觯、斗等青铜礼器。因而,这类核心酒器群就逐渐成为祼祭用器。商周礼制变革,最明显的一个标志,就是这类核心酒器群的衰落,这也意味着祼祭之礼的衰落。

如果把瓒器和祼祭之礼追溯到良渚文化时期,我们就更可确信祼祭之礼乃祭鬼神之礼,这与良渚文化时期广泛存在的具有神秘色彩的文化因素是相符的,学术界也多把良渚古国称为以神权为主的国家模式。瓒器传入中原地区,及其在夏商周时期的沿用,反映出中原地区对祼祭的接受,即中原地区继承了用祼器祭祀鬼神的文化传统。当然,中原地区很快就结合自身文化特点,改造了祼祭之礼,将多种酒器融入祼礼之中,最终形成了配合使用的核心酒器群。但是,随着早期中华文明变革的深入,与宗教色彩关系密切的祼祭之礼必然最终要走向衰落,这是核心酒器群退出历史舞台的根本原因。这也意味着,作为商周礼制变革重要表征的祼祭和祼器的衰落,实际上也是早期中华文明变革的一个物化表现。

兽面纹的起源、演进与衰落也发挥着相似的作用。青铜器上的兽面纹起源于史前时期长江流域广泛存在的神面纹饰,如高庙文化白陶器上的"獠牙神面纹"、良渚文化大型墓葬玉器上的"神徽"、后石家河文化玉器的"神面纹",石峁遗址大型石雕和二里头遗址铜牌饰、镶嵌绿松石龙形器上的兽面纹饰也是商周兽面纹的重要渊源。从石峁遗址到二里头遗址,北方地区开始较多出现兽面纹饰,说明长江流域的神面纹饰业已成功在北方地区转化为兽面纹饰,并进一步演进为商周青铜器上的兽面纹饰。北方

---

① 方向明:《好川和良渚文化的漆觚、棍状物及玉锥形器》,《华夏文明》2018年第3期。
② 严志斌:《漆觚、圆陶片与柄形器》,《中国国家博物馆馆刊》2020年第1期。
③ 党郁、孙金松:《大甸子墓地所见祼礼葬仪的反映》,《北方文物》2024年第1期。
④ 严志斌:《漆觚、圆陶片与柄形器》,《中国国家博物馆馆刊》2020年第1期;王亚:《早商时期墓葬内出土"圆陶片"浅析》,《考古与文物》2020年第2期。殷墟时期瓒的实物研究,参见本书第二章第二节。

地区所继承的兽面纹,不仅仅是一种可被复制的图像,还是一种文化符号,这一点在二里头遗址所出的铜牌饰和镶嵌绿松石龙形器身上表现得最为明显,很少有学者不承认它们所具有的宗教寓意。[①] 因而,西周中期以后兽面纹的衰落,自然也可视为从史前就流行的神面纹饰的衰落,也就是纹饰背后宗教思想的衰落。这是早期中华文明变革的另一个物化表现。

以上,商周礼制变革无疑可以视为早期中华文明变革的一个阶段,而且是一个极为重要的阶段,经此转变,周代以人为本、专注人事的文化氛围得以确立,中华文明彻底走向了务实求真的文化发展道路。从青铜礼器角度来看,商周礼制变革主要是青铜礼器器类、组合、纹饰等方面的变化,这些变化中最为突出的几个方面,如酒器群和兽面纹的衰落,同时还是自史前时期就已存在的与宗教思想密切相关的一些文化元素的衰落。由此,我们对商周青铜礼器组合的变化,就可以从早期中华文明变革的角度,加以解读和认识。

当然,商周礼制变革仅是早期中华文明变革的一个环节,而不是其全部。早期中华文明范围很广,不仅是思想的转变,还是经济基础、政治制度等方面的变化;也不仅是商周之变,还包含东周时期的社会变迁。不过,商周礼制变革因其在物质层面极易识别,对早期中华文明变革研究有特殊意义,因而建立起从青铜礼器到商周礼制变革再到早期中华文明变革研究的"链条",就十分有必要。

[①] 王青:《镶嵌铜牌饰的寓意诸问题再研究》,《东方考古》第9集,科学出版社2012年版。

结　语

　　文明史视域下的商周铜礼器组合研究，是一项基于商周铜礼器组合变化，探讨商周礼制演进及其所反映的早期中华文明突出特性的课题。学术界虽然对青铜礼器组合和商周礼制演进有较多的研究成果，但如何将其置于文明史视域下研究，尚较少涉及。本书希望通过对商周青铜礼器组合的深入探讨，揭示商周礼制演进具有"变"和"常"两个重要特征，再将其融入早期中华文明发展道路研究之中，建立起从"礼器"到"礼制"再到"文明"的完整链条。绪论主要讨论这一学术目标所涉及的相关问题。

　　周人重食，列鼎列簋制是其文化特色，第一章主要讨论商周青铜食器组合的延续和变化。第一节主要讨论商周时期的列鼎制度。本节把商周列鼎制度分为两类：第一类列鼎为形制相同、大小相等的成组列鼎，第二类列鼎为形制相同、大小相次的成组列鼎。第一类列鼎流行于晚商到西周早中期；第二类列鼎在西周中期后段以后成为列鼎的主流形态，商周时期的列鼎制有一个从第一类列鼎向第二类列鼎转变的过程，即殷系列鼎文化向周系列鼎文化转变的过程。第二节主要讨论商周的列簋制。根据簋数，本节区分了二簋制、四簋制乃至八簋制列簋，即墓葬中的列簋多以偶数形式存在。偶数制列簋的渊源在晚商时期的殷系列簋。由此可见列簋制中包含了殷文化因素。第三节讨论商周时期的兽面纹大圆鼎在组合上的特殊性，主要表现为出土数量、位置上有着"唯一性"，昭示着其在丧葬文化中的特殊地位，并能够用以体现墓主人生前的社会地位。周人对兽面纹大圆鼎葬俗的继承，再次反映出周人对殷文化中食器制度的继承。

　　商人重酒，觚爵相配是其文化特色，第二章主要讨论商周青铜酒器组合和功用，及其反映出的礼制问题。第一节和第二节分别讨论西周时期和晚商时期存在的一种觚、柄形器、棒形器的组合形态，这种组合就是文献中的"瓒"。其中，觚多为漆觚，也有铜觚，形制多为细腰觚。第三节是在作者过去的"商周尊卣配对组合"研究的基础上,进一步的探索,研究的范围由"配对"的尊卣组合,扩展到不"配对"的尊卣组合,也可见尊卣组合自晚商时期延续到西周中期的阶段性变化。另外,本节还讨论了尊卣与觯的组合关系,并从尊卣组合角度论证了觚形尊的自名。第四节讨论了商周核心酒器群的形成,指出核心酒器群的消失在西周中期,其形成则在晚商时期。商代流行酒器群,但其形成以觚、爵、尊、卣、觯(也包括斝)为核心的组合群体,则要到晚商的晚期阶段,这一点在明器墓中表现得极为明显。第五节讨论了西周贵族墓葬中的鸭首形器,指出它应该是与核心酒器群搭配使用的器类,而非过去学术界所认为的"权杖头"。第六节讨论水器群与酒器群的"大组合",西周早中期墓葬中的水器群与酒器群位置常常接近,水器(尤其是盉)起着配合酒器群以行裸礼的作用。第七节则是总结前面几节内容,阐释裸礼与核心酒器群的关系、裸礼的行礼过程、裸礼的消失过程,由此可以确定商周核心酒器群的配合方式,及其消失的深层次原因。本节对从卣到尊到爵到觚到觯的使用方式,做了全面的复原,解决了核心酒器群的使用方式问题。

第三章讨论商周青铜乐器中的重要器类——铜铙。铜铙可分为无环铙和有环铙两类,本章第一节讨论无环铙,第二节讨论有环铙,第三节讨论铙与其他乐器的组合。有环铙较为少见,但对西周时期甬钟起源有积极作用。青铜小铙起源于殷墟早期,延续至西周中期,不仅是殷文化的重要乐器,还对周人产生一定的影响。铙一般三件一组,形成编铙,植架使用,且可以与石磬、鼍鼓形成组合关系。铙的组合越复杂,则墓葬等级越高,商王大墓或王室贵族大墓可以使用铙、磬、鼍鼓组合。编铙及其组合能够与墓主人的级别建立起对应关系,意味着商代的乐器制度已经较为成熟,乐器不仅仅是演奏音乐的工具,还是明贵贱、别等级的标识物。尤其需要注意的是,晚商时期的铜铙和鼍鼓的组合,是周代"钟鼓"组合的前身,它的形成意味着早期乐文化逐渐走向成熟。

第四章由"礼器"上升到"礼制",对商周青铜礼器变化所反映的商周礼制演进进行研究。第一节主要讨论商周礼制变革表现与历时性特点,总结了商周青铜礼器组合特征,如核心酒器群的存在,按功能分置礼器群,食器群组合尚不固定,及其在西周早中期的阶段性变化。同时,本节还参考了商周礼制变革的其他表现,如纹饰变化和日名、族徽变化,概括了商周礼制变革的三个阶段。总的来说,"周礼"是在对"殷礼"的继承和改造的基础上，并融合了周边文化的部分特色，而逐渐形成的。第二节探索商周之际的社会思想的变动，以此作为理解商周礼制演进的思想渊源，指出商周时期有一个从"神事"到"人事"的社会思想变动。第三节则是讨论在商周社会思想变动的大背景下，青铜礼器组合表现出两个方面的特征：与"人事"有关的礼器组合的建构，如兽面纹大圆鼎的继续使用和等级化，列鼎列簋制的建构，乐礼器制度的建构等；与"神事"相关文化因素的衰落，如核心酒器群的衰落，动物纹饰的衰落，日名的衰落。商周礼制的"礼制变革"和"周承商制"就蕴含在这些特征之中，如商周"礼制变革"以核心酒器群和动物纹饰的衰落为主要表征，"周承商制"以列鼎列簋制、乐器制度中部分文化因素的延续为主要表征。

第五章是进一步的升华，由商周礼制演进，引出早期中华文明在其演进过程中所显示出的连续性和创新性（文明变革）问题。第一节讨论中华文明的连续性与"周承商制"，认为"周承商制"实际上是中华文明连续发展的一个表现。周人对青铜鼎的重视，及建构以青铜鼎为核心的食礼器文化，实际上是自史前就已存在的鼎文化的延续和升华，早期文明先用陶鼎后用铜鼎表征财富、身份、地位的做法可谓一脉相承。周人建立的以鼓、磬、钟为核心的乐文化，其中的鼓磬组合可以追溯到史前时期，也是早期中华文明连续性在周代的体现。第二节讨论文明变革与商周"礼制变革"，认为早期中华文明有一个逐渐褪去宗教色彩的，从"巫王合一"到"王权独尊"的"文明变革"，商周"礼制变革"是早期中华文明变革过程中的一个阶段和表现。青铜酒器群衰落是"礼制变革"最为突出的特征之一，这实际上是流行数千年之久的裸祭之礼衰落的物化表现，是祭祀鬼神风气逐渐"人事化"的必然结果。可见，早期中华文明所存在的文明变革，就是我们理解商周"礼制变革"和青铜礼器组合变化的历史背景和文明基础。

总之，对于本书的讨论而言，我们可以由青铜礼器组合诸表现，总结出商周礼制演进的特征和阶段，又由商周礼制演进而关联到了早期中华文明的重要特性。从青铜礼器到礼制演进再到早期文明特性，就形成了一根从"礼器"到"礼制"再到"文明"的逻辑链条。这一链条的起点是青铜礼器的变化，终点是文明特性，中间则是沟通两端的礼制演进。至于早期中华文明连续性和文明变革的问题，则又不仅仅是商周礼制演进所能概括的，商周礼制演进仅是早期中华文明研究的一部分。更为全面的早期中华文明特性研究，尚需要全面考察自史前到秦汉时期的社会经济、政治文化的发展和变化，这就不是本书所能涵盖的了。因而，本书关于文明史视域下商周青铜礼器和礼制演进研究的意义在于，将具体的器物研究和礼制研究上升到早期中华文明重大理论问题的研究上，为器物研究和礼制研究提供了阐释的历史背景。

以上，本书从"礼器"到"礼制"再到"文明"，线索清晰，层层递推，初步完成了预设的学术目标。

之所以是初步完成预设的学术目标，是因为商周青铜礼器是一个范围极广的研究课题，而本书仅是针对一个时段的数类礼器的研究，尚不是全景式的商周青铜礼器组合的研究。比如，本书主要关注商周青铜礼器演进，尤其关注晚商和西周青铜礼器文化的延续和变化，而较少关注东周时期的青铜礼器文化。实际上，东周时期的青铜礼器文化对我们理解商周礼制演进也有很大帮助。青铜核心酒器群虽然在西周中期以后就退出了历史舞台，但东周时人并非不饮酒，他们也有自己的盛酒器和饮酒器，礼书中的瓠、爵、斝、散、觯、角等名称都是描述东周酒器的称谓。阎步克先生认为东周礼书中的"五爵"等级化与人之爵位等级有直接的关联，揭示出东周漆木酒器对于规范周代等级制度的礼制意义。[①] 可见，探讨东周青铜礼器和漆木礼器，对于讨论周代礼制的进一步发展，有着重要意义。而且，由于东周礼器能够直接与东周礼书对应，讨论东周礼器也有助于我们发掘东周礼书在青铜礼器研究中的重要价值。再如，对青铜礼器及其所反映的礼制文化的研究，不仅要关注"器"的层面，还要关注"实"的层面，即需要加强对礼器所盛之"实"的研究。不同的礼器有不同的功能，主要体现在其所盛食物的差异上，礼器的等级化首先表现为"实"的等级化。本书主要讨论"器"的演进，而较少涉及"器"所盛之"实"的演进，也是一个不足之处。类似的遗憾尚有很多，这只能有待作者将来不断积累学识，扩展研究对象，更全面、更细致地讨论商周青铜礼器及其所涉及的礼制文化。

---

① 阎步克：《酒之爵与人之爵：东周礼书所见酒器等级礼制初探》，生活·读书·新知三联书店 2023 年版。

参考文献

一 古籍注疏

（唐）孔颖达疏，（清）阮元校刻：《十三经注疏》（清嘉庆刊本），中华书局 2009 年版。

顾颉刚、刘起釪：《尚书校释译论》，中华书局 2005 年版。

黄怀信、张懋镕、田旭东：《逸周书汇校集注》（修订本），上海古籍出版社 2007 年版。

（清）孙诒让：《周礼正义》，中华书局 2013 年版。

（清）孙希旦：《礼记集解》，中华书局 1989 年版。

杨伯峻编著：《春秋左传注》（修订本），中华书局 1981 年版。

（西汉）司马迁撰，（南朝）裴骃集解，（唐）司马贞索隐，（唐）张守节正义：《史记》（点校本二十四史修订本），中华书局 2014 年版。

（东汉）班固撰，（唐）颜师古注：《汉书》（点校本），中华书局 1962 年版。

（南朝宋）范晔撰，（唐）李贤等注：《后汉书》（点校本），中华书局 1965 年版。

徐元诰：《国语集解》（修订本），中华书局 2002 年版。

（东汉）刘熙：《释名》，中华书局 2016 年版。

（西汉）扬雄撰，（东晋）郭璞注：《方言》，中华书局 2016 年版。

（北宋）吕大临：《泊如斋重修考古图》，北京图书馆出版社 2003 年版。

（北宋）王黼编纂，牧东整理：《重修宣和博古图》，广陵书社 2010 年版。

（清）段玉裁：《说文解字注》，中华书局 2013 年版。

二 出土文献著录及相关工具书

1. 甲骨文著录及相关工具书

郭沫若主编：《甲骨文合集》（13 册），中华书局 1979 年至 1982 年版。

胡厚宣主编：《甲骨文合集释文》，中国社会科学出版社1999年版。
李学勤、齐文心、艾兰编著：《英国所藏甲骨集》，中华书局1985年版。
中国社会科学院考古研究所编著：《小屯南地甲骨》，中华书局1980年版。
彭邦炯、谢济、马季凡编著：《甲骨文合集补编》，语文出版社1999年版。
中国社会科学院考古研究所编著：《殷墟花园庄东地甲骨》，云南人民出版社2003年版。
中国社会科学院考古研究所编著：《殷墟小屯村中村南甲骨》，云南人民出版社2012年版。
曹玮编著：《周原甲骨文》，世界图书出版公司2002年版。
宋镇豪、段志洪主编：《甲骨文献集成》，四川大学出版社2001年版。
李宗焜编著：《甲骨文字编》，中华书局2012年版。
刘钊主编：《新甲骨文编》（增订本），福建人民出版社2014年版。
于省吾主编：《甲骨文字诂林》，中华书局1996年版。

  2. 金文著录及相关工具书

中国社会科学院考古研究所编：《殷周金文集成》（修订增补本），中华书局2007年版。
吴镇烽编著：《商周青铜器铭文暨图像集成》，上海古籍出版社2012年版。
吴镇烽编著：《商周青铜器铭文暨图像集成续编》，上海古籍出版社2016年版。
吴镇烽编著：《商周青铜器铭文暨图像集成三编》，上海古籍出版社2020年版。
马承源主编：《商周青铜器铭文选》（一至四卷），文物出版社1986—1990年版。
容庚编著：《金文编》（四版），中华书局1985年版。
董莲池编著：《新金文编》，作家出版社2011年版。

  3. 青铜器图录

安阳市文物工作队、安阳市博物馆编：《安阳殷墟青铜器》，中州古籍出版社1993年版。
曹玮主编：《周原出土青铜器》，巴蜀书社2005年版。
陈梦家：《美国所藏中国铜器集录》（订补本），中华书局2019年版。
陈昭容主编：《宝鸡戴家湾与石鼓山出土商周青铜器》，台北"中央研究院"历史语言研究所、陕西省考古研究院，2015年。

湖北省博物馆、湖北省文物考古研究所、随州市博物馆编：《随州叶家山：西周早期曾国墓地》，文物出版社2013年版。

山西省考古研究院、山西大学北方考古研究中心、运城市文物工作站、绛县文物局编著：《倗金集萃：山西绛县横水西周墓地出土青铜器》，上海古籍出版社2021年版。

陕西省考古研究院、宝鸡市考古研究所、眉县文化馆编著：《吉金铸华章：宝鸡眉县杨家村单氏青铜器窖藏》，文物出版社2008年版。

徐天进等主编：《宝鸡青铜器博物院藏商周青铜器》，上海古籍出版社2021年版。

中国国家博物馆编：《中国国家博物馆馆藏文物研究丛书·青铜器卷·商》，上海古籍出版社2020年版。

中国国家博物馆编：《中国国家博物馆馆藏文物研究丛书·青铜器卷·西周》，上海古籍出版社2020年版。

《中国青铜器全集》编辑委员会编：《中国青铜器全集》（第1—6册），文物出版社1996—1998年版。

中国社会科学院考古研究所编著：《殷墟青铜器》，文物出版社1985年版。

中国社会科学院考古研究所、安阳市文物考古研究所编著：《殷墟新出土青铜器》，云南人民出版社2008年版。

三 考古报告与简报

1. 报告

A：

安阳市文物考古研究所编著：《安阳殷墟戚家庄东商代墓地发掘报告》，中州古籍出版社2015年版。

安阳市文物考古研究所编著：《安阳北徐家桥：2001—2002年发掘报告》，中州古籍出版社2020年版。

安阳市文物考古研究所编著：《安阳殷墟徐家桥郭家庄商代墓葬》，科学出版社2011年版。

B：

宝鸡市周原博物馆编著：《周原——庄白西周青铜器窖藏考古发掘报告》，科学出版社2016年版。

北京大学考古学系商周组、山西省考古研究所编著：《天马—曲村

（1980—1989）》，科学出版社 2000 年版。

北京市文物研究所：《琉璃河西周燕国墓地：1973—1977》，文物出版社 1995 年版。

F：

方辉主编：《大辛庄遗址研究·资料卷/研究卷》，科学出版社 2013 年版。

G：

高去寻遗稿，杜正胜、李永迪整理：《大司空村第二次发掘报告》，台北"中央研究院"历史语言研究所，2008 年。

郭宝钧：《山彪镇与琉璃阁》，科学出版社 1959 年版。

H：

河北省文物研究所编：《藁城台西商代遗址》，文物出版社 1985 年版。

河南省文物考古研究所、平顶山市文物管理局编：《平顶山应国墓地》，大象出版社 2012 年版。

河南省文物考古研究所、周口市文化局编：《鹿邑太清宫长子口墓》，中州古籍出版社 2000 年版。

河南省文物考古研究所编著：《郑州商城：1953—1985 年考古发掘报告》，文物出版社 2001 年版。

河南省文物考古研究所编著：《郑州小双桥：1990—2000 年考古发掘报告》，科学出版社 2012 年版。

河南省文物考古研究院：《荥阳小胡村商周墓地》，中华书局 2022 年版。

河南省文物考古研究院、郑州市文物考古研究院、荥阳市文物保护管理中心编：《荥阳西司马墓地》，大象出版社 2016 年版。

湖北省博物馆编：《曾侯乙墓》，文物出版社 1989 年版。

J：

江西省文物考古研究所、江西省博物馆、新干县博物馆：《新干商代大墓》，文物出版社 1997 年版。

L：

李峰、梁中合主编：《龙口归城：胶东半岛地区青铜时代国家形成过程的考古学研究（公元前 1000—前 500 年）》，科学出版社 2018 年版。

李济主编：《安阳发掘报告》第一期至第四期，中央研究院历史语言研究所，1929—1933 年。

梁思永遗稿，高去寻辑补：《侯家庄》大墓系列，台北"中央研究院"历史语言研究所，1962—1996 年。

刘士莪编著：《老牛坡》，陕西人民出版社 2002 年版。

卢连成、胡智生著，宝鸡市博物馆编辑：《宝鸡㚟国墓地》，文物出版社 1988 年版。

洛阳市文物工作队编著：《洛阳北窑西周墓》，文物出版社 2002 年版。

S：

山西省考古研究所：《灵石旌介商墓》，科学出版社 2006 年版。

陕西省考古研究所编著：《高家堡戈国墓》，三秦出版社 1995 年版。

陕西省考古研究院、北京大学考古文博学院、中国社会科学院考古研究所、周原考古队编著：《周原——2002 年度齐家制玦作坊和礼村遗址考古发掘报告》，科学出版社 2010 年版。

陕西省考古研究院、渭南市文物保护考古研究所、韩城市景区管理委员会编著：《梁代村芮国墓地——二〇〇七年度发掘报告》，文物出版社 2010 年版。

石璋如：《小屯·遗址的发现与发掘·丙编·丙区墓葬》，台北"中央研究院"历史语言研究所，1980 年。

石璋如：《侯家庄第十本·小墓分述之一》，台北"中央研究院"历史语言研究所，2001 年。

Z：

中国科学院考古研究所编著：《辉县发掘报告》，科学出版社 1956 年版。

中国科学院考古研究所编著：《沣西发掘报告：1955—1957 年陕西长安县沣西乡考古发掘资料》，科学出版社 1963 年版。

中国社会科学院考古研究所编著：《殷墟妇好墓》，文物出版社 1984 年版。

中国社会科学院考古研究所编著：《殷墟发掘报告：1958—1961》，文物出版社 1987 年版。

中国社会科学院考古研究所编著：《殷墟的发现与研究》，科学出版社 1994 年版。

中国社会科学院考古研究所编著：《安阳殷墟郭家庄商代墓葬：1982 年—1992 年考古发掘报告》，中国大百科全书出版社 1998 年版。

中国社会科学院考古研究所编著：《偃师二里头：1959 年—1978 年考古发掘报告》，中国大百科全书出版社 1999 年版。

中国社会科学院考古研究所编著：《张家坡西周墓地》，中国大百科全书出版社 1999 年版。

中国社会科学院考古研究所编著：《安阳小屯》，世界图书出版公司北京公司 2004 年版。

中国社会科学院考古研究所编著：《滕州前掌大墓地》，文物出版社 2005 年版。

中国社会科学院考古研究所编著：《安阳殷墟花园庄东地商代墓葬》，科学出版社 2007 年版。

中国社会科学院考古研究所编著：《安阳殷墟小屯建筑遗存》，文物出版社 2010 年版。

中国社会科学院考古研究所编著：《偃师商城》，科学出版社 2013 年版。

中国社会科学院考古研究所编著：《二里头：1999—2006》，文物出版社 2014 年版。

中国社会科学院考古研究所编著：《安阳大司空——2004 年发掘报告》，文物出版社 2014 年版。

中国社会科学院考古研究所编著：《安阳孝民屯（四）：殷商遗存·墓葬》，文物出版社 2018 年版。

2. 发掘简报

A：

安阳市文物工作队：《河南安阳郭庄村北发现一座殷墓》，《考古》1991 年第 10 期。

安阳市文物工作队：《1983—1986 年安阳刘家庄殷代墓葬发掘报告》，《华夏考古》1997 年第 2 期。

安阳市文物考古研究所：《河南安阳辛店商代晚期铸铜遗址 2016 年发掘简报》，《文物》2021 年第 4 期。

安阳亦工亦农文物考古短训班、中国科学院考古研究所安阳发掘队：《安阳殷墟奴隶祭祀坑的发掘》，《考古》1977 年第 1 期。

B：

北京大学考古学系、山西省考古研究所：《天马—曲村遗址北赵晋侯墓地第二次发掘》，《文物》1994 年第 1 期。

北京大学考古学系、山西省考古研究所：《天马—曲村遗址北赵晋侯墓地第五次发掘》，《文物》1995 年第 7 期。

D：

杜传敏、张东峰、魏慎玉等：《1989 年山东滕州庄里西西周墓发掘报告》，《中国国家博物馆馆刊》2012 年第 1 期。

F：

扶风县文化馆、陕西省文管会：《陕西扶风出土西周伯㦰诸器》，《文物》1976 年第 6 期。

G：

甘肃省博物馆文物队：《甘肃灵台白草坡西周墓》，《考古学报》1977 年第 2 期。

甘肃省博物馆文物队：《甘肃灵台县两周墓葬》，《考古》1976 年第 1 期。

郭宝钧：《一九五〇年春殷墟发掘报告》，《中国考古学报》第五册，1951 年。

H：

河北省文物管理处：《河北元氏县西张村的西周遗址和墓葬》，《考古》1979 年第 1 期。

河南省文化局文物工作队：《1958 年春河南安阳市大司空村殷代墓葬发掘简报》，《考古通讯》1958 年第 10 期。

河南省文物考古研究所、平顶山市文物管理局：《河南平顶山应国墓地八号墓发掘简报》，《华夏考古》2007 年第 1 期。

河南省文物考古研究所、平顶山市文物管理委员会：《平顶山应国墓地八十四号墓发掘简报》，《文物》1998 年第 9 期。

河南省文物考古研究院、安阳市文物考古研究所：《安阳陶家营遗址 M12 发掘简报》，《江汉考古》2022 年第 4 期。

河南省文物考古研究院、信阳市博物馆、罗山县博物馆：《河南罗山天湖商周墓地 M57 发掘简报》，《华夏考古》2016 年第 2 期。

河南省文物研究所、平顶山市文物管理委员会：《平顶山应国墓地九十五号墓的发掘》，《华夏考古》1992 年第 3 期。

河南省信阳地区文管会、河南省罗山县文化馆：《罗山天湖商周墓地》，《考古学报》1986 年第 2 期。

湖北省文物考古研究所、随州市博物馆：《湖北随州叶家山 M65 发掘简报》，《江汉考古》2011 年第 3 期。

湖北省文物考古研究所、随州市博物馆：《湖北随州叶家山西周墓地发掘简报》,《文物》2011 年第 11 期。

湖北省文物考古研究所、随州市博物馆:《湖北随州市叶家山西周墓地》,《考古》2012 年第 7 期。

湖北省文物考古研究所、随州市博物馆:《湖北随州叶家山 M28 发掘报告》,《江汉考古》2013 年第 4 期。

湖北省文物考古研究所、随州市博物馆:《随州文峰塔 M1（曾侯與墓）、M2 发掘简报》,《江汉考古》2014 年第 4 期。

湖北省文物考古研究所、随州市博物馆:《湖北随州市文峰塔东周墓地》,《考古》2014 年第 7 期。

湖北省文物考古研究所、随州市博物馆、出土文献与中国古代文明研究协同创新中心:《湖北随州叶家山 M107 发掘简报》,《江汉考古》2016 年第 3 期。

湖北省文物考古研究所、随州市博物馆:《湖北随州叶家山 M111 发掘简报》,《江汉考古》2020 年第 2 期。

湖北省文物考古研究所、随州市博物馆:《湖北随州叶家山西周墓地 126 号墓的发掘》,《考古学报》2021 年第 4 期。

J：

济南市考古研究所:《济南市刘家庄遗址商代墓葬 M121、M122 发掘简报》,《中国国家博物馆馆刊》2016 年第 7 期。

S：

山东大学历史文化学院考古系、山东省文物考古研究所:《济南大辛庄遗址 139 号商代墓葬》,《考古》2010 年第 10 期。

山东省博物馆:《山东益都苏埠屯第一号奴隶殉葬墓》,《文物》1972 年第 8 期。

山东省文物考古研究所:《山东济阳刘台子西周六号墓清理报告》,《文物》1996 年第 12 期。

山东省文物考古研究所:《山东高青县陈庄西周遗址》,《考古》2010 年第 8 期。

山东省文物考古研究所:《山东高青县陈庄西周遗存发掘简报》,《考古》2011 年第 2 期。

山东省文物考古研究所、青州市博物馆:《青州市苏埠屯商代墓发掘报告》,载《海岱考古》（第一辑），山东大学出版社 1989 年版。

山西省考古研究所、北京大学考古学系：《天马—曲村遗址北赵晋侯墓地第三次发掘》，《文物》1994年第8期。

山西省考古研究所、北京大学考古学系：《天马—曲村遗址北赵晋侯墓地第四次发掘》，《文物》1994年第8期。

山西省考古研究所、临汾市文物局、翼城县文物旅游局联合考古队、山西大学北方考古研究中心：《山西翼城大河口西周墓地1017号墓发掘》，《考古学报》2018年第1期。

山西省考古研究所、临汾市文物局、翼城县文物旅游局联合考古队、山西大学北方考古研究中心、中国人民大学出土文献与中国古代文明研究协同创新中心：《山西翼城大河口西周墓地2002号墓发掘》，《考古学报》2018年第2期。

山西省考古研究所、运城市文物工作站、绛县文化局：《山西绛县横水西周墓发掘简报》，《文物》2006年第8期。

山西省考古研究所、运城市文物工作站、绛县文物局联合考古队、山西大学北方考古研究中心：《山西绛县横水西周墓地M2531发掘报告》，《考古学报》2020年第1期。

山西省考古研究所、运城市文物工作站、绛县文物局联合考古队、山西大学北方考古研究中心、中国人民大学出土文献与中国古代文明研究协同创新中心：《山西绛县横水西周墓地M2158发掘简报》，《考古》2019年第1期。

山西省考古研究院：《山西黎城西关墓地M7、M8发掘简报》，《江汉考古》2020年第4期。

山西省考古研究院、临汾市文物局、翼城县文物旅游局联合考古队、山西大学北方考古研究中心：《山西翼城大河口西周墓地一号墓发掘》，《考古学报》2020年第2期。

山西省考古研究院、运城市文物工作站、绛县文物局联合考古队、山西大学北方考古研究中心：《山西绛县横水西周墓地1011号墓发掘报告》，《考古学报》2022年第1期。

山西省文物工作委员会、洪洞县文化馆：《山西洪洞永凝堡西周墓葬》，《文物》1987年第2期。

陕西省考古研究所、宝鸡市考古工作队、眉县文化馆杨家村联合考古队：《陕西眉县杨家村西周青铜器窖藏发掘简报》，《文物》2003年第6期。

陕西省考古研究院、宝鸡市考古研究所、宝鸡市渭滨区博物馆：《陕西宝鸡石鼓山商周墓地 M4 发掘简报》，《文物》2016 年第 1 期。

陕西省考古研究院、渭南市博物馆、澄城县文化和旅游局：《陕西澄城县刘家洼东周芮国遗址》，《考古》2019 年第 7 期。

陕西省文物管理委员会：《长安普渡村西周墓的发掘》，《考古学报》1957 年第 1 期。

陕西省文物管理委员会：《西周镐京附近部分墓葬发掘简报》，《文物》1986 年第 1 期。

石鼓山考古队：《陕西宝鸡石鼓山西周墓葬发掘简报》，《文物》2013 年第 2 期。

史言：《扶风庄白大队出土的一批西周铜器》，《文物》1972 年第 6 期。

W：

王永刚、崔风光、李延丽：《陕西甘泉县出土晚商青铜器》，《考古与文物》2007 年第 3 期。

X：

信阳地区文管会、罗山县文化馆：《河南罗山县蟒张商代墓地第一次发掘简报》，《考古》1981 年第 2 期。

Z：

郑洪春、穆海亭：《长安县花园村西周墓葬清理简报》，《文博》1988 年第 1 期。

郑同修、隋裕仁：《山东威海市发现周代墓葬》，《考古》1995 年第 1 期。

郑州市文物考古研究所：《郑州市洼刘村西周早期墓葬（ZGW99M1）发掘简报》，《文物》2001 年第 6 期。

郑州市文物考古研究院：《郑州黄河路 109 号院殷代墓葬发掘简报》，《中原文物》2015 年第 3 期。

中国科学院考古研究所安阳发掘队：《1962 年安阳大司空村发掘简报》，《考古》1964 年第 8 期。

中国社会科学院考古研究所安阳队：《殷墟 259、260 号墓发掘报告》，《考古学报》1987 年第 1 期。

中国社会科学院考古研究所安阳工作队：《1969—1977 年殷墟西区墓葬》，《考古学报》1979 年第 1 期。

中国社会科学院考古研究所沣西发掘队：《长安张家坡西周井叔墓发掘简

报》,《考古》1986 年第 1 期。

中国社会科学院考古研究所安阳工作队:《安阳小屯村北的两座殷代墓》,《考古学报》1981 年第 4 期。

中国社会科学院考古研究所安阳工作队:《安阳殷墟西区一七一三号墓的发掘》,《考古》1986 年第 8 期。

中国社会科学院考古研究所安阳工作队:《安阳大司空村东南的一座殷墓》,《考古》1988 年第 10 期。

中国社会科学院考古研究所安阳工作队:《1986 年安阳大司空村南地的两座殷墓》,《考古》1989 年第 7 期。

中国社会科学院考古研究所安阳工作队:《河南安阳梅园庄西的一座殷墓》,《考古》1992 年第 2 期。

中国社会科学院考古研究所安阳工作队:《1980 年河南安阳大司空村 M539 发掘简报》,《考古》1992 年第 6 期。

中国社会科学院考古研究所安阳工作队:《河南安阳高楼庄南发现一座殷墓》,《考古》1994 年第 5 期。

中国社会科学院考古研究所安阳工作队:《河南安阳市郭家庄东南 26 号墓》,《考古》1998 年第 10 期。

中国社会科学院考古研究所安阳工作队:《安阳殷墟刘家庄北 1046 号墓》,载《考古学集刊》第 15 集,文物出版社 2004 年版。

中国社会科学院考古研究所安阳工作队:《河南安阳市王裕口南地殷代遗址的发掘》,《考古》2004 年第 5 期。

中国社会科学院考古研究所安阳工作队:《河南安阳市刘家庄北地 2008 年发掘简报》,《考古》2009 年第 7 期。

中国社会科学院考古研究所安阳工作队:《河南安阳市殷墟范家庄东北地的两座商墓》,《考古》2009 年第 9 期。

中国社会科学院考古研究所安阳工作队:《河南安阳市殷墟小屯西地商代大墓发掘简报》,《考古》2009 年第 9 期。

中国社会科学院考古研究所安阳工作队:《河南安阳市刘家庄北地 2010—2011 年发掘简报》,《考古》2012 年第 12 期。

中国社会科学院考古研究所安阳工作队:《河南安阳市王裕口村南地 2009 年发掘简报》,《考古》2012 年第 12 期。

中国社会科学院考古研究所安阳工作队:《河南安阳市殷墟新安庄西地

2007年商代遗存发掘简报》,《考古》2016年第2期。

中国社会科学院考古研究所安阳工作队:《河南安阳市殷墟刘家庄北地44号墓的发掘》,《考古》2018年第10期。

中国社会科学院考古研究所安阳工作队:《河南安阳市殷墟大司空东地M123发掘报告》,载《三代考古》(九),科学出版社2021年版。

中国社会科学院考古研究所安阳工作队:《河南安阳洹北商城手工业作坊区墓葬2015—2020年的发掘》,《考古学报》2022年第3期。

中国社会科学院考古研究所安阳工作队:《1994年殷墟刘家庄北地M793发掘简报》,《考古》2022年第8期。

中国社会科学院考古研究所沣西队:《1987、1991年陕西长安张家坡的发掘》,《考古》1994年第10期。

中国社会科学院考古研究所、北京市文物研究所琉璃河考古队:《北京琉璃河1193号大墓发掘简报》,《考古》1990年第1期。

周到、刘东亚:《1957年秋安阳高楼庄殷代遗址发掘》,《考古》1963年第4期。

周原扶风文管所:《陕西扶风强家一号西周墓》,《文博》1987年第4期。

周原考古队:《2001年度周原遗址(王家嘴、贺家地点)发掘简报》,《古代文明》(第2卷),文物出版社2003年版。

周原考古队:《陕西宝鸡市周原遗址2014—2015年的勘探与发掘》,《考古》2016年第7期。

四 专著与研究文集

B:

北京大学历史系考古教研室商周组编著:《商周考古》,文物出版社1979年版。

C:

曹建墩:《先秦古礼探研》,社会科学文献出版社2018年版。

曹玮:《周原遗址与西周铜器研究》,科学出版社2004年版。

陈梦家:《殷虚卜辞综述》,科学出版社1956年版。

陈梦家:《西周铜器断代》,中华书局2004年版。

陈梦家:《陈梦家学术论文集》,中华书局2016年版。

陈剑:《甲骨金文考释论集》,线装书局2007年版。

陈絜：《商周姓氏制度研究》，商务印书馆 2007 年版。
陈英杰：《文字与文献研究丛稿》，社会科学文献出版社 2011 年版。

G：

郜向平：《商系墓葬研究》，科学出版社 2011 年版。
高明：《高明学术论集》，上海辞书出版社 2013 年版。
郭宝钧：《中国青铜器时代》，生活·读书·新知三联书店 1963 年版。
郭宝钧：《商周铜器群综合研究》，文物出版社 1981 年版。
郭沫若：《青铜时代》，人民出版社 1954 年版。
郭沫若：《金文丛考》，人民出版社 1954 年版。
郭沫若：《中国古代社会研究》，人民出版社 1964 年版。
郭沫若：《奴隶制时代》，人民出版社 1973 年版。
郭沫若：《两周金文辞大系图录考释》，科学出版社 2002 年版。

H：

韩巍：《青铜器与周史论丛》，上海古籍出版社 2022 年版。
侯外庐、赵纪彬、杜国庠：《中国思想通史》（第一卷），人民出版社 2011 年版。
胡厚宣：《甲骨学商史论丛初集》（外一种），河北教育出版社 2002 年版。
胡进驻：《殷墟晚商墓葬研究》，北京师范大学出版社 2010 年版。
黄天树：《殷墟王卜辞的分类与断代》，科学出版社 2007 年版。

J：

[英] 杰西卡·罗森：《祖先与永恒：杰西卡·罗森中国考古艺术文集》，邓菲、黄洋、吴晓筠等译，生活·读书·新知三联书店 2011 年版。
荆志淳、唐际根、高岛谦一编：《多维视域：商王朝与中国早期文明研究》，科学出版社 2009 年版。

L：

李伯谦：《中国青铜文化结构体系研究》，科学出版社 1998 年版。
李纯一：《中国上古出土乐器综论》，文物出版社 1996 年版。
李纯一：《先秦音乐史》，人民音乐出版社 2005 年版。
李峰：《西周的政体：中国早期的官僚制度和国家》，吴敏娜、胡晓军、许景昭等译，生活·读书·新知三联书店 2010 年版。
李济：《李济文集》（五卷本），上海人民出版社 2006 年版。
李学勤：《东周与秦代文明》，文物出版社 1984 年版。

李学勤等：《出土简帛与古史再建》，经济科学出版社 2017 年版。

李学勤、彭裕商：《殷墟甲骨分期研究》，上海古籍出版社 1996 年版。

李宗侗：《中国古代社会新研：历史的剖面》，中华书局 2010 年版。

［日］林巳奈夫：《神与兽的纹样学》，常耀华等译，生活·读书·新知三联书店 2016 年版。

［日］林巳奈夫：《殷周青铜器综览》（第一卷），［日］广濑薰雄、近藤晴香译，上海古籍出版社 2017 年版。

［日］林巳奈夫：《殷周青铜器综览》（第二卷），［日］广濑薰雄、近藤晴香译，上海古籍出版社 2019 年版。

林沄：《林沄文集》（文字卷、古史卷、考古学卷），上海古籍出版社 2019 年版。

刘源：《商周祭祖礼研究》，商务印书馆 2004 年版。

［美］罗泰：《宗子维城：从考古材料的角度看公元前 1000 至前 250 年的中国社会》，吴长青、张莉、彭鹏等译，上海古籍出版社 2017 年版。

M：

马承源主编：《中国青铜器》（修订本），上海古籍出版社 2003 年版。

马军霞：《中国古代青铜器整理与研究：青铜卣卷》，科学出版社 2016 年版。

P：

彭邦炯：《商史探微》，重庆出版社 1988 年版。

Q：

裘锡圭：《裘锡圭学术文集》（六卷），复旦大学出版社 2012 年版。

R：

容庚：《商周彝器通考》，中华书局 2012 年版。

S：

宋新潮：《殷商文化区域研究》，陕西人民出版社 1991 年版。

宋镇豪：《夏商社会生活史》，中国社会科学出版社 2005 年版。

T：

唐际根：《考古与文化遗产论集》，科学出版社 2009 年版。

唐际根：《殷墟：一个王朝的背影》，科学出版社 2009 年版。

唐兰：《西周青铜器铭文分代史征》，上海古籍出版社 2016 年版。

唐兰：《唐兰论文集》，上海古籍出版社 2018 年版。

W：

王长丰：《殷周金文族徽研究》，上海古籍出版社2015年版。

王国维：《观堂集林》，中华书局1959年版。

王国维：《古史新证》，清华大学出版社1994年版。

王祁：《晚商农业及其生产组织研究》，中国社会科学出版社2019年版。

王清雷：《西周乐悬制度的音乐考古学研究》，文物出版社2007年版。

王世民：《考古学史与商周铜器研究》，社会科学文献出版社2017年版。

王世民、陈公柔、张长寿：《西周青铜器分期断代研究》，文物出版社1999年版。

王宇信：《西周甲骨探论》，中国社会科学出版社1984年版。

王宇信、杨升南主编：《甲骨学一百年》，社会科学文献出版社1999年版。

王震中：《中国古代文明的探索》，云南人民出版社2005年版。

王震中：《中国古代国家的起源与王权的形成》，中国社会科学出版社2013年版。

王震中：《重建中国上古史的探索》，云南人民出版社2015年版。

王子初：《残钟录》，上海音乐学院出版社2004年版。

王子杨：《甲骨文字形态类组差异现象研究》，中西书局2013年版。

（清）吴大澂：《愙斋集古录》，河南美术出版社2018年版。

吴荣曾：《先秦两汉研究》，中华书局1995年版。

X：

萧楠：《甲骨学论文集》，中华书局2010年版。

谢明文：《商周文字论集》，上海古籍出版社2017年版。

徐旭生：《徐旭生文集·中国古史的传说时代》，中华书局2021年版。

徐中舒：《徐中舒历史论文选辑》，中华书局1998年版。

Y：

姚孝遂、肖丁：《小屯南地甲骨考释》，中华书局1985年版。

姚萱：《殷墟花园庄东地甲骨卜辞的初步研究》，线装书局2006年版。

严志斌：《商代青铜器铭文研究》，上海古籍出版社2013年版。

阎步克：《酒之爵与人之爵：东周礼书所见酒器等级礼制初探》，生活·读书·新知三联书店2023年版。

杨宽：《古史新探》，上海人民出版社2016年版。

杨向奎：《中国古代社会与古代思想研究》，上海人民出版社1962年版。

杨向奎:《宗周社会与礼乐文明》,北京出版社 2022 年版。
于豪亮:《于豪亮学术论集》,上海古籍出版社 2015 年版。
于省吾:《甲骨文字释林》,中华书局 1999 年版。
岳洪彬:《殷墟青铜礼器研究》,中国社会科学出版社 2006 年版。
Z:
张昌平:《商周时期南方青铜器研究》,商务印书馆 2016 年版。
张翀、刘莹莹:《中国古代青铜器整理与研究:青铜觥卷》,科学出版社 2022 年版。
张光直:《中国青铜时代》,生活·读书·新知三联书店 2013 年版。
张光直:《商文明》,张良仁、岳红彬、丁晓雷译,生活·读书·新知三联书店 2013 年版。
张光直:《中国考古学论文集》,生活·读书·新知三联书店 2013 年版。
张光直:《美术、神话与祭祀》,郭净译,生活·读书·新知三联书店 2013 年版。
张懋镕:《古文字与青铜器论集》(第 1—6 辑),科学出版社 2002—2019 年版。
张亚初、刘雨:《西周金文官制研究》,中华书局 1986 年版。
张政烺:《张政烺文集·甲骨金文与商周史研究》,中华书局 2012 年版。
赵光贤:《周代社会辨析》,人民出版社 1980 年版。
中国社会科学院考古研究所编:《殷墟与商文化:殷墟科学发掘 80 周年纪念文集》,科学出版社 2011 年版。
中国社会科学院考古研究所编著:《中国考古学·新石器时代卷》,中国社会科学出版社 2010 年版。
中国社会科学院考古研究所编著:《中国考古学·夏商卷》,中国社会科学出版社 2003 年版。
中国社会科学院考古研究所编著:《中国考古学·两周卷》,中国社会科学出版社 2004 年版。
中国社会科学院考古研究所等编:《丰镐考古八十年》,科学出版社 2016 年版。
朱凤瀚:《商周家族形态研究》(增订本),天津古籍出版社 2004 年版。
朱凤瀚:《中国青铜器综论》,上海古籍出版社 2009 年版。
朱凤瀚:《甲骨与青铜的王朝》,上海古籍出版社 2022 年版。

邹衡:《夏商周考古学论文集》,文物出版社 1980 年版。
邹衡:《夏商周考古学论文集(续集)》,科学出版社 1998 年版。
邹衡:《夏商周考古学论文集(再续集)》,科学出版社 2011 年版。

五 研究性论文[①]

C:

曹斌:《觯、饮壶、觚、尊、卣等青铜酒器关系刍议》,《农业考古》2016 年第 3 期。

曹斌:《恭懿之际西周国家的转型》,《中国人民大学学报》2017 年第 31 卷第 3 期。

常怀颖:《论商周之际铙钟随葬》,《江汉考古》2014 年第 1 期。

常怀颖:《殷墟随葬乐器补议》,《音乐研究》2018 年第 5 期。

常怀颖:《考古学视野中的古代中国乐制和乐礼起源》,载林大雄主编《礼观乐史——人文视野下的中华礼乐文明》,清华大学出版社 2021 年版。

晁福林:《先秦时期"德"观念的起源及其发展》,《中国社会科学》2005 年第 4 期。

陈公柔、张长寿:《殷周青铜容器上兽面纹的断代研究》,《考古学报》1990 年第 2 期。

陈剑:《青铜器自名代称、连称研究》,载《中国文字研究》第一辑,广西教育出版社 1999 年版。

陈小三:《韩城梁带村 M27 出土卣、尊年代辨析——附论扇形钺与特殊的凤鸟纹饰》,《文博》2011 年第 1 期。

D:

杜迺松:《从列鼎制度看"克己复礼"的反动性》,《考古》1976 年第 1 期。

杜迺松:《论青铜鸟兽尊》,《故宫博物院院刊》1995 年第 S1 期。

杜正胜:《从三代墓葬看中原礼制的传承与创新——兼论与周边地区的关系》,载《中国商文化国际学术讨论会论文集》,中国大百科全书出版社 1998 年版。

[①] 凡是出自"专著与研究文集"中的论文,都不再重复标出。

F：

方建军：《侯家庄——1217号大墓的磬和鼓》，《交响（西安音乐学院学报）》1988年第2期。

方建军：《陕西出土西周和春秋时期甬钟的初步考察》，《交响（西安音乐学院学报）》1989年第3期。

方建军：《西周早期甬钟及甬钟起源探讨》，《考古与文物》1992年第1期。

方向明：《好川和良渚文化的漆觚、棍状物与玉锥形器》，《华夏文明》2018年第3期。

方稚松：《释殷墟花园庄东地甲骨中的瓒、祼及相关诸字》，《中原文物》2007年第1期。

冯峰：《说"醴壶"》，载《古代文明》（第10卷），上海古籍出版社2016年版。

冯峰：《论西周青铜器中的尊、方彝（尊、方彝、觥）组合》，载《三代考古》（八），科学出版社2019年版。

冯时：《我方鼎铭文与西周丧奠礼》，《考古学报》2013年第2期。

冯时：《器以载道》，《读书》2020年第4期。

傅斯年：《夷夏东西说》，载《傅斯年文集》（第三卷），中华书局2017年版。

G：

高至喜：《中国南方出土商周铜铙概论》，载《湖南考古辑刊》第2辑，岳麓书社1984年版。

郭梦、何毓灵、李建西、吴萌蕾：《殷墟锡衣仿铜陶礼器的发现与研究》，《考古学报》2020年第2期。

H：

韩建业：《殷墟西区墓地分析》，《考古》1997年第1期。

韩文博：《兕觥其觩：商周青铜觥之功能小议》，载《形象史学》2021年夏之卷，中国社会科学出版社2021年版。

何景成：《试释甲骨文中读为"廟"的"勺"字》，《文史》2015年第1期。

何景成、王彦飞：《自名为"舟"的青铜器解说》，载《古文字研究》（第三十辑），中华书局2014年版。

何毓灵：《殷墟墓葬随葬品冥器化现象分析》，载《三代考古》（二），科学出版社 2006 年版。

何毓灵、马春梅：《试论妇好墓"铜尺形器"的功用——兼谈商周青铜爵、斝的使用》，《文物》2016 年第 12 期。

侯卫东：《略论周代铜甬钟的组合与演变》，载《三代考古》（七），科学出版社 2017 年版。

胡洪琼：《殷墟仿铜陶礼器墓试析》，《华夏考古》2006 年第 3 期。

黄盛璋：《穆世标准器——鲜盘的发现及其相关问题》，载《徐中舒先生九十寿辰纪念文集》，巴蜀书社 1990 年版。

J：

贾连敏：《古文字中的"祼"和"瓒"及相关问题》，《华夏考古》1998 年第 3 期。

鞠焕文：《先秦祼祭用器新探》，载《西北早期区域史学术研讨会暨第十一届中国先秦史学会年会论文集》，三秦出版社 2020 年版。

K：

孔德铭、孔维鹏：《殷墟漆器的发现与研究——以辛店遗址出土漆器为例》，《中原文物》2020 年第 3 期。

L：

雷兴山、蔡宁：《周原遗址黄堆墓地分析》，载《古代文明》（第 12 卷），上海古籍出版社 2018 年版。

李朝远：《青铜器上所见西周中期的社会变迁》，《学术月刊》1994 年第 11 期。

李春桃：《从斗形爵的称谓谈到三足爵的命名》，载《中央研究院历史语言研究所集刊》2018 年第 89 本第 1 分本。

李纯一：《关于殷钟的研究》，《考古学报》1957 年第 3 期。

李纯一：《试释用、庸、甬并试论钟名之演变》，《考古》1964 年第 6 期。

李纯一：《庸名探讨》，《音乐研究》1988 年第 1 期。

李家浩：《包山 266 号简所记木器研究》，载《著名中年语言学家自选集·李家浩卷》，安徽教育出版社 2002 年版。

李零：《山纹考》，《中国国家博物馆馆刊》2019 年第 1 期。

李零：《说楚系墓葬中的大鼎——兼谈楚系墓葬的用鼎制度》，《中国国家博物馆馆刊》2023 年第 1 期。

李零：《商周酒器的再认识——以觚、爵、觯为例》，《中国国家博物馆馆刊》2023 年第 7 期。

李水城：《"牛角形器""铜鉟"二器考》，《中原文物》2021 年第 1 期。

李唐：《西周时期"邕"之称名及变化》，《文博》2021 年第 6 期。

李小燕、井中伟：《玉柄形器名"瓒"说——辅证内史亳同与〈尚书·顾命〉"同瑁"问题》，《考古与文物》2012 年第 3 期。

李学勤：《论"妇好"墓的年代及有关问题》，《文物》1977 年第 11 期。

李学勤：《西周中期青铜器的重要标尺——周原庄白、强家两处青铜器窖藏的综合研究》，《中国历史博物馆馆刊》1979 年第 1 期。

李学勤：《小屯南地甲骨与甲骨分期》，《文物》1981 年第 5 期。

李学勤：《沣西发现的乙卯尊及其意义》，《文物》1986 年第 7 期。

李学勤：《考古发现与古代姓氏制度》，《考古》1987 年第 3 期。

李学勤：《论擂鼓墩尊盘的性质》，《江汉考古》1989 年第 4 期。

李学勤：《〈周礼〉玉器与先秦礼玉的源流——说祼玉》，载《东亚玉器》，香港中文大学中国考古艺术研究中心 1998 年版。

李学勤：《曾侯腆（舆）编钟铭文前半释读》，《江汉考古》2014 年第 4 期。

梁云：《周代用鼎制度的东西差别》，《考古与文物》2005 年第 3 期。

林小安：《"神不歆非类，民不祀非族"漫议》，载《甲骨文与殷商史》（新三辑），上海古籍出版社 2013 年版。

刘一曼：《安阳殷墓青铜礼器组合的几个问题》，《考古学报》1995 年第 4 期。

刘一曼：《殷墟新出牛尊小议——兼论衡阳出土的牺尊》，《考古》2009 年第 4 期。

刘影：《几组缀合为甲骨学研究提供的新材料》，《故宫博物院院刊》2016 年 2 期。

刘源：《周承殷制的新证据及其启示》，《历史研究》2016 年第 2 期。

刘源：《从甲骨文、金文材料看西周贵族社会的"德"》，《南方文物》2017 年第 4 期。

刘钊：《安阳后岗殷墓所出"柄形饰"用途考》，《考古》1995 年第 7 期。

[美] 罗泰：《有关西周晚期礼制改革及庄白微氏青铜器年代的新假设：从世系铭文说起》，李零译，载《中国考古学与历史学之整合研究》，台北

"中央研究院"历史语言研究所，1997年。

罗新慧：《周代天命观念的发展与嬗变》，《历史研究》2012年第5期。

M：

马承源：《商周青铜双音钟》，《考古学报》1981年第1期。

马赛：《周原遗址西周时期人群构成情况研究——以墓葬材料为中心》，载《古代文明》（第8卷），文物出版社2010年版。

毛悦、谢尧亭：《钟钲相鸣：大河口西周墓地M1青铜乐器及其意义》，《大众考古》2018年第1期。

孟宪武：《试析殷墟墓地"异穴并葬"墓的性质》，《华夏考古》1993年第1期。

孟宪武、李贵昌：《殷墟出土的玉璋朱书文字》，《华夏考古》1997年第2期。

P：

彭裕商、韩文博、田国励：《商周青铜盉研究》，《考古学报》2018年第4期。

Q：

屈万里：《兕觥问题重探》，载《中央研究院历史语言研究所集刊》1971年第43本第4分本。

R：

任家贤：《觚形尊的自名及相关问题补说》，《文史》2021年第2期。

S：

沈长云：《论殷周之际的社会变革——为王国维诞辰120周年及逝世70周年而作》，《历史研究》1997年第6期。

宋建：《关于西周时期的用鼎问题》，《考古与文物》1983年第1期。

孙庆伟：《周代祼礼的新证据——介绍震旦艺术博物馆新藏的两件战国玉瓒》，《中原文物》2005年第1期。

T：

汤毓赟：《殷墟墓葬青铜礼器组合的新思考》，《江汉考古》2018年第2期。

汤毓赟：《试论殷墟墓葬青铜容器的来源"构成"》，《考古》2019年第5期。

唐际根、荆志淳、岳洪彬等：《洹北商城与殷墟的路网水网》，《考古学报》2016 年第 3 期。

W：

汪培梓：《郑州"舌"铭铜铙时代与性质浅析》，《中原文物》2016 年第 5 期。

王冬冬：《西周青铜盘盉匜水器组合变迁研究》，《江汉考古》2020 年第 4 期。

王晖：《商周文化比较研究论纲》，《北京师范大学学报》（社会科学版）1997 年第 6 期。

王祁：《商代陶质酒器组合的研究》，《南方文物》2016 年第 4 期。

王祁：《商周铜尊卣配对组合研究》，《考古》2019 年第 3 期。

王天艺：《从阎家沟墓葬看晚商简化兽面纹铜鼎的相关问题》，《考古》2017 年第 11 期。

王献唐：《岐山出土康季鼐铭读记》，《考古》1964 年第 9 期。

王秀萍：《殷墟妇好墓铜铙组合方式新探》，《南京艺术学院学报》（音乐与表演版）2012 年第 3 期。

王亚：《早商时期墓葬内出土"圆陶片"浅析》，《考古与文物》2020 年第 2 期。

王友华：《西周甬钟编列的"拼合现象"——兼析甬钟的来源》，《中国音乐》2015 年第 1 期。

王占奎：《读金随札——内史亳同》，《考古与文物》2010 年第 2 期。

王震中：《商周之变与从帝向天帝同一性转变的缘由》，《历史研究》2017 年第 5 期。

王震中：《夷夏互化融合说》，《中国社会科学》2022 年第 1 期。

王子杨：《甲骨文旧释"凡"之字绝大多数当释为"同"——兼谈"凡"、"同"之别》，载《出土文献与古文字研究》（第五辑），上海古籍出版社 2013 年版。

王子杨：《甲骨文"琴"（郁）的用法》，《文史》2016 年第 3 辑。

吴振武：《说"苞""鬱"》，《中原文物》1990 年第 3 期。

吴镇烽：《内史亳丰同的初步研究》，《考古与文物》2010 年第 2 期。

Y：

严文明：《中国史前文化的统一性与多样性》，《文物》1987 年第 3 期。

严志斌：《小臣玉柄形器诠释》，《江汉考古》2015 年第 4 期。

严志斌：《瓒爵辨》，载《三代考古》（七），科学出版社2017年版。

严志斌：《薛国故城出土鸟形杯小议》，《考古》2018年第2期。

严志斌：《漆觚、圆陶片与柄形器》，《中国国家博物馆馆刊》2020年第1期。

严志斌：《遣器与遣策源起》，《故宫博物院院刊》2021年第10期。

杨博：《西周初期铜器墓葬礼器组合关系与周人器用制度》，载《青铜器与金文》（第一辑），上海古籍出版社2017年版。

杨博：《西周初期墓葬铜礼器器用区位研究——以随州叶家山为中心》，《江汉考古》2020年第2期。

杨博：《殷墟青铜容礼器的器用组合与区位特征》，载《中国历史研究院集刊》第2辑，社会科学文献出版社2020年版。

杨琳：《周代前期用鼎制度新探》，《江汉考古》2019年第2期。

俞伟超、高明：《周代用鼎制度研究》，《北京大学学报》（哲学社会科学版）1978年第1、2期，1979年第1期。

岳洪彬：《殷墟青铜器纹饰的方向性研究》，《考古》2002年第4期。

岳洪彬：《论妇好墓随葬铜觚爵的配制及相关问题》，载《三代考古》（七），科学出版社2017年版。

岳洪彬、苗霞：《试论商周筒形卣》，载《三代考古》（三），科学出版社2009年版。

岳洪彬、王祁：《晚商和西周早期兽面纹大圆鼎研究》，《南方文物》2021年第5期。

岳洪彬、岳占伟：《殷墟宫殿宗庙区内的墓葬群综合研究》，载《三代考古》（六），科学出版社2015年版。

Z：

张长寿：《殷商时代的青铜容器》，《考古学报》1979年第3期。

张长寿：《记陕西长安沣西新发现的两件铜鼎》，《考古》1983年第3期。

张光裕：《西周遣器新识——否叔尊铭之启示》，载《中央研究院历史语言研究所集刊》1999年第70本第3分本。

张临生：《说盉与匜——青铜彝器中的水器》，《故宫季刊》1982年第17卷第1期。

张婷：《两周青铜簠初步研究》，《四川文物》2009年第1期。

张闻捷：《周代用鼎制度疏证》，《考古学报》2012年第2期。

张亚初：《对商周青铜盉的综合研究》，载《中国考古学研究——夏鼐先生考古五十年纪念论文集（二）》，科学出版社 1986 年版。

张亚初：《殷周青铜鼎器名、用途研究》，载《古文字研究》（第十八辑），中华书局 1992 年版。

张雁勇：《关于〈周礼〉鸟兽尊彝形制研究的反思》，《史学月刊》2016 年第 3 期。

赵鹏：《谈谈殷墟甲骨文中的"左"、"中"、"右"》，载《甲骨文与殷商史》（新四辑），上海古籍出版社 2014 年版。

郑振香：《论殷墟文化分期及其相关问题》，载《中国考古学研究——夏鼐先生考古五十周年纪念论文集》，文物出版社 1986 年版。

后　　记

出于理工生的直觉，我天然地不爱读文献，却喜欢看图表。因而，甫入考古领域，就对璀璨多彩的商周青铜器有了热爱。真正与青铜器结下不解之缘，还是在读博之前的2014年暑假。记得当时还是第一次全国可移动文物普查期间，中国社会科学院安阳工作站为了摸清站内可移动文物"家底"，召集一批硕士、博士前往殷墟整理库房文物。我由王震中师介绍，经时任站长唐际根先生允许，也参与了这次机会难得的库房整理工作，开始亲手触摸殷墟出土的商代青铜器。读者可以想见，面对殷墟出土的浩瀚文物，我一个连考古都没完全入门的学生，是多么震惊和欣喜。每天在赵俊杰兄的带领下，与库房整理小组的小伙伴们一起流连于陶器、青铜器、玉器之中，为每一件精美器型而惊叹，何其快哉！也正是这两个多月的时间，我在安阳工作站唐际根、岳洪彬、何毓灵、牛世山、岳占伟诸先生的指导下，一边整理一边学习，将库房实物与《殷墟发掘报告》《殷墟的发现与研究》等书对照，迅速掌握了殷墟陶器和青铜器分期及其特征。此后数年，直到正式参加工作前，我几乎每个暑假都会前往殷墟，参与殷墟的文物普查、室外发掘、室内整理工作，每一项工作都提升了我对殷墟遗址的认识，并深深影响到了后来的研究道路。

根据在殷墟的学习心得，我撰写了第一篇商周考古论文《商代陶质酒器组合的研究》，发表在《南方文物》2016年第4期。这当然是一篇非常不成熟的稚嫩之作，但它却将我引导到对器物组合的研究道路上。毫无疑问，商周陶器和青铜器往往是组合使用的，组合是讨论器物功能、用途的重要抓手，但如何更好地发挥"组合"的研究价值，则是需要深入思考的问题。当时，安阳工作站的先生们已经意识到需要对"组合"进行细化研究，如岳洪彬师对妇好墓所出觚爵配制的研究，唐际根先生及其博士生汤毓赟女士对"组合"之下"构成"的研究，都富有深意。受此影响，我开始关注商周墓葬中成对、成组或成套出现的青铜礼器，最终写成了《商周铜尊卣配对组合研究》一文，发表在《考古》2019年第3期。在拙文发表之时，责编杨晖先生鼓励我，说这种深挖细究组合的研究方式很好，可以循此思路继续整理其他青铜器类。这就为我打开了研究思路，开始了基于组合的商周青铜礼器的研究之路。

此后数年，我撰写了多篇与青铜礼器组合有关的论文，逐渐发现这些文章彼此之间是有关联的，可以汇聚成书。最后，我确定了"商周铜礼器组合研究"大主题，在此主题下又增补了多篇论文，尝试系统讨论商周铜礼器组合特征和变化，最终完成了本书的初稿。当然，我所工作的单位是以大历史研究为指导思路的历史理论所，我不能不受此影响，因而在撰写书稿的时候，特别注意到商周铜礼器组合研究与早期文明的关联，尝试从文明史视角出发阐释商周铜礼器组合研究的意义。我的这一研究，得到当时所领导杨艳秋所长的同意，杨所长还支持书稿申请社科院创新出版资助，为书稿的出版解决了后顾之忧。

可见，此书的写作和出版，实是在上文所提诸位先生、领导的诸多帮助、指导下完成的，感谢他们。感谢我的导师陈雪香先生、王震中先生、陈星灿先生，我的本业是商周农业史，但三位老师不仅没有嫌弃我的"不务正业"，还为我的不成熟研究提供各种便利，不断给予鼓励和支持，使我能够按照自己喜好走下去。王震中师百忙之中还答应为本书撰写序言，甚是感激。特别感谢另一位导师岳洪彬先生，岳师是我商周考古的领路人，他一直竭尽全力帮助我从事商周考古学研究，给予指导，给予各种便利。

本书中的部分篇章曾发表在一些期刊之上，它们是：

《晚商和西周早期兽面纹大圆鼎研究》，《南方文物》2021年第5期；

《西周时期细腰觚的组合及其功用探讨》，《文物》2024年第6期；

《中国北方地区出土商周铜铙研究》，《考古》2024年第11期；

《从青铜盉论西周早中期水器与酒器群的大组合》，《江汉考古》2023年第4期；

《西周鸭首形器功用研究》，《华夏考古》2024年第3期。

这五篇文章中，前三篇是我和岳洪彬师联合署名，后两篇是我独立署名，感谢诸刊责编的辛苦付出。岳师不计名利，同意将原本由我和他联合署名的文章放在本书之中，再次感谢。

需要感谢的人还有很多，我的研究室主任高希中先生，一直对我非常照顾，努力为我的研究提供便利；单位领导和综合处同事们也为拙作出版耗费了心力。特别感谢本书编辑安芳女士，她的热忱、高效和负责态度，令人印象深刻，是本书能够顺利出版的前提。

最后，要感谢我的爱人高俊英女士。爱妻对我的帮助不仅来自生活方面，她在我困惑于如何平衡单位工作和个人研究兴趣时，始终鼓励我不要丢掉对青铜器的热爱，是我能够坚持青铜器研究的最大动力。小儿是在撰写书稿期间出生，照顾婴幼儿是一件累且快乐的事情，小宝宝能够带来的快乐是无穷的，这些快乐扩展了我对生活和生命的理解，也使我更加坚定地在学术道路上前进。我希望能在自己擅长的领域上，为小儿未来树立一个榜样，助他成长为参天大树。

2024 年 12 月 20 日